Friedrich Bräuninger
Manfred Hasenbeck

Die Abzocker

Friedrich Bräuninger
Manfred Hasenbeck

Die Abzocker

Selbstbedienung in Wirtschaft und Politik

ECON Verlag
Düsseldorf · Wien · New York · Moskau

Die Deutsche Bibliothek – CIP-Einheitsaufnahme

Bräuninger, Friedrich:
Die Abzocker: Selbstbedienung in Wirtschaft und Politik / Friedrich Bräuninger; Manfred Hasenbeck. – Düsseldorf; Wien; New York; Moskau: ECON Verl., 1994
ISBN 3-430-11484-5
NE: Hasenbeck, Manfred:

Gesetzt aus der Times, Linotype
Satz: Lichtsatz Heinrich Fanslau, Düsseldorf
Papier: Papierfabrik Schleipen GmbH, Bad Dürkheim
Druck und Bindearbeiten: Bercker Graphischer Betrieb GmbH, Kevelaer
Printed in Germany
ISBN 3-430-11484-5

Danksagung

Unser besonderer Dank für die Hilfe bei den Recherchen und die journalistische Begleitung dieses Buches gilt unseren Freunden und Kollegen:

Hannes Krill, der seit 1979 als Reporter für die »Süddeutsche Zeitung« schreibt und 1992 den »Wächterpreis der Tagespresse« erhielt, *Reinold Rehberger,* ehemaliger Redakteur von »Wirtschaftswoche« und »Natur«, der heute als Publizist und Buchautor tätig ist, *Wolfgang Stockklausner,* langjähriger Ressortchef von »Wirtschaftswoche«, »Quick« und »Esquire«, der seit 1992 als freier Wirtschaftsjournalist in München arbeitet, sowie *Harald Hotze,* der frühere »Spiegel«-Redakteur und »Wirtschaftswoche«-Korrespondent in Brüssel, und *Ernie Hildebrand* vom Autorenteam context in Düsseldorf.

Inhalt

Einleitung

Die Totengräber der deutschen Marktwirtschaft

Wenn die Ergebnisse von Meinungsumfragen ein Indikator für die Stimmungslage einer Gesellschaft sind, dann sieht es in Deutschland heute finster aus. Daß Politiker und Manager in ihrem Ansehen nicht gerade überragend abschneiden, überrascht niemanden mehr. Daß aber nur noch neun Prozent der Deutschen dem Berufsstand des Volksvertreters Respekt zollen und Vertrauen entgegenbringen, zeigt, welch besorgniserregende Ausmaße die Politik- und Parteienverdrossenheit inzwischen erreicht hat. Dies ist der schlechteste Wert seit fast drei Jahrzehnten, wie Forscher des renommierten Instituts für Demoskopie in Allensbach dokumentierten.

Nicht nur an Stammtischen, in den Büros, auf Baustellen und Werkbänken macht sich Wut breit über Fehlentscheidungen, Verschwendungssucht, Selbstbedienungsmentalität und Unfähigkeit der politischen und wirtschaftlichen Elite. Solche Wertungen mögen manchmal pauschal klingen, aus der Luft gegriffen sind sie keineswegs. Selbst die höchste Staatsautorität, Bundespräsident Richard von Weizsäcker, urteilt vernichtend: »Der Staat ist zur Beute der Parteien geworden.«

In der Bundesrepublik hat sich ein Klima der krämerhaften Kumpanei und Klüngelei, der berechnenden Regelverletzung und Untreue, der bedenkenlosen Cleverneß ausgebreitet, das in ihrer Geschichte seinesgleichen sucht, wie die »Frankfurter Allgemeine Zeitung« kommentiert. Geradezu schwindelerregend ist das Tempo, in dem das Land in einen Zustand von

Versumpfung und Abzockertum abdriftet. Noch nie sind hierzulande die Spitzenpolitiker und Manager in so viele Affären und Skandale verstrickt gewesen wie in den 90er Jahren. Allein im Jahre 1993 wurden gut zwei Dutzend Bundesminister, Ministerpräsidenten und Staatssekretäre wegen spektakulärer Verfehlungen der politischen Elite aus ihren Ämtern katapultiert. Namen wie Jürgen Möllemann, Günter Krause, Max Streibl, Oskar Lafontaine, Hans Eichel, Werner Münch oder Peter Gauweiler markieren nur die Spitze eines Eisberges. Politiker und Staatsdiener aus allen Parteien und Funktionsebenen – vom Bundesminister bis zum Bürgermeister – haben skrupellos in die eigene Tasche gewirtschaftet oder sich in maßloser Raffgier der Vetternwirtschaft schuldig gemacht.

Politiker und Manager stehen wie nie zuvor im Ruf von Abzockern, Beutelschneidern, Durchstechern und vorteilsheischenden Triebtätern. Dieses Negativimage ist um so folgenschwerer, als gerade in konjunkturell schwierigen Zeiten mit Werksstillegungen, Massenentlassungen, Dauerarbeitslosigkeit, sinkenden Einkommen, schmerzlichen Steuererhöhungen und einer wachsenden Staatsverschuldung glaubwürdige Vorbilder und persönlich integre Führungspersönlichkeiten gefragt sind. Wie soll sich der Bürger in turbulenten und instabilen Zeiten orientieren und seine Zukunftsängste bewältigen, wenn die allgemeinen Maßstäbe für anständiges Verhalten und gesellschaftliche Verantwortung durcheinandergeraten, wenn Werte wie Vertrauen und Glaubwürdigkeit mehr und mehr zur Farce werden?

Überall im Lande verbreitet sich ein vielfach schon in nacktem Zorn gipfelndes Unbehagen, das sich nicht nur in Verachtung, sondern auch in erschreckender Ablehnung der wirtschaftlichen und politischen Klasse bemerkbar macht. Immer häufiger bleiben die Wähler den Urnen fern oder geben ihre Stimme aus schierem Protest konzeptlosen Splitterparteien. Das alles ist Wasser auf die Mühlen nicht gerade marktwirtschaftsfreundlicher Kräfte, wie etwa der SED-Nachfolgepartei PDS, deren Funktionäre zu einem großen Teil für das ökonomische Desaster in der ehemaligen DDR verantwortlich sind. Wohin der Groll auf die etablierten Bonner Parteien führen kann, bewies Ende 1993 der schockierende Ausgang der Kommunalwahlen in Brandenburg. Unmittelbar nach Enthüllung der Abzockeraffäre um das Kabinett von Sachsen-Anhalts Ministerpräsidenten Werner Münch (CDU) rückten die Exkommunisten mit 21 Prozent aller Stimmen bis auf wenige Promillepunkte an die Christdemokraten heran, die fast ein Drittel ihres Wählerpotentials einbüßen mußten. Vom gestörten Verhältnis zwischen Regierenden und Regierten profitieren aber auch andere politische Randgruppierungen wie etwa die »Statt Partei«, die nach ihrem spektakulären Erfolg in Hamburg jetzt einen bundesweiten Wahlkampf bestreiten will, oder der vom radikalen F.D.P.-Mann Manfred Brunner gegründete »Bund freier Bürger«. Für die deutsche Wirtschaft sind solche Trendsignale ein Menetekel. Die Vereinigung mittelständischer Unternehmer konstatiert, daß die Stimmung in ihren Reihen derzeit mieser denn je ist und spricht von einer »totalen Politikverdrossenheit«. Wenn eine Umfrage des Verbandes belegt, daß 92 Prozent seiner Mitglieder mit der Bonner Politik und ihren Exponenten grundsätzlich nicht mehr einverstanden sind, dann ergeben sich für das ökonomische und gesellschaftliche Gefüge dieses Landes folgenschwere Auswirkungen: Investitionszurückhaltung, mangelnde Risikobereitschaft und abnehmende Dynamik werden die Arbeitsplatzmisere verschärfen und den Industriestandort Deutschland weiter in Mißkredit bringen. Wo unternehmerische Entscheidungen aus politischen Gründen nicht mehr kalkulierbar sind und der Nährboden für marktwirtschaftliches Handeln zunehmend austrocknet, wird sich der ohnehin schon beängstigende Exodus deutscher Firmen und Arbeitsplätze ins Ausland nur noch beschleunigen.

Doch die Totengräber unserer Marktwirtschaft sitzen und agieren nicht nur in Parteizentralen und Staatspalästen, sondern ebenso in den Chefetagen von Unternehmen, Verbänden und Gewerkschaften. Noch nie in der deutschen Wirtschaftsgeschichte wurden so viele Topmanager des Betruges, der Korruption, Selbstbereicherung und Großmannssucht auf Kosten ihrer Firmen und Aktionäre überführt wie in den letzten Jahren. Die Konsequenzen sind verheerend: Ganze Unternehmen wurden in den Ruin getrieben und mußten als Folge von Mißwirtschaft und Selbstbedienungsmentalität ihrer Bosse Tausende von Mitarbeitern auf die Straße schikken. Namen wie Jürgen Schneider, Milliarden-Bankrotteur des größten deutschen Immobilien-Konzerns, Heinz Schimmelbusch, Vorstandsmitglied der Frankfurter Metallgesellschaft AG, Frank Staudacher, Chef der Stuttgarter Südmilch AG, die Co-op-Verantwortlichen Alfons Lappas und Bernd Otto, aber auch Gewerkschaftschef Franz Steinkühler personifizieren nur die prominentesten Fälle einer Abzockerelite, die sich hemmungslos dem eigenen Vorteil verschrieben hat. Der Schaden, den diese Absahner in ihren Firmen und Organisationen angerichtet haben, geht über eine materielle Bewertung weit hinaus. Sie haben fahrlässig das Bild des Unternehmers in der Öffentlichkeit nachhaltig in Mißkredit gebracht und tragen maßgeblich zu der sich ausbreitenden Wirtschaftsverdrossenheit bei. Das Vertrauen der Mitarbeiter in ihre Manager, in deren Integrität und Qualität ist inzwischen auf einem nie dagewesenen Tiefpunkt angekommen – ein schlimmer Dämpfer für Motivation und Engagement in wirtschaftlichen Krisenzeiten mit einem Arbeitslosenheer von mehr als vier Millionen Menschen.

Hier wirken plötzlich Negativvorbilder, deren unsaubere Machenschaften verkehrte Maßstäbe im marktwirtschaftlichen Prozeß setzen. Wirtschaftshasardeure wie der geschaßte Vorstandschef der Metallgesellschaft, Heinz Schimmelbusch, der bei seinen verantwortungslosen Ölttermingeschäften quasi die Existenz des ganzen Unternehmens aufs Spiel gesetzt hatte, unterscheiden sich in nichts mehr vom kriminell veranlagten Firmenlehrling, der in die Portokasse greift, um seine Gewinnchancen beim Lotto zu verbessern. Und dennoch werden in dieser Gesellschaft zwei Meßlatten angelegt. Während die überführten unteren Chargen in aller Regel ihr Leben lang für solche Delikte bezahlen müssen, kommen die vermeintlich feinen Herren aus Wirtschaft und Politik meist ungeschoren davon. So darf beispielsweise das geschaßte Abzockerkabinett von Sachsen-Anhalts-Ministerpräsident Münch jetzt im Status hochdotierter Frühpensionäre auf Kosten des Steuerzahlers einen hochkomfortablen Ruhestand genießen.

Die Piraten auf den Chefetagen der Industrie machen sich nach ihren aufgeflogenen Beutezügen gerne erst mal aus dem Staub. So konnte Co-op-Absahner Bernd Otto monatelang auf der Sonnenterrasse seiner Lodge im fernen Südafrika in aller Ruhe die teuersten Anwälte antanzen lassen und eine clevere Prozeßstrategie austüfteln, bevor er sich dem Richter stellte. Südmilch-Melker Helmut Weber entzog sich den deutschen Häschern durch Flucht auf seine Hazienda nach Paraguay, und Metallgesellschaft-Nimmersatt Heinz Schimmelbusch tauchte einige Wochen unter unbekannter Adresse in New York ab, bevor er mit peinlicher Arroganz vor deutsche Fernsehkameras trat. Von heute auf morgen machte sich auch der jahrelang als Baulöwe gefeierte Jürgen Schneider aus dem Staub. Zahlreiche Kreditinstitute, darunter auch die Deutsche Bank, hatten den Bau edler Einkaufspassagen und Bürokomplexe mit Milliardenbeträgen finanziert bis das Kartenhaus zusammenbrach. Schneider räumte noch schnell alle seine Konten ab und verschwand im April 1994 spurlos. Selbst wenn solche Herrschaften tatsächlich einmal hinter Gitter gehen, ist ihr Schicksal keineswegs besiegelt. Sie können sich auf bewährte Seilschaften stützen, kommen mit glimpflichen

Strafen davon und setzen alle Hebel für eine rasche Rehabilitation in Bewegung. Dies zeigte wie in kaum einem anderen Fall das Beispiel des ehemaligen SEL-Vorstandsvorsitzenden Helmut Lohr, der im Unternehmen nicht mehr zwischen mein und dein unterscheiden konnte und dafür zu drei Jahren Gefängnis verdonnert wurde. Nach guter Führung kaum auf freiem Fuß und ohne jede Einsicht für sein Fehlverhalten verteilte er arrogante Gerichts- und Urteilsschelten – und ist schon wieder prächtig im Geschäft: Nachdem ihm sogleich lukrative Beraterverträge angedient wurden, bringt sich der SEL-Abzocker als potentieller Kandidat für hochdotierte Vorstandsposten ins Gespräch.

Als Gipfel der Dreistigkeit sehen die ertappten Manager vom Schlage Lohr, aber auch Politiker wie Münch und Möllemann die Schuld bei den Medien und versuchen mit ihren Lobbyisten die im Grundgesetz verankerte Pressefreiheit einzuschränken und die leidigen Rechercheure mundtot zu machen. Wehleidig, scheinheilig oder unverschämt sprechen sie von Rufmord, Verleumdungskampagnen und Schlüssellochjournalismus, um sich mit solchen Ablenkungsmanövern aus der Schußlinie zu nehmen. An den Fakten aber gibt es nichts zu rütteln: Schließlich waren es zu einem großen Teil die Medien, die – ob in monatelanger investigativer Recherche oder durch zugespielte Informationen – die Skandalbeteiligten ans Tageslicht zerrten.

Das Risiko bei Straftaten in den Topetagen der deutschen Wirtschaft bleibt dennoch gering, vor allem wenn die unternehmerischen und staatlichen Kontrollmechanismen nicht richtig greifen oder vollständig versagen. Manager, deren marktwirtschaftliche Werteorientierung allein am eigenen Vorteil festgemacht ist, vermitteln obendrein mit ihrem verantwortungslosen und egoistischen Verhalten verhängnisvolle Botschaften: Sie erwecken den Eindruck, daß sich Betrug und zweifelhafte Geschäfte in der Grauzone lohnen und allenfalls als Kavaliersdelikte angesehen werden dürfen. Es sind aber längst nicht immer nur die rein kriminellen Vergehen auf der Managementbühne, die den Groll der Mitarbeiter auf die Hauptdarsteller, ihre Komparsen und Kulissenschieber lenken. Prunk und Luxus, aus dem diese eitlen Akteure ihr Selbstwertgefühl schöpfen, kennt längst kein vertretbares Maß mehr. Das gilt ebenso für die Bedenkenlosigkeit, mit der selbst wegen Unfähigkeit entlassene Topmanager millionenschwere Abfindungen und schwindelerregende Pensionen auf ihre Konten transferieren lassen. Anscheinend hat niemand dieser Herren die Thesen von Lehrmeister Ludwig Erhard begriffen, der Sparsamkeit und Maßhalten als unabdingbare Prämissen für eine funktionierende Marktwirtschaft definiert hat. Hier sind nichts anderes als Protagonisten einer Wolfsgesellschaft am Werk, in der sich jeder ungeniert holt, was er kriegen kann – gleichgültig ob legal oder illegal. »Wenn alle moralischen Prinzipien obsolet sind, braucht sich niemand zu wundern, daß schwache Charaktere und Leute, die von der Macht korrumpiert werden, einer wachsenden Versuchung unterliegen«, befindet der Essener Marktwirtschaftsethiker Professor Heinz J. Kiefer.

Die Folgen des von Kiefer angeprangerten Sittenverfalls in Politik und Wirtschaft münden geradewegs in eine Entwicklung, die von italienischen Verhältnissen nicht mehr weit entfernt ist. So registriert der Präsident des Bundeskriminalamtes (BKA) Hans-Ludwig Zachert bereits eine besorgniserregende Zunahme der Korruptionsdelikte im Lande. Immer mehr Staatsdiener und Angestellte von Unternehmen würden durch erhebliche Geld- oder Sachmittelzuwendungen dazu veranlaßt, gegen bestehende Vorschriften zu verstoßen, um Dritten rechtswidrige Vorteile zu verschaffen. Für Zachert gibt es keinen Zweifel, daß aus dem Korruptionsboom vor allem die organisierte Kriminalität erheblich Kapital schlagen wird. BKA-Experten schätzen die durch Bestechung und Bestechlichkeit entstandenen Schäden schon auf mehrere Milliarden Mark. Der Münchner Oberbürgermeister Christian Uhde – als Abzocker zeitweilig selber unter Verdacht – hat inzwischen sogar eine »Antikorruptionstruppe« aufgestellt, die nach den unsäglichen Schmiergeldskandalen in der Baubehörde, im Schulreferat, beim Flughafenprojekt und bei der Messe nun den Schmiergeldsumpf im Rathaus trockenlegen soll.

Die Wirtschaftskriminalität in Deutschland West und Ost hat in allen Bereichen fatale Ausmaße angenommen. Allein im Zuge der deutschen Vereinigung haben sich ganze Divisionen von Nadelstreifengaunern, Beutelschneidern oder Fördermittelparasiten schätzungsweise 20 Milliarden Mark erschlichen. Über 7000 offene Verfahren warteten Ende 1993 bei der für Wirtschaftsstrafsachen zuständigen Berliner Staatsanwaltschaft auf ihre Aufklärung. Durch ihre Machenschaften trieben die Ostabzocker nicht nur ganze Firmen und Branchen in den Ruin, sie haben auch die höchste Arbeitslosenquote nach dem Weltkrieg entscheidend mitzuverantworten. Was aber langfristig noch schwerer wiegt: Die Akzeptanz und das Vertrauen der gewendeten Ostdeutschen in die Marktwirtschaft sind auf Dauer ramponiert. Viele Menschen in den neuen Bundesländern resignieren und orientieren sich wieder an alten planwirtschaftlich-sozialistischen Vorbildern, die sie sich nach dem Fall der Mauer sehnlichst zum Teufel gewünscht hatten.

Wo die Totengräber der Marktwirtschaft ihre Spitzhacken schwingen, folgt eine sich ausbreitende Verlotterung fast zwangsläufig. Was die Abzocker meist ungestraft im großen Stil vorexerzieren, kommt auch im kleinen Maßstab einer Aufforderung zur Nachahmung gleich. Skrupel und Unrechtsbewußtsein gehen zunehmend verloren. Delikte vom Steuer- und Versicherungsschwindel über Ladendiebstahl, Spesenmanipulation, Sozialbetrug und Schwarzarbeit bis hin zum dreisten Spritklau haben inzwischen schon Dimensionen eines Volkssports erreicht. Wenn beispielsweise dem deutschen Einzelhandel pro Jahr rein rechnerisch bis zu fünf Milliarden Mark durch Diebstahl verlorengehen, dann hat dies zwangsläufig Auswirkungen auf dessen Ertragslage, Preisgestaltung und Wettbewerbsfähigkeit. Wenn die Deutschen pro Jahr mehr als 150 Milliarden Mark am Finanzamt vorbeimogeln, dann fehlen dem hochverschuldeten Staat die dringend benötigten Geldmittel für soziale und konjunkturfördernde Maßnahmen zur Bewältigung von Massenarbeitslosigkeit und Strukturkrisen. An solchen Verhaltensweisen läßt sich nicht nur ein massiv nachlassendes Unrechtsbewußtsein, sondern auch eine in ihren Auswirkungen noch nicht abzusehende Wirtschaftsverdrossenheit erkennen. Der Verfall maßgeblicher Werte und Sitten, den Politiker und Manager in den letzten Jahren partei- und branchenübergreifend inszeniert haben, setzt sich kaskadengleich in allen Bereichen der Wirtschaft fort und endet beim berühmten Herrn Otto Normalverbraucher. Er, der aus Tradition, aber bestimmt auch wegen seiner beschränkten Möglichkeiten, wohl am ehesten gegen Phänomene wie das sich metastasenartig ausbreitende Abzockertum resistent war, jener Otto Normalverbraucher mischt jetzt kräftig mit.

Gewiß, keine Gesellschaft ist vor ihren schwarzen Schafen sicher. Die Deutschen, die sich in den Nachkriegsjahren ein beispielhaftes und von aller Welt beachtetes Wirtschafts- und Sozialgefüge aufgebaut haben, diese Deutschen der Sozial-, Arbeitslosen- und Krankenversicherung, die Schatzbrief- und Aktienbesitzer sind dabei, ihr Modell der sozialen Marktwirtschaft zu opfern. Der Verfall tragender Säulen unseres ökonomischen Systems tritt dabei immer deutlicher zutage. Wer verhindern will, daß das ganze Gebäude einstürzt, der muß die Abzocker, Durchstecher und Beutelschneider unserer wirtschaftlich-politischen Gesellschaftsordnung schonungslos identifizieren und dafür kämpfen, daß ihnen das Handwerk gelegt wird.

I.
Die Raffgier der Politiker

So etwas hatte es in der deutschen Parlamentsgeschichte noch nicht gegeben. Als im Frühjahr 1993 landauf, landab reihenweise prominente Köpfe rollten, unterschied sich die Politszene hierzulande kaum mehr vom Skandalsumpf und der Säuberungswelle in Italien. Die Namen reichen von Wirtschaftsminister Jürgen W. Möllemann (F.D.P.) und Verkehrsminister Günther Krause (CDU) über Ministerpräsident Max Streibl (CSU), Frauenministerin Heide Pfarr (SPD), Landtagsabgeordneter Wolfgang Kubicki (F.D.P.) bis hin zu Brandenburgs Bauminister Jochen Wolf (SPD). Sie alle stürzten aus den Höhen ihrer Ämter ab, weil sie in der Grauzone von Wirtschaft und Politik entweder auf Teufel komm raus abzockten oder raffgierig jene Grenze zwischen privaten Ambitionen und öffentlichen Interessen überschritten, die eine funktionierende Demokratie von anderen Staatsformen positiv unterscheidet. Daß dann kurz vor dem Nikolaustag die komplette Landesregierung Sachsen-Anhalts, abdankte, weil vier ihrer Mitglieder sich besonders dreist mit insgesamt über 900 000 Mark bereichert hatten, setzt dem Skandaljahr 1993 die Krone auf. Doch die Bonner Politschickeria war noch nicht einmal aus ihren Silvesterferien zurück, da mußte in den ersten Januartagen der hessische Staatssekretär im Finanzministerium, der SPD-Mann Otto-Erich Geske, wegen seiner Beteiligung an der Wiesbadener Lottoaffäre, bei der er dubiose Chefverträge der landeseigenen Lottogesellschaft unterschrieb, seine Koffer packen. Gleichzeitig nahm die Staatsanwaltschaft die Ermittlungen gegen seine Chefin und Parteikollegin, die Finanzministerin Annette Fugmann-Heesing, auf. Am 20. Januar trat die als integer geltende SPD-Ministerin zurück, »um ein Zeichen für die Bürger zu setzen«.

Solche Zeichen tun auch immer mehr not, denn die sich im Politlager häufenden Fälle von Selbstbedienung und rücksichtsloser Abzockerei haben heute einen besonders bitteren Nachgeschmack. In wirtschaftlich schwierigen Zeiten, bei wachsender Arbeitslosigkeit, sinkendem Einkommen und erdrückender Steuerlast kocht dem gebeutelten Bürger das Blut, wenn er erfährt, daß sich drittklassige »Wessi«-Politiker in Sachsen-Anhalt wie Werner Münch, Horst Rehberger, Werner Schreiber und Hartmut Perschau nach Angaben des Landesrechnungshofes drei Jahre lang fast doppelte Gehälter gezahlt haben – und das in einem Bundesland, wo die Arbeitslosenquote immer neue Rekordhöhen erreicht. Aber auch in Berlin brodelte der Volkszorn, als bekannt wurde, daß sich der Regierende Bürgermeister Eberhard Diepgen (CDU) 1994 – ganz offiziell – sein Jahresgehalt von rund 250 000 Mark gleich um 9,96 Prozent (25 000 Mark) erhöhen ließ. Die 15 Berliner Senatoren (Jahressalär 229 000 Mark) gewährten sich sogar eine Gehaltszulage von elf Prozent (23 000 Mark) obwohl sie in der Öffentlichkeit immer wieder dazu aufrufen, den Gürtel enger zu schnallen.

Die »geistig-moralische Wende«, die Bundeskanzler Helmut Kohl bei seinem Amtsantritt 1982 versprach, mit der er den Politsumpf trockenlegen, den Subventionsdschungel eindämmen und der Selbstbedienungsmentalität der Bonner Kaste ein Ende bereiten wollte, kann heute als hohles Versprechen gewertet werden. Noch nie war die Staatsverdrossenheit so groß wie jetzt. Und daran sind nicht eingehaltene Politikerversprechen ebenso schuld wie die Skandale der letzten drei Jahre. »Es ist keine gute Stimmung in diesem Land.

Eine Mischung aus Ratlosigkeit, Larmoyanz und Zukunftsangst hat sich auf die Seelen der Deutschen gelegt«, begann »Stern«-Herausgeber Rolf Schmidt-Holtz seinen beeindrukkenden Kommentar über den Zustand der Nation für die Silvesterausgabe 1993/1994. Und weiter: »Der Zustand der politischen Klasse ist überwiegend miserabel. Verbraucht, bequem, selbstbezogen und geistig nur beschäftigt mit wahltaktischen Spielchen. Der zeitliche Horizont reicht exakt nur bis zur nächsten Wahl.«

Das Vertrauen in die Lösungskompetenz der politischen Gremien ist schon lange dahin, der Glaube an ihre Redlichkeit gewaltig erschüttert, wie der Hamburger Soziologieprofessor Dirk Käsler konstatiert. Die Politikverdrossenheit in diesem Lande sowie die wachsende Zahl von Nicht- oder Alternativwählern sind ganz sicher eine unmittelbare Folge der Abzockerskandale in Bonn, »Saarlermo«, Magdeburg oder »Amigo-München«. Wie schnell sich diese Stimmung auf demokratische Prozesse niederschlagen kann, zeigen vor allem die Ergebnisse der Kommunalwahl in Brandenburg: Mit einer Wahlbeteiligung von nur 58 Prozent signalisierten die Wähler nicht nur ihren Unmut über die etablierten Parteien, mit 21 Prozent der Stimmen machten sie die aus der kommunistischen SED hervorgegangene PDS sogar zum drittstärksten Block im Lande, und die von den Ostskandalen gebeutelte CDU steht vor einem Scherbenhaufen. Sie kam auf 21,9 Prozent und büßte fast jeden Dritten ihrer Wähler ein.

Brandenburg macht aber auch etwas anderes deutlich: Das Volk ist es leid, sich ständig von seinen Vertretern hinters Licht führen zu lassen – von Ministern und Abgeordneten, die anderen Wasser predigen, aber selbst Wein trinken. Die Menschen haben kein Verständnis mehr dafür, wenn überbezahlte und überversorgte Politiker noch die letzte Mark abzuzocken versuchen. Wenn dies dann – wie in Sachsen-Anhalt – mit billigen

Ausreden begründet wurde, brauchen sich die Damen und Herren Würdenträger über das Echo nicht zu wundern. Dann wirkt es nicht einmal mehr ulkig, wenn wieder einmal die Journalisten schuld sein sollen, die »wie Stasioffiziere« (Exwirtschaftsminister Horst Rehberger, F.D.P.) »eine unfaßbare Kampagne« (Exsozialminister Werner Schreiber, CDU) entfesselt hätten und man selbst nur deshalb zurücktrete, um sich und die eigene Familie vor dem »Rufmord« (Exministerpräsident Werner Münch, CDU) zu schützen.

Nun gibt es nicht nur Magdeburg. Wie weit die Moral in der deutschen Politik inzwischen abgedriftet ist, zeigt, daß andernorts die meisten der Gestrauchelten nach wie vor in Amt und Würden sind. Dies ist nicht nur eine Folge ihres ausgeprägten Unrechtsbewußtseins, sondern auch das Ergebnis glücklicher Umstände: Die Betroffenen wissen zuviel über andere und über parteiinterne Schweinereien und stehen somit unter dem absoluten Schutz ihrer Organisation – schon fast so wie bei der Cosa Nostra. Die prominenten Fälle des Jahres 1993 ziehen sich durch alle Parteien:

- Der saarländische Landesvater Oskar Lafontaine (SPD) kassierte neben seinem Ministerpräsidentengehalt von monatlich 25 000 Mark auch noch jahrelang unrechtmäßig »Pensionsausgleichszahlungen« für seine Tätigkeit als früherer Oberbürgermeister von Saarbrücken in Höhe von mehr als 100 000 Mark.
- Bundestagspräsidentin Rita Süssmuth (CDU) überließ ihren Luxusdienstwagen dem Ehemann Hans, einem Professor, für Privatfahrten – alles auf Kosten des Steuerzahlers.
- Der hessische Ministerpräsident Hans Eichel (SPD) ließ sich seine als Privatwohnung genutzte Dienstvilla für 1,6 Millionen Mark renovieren. Die Pläne lieferte eine mit der Familie Eichel befreundete Architektin.

- Bauministerin Irmgard Schwaetzer (F.D.P.) machte Reklame für eine windige Immobilienfirma, die damit angeblich rund 15 Millionen Mark für Werbegelder einsparte und sich mit Parteispenden revanchierte.
- Der Bremer Bürgermeister Klaus Wedemeier (SPD) ließ sich in seiner Funktion als Aufsichtsrat der Stadtwerke jahrelang Strom zum halben Preis berechnen und außerdem noch für 60 000 Mark sein Dienstzimmer renovieren.
- Wirtschaftsminister Günter Rexrodt (F.D.P.) wurde vorgeworfen, daß er sein Amt in einem privaten Erbschaftsstreit mißbrauchte, bei dem es immerhin um ein Anwesen im Wert von rund zehn Millionen Mark geht.
- Baden-Württembergs Finanzminister Gerhard Mayer-Vorfelder (CDU) wurde angezeigt, weil er sich private Urlaubsreisen mit kostenlos überlassenen Leihwagen von Mercedes-Benz gegönnt habe.
- Familienministerin Hannelore Rönsch (CDU) ließ sich ein privates Klassentreffen auf Staatskosten finanzieren.

All diese Fälle haben eine Gemeinsamkeit: Die Politiker und Politikerinnen sind ausnahmslos noch im Amt. Doch auch die Statistik der Gestrauchelten und Gestürzten zeigt ein erschreckendes Bild des politischen Zustandes dieses Landes. Von den rund 50 Ministerpräsidenten, die in der Nachkriegszeit ein Bundesland regierten, stürzten nahezu 20 Prozent – also jeder Fünfte – wegen peinlicher Affären. Hessens SPD-Chef Albert Osswald stolperte 1976 noch über Milliardenverluste seiner Landesbank, Baden-Württembergs Hans Filbinger zwei Jahre danach über seine Nazivergangenheit, der Berliner Regierende Bürgermeister Dietrich Stobbe (SPD) 1981 über die Bürgschaftsaffäre einer zusammengebrochenen Baufirma des Architekten Garski und Uwe Barschel (CDU) über die Bespitzelung des Oppositionsführers Björn Engholm im Jahre 1987. Doch mehr als die Hälfte aller Rücktritte erfolgte in den vergangenen drei Jahren: 1991 mußte der baden-württembergische Landeschef Lothar Späth (CDU) wegen der Finanzierung seiner Privatreisen durch die Industrie seine Koffer packen. Wenige Monate danach warf CDU-Ministerpräsident Gerd Gies in Sachsen-Anhalt das Handtuch. Im Mai 1993 nahm Schleswig-Holsteins Björn Engholm (SPD) seinen Abschied. Zwei Monate darauf stürzte im Rahmen der Amigo-Affäre Bayerns Landesvater Max Streibl (CSU), und im Dezember mußte Sachsen-Anhalts Werner Münch (CDU) nach seiner scheinheiligen Geldaffäre den Politthron räumen. Bei all diesen unrühmlichen Abgängen fällt eines auf: Zu keinem Zeitpunkt gab es so viele Fälle persönlicher Bereicherung wie in den 90er Jahren.

Was die Großen können, fällt auch den Parteimännern in der Provinz nicht schwer. Dort beginnt die Abzockerei schon im Gemeinderat. Das Wahlamt übt vor allem auf Außenstehende einen unwiderstehlichen Reiz aus. Es geht um Beförderungen und Aufträge, Deputate und Vergünstigungen. Je größer die »Körperschaft«, um so mehr ist zu holen und desto stärker sind ihre parlamentarischen Vertreter dem Druck Externer ausgesetzt. Schnorrertum hat weite Kreise des Volkes erfaßt – nicht ohne Rückwirkung auf das politische Alltagsgeschehen: Das Wort von der »Gefälligkeitsdemokratie« macht die Runde. Dabei zieht sich die politische Klasse zum großen Teil ihre Gefolgschaft selbst. Und das Volk? Es wählt sie – jene Politiker, über deren Eskapaden es sich dann später gelb, rot und schwarz ärgert.

Die Zeiten sind lange vorbei, als in Bonn noch die gebildeten und unabhängigen Geister für Aufsehen sorgten und manche Parlamentsdebatte in eine kultivierte und rhetorisch-ästhetische Veranstaltung verwandelten. Mit Namen wie Carlo Schmid, Thomas Dehler, Fritz Erler oder Karl Theodor Freiherr zu Guttenberg können heute nur noch die über 50jährigen etwas anfangen. Die neue Politikergeneration, geprägt von weniger leidvollen Erfahrungen und Weltläufigkeit, dafür aber um so stärker verbunden mit den Errungenschaften des sogenannten Wirtschaftswunders, spricht nicht nur eine andere Sprache (»Ich gehe davon aus . . .«), sie benimmt sich auch anders. Machterwerb und Machterhalt lautet ihre Devise. Bundespräsident Richard von Weizsäcker, der das bunte Treiben um sich herum mit größter Aufmerksamkeit und zunehmender Verbitterung verfolgt, drückt sich klar aus: »Politiker werden immer mehr von Jugend an zu parteiabhängigen Berufspolitikern, Selbständigkeit und Qualität nehmen ab.«

Die gnadenlose Abhängigkeit von Wählern, Medien und Parteifreunden, verbunden mit dem eigenen Anspruch auf Macht, Einfluß und Prominenz ist eine latente Gefahr für den Politiker wie für das Gemeinwesen. Macht macht süchtig. Und vor allem die nicht Sattelfesten verspüren mitunter das Gefühl, über den Massen zu schweben. Dann, wenn es neben der »Macht« auch noch um wirtschaftliche Größenordnungen geht, verrutschen mitunter alle moralischen und ethischen Grundsätze.

Das Funktionieren einer modernen Industriegesellschaft, so erinnert der Kölner Soziologieprofessor und Politkritiker Erwin K. Scheuch, beruht auf Vertrauen. Je höher in einer Marktwirtschaft die Arbeitsteilung, um so größer sind auch die daraus folgenden gegenseitigen Abhängigkeiten zwischen den Verantwortlichen in Wirtschaft und Politik. Entsprechend wichtig ist es, darauf vertrauen zu können, daß jeder den Erwartungen des Systems entspricht. Wenn der Bürger beinahe täglich in den Medien über krumme Geschäfte, Korruption, dubiose Machenschaften und Selbstbereicherung seiner Volksvertreter und Beamten erfährt, dann ist das Vertrauen in die Vorbilder unseres demokratischen Gefüges dahin, und die Maßstäbe einer Gesellschaft werden zunehmend außer Kraft gesetzt. Die Folge: Ein Wirtschaftssystem, in dem jeder sich nimmt, was er kriegen kann, hat auf Dauer keinen Bestand mehr.

Wasser predigen, aber Wein trinken

Was Bundeskanzler Helmut Kohl am 28. Oktober 1993 im Bundestag polternd von sich gab, wurde wohl nur von wenigen Zuhörern auf die richtige Weise interpretiert: »Wir können die Zukunft nicht dadurch sichern, daß wir einen kollektiven Freizeitpark organisieren.«

Wen hat er wohl damit gemeint, pensionierte oder degradierte Politgrößen aller Couleur etwa? Wenn ja, dann hätte der Kanzler recht. Denn diese können sich zukunftsgesichert und schmarotzend im »Freizeitpark Deutschland« tummeln. Zum Beispiel:

- Exbundesverkehrsminister Günther Krause (41), unter anderem gefeuert, weil er sich seine Privat-Putzfrau vom Arbeitsamt bezahlen ließ, bezieht für 31 Monate Amtszeit 211 033,95 Mark Übergangsgeld. Wenn er 55 ist, hat er Anspruch auf mindestens 3 584 Mark Pension.
- Exkanzleramts- und Innenminister Rudolf Seiters (57), abgedankt nach Fahndungspannen der Polizei bei den RAF-Festnahmen in Bad Kleinen, erhält für 50 Monate Amtszeit 329 000 Mark Übergangsgeld. Außer diesem Geld, das auch ihm drei Jahre lang gezahlt wird, hat Seiters Anspruch auf 7 576 Mark Pension. Falls er weiter in der Politik bleibt – womit zu rechnen ist –, halbiert sich diese Summe. Da Seiters schon über 55 ist, kann er mit Ablauf der Dreijahresfrist beim Übergangsgeld ab August 1996 die Vorzüge des gut ausgestatteten Frührentner-Daseins (3 788 Mark) mit der Existenz eines Berufspolitikers kombinieren.

- Exgesundheitsministerin Gerda Hasselfeldt (44), entlassen wegen offenkundiger Unfähigkeit, bekommt für 37 Monate Amtszeit 250 024 Mark Übergangsgeld und anschließend 4 200 Mark Pension.
- Exministerpräsident Max Streibl (63), von seinen CSU-Parteifreunden gestürzt, weil er sich Flüge nach Übersee von einem befreundeten Industriellen bezahlen ließ (»Amigo-Affäre«), bezieht nach über 30 Jahren Politik ein Übergangsgeld von 841 507,92 Mark. Nach drei Jahren hat er Anspruch auf ein Ruhegehalt von rund 17 000 Mark monatlich. Weil Streibl Abgeordneter bleibt, darf er sich jeden Monat noch über weitere 4 350 Mark Diäten plus 4 711 Mark Aufwandsentschädigung freuen, ergibt 9 061 Mark, zusammen mit dem Ruhegehalt 26 000 Mark pro Monat.
- Exfrauenministerin Heide Pfarr (49), im Hauptberuf Universitätsprofessorin, hat nach 23 Monaten Dienstzeit Anspruch auf eine monatliche Pension von 12 240 Mark. Sie trat zurück, weil sie sich die Renovierung ihrer Wohnung mit über 50 000 Mark von der hessischen Landeskasse bezahlen ließ.
- Exwirtschaftsminister Jürgen W. Möllemann (49), zurückgetreten wegen eines Werbebriefes auf ministeriellem Briefpapier für einen angeheirateten Vetter, erhält nach zehn Jahren Regierungszugehörigkeit ein Übergangsgeld von 420 967 Mark. In sechs Jahren darf sich der gelernte Lehrer über 5 766 Mark Pension freuen.
- Exministerpräsident Werner Münch (54), erhält nach noch nicht einmal dreijähriger Dienstzeit ein Übergangsgeld von 422 000 Mark. In knapp drei Jahren steht ihm ein lebenslanges Ruhegehalt von 5 375 Mark zu.
- Exwirtschaftsminister Horst Rehberger (57), der, wie sein Kollege aus dem sachsen-anhaltinischen Sozialressort, Werner Schreiber (53) und Innenminister Hartmut Perschau (52) sein Ministergehalt ebenfalls mit windigen Belegen

legitimierte, bekommt 374 000 Mark Übergangsgeld, sowie – schon jetzt – eine lebenslange Pension von 4 750 Mark. Bei all diesen Zahlungen spielt es keine Rolle, ob die Rücktritte selbst verschuldet waren.

- Exumweltminister Peter Gauweiler (45) geriet kurz vor seinem Sprung Richtung Münchner Oberbürgermeistersessel gewaltig ins Trudeln, nachdem herausgekommen war, daß der gelernte Anwalt seit Jahren monatlich 10 000 Mark von seiner ehemaligen Kanzlei dafür kassierte, daß er seinen Mandantenstamm den Kollegen überließ. Als ein halbes Jahr später die Zeitungen darüber berichteten, daß der CSU-Politiker als früherer Kreisverwaltungsreferent der Landeshauptstadt München bei der Verlängerung der Sperrstunde für ein Kriminellenlokal die Finger im Spiel hatte, war Gauweiler nicht mehr zu halten. Dem Höhenflug folgte ein fulminanter Absturz.
- CSU-Parteivize Gerold Tandler stolperte – nach 25jähriger Tätigkeit an der Parteispitze als Staatssekretär, Wirtschafts- und Finanzminister – über einen Privatkredit in Höhe von 700 000 Mark, den ihm der wegen millionenenschwerer Steuerhinterziehung angeklagte Bäderkönig Eduard Zwick zukommen ließ. Zwick wurden zu Tandlers Amtszeit als Finanzminister auf recht dubiose Weise rund 80 Millionen Mark an Steuerschulden erlassen. Der öffentliche Druck auf den ehemaligen Kronprinzen von Franz Josef Strauß war schließlich so groß, daß er im März 1994 – ohne jegliche Reue – von all seinen Parteiämtern zurücktrat.

Diese Abzockerliste läßt sich beliebig fortschreiben. Fast zwei Dutzend prominente Politiker verschwanden allein 1993 von der medialen Bildfläche. Wenn es darum geht, den eigenen Freizeitpark auf dem Rücken des Steuerzahlers zu organisieren, entfaltet die deutsche politische Klasse ungeahnte Kreativität. Deutschland wird derzeit von rund 200 Ministern regiert. Sie bleiben auch nach ihrem – freiwilligen oder unfreiwilligen – Rücktritt treue Kunden der Staatskasse. Die Dreistigkeit, mit der in Bonn und in den Landeshauptstädten Beutelschneiderei zu Lasten des Steuerzahlers begangen wird, ist atemberaubend. Die Millionen, die Politiker auch nach ihrem Abgang noch einstreichen, wären ganz sicher besser eingesetzt für arbeitsbeschaffende Maßnahmen in kränkelnden Industriezweigen oder um die marode Wirtschaft in den neuen Bundesländern etwas schneller anzukurbeln. 1994 wird die Bundeskasse zusätzlich noch 2,09 Millionen Mark locker machen, um die 46 »politischen Beamten« zu alimentieren, die seit der »geistig-moralischen Wende« im Jahre 1982 spazierengehen dürfen – durchschnittlich 45 454 Mark pro Staatsdiener. Unter ihnen sind »Jünglinge« wie der 47jährige Exstaatssekretär im Bundesinnenministerium Johannes Vöking (CDU). Er wurde gefeuert, weil er einer Journalistin ein Geheimpapier zuspielte, mit dem der damalige SPD-Vorsitzende Engholm diskreditiert werden sollte.

Bei Vöckings Kollegen Manfred Timmermanns (58) liegt der Fall zwar etwas anders, aber auch ihn läßt die Staatskasse nicht darben: Im Januar 1989 wurde der für den Rüstungshaushalt zuständige Staatssekretär Timmermanns vom damaligen Verteidigungsminister Rupert Scholz (CDU) nach knapp fünfjähriger Amtszeit pensioniert, obwohl bekannt war, daß er sich freiwillig aus der Politik zurückziehen und eine Professur für Unternehmensführung an der Schweizerischen Hochschule St. Gallen übernehmen würde. Über den Umweg als Vorstandsmitglied des Bremer Werftunternehmens Vulkan Verbund AG landete der Beamte mit den hervorragenden Bonner Kontakten im Januar 1994 als Seiteneinsteiger bei der Deutschen Bank, wo Timmermanns mit einem satten sechsstelligen Jahressalär »eine wichtige Aufgabe im Controlling-Bereich wahrnehmen« soll. Seine Ruhestandsbezüge in Höhe von rund 101 211 Mark pro Jahr kassiert Timmermanns lustig (und völlig legal) weiter. Sein Kommentar: »Der Staatssekretärsposten war doch ein Risiko, und schließlich bin ich ja nicht wegen Unfähigkeit oder Skandalen in den Ruhestand geschickt worden.«

Wer in diesem Zusammenhang von Risiken spricht, macht sich geradezu lächerlich. Für jeden Monat in der Regierung gibt es einen Monat Übergangsgeld, drei Monate in voller Höhe, danach 50 Prozent, ärgert sich Helga Elschner, Landesvorsitzende der Steuerzahler, über das »maßlose Einsakken« in Sachsen-Anhalt. In Bonn gar bekommt ein Bundesminister 420967 Mark, wenn er sich nur drei Jahre im Amt gehalten hat. Diäten und steuerfreie Kostenpauschale kommen selbstverständlich noch dazu. In den meisten Bundesländern werden schon nach drei Jahren Amtszeit die Höchstsummen beim Übergangsgeld fällig. Ein solches System fordert Politiker geradezu auf, mehr an die Dauer ihrer Amtszeit als an ihre politische Aufgabe zu denken. Der heute 54jährige CDU-Politiker Werner Münch, der wegen nachgewiesenem Griff in die Staatskasse seinen Hut nehmen mußte, bekommt schon in zwei Jahren Ruhestandszahlungen von monatlich 5375 Mark, seine ebenfalls geschaßten Minister immerhin noch 4750 Mark. Die gesamte Bande steckt nach dreijähriger Amtszeit damit mehr Geld ein, als ein gewöhnlicher Sozialversicherter nicht einmal nach vier Jahrzehnten Beitragszahlung erreichen kann. Im Wohlstandsstaat Deutschland gibt es derzeit rund 7,25 Millionen arme Leute, 4,65 Millionen im Westen und 2,6 Millionen im Osten. Ihr Monatseinkommen liegt bei weit weniger als 1000 Mark im Monat. Dafür kann man in München, Düsseldorf und Frankfurt kaum noch ein Ein-Zimmer-Apartment bezahlen.

Es ist aber nicht bloß die reine Geldgier und die Selbstbedienungsmentalität deutscher Parlamentarier, die für den Normalbürger immer mehr zum Ärgernis werden. Auch die Gründe, die in 90 Prozent aller Fälle zur vorzeitigen Beendigung der Politikerexistenz beziehungsweise zum Karriereknick führten, stimmen nicht gerade froh. Unfähigkeit, Verlogenheit, Raffgier und Korruption, im allgemeinen Berufsleben mit Sanktionen bis hin zur Gefängnisstrafe bedroht, werden hier noch mit riesigen Summen belohnt. Das Geld, das die Politiker immer mehr für sich, ihre Parteien und Organisationen reklamieren, fehlt häufig an anderer Stelle. Während Amerikaner und Japaner gerade in den letzten Jahren wieder massiv in die Innovationsfähigkeit ihrer Länder investierten, wurde etwa dem Bundesforschungsministerium seit 1990 Jahr für Jahr das Budget um dreistellige Millionenbeträge gekürzt, angeblich um die Finanzmittel in Ostdeutschland einzusetzen. Ehrgeizige Technologieprojekte, vor allem in der Luft- und Raumfahrt, Mikroelektronik und Gentechnik, wurden beendet oder auf Eis gelegt. Die Folge: Massenentlassungen bei der Deutschen Aerospace, Dornier oder Krauss-Maffei – einem ganzen Industriezweig mit Tausenden von Zulieferfirmen droht langfristig das Aus. Das Geld für Forschung und Entwicklung wird obendrein dringender denn je von den traditionell kapitalschwachen Mittelstandsunternehmen benötigt. Mit den Pensionen, die jedes Jahr eine Handvoll ausgeschiedener Staatssekretäre kassieren, ließen sich dort ganz sicher Dutzende neuer Arbeitsplätze schaffen. Daß in Bonn an der falschen Stelle gespart wird, ist Wirtschaftsanalysten längst klar. Wer nicht in die Innovationskraft des Landes investiert, so ihr Tenor, verliert seine technologische Wettbewerbsfähigkeit und gefährdet das marktwirtschaftliche System.

Der Hamburger Diätenskandal

Ein klassisches Beispiel für politische Unverfrorenheit, Ignoranz und die Abgehobenheit der Volksvertreter sowie ein Exempel für ihre Neigung, sich »per Rollgriff in die Staatskasse zu bereichern« (»Der Spiegel«), lieferte der Senat der sozialdemokratisch regierten Freien und Hansestadt Hamburg. Im Herbst 1991 hatte die Truppe um Bürgermeister Henning Voscherau ein neues Diätengesetz beschlossen, das neben den üblichen Erhöhungen der Abgeordnetendiäten auch vorsah, dem Bürgerschaftspräsidenten und den Fraktionsvorsitzenden, falls diese ihren Beruf in Deutschlands letztem Feierabendparlament aufgeben müßten, ein Monatssalär von 19500 Mark (früher 5760 Mark) zuzuschanzen. Nach nur dreieinhalb Jahren Amtszeit und fünf Jahren Abgeordnetenjob hätten diese sogar noch einen Pensionsanspruch auf 10549 Mark pro Monat – ohne aber jemals auch nur eine Mark Rentenbeitrag gezahlt zu haben. Damit traten Voscherau & Co. nicht nur gehörig ins Fettnäpfchen, sondern auch eine ganz gewaltige Protestlawine los. Die Stadtpresse schäumte, Staatsrechtler bezeichneten den Coup als verfassungswidrig, und der sogenannte kleine Mann schüttelte verbittert den Kopf.

Aus Speyer meldete sich schließlich auch der Parteienkritiker Hans Herbert von Arnim zu Wort und rechnete vor, »sechs Durchschnittsverdiener müßten für eine solche Versorgung (10549 Mark!!) ein ganzes Leben lang arbeiten«. Die SPD registrierte bis zu 60 Parteiaustritte täglich. Unter dem massiven Druck der Öffentlichkeit nahm der Senat der mit 1,8 Milliarden Mark verschuldeten Stadt schließlich am Nikolaustag 1991 die geplante Bescherung zurück. Doch mit dem vorweihnachtlichen Frieden war es vorbei. Der Skandal mobilisierte die Nachrechner. Sie fanden bei ihren Recherchen heraus, daß der Senat trotz leerer Stadtkasse schon viereinhalb Jahre vorher – damals noch unter Bürgermeister Klaus von Dohnanyi (SPD) – sich Pensionserhöhungen bis zu 32 Prozent genehmigt hatte. Die neuen Bestimmungen waren in einer Regelung über die Hinterbliebenenversorgung von Bürgerschaftsabgeordneten so raffiniert versteckt worden, daß sie von keinem Abgeordneten vor oder während der Abstimmung bemerkt worden waren. Selbst der damals amtierende Finanzsenator Horst Gobrecht (SPD) hatte von dem Millionending angeblich nichts gewußt. Es war noch nicht einmal im Senat darüber diskutiert worden. Der Sonderzuschlag wurde auf Druck der Öffentlichkeit wieder zurückgenommen.

Schnorren im Schlaraffenland

Sie arbeiten mit allen Tricks – Hamburg und Palermo ist überall. Die möglichst risikofreie Daseinsvorsorge und abgesicherte Altersversorgung haben sich die Politiker von den Beamten abgeguckt. Überdies verfeinerten sie das System, fanden neue Töpfe und schufen einen Selbstbedienungsladen, der in der Welt seinesgleichen sucht. Verfassungsrechtler von Arnim tobt: »Wir haben es hier mit einer schlaraffenländischen Versorgung zu tun.« In ihrer Unverfrorenheit berufen sich die Politiker auf das Diätenurteil des Bundesverfassungsgerichts aus dem Jahre 1975. Damals hatten die roten Roben den Abgeordneten samt Familien einen Rechtsanspruch auf staatliche Versorgung eingeräumt: standesgemäße Alimentation aus der Staatskasse. Kaum war der Spruch aus Karlsruhe publik, machten sich die Versorgungsspezialisten aller Länder und Parteien ans Werk. Sie tüftelten eine »Grundentschädigung« aus, die derzeit – je nach Bundesland – zwischen 4500 und 11200 Mark liegt, sie erfanden die steuerfreie Aufwandsentschädigung, die ohne Belege bezahlt wird (z. B. in Bayern pauschal 4711 Mark), sie konstruierten Ausgleichszahlungen für Büro- und Personalkosten, drückten Beihilfeansprüche im Krankheitsfall analog dem Beamtenrecht durch, sie beschlossen ihre eigene Invalidenversorgungs- und Sterbegeldregelung, erfanden den bis zu fünfstelligen Pensionsanspruch und dachten sich »Übergangsgelder« aus, die dem Abgeordneten oft mehr als 100 000 Mark auf Anhieb einbringen, wenn er sein Mandat an den Nagel hängt – von kostenlosen Autofahrten, Bahnreisen und Flügen oder der Möglichkeit des grenzenlosen Herumtelefonierens auf Steuerkosten ganz zu schweigen.

Zwar fiel auch dem Bundesverfassungsgericht das dreiste Schnorrertum auf, das es mit seinem den Politikern eingeräumten Alimentationsanspruch anrichtete, und korrigierte 1987 seine bisher geltende Politikerdefinition. Doch ohne Ergebnis. An dem neuen Postulat aus Karlsruhe, wonach der Staat keine beamtengleiche Vollversorgung der Abgeordneten sicherstellen müsse, scherten sich bislang nur Parlamentarier des Saarbrücker Landtags. Sie schafften die Regelung, nach der es möglich war, Parlamentspension zusätzlich zur Berufsrente zu beziehen, ab; statt dessen sollte sie angerechnet werden. Damit aber die Pension künftig nicht kleiner ausfällt, langten die Saarbrücker ordentlich hin und beschlossen eine saftige Diätenerhöhung von 5 980 auf 7 475 Mark. Den Versorgungsspezialisten von der Saar gelang mit ihrem Ministergesetz, das unter anderem auch die Pensionszahlungen an ausgeschiedene Kabinettsmitglieder regelt, sogar noch eine ganz besondere Feinheit: die Saarbrücker Exminister erhalten ab dem 55. Lebensjahr eine Versorgung, deren ökonomischer Wert mehr als 2,5 Millionen Mark ausmacht. Soviel jedenfalls müßte ein Privatmann aus seinem – versteuerten – Einkommen bei seiner Versicherung einzahlen, um an diesen unglaublichen Gegenwert zu kommen. Besonders apart ist es, daß der Minister sich diesen Anspruch schon nach einem Tag Amtszeit erdient hat.

Abgeordnete und ihre Nebenjobs

Von allen Parlamentariern, die in den letzten Jahren die Abgeordnetenbänke im Bundestag drückten, schoß er den Vogel ab. Constantin Freiherr von Heereman und Zuydtwyck, von 1983 bis 1990 Mitglied der CDU/CSU-Fraktion, war der ungekrönte König des Parlaments in Sachen Nebenjobs. Hier die Liste seiner Ämter – autorisiert vom Würdenträger und veröffentlicht im »Amtlichen Handbuch des Deutschen Bundestages, 11. Wahlperiode« auf Seite 158:

- Präsident des Westfälisch-Lippischen Landwirtschaftsverbandes,
- Präsident des Deutschen Bauernverbandes,
- Präsident des Landesjagdverbandes Nordrhein-Westfalen,
- Mitglied des Präsidiums der Deutschen Reiterlichen Vereinigung,
- Vorsitzender des Verwaltungsrates des Absatzfonds,
- Vorsitzender des Verwaltungsrates der Landwirtschaftlichen Rentenbank,
- Vorsitzender des Aufsichtsrates der Raiffeisen-Warengenossenschaft Riesenbeck,
- Vorsitzender des Vorstandes der westfälischen Reit- und Fahrschule,
- Vorsitzender im Genossenschaftsrat Westfälische Centralgenossenschaft,
- Stellvertretender Vorsitzender im Aufsichtsrat Deutsches Milchkontor,
- Mitglied des Aufsichtsrates der Centralen Marketing Gesellschaft (CMA),
- Mitglied des Aufsichtsrates der Zentralen Markt- und Preisberichterstattung (ZMP),
- Mitglied des Aufsichtsrates der Deutschen Nordsee,
- Mitglied des Aufsichtsrates der Bayer AG,
- Mitglied des Aufsichtsrates der Klöckner-Humboldt-Deutz AG,
- Mitglied des Aufsichtsrates der Deutschen Genossenschaftsbank AG,

- Mitglied des Aufsichtsrates der Amro-Bank,
- Mitglied des Verwaltungsrates der Kreditanstalt für Wiederaufbau,
- Mitglied des Postverwaltungsrates,
- Mitglied des Generallandschaftsrates der westfälischen Landschaft.

Ist das nichts? Neben seinen vielen Nebenjobs, die Heereman nach Köln, Bremerhaven, Frankfurt, Leverkusen, Münster, Hamburg und Warendorf führen, hatte der Großlandwirt, fünffache Familienvater und Hauptmann der Reserve (»seit 1974 Wehrübungen«) darüber hinaus einen kleinen Wahlkreis zu betreuen: Steinfurt II, dessen Wähler ihn direkt in den Bundestag wählten.

Auch ohne Abgeordnetenausweis ist von Heereman heute noch immer einer der einflußreichsten Bonner Politiker. Sein Godesberger Büro liegt nur zehn Autominuten von den Schaltzentralen der Macht entfernt. Der Edelmann aus dem Tecklenburger Land, der seit 1969 als Cheflobbyist der deutschen Bauern deren Fahne hochhält, ist durch seine vielen und medienwirksamen Ämter bekannter als der Landwirtschaftsminister, und sein Einfluß in Unternehmen, Verbänden, Institutionen und bei 600 000 bäuerlichen Gefolgsleuten macht ihn zudem erheblich mächtiger.

Der Bauernführer Freiherr von Heereman steht mit seinen Ämtern und Nebenjobs zwar ziemlich konkurrenzlos da, doch der Trend bei Politikern, sich ein kleines Zubrot zu verdienen, hält unvermindert an. Dabei sind sie meist nicht besonders wählerisch. Von den 622 Bundestagsmitgliedern (MdBs) gehen derzeit rund 250 einer Nebenbeschäftigung nach. Einer ihrer Stars ist der ehemalige F.D.P.-Chef und Exbundeswirtschaftsminister Otto Graf Lambsdorff, der als Oberpostenabzocker den Bauernpräses inzwischen abgelöst hat. Er zieht nicht nur in neun Aufsichtsräten (unter anderem bei Volkswagen, Iveco, NMS-[Spiel-]Apparatebau und Alcatel) die Strippen, er sitzt auch noch in zehn Vorständen von Wirtschaftsverbänden und Kuratorien, etwa im ZDF-Verwaltungsrat und bei der Deutschen Schutzvereinigung für Wertpapierbesitz. Außerdem ist der ehemalige bundesdeutsche Wirtschaftsminister auch noch als Interessenvertreter dem japanischen Elektronikriesen NTT verpflichtet – obgleich sein Parteikollege und jetzige Bundeswirtschaftsminister Günter Rexrodt keine Gelegenheit ausläßt, um vor den Gefahren aus Fernost zu warnen. Lambsdorffs ausgeprägtes Erwerbsstreben, seine Honorare und Tantiemen machen seine Abgeordnetendiäten zum Klimpergeld. Bonner Insider schätzen, daß der Graf jährlich mindestens zwei Millionen Mark aus seinen Pöstchen zieht.

Zu ihrem Glück brauchen sich die Parlamentarier – nach deutschem Recht – hinsichtlich ihrer vielen Ämter und Nebenverdienste nur vor der Bundestagspräsidentin zu outen. Sie ist vermutlich die einzige in Bonn, die annähernd weiß, welche Nebentätigkeiten die Kolleginnen und Kollegen ausüben. Und Rita Süssmuth weiß auch, wieviel die »Volksvertreter« dafür kassieren. Aber dies hat keine Konsequenzen. »Die Dinge landen in der Schublade, und das war's«, sagt der Kölner Soziologieprofessor und Parteienkritiker Erwin K. Scheuch. Meist nur zufällig kommen Merkwürdigkeiten größeren Kalibers im sonst so geschwätzigen Bonn ans Licht. »Hiermit möchte ich Sie davon in Kenntnis setzen, daß ich ab 1. Januar 1993 eine Nebentätigkeit bei der Firma Philips GmbH Deutschland wahrnehmen werde«, schrieb der F.D.P.-Abgeordnete Werner Zywietz aus dem holsteinischen Ammersbek an Rita Süssmuth. Diplomkaufmann Zywietz, seit nunmehr fünf Legislaturperioden im »Hohen Haus«, ist glücklicher Besitzer eines Beratervertrages. Dieser soll nach der Bundestagswahl 1994 in einen festen Anstellungsvertrag umgewandelt werden, dann nämlich wird der Major der Reserve den sich seit Jahren gesundschrumpfenden Philips-Konzern als offizieller Repräsentant in Bonn vertreten. Fraglich, wie Bundestagspräsidentin Süssmuth, eine gelernte Erziehungswissenschaftlerin, komplexe wirtschaftliche Zusammenhänge kompetent beurteilen soll.

Das Klinkenputzen für Unternehmen und Verbände gehört bei allen Bonner Altparteien zum Geschäft. Besonders beliebt sind dabei die Oldtimer des politischen Betriebs. Selbst in der SPD, die mit ihren ehemaligen Größen Alfons Pawelczyk (Verteidigungsstaatssekretär) und Volker Hauff (Forschungsminister, Verkehrsminister, Frankfurter Oberbürgermeister) die Bonner Lobbyistenfraktion schmückt, sind alle Berührungsängste mit dem großen Geld längst verschwunden. Oberst a.D. Pawelczyk dient der Daimler-Benz AG als »Repräsentant«, während Hauff dem Hamburger Springer-Verlag für 500 000 Mark im Jahr bei der Herstellung wichtiger Politverbindungen behilflich ist. Die Abzockerei in Bonn hat auch noch andere Facetten: Heinz Klejdzinski aus Dülmen in Westfalen, der für den verstorbenen Willy Brandt in den Bundestag nachrückte, betreibt sein Geschäft als Inhaber des Beratungsunternehmens European Management Consulting weiter. Das ist praktisch, denn Klejdzinski sitzt jetzt im Verteidigungsausschuß, und einer seiner Hauptkunden ist das Bremer Rüstungsunternehmen Systemtechnik Nord GmbH, eine Tochter des Vulkan-Konzerns. Ganz unverfroren protzt der Berater-Politiker: »Ich erwarte gerade jetzt neue Aufträge.«

Juristisch ist da nichts zu machen. Abgeordnete dürfen – anders als der kleine Beamte – jederzeit, an jedem Ort und in unbegrenztem Ausmaß Geld, Schecks, Geschenke und Reisen entgegennehmen. Abgeordnetenbestechung ist nicht strafbar, und die Staatsanwälte dürfen nicht ermitteln – weder gegen den Parlamentarier noch gegen seinen Gönner. Das kritisiert inzwischen auch der angesehene CDU-Politiker

Heiner Geißler: »Die Kontrolle der politischen Führung funktioniert nicht mehr.«

Politiker als Vorbild?

Das schamlose Hinlangen – über Jahrzehnte von einer gewissenlose Clique aus allen Bereichen des öffentlichen Lebens dem Volke vorexerziert – treibt mittlerweile bizarre Blüten: viele »normale« Arbeitnehmer äffen die Abzocker nach. Nebenjobs und Sozialbetrug, Schwarzarbeit und schlichte Verweigerung sind die im Verhältnis zu den Möglichkeiten der »ganz Großen« doch wohl eher bescheidenen Instrumente, mit denen der kleine Mann durch den Sumpf mitzuschwimmen versucht und sich damit zum Gehilfen der Totengräber einer funktionierenden Marktwirtschaft macht. Vor allem im öffentlichen Dienst. Nirgendwo sonst ist die Durchstechermentalität so weit verbreitet wie hier. Ohne den Aids-Skandal wäre wohl nie herausgekommen, daß jeder dritte der 900 Wissenschaftler des Berliner Bundesgesundheitsamtes einer Nebenbeschäftigung nachging: 50 von ihnen hielten im Auftrag der Pharmaindustrie bezahlte Vorträge, die restlichen benutzten ihre Zeit für Lehraufträge und wissenschaftliche Referate. Den freien Unternehmen entsteht durch die ungezügelte Nebentätigkeit von Beamten nach Einschätzung des mittelstandspolitischen Sprechers der CDU/CSU-Fraktion Hansjürgen Doss ein jährlicher Schaden bis zu 50 Milliarden Mark.

Die andere Seite, die Drohnenmentalität im öffentlichen Dienst, ist viel besorgniserregender. Immer mehr Lehrer und Polizisten beispielsweise kehren ihrem Brötchengeber den Rücken. So ließen sich 1991 in Baden-Württemberg 47 Prozent der pensionierten Lehrer und 50 Prozent der pensionierten Polizeibeamten wegen Dienstunfähigkeit vorzeitig in den

Ruhestand schicken; in den anderen Bundesländern ist es ähnlich. Oft sind die Gründe dafür nicht gerechtfertigt.

Das geht auch aus dem Jahresbericht 1992 des rheinland-pfälzischen Landesrechnungshofes hervor. Im Frühjahr 1988 wurde eine 47jährige Lehrerin wegen Heiserkeit vorzeitig entlassen. Zwar schlug der Amtsarzt eine halbjährliche Nachuntersuchung vor, aber diese fand nicht statt. Auch auf die Idee, die Lehrerin vielleicht in einer anderen Umgebung einzusetzen, kam niemand. Der heiseren Dame kann's nur recht sein. Sie kassiert ein monatliches Bruttogehalt von 3 950 Mark. Glück hatte auch ein 33jähriger Polizeibeamter. Weil er immer Depressionen hatte, wurde er in den Ruhestand versetzt. »Schon beim Erteilen einer gebührenpflichtigen Verwarnung hat er es nicht übers Herz bringen können, solcherart gegen einen Bürger einzuschreiten«, heißt es in dem Bericht. Das monatliche Ruhegehalt: 2 600 Mark. Und schließlich wurde ein Polizeiobermeister wegen einer »Funktionsstörung des 4. Fingers rechts« mit 37 Jahren pensioniert. Der Steuerzahler darf in diesem Fall 3 000 Mark bezahlen. Ob der Mann mit dem gestörten Finger wenigstens jetzt das goldene Händchen hat und Versicherungspolicen verkauft, ein Job, den viele seiner frühpensionierten Kollegen betreiben, geht aus dem Bericht leider nicht hervor.

Noch eine Zahl: Im Jahre 2030 werden sich nach einer Schätzung des Baseler Prognos-Instituts die Beamtenpensionen in der Bundesrepublik auf schwindelerregenden 400 Milliarden Mark bewegen – das ist fast so viel wie der Bundeshaushalt 1994.

Minister in Aufsichtsräten

Für Hilmar Kopper, den Vorstandssprecher der Deutschen Bank AG und Multiaufsichtsrat, ist die Sache längst geritzt: In die Aufsichtsräte der deutschen Aktiengesellschaften gehören viel mehr Profis, »die mit allem Engagement und intimer Kenntnis diese Gesellschaften begleiten«. Hans-Dietrich Genscher, F.D.P.-Ehrenvorsitzender und Bundesaußenminister a.D., der einst von SPD-Fraktionschef Herbert Wehner als »der mit den Ohren« verspottet wurde, hatte das wohl nicht gehört. Seit 1993 sitzt der populäre Politiker, der seinen gelernten Beruf als Rechtsanwalt – wenn überhaupt – irgendwann einmal in den Sechzigern ausgeübt hat und sich seither wie auch Parteifreund Rechtsanwalt Otto Graf Lambsdorff eher als Kundenschlepper versteht, im Aufsichtsrat des Berliner Mineralölunternehmens Minol AG.

Genscher ist einer von 200 deutschen Politikern, die neben ihrer Parlaments- und Parteiarbeit auch noch die Zeit finden, sich als Aufsichtsräte in Kapitalgesellschaften zu betätigen. Dort entscheiden sie über Investitionen und Arbeitsplätze. Und sie müssen die Geschäfte des Vorstandes kontrollieren, was sich in konjunkturell schwieriger Zeit als eine ganz besonders sensible Aufgabe darstellt. Die Multifunktionäre in den Parlamentsbänken kratzt das nicht. Sie trauen sich alles zu. Schließlich winken hier satte Zusatzeinkommen. Aufsichtsratsposten sind so beliebt, weil man durch sie ohne großen Zeitaufwand schönes Geld machen kann und in der Regel bis zum Ende aller Tage im Amt bleiben darf – am Schluß vielleicht als Ehrenvorsitzender mit Sekretärin, Dienstwagen und Fahrer.

Doch bei der Kritik, die gerade in den letzten Monaten nach Konzernskandalen wie bei der Metallgesellschaft an der mangelnden Kompetenz von Aufsichtsräten angebracht wird, stellt sich die Frage, ob ein Parlamentarier, der seine Karriere in den Hierarchien von Parteiapparaten aufbaute, fachlich überhaupt in der Lage ist, ein Unternehmen mit seiner internationalen Vielschichtigkeit zu kontrollieren. Zu bezweifeln ist auch, ob ein Politiker mit zahlreichen Aufsichtsratsverpflichtungen überhaupt zeitlich in der Lage ist, seine Kontrollfunktion in den Konzernen wahrzunehmen und damit Unternehmen wie Mitarbeiter vor Krisensituationen zu bewahren. Crashs wie bei der Metallgesellschaft, Sachsenmilch oder auch Thyssen zeigen, wie schnell Aufsichtsräte, die ihre Verantwortung nicht ernst genug nehmen oder wegen ihrer vielen Mandate schlicht überfordert sind, eine Firma in den Ruin treiben können. Ein marktwirtschaftliches System kann aber nur dann funktionieren, wenn alle Kontrollmechanismen funktionieren und kompetent besetzt sind.

Offensichtlich spielt Inkompentenz auf dieser Ebene in der Industrie eine immer geringere Rolle. Hauptsache die Unternehmen können sich mit dem Namen eines prominenten Politikers schmücken, und außerdem setzt sich dieser schließlich für die gemeinsame Sache ein. Dafür gibt es jede Menge Spenden an seine Partei oder an irgendeine der kaum identifizierbaren Parteistiftungen. Wie soll da eine freie Marktwirtschaft funktionieren, wenn nicht Wettbewerbsfähigkeit und Managementqualität über Erfolg und Mißerfolg entscheiden, sondern vielmehr das Taktieren hinter den politischen Kulissen?

Der neueste Trend: Aufsichtsratspöstchen in den neuen Bundesländern sind in Bonner Politkreisen seit 1990 ganz besonders beliebt. Gewissermaßen als eine Art »Trainingslager« scheinen abgetakelte Berufspolitiker aus dem Westen ihre derzeitige Aufsichtsratsfunktionen in Ostdeutschland zu betrachten. Die Exbundesminister Hans Apel (SPD), Walter Wallmann (CDU) und Klaus von Dohnanyi (SPD) sowie der Exministerpräsident Ernst Albrecht (CDU) wirken als Aufsichtsratsvorsitzende etwa bei der Mitteldeutschen Braunkohle AG in Lübbenau, bei dem Maschinenbauer TAKRAF in Leipzig oder beim Eisen- und Hüttenwerk Thale AG in Thale/Brandenburg. Gemessen an Hermann Josef Abs, dem verstorbenen Aufsichtsratsmethusalem aus Bad Homburg vor der Höhe, der noch mit 93 Jahren einmal in der Woche seinen Fahrer und die Sekretärin, die ihm von seiner Deutschen Bank bestellt wurden, auf Trab hielt, haben Apel und Co. noch eine lange AR-Karriere vor sich: Sie sind erst zwischen 63 und 65 Jahre alt.

In den zehn größten (west)deutschen Industrieaktiengesellschaften sitzen zehn Politiker, darunter allein fünf bei den Rheinisch-Westfälischen Elektrizitätswerken (RWE) und drei bei Volkswagen in den Aufsichtsräten. Die SPD-Räte wie Niedersachsens Ministerpräsident Gerhard Schröder (VW) als Anteilseigner oder der IG-Bergbau-Chef und SPD-MdB Hans Berger als Arbeitnehmervertreter (RWE) führen ihre Tantiemen immerhin traditionell für soziale Zwecke, wie beispielsweise an die DGB-eigene »Stiftung Mitbestimmung« ab, die damit Stipendien vorwiegend an Arbeiterkinder verteilt. Daß mit all diesen Ämtern – ob von SPD-, CDU/CSU- oder F.D.P.-Politikern besetzt – freilich geldlose Annehmlichkeiten im großen Stil verbunden sind, haben nicht zuletzt die Fälle um die beiden Landesväter Lothar Späth und Max Streibl gezeigt.

Praktiken dieses Kalibers sind längst zu einem öffentlichen Ärgernis geworden. Nicht nur in den Betrieben, deren Belegschaften um ihre Arbeitsplätze zittern, sondern auch in weiten Teilen des aufgeklärt-liberalen Bürgertums. Der Hamburger Verfassungsrechtler Ingo von Münch (F.D.P.), der selbst eine Weile als Bürgermeister und Wissenschaftssenator amtierte, geht mit früheren Kollegen hart ins Gericht: »Wer als Politiker ohne besonderen wirtschaftlichen Sachverstand in einen Aufsichtsrat berufen wird, der muß sich darüber im klaren sein, daß es dem Unternehmen in Wirklichkeit um etwas anderes geht: um politische Einflußnahme außerhalb der legitimen Formen demokratischer Meinungsbildung. Abgeordnete sind mit der Ausübung ihres Mandats, wenn sie es denn ernst nehmen, ausreichend beschäftigt. Abgeordnete sollen die Regierung kontrollieren und nicht Wirtschaftsunternehmen.«

Ein besonders starkes Stück leistete sich die schwarz-rote Koalition in Baden-Württemberg. Obwohl die Landesverfassung den Ministern eine Aufsichtsratsfunktion nur in Ausnahmefällen gestattet, drückte das Tandem Teufel/Spöri im Landtag die Genehmigung für 33 Aufsichts- und Verwaltungsratsmandate, die von elf Ministern qua Amtes gehalten werden, durch – das ist mehr als doppelt soviel wie 1988. In Mark und Pfennig bedeutet dies für die Landesherren ein jährliches Zubrot von 12000 Mark; Beträge, die über dieser Grenze liegen, müssen an die Landeskasse abgeführt werden. »Wenn sich heute der Verwaltungsrat der Landeskreditbank in Karlsruhe trifft, könnte fast schon eine Kabinettssitzung abgehalten werden. Der Chef fehlt zwar, aber von den 12 Ministern des Landes sind acht dort vertreten.« Inmitten dieser erlauchten Runde sitzt – natürlich – auch Finanzminister Gerhard Mayer-Vorfelder (CDU). Der Präsident des Fußballbundesligisten VfB Stuttgart zählt zu den eifrigsten Pöstchensammlern im Ländle: Als sechsfacher Aufsichtsrat – unter anderem bei der Staatlichen Toto-Lotto GmbH, der Badenwerk AG, der Landesgirokasse und der Baden-Württembergischen Bank AG – sowie als Vizepräsident des Deutschen Fußball-Bundes (DFB), Vorsitzender des Ligaausschusses des DFB und Funktionär im Weltfußballverband FIFA hat der wackere Schwabe fast überall dort seine Finger drin, wo es um viel Geld, Ruhm und Ehre geht. Wie kompliziert eine solche Verfilzung sein kann, merkte Mayer-Vorfelder erst, als er im Späth-Untersuchungsausschuß des Landtages nach eigenen »geldwerten Vorteilen« gefragt wurde. Nein, er habe nichts bekommen, lautete damals seine Antwort. Jetzt ermittelt die Staatsanwaltschaft. Denn dem Minister war bei seiner vielen Arbeit zum Wohle des Landes und der Körperertüchtigung ganz entfallen, daß ihm in den Achtzigern der Autokonzern Mercedes-Benz fünfmal eine schöne Limousine zur Verfügung gestellt hatte – für private Urlaubsfahrten nach Südfrankreich. Diese

Wagen, so sagt er jetzt, habe er nicht als Minister, sondern als Präsident des VfB Stuttgart bekommen, weil Daimler als Klubsponsor Fahrzeuge für die Vereinsspitze, Trainer und Spieler bereitgehalten habe.

Es sind nicht nur ihre beruflichen Interessen, die geschaßte, abgetretenen oder pensionierte Politiker aus allen Parteien miteinander verbinden. Maßlosigkeit und überzogenes Anspruchsdenken, über Jahrzehnte an stets vollen Fleischtöpfen antrainiert, zieht sich bei fast allen wie ein roter Faden durch ihre Geschichte. Als der ehemalige Bundespräsident Walter Scheel 1988 eine frühere Krankengymnastin ehelichte, ließ sich der Altbundespräsident (Pension 363 000 Mark) seine Hochzeit von mehreren Unternehmen sponsern. Sein Versuch, beim Hersteller seines Lieblingsschampus, Moet & Chandon, auch noch Bares abzuzocken, ging in die Hose. Trotzdem wurde es ein fröhliches Fest – auch das Risotto, nach altrömischer Sitte mit echtem Blattgold serviert, mundete ausgezeichnet.

Volksvertreter als staatliche Vollpensionäre

In den 16 deutschen Landtagen sitzen 2 066 Abgeordnete. Im Bundestag bestimmen 662 Parlamentarier mehr oder weniger die Politik. Dem »Straßburger Kastratenchor«, wie das im Vergleich zu den nationalen Parlamenten wenig einflußreiche Europaparlament auch genannt wird, gehören 99 deutsche Abgeordnete an, die indirekt ebenfalls aus der Bundeskasse alimentiert werden. Summa summarum: 2 827 Abgeordnete. Nicht in dieser Rechnung enthalten: Hunderte von Parlamentariern in den sogenannten Mittelinstanzen – Bezirkstagen, Bezirksversammlungen. Seine politische Elite läßt sich der deutsche Michel ordentlich etwas kosten: 338,67 Millionen Mark im Jahr. So viel kassieren 1994 alle Abgeordneten in

Bund, Land und dem Europaparlament. In dieser Summe sind die zusätzlichen Ausgaben für Regierungsmitglieder noch nicht einmal enthalten. Rechnet man diese Kosten sowie die Aufwendungen für die üppigen Altersversorgungen ausgeschiedener Abgeordneter noch hinzu, dann zahlen die Bundesbürger rund eine Milliarde Mark pro Jahr für ihre aktiven und pensionierten Politiker beziehungsweise deren Hinterbliebenen. Solche Summen, verbunden mit einer wachsenden Versorgungsmentalität auf Kosten der Gesellschaft, haben keinen Bezug mehr zum Grundgedanken eines marktwirtschaftlichen System, sondern sind allenfalls noch mit den ehemaligen kommunistischen Ländern Osteuropas und Rußland zu vergleichen.

Das Schnorrertum einiger Volksvertreter kennt hierzulande keine Grenzen mehr. Zwei Zahlen mit starker Aussagekraft: Der deutsch-belgischen Parlamentariergemeinschaft in Bonn gehören 15, der deutsch-amerikanischen dagegen 186 Mitglieder an. Der Grund liegt nahe – und Belgien auch: die Reisen nach Übersee sind wesentlich attraktiver. Rund 447 Millionen Mark waren es 1994, die den Bonner Abgeordneten und Beamten für Reisen zur Verfügung standen. Das sind 19 Millionen Mark mehr als im Vorjahr. Gewiß, auch in Bonn geht es nicht immer nur um Lustreisen. Aber seltsam, in einer Zeit, in der dem Volk der enge Gürtel verordnet wird, sehen sich seine Vertreter nicht in der Lage, im eigenen Hause Gleiches zu leisten. Das Parlament fliegt lustig weiter in alle Welt und genehmigt sich, was der Finanzminister in diesem Falle gerne gibt. Denn auch Regierungsmitglieder lieben den Duft der großen weiten Welt nur allzusehr. Allein für 10,7 Millionen Mark sind Auslandstickets fällig, 10,5 Millionen Mark werden die »Inlandsdienst- und Mandatsreisen« der Bundestagsabgeordneten kosten. Darüber hinaus erhalten Bundes- und Reichsbahn eine Ausgleichszahlung in Höhe von 4,8 Millionen Mark, weil die Bahn Abgeordnete zum Nulltarif mitnehmen muß. Ausgerechnet das Ministerium von Obersparkommissar Theo Waigel (CSU) erhöhte 1994, dem angeblichen Sparjahr der Regierung, seine Reisekasse gegenüber 1992 um 48 Prozent, von 2,9 Millionen auf 4,3 Millionen Mark. Damit der politische Betrieb in Bonn mit seinen ewig verstopften Straßen rascher vonstatten gehe, weist der sogenannte Sparhaushalt einen Betrag von 4,6 Millionen Mark für die Beschaffung neuer Dienstwagen auf. Die Pressemitteilungen der Ministerien werden schon seit Jahren im 5er-BMW durch die Stadt gefahren.

Anscheinend wird – wenn es um eigene Annehmlichkeiten der Politklasse geht – selbst die öffentliche Wählermeinung ignoriert. Angesichts der erdrückenden Steuerlast jault Otto Normalverbraucher inzwischen immer häufiger auf. Eine im November 1993 veröffentlichte Umfrage des Wickert-Instituts besagt, daß 86 Prozent aller Deutschen die Steuerlast als sehr schwer bis schwer empfinden. Volkswirtschaftlich haben das Prassen in Bonn und die ständigen Steuererhöhungen obendrein noch andere verheerende Folgen: Die Anzahl der Schwarzarbeiter hat in den vergangenen Jahren in einer nie dagewesenen Dimension zugenommen. Bei der Wickert-Umfrage gaben immerhin 44 Prozent aller interviewten Personen an, »viele« oder »einige« Schwarzarbeiter zu kennen. Hier entsteht eine Schattenwirtschaft, die für ein marktwirtschaftliches System bald nicht mehr zu verkraften ist.

Die Telefonkarten des Postministers

Der derzeitige Bundespostminister Wolfgang Bötsch (CSU) zählt zu den eher weniger bekannten Politikern im Lande. Von einem Herrn Paul Laufs, haben die meisten Bundesbürger so gut wie keine Vorstellung – es sei denn, sie wohnten im schwäbischen Waiblingen oder Umgebung. Denn dort lebt

Laufs, und dort hat er auch seinen Wahlkreis. In Bonn fungiert der ehemalige IBM-Mann und Spezialist für Schallströmungen als »Parlamentarischer Staatssekretär beim Bundesminister für Post und Telekommunikation«. Beide – Bötsch und Laufs – kämpfen verzweifelt um öffentliche Anerkennung. Bei ihren Bemühungen um Popularität haben sie sich etwas einfallen lassen, was zwar sehr originell ist, aber den Steuerzahler mit einer schönen Stange Geld – 118 589 Mark – belastet: Beide Herren orderten für private Zwecke individuelle Telefonkarten, versehen mit Bundesadler und Posthorn, unter denen sie sich mit Unterschrift und Amtsbezeichnung freundlich empfehlen.

Im Amtsjargon heißen die Kärtchen, die sich Bötsch und Laufs leisteten, »O-Karten« also »ohne Versandstellenkontingent«. Das heißt, ihre geringe Auflage (Bötsch 2 000, Laufs 3 000 Exemplare) machen die Dinger für Sammler äußerst lukrativ. Wer freut sich da nicht, wenn ihm der hohe Herr ein Kärtchen auch noch mit eigener Unterschrift in die Hand drückt? Als es ans Bezahlen ging, wollte Bötsch die Rechnung noch nicht einmal aus seinem PR-Topf bezahlen. Das sollten Telekom und Deutsche Postreklame GmbH, also bundeseigene Unternehmen, für ihn erledigen. So geschah es denn auch.

Urlaubsreisen für Parlamentsmitglieder

Immer wenn es Sommer wird, regen sich bei der CSU-Landesgruppe in Bonn völkische Gefühle. Dann wird es Zeit für den Betriebsausflug. Seit Jahren schon steuern die rund 50 Abgeordneten deutsche Minderheiten im Ausland an. In Dänemark, Ungarn und im Elsaß ließen sie sich über die Situation der Landsleute berichten, besuchten deutsche Soldatenfriedhöfe und machten den einheimischen Politikern ihre Aufwartung. Mit dabei: die Lebensgefährten sowie Mitarbeiter der Landesgruppe. Der letzte Fünf-Tages-Trip nach Budapest kostete 250 000 Mark; über 200 000 Mark davon blechte – wieder einmal – der Steuerzahler. Der politische Nutzen solcher touristischen Aktivitäten tendiert gegen Null. Die Deutschen in Nordschleswig benötigen ebensowenig bayerischen Beistand wie etwa die Elsässer oder gar die Schweizer. Dennoch: Die Politiker reisen nun einmal gerne. Streß in Bonn und Ärger im Wahlkreis lassen sich bei Tokaier und Folklore auch viel leichter vergessen.

245 Millionen Mark genehmigten sich 1993 die Abgeordneten in Bund und Ländern sozusagen in eigener Sache. Über 100 Millionen Mark davon gehen auf die Konten der Bonner Fraktionen. Niemand kontrolliert, was mit der Staatsknete geschieht. Einmal unter den Fraktionshäuptlingen einträchtig ausfindig gemacht, taucht sie im Bundeshaushalt lediglich als globale Finanzzuweisung auf. Wofür die Gelder dann schließlich tatsächlich ausgegeben werden, wissen noch nicht einmal die meisten Abgeordneten.

Von Privilegien und Verschwendungssucht

Realitätsverlust und Unverfrorenheit in der Politik gehen inzwischen so weit, daß kaum noch jemand aufschreit, etwa wenn bekannt wird, daß sich das Parlament seine Bar für 500 000 Mark – immerhin der Gegenwert eines adretten Einfamilienhäuschens – komplett umbauen läßt. Der Münchner Tablettenhersteller Günther J. Schmidt (»Togal«) hatte diesen Skandal im Sommer 1993 via großformatiger Zeitungsanzeige angeprangert und geschrieben, »gewisse Politiker« würden »Steuergelder verschwenden und sich am Staat bereichern«. Die Angesprochenen zogen zwar die Köpfe ein, als die Togal-Bombe platzte, reagierten aber auf ganz besondere Weise.

Sofort meldete sich die »Zentrale zur Bekämpfung des unlauteren Wettbewerbs« beim engagierten Tablettenfabrikanten und erwirkte beim Landgericht München I eine (später vom Oberlandesgericht aufgehobene) einstweilige Verfügung: die politischen Themen stünden nicht im Zusammenhang mit dem Geschäftsbetrieb, meinten die Richter, die darin einen Verstoß gegen das Wettbewerbsrecht erblickten. Ein Beispiel, wie versucht wird, mutige Kritiker von verschwendungssüchtigen Politikern auf elegante Art und Weise mundtot zu machen.

Geld sprudelt in Bonn wirklich aus allen Quellen. Wer erst einmal auf diesem fröhlichem Abzockerkarussell sitzt, vergnügt sich bis ans Ende seiner Tage. Das gilt auch für den Bundestagspräsidenten. Die Wahl zum Parlamentsvorsteher oder zu dessen Stellvertreter ist wie ein Sechser im Lotto. Dabei geht es nicht nur um das Gehalt (derzeit 248 784 Mark) und die damit verbundene Pension, sondern auch um jene Privilegien, für die ein Privatmann jeden Monat um die 20 000 Mark ausgeben müßte. Denn nach dem Gesetz steht jedem ausgeschiedenen Parlamentspräsidenten bzw. Vizepräsidenten bis zum Tode ein Büro im Bundestag zu, mit Sekretärin und Chauffeur, kostenlosem Telefon und Portofreiheit. Finanziert werden diese Feudalallüren aus dem Etat des Bundestages, also vom Steuerzahler. Auf seine Kosten können sich noch immer ein halbes Dutzend Expräsidenten ein bequemes Leben machen: Kai-Uwe von Hassel (CDU), Annemarie Renger (SPD), Richard Stücklen (CSU) und Rainer Barzel (CDU) sowie auch deren ehemalige Stellvertreter Richard Jaeger (CSU) und Heinz Westphal (SPD) haben gut lachen. Insgesamt müssen für diese Edelrentner Jahr für Jahr 1,5 Millionen Mark aufgebracht werden – zusätzlich zu ihren nicht gerade kargen Pensionen. Ein Vorstoß des Haushaltsausschusses, der unter dem Eindruck der allgemeinen Sparbemühungen im Sommer 1993 die Privilegien wieder abschaffen wollte, ist im Parlamentsbetrieb steckengeblieben.

Ausgediente Spitzenpolitiker sollen es im Alter, so die Bonner Selbstbedienungsphilosophie, nicht schlechter haben. Der Bundespräsident bezieht sein Amtsgehalt (derzeit 363 000 Mark) nach dem Ausscheiden bis an sein Lebensende weiter. Natürlich hat auch er einen Anspruch auf Büro, Sekretärin, Dienstwagen und kostenlose Kommunikation. Walter Scheel kann also immer noch »hoch auf dem goldenen Wagen« sitzen. Sein Büro hat er von Köln nach München verlegt, wo er in einer erstklassigen Wohngegend – sehr zum Ärger der Nachbarschaft und zum Verdruß von Kommunalpolitikern der wohnraumknappen Isarmetropole – seine überdimensionierten Privatambitionen auf Staatskosten pflegt. Natürlich möchte auch der Moralist Richard von Weizsäcker auf nichts verzichten. Wenn er im Juni 1994 die Villa Hammerschmidt räumen wird, werden seine Sachen nach Berlin geschafft. Dort wartet bereits ein komplett eingerichtetes Büro auf den Exbundespräsidenten. Mehr als nur einen Koffer hat auch Exkanzler Helmut Schmidt (SPD) noch in Bonn. Der Mitherausgeber der angesehenen Hamburger Wochenzeitung »Die Zeit« (Jahresgehalt 600 000 Mark) und Honorarredner unterhält im Bundeshaus ein Büro. Fahrer und Sekretärin zahlt der Bund.

Das feudale Politikerendlager

Jedesmal, wenn Friedrich Zimmermann (69) seine Vaterstadt München verließ, um nach Berlin zu reisen, wo er als Vorsitzender des Verwaltungsrats der Reichsbahn wieder einmal nach dem Rechten sah, nahm er das Flugzeug. Der ehemalige Bundesinnen- und Verkehrsminister sparte dem maroden Unternehmen damit viel Geld. Denn Friedrich Zimmermann ist einer von zahlreichen Privilegierten, die ein Freiticket besitzen, mit dem sich jeder Punkt der Erde kostenlos und bequem bei standesgemäßer Betreuung erreichen läßt. Friedrich Zimmermann ist Mitglied des Aufsichtsrats der Lufthansa AG.

Der CSU-Politiker hat den Freischein aus seiner aktiven Dienstzeit herübergerettet. Als Verkehrsminister (1987–1990) saß er qua Amt, als Vertreter des Miteigentümers Bund, im Aufsichtsrat. Nach seinem Aus als Minister – selbst seine Parteifreunde wollten ihn in Landshut nach 36 Parlamentarierjahren nicht mehr als Abgeordneten aufstellen – durfte Zimmermann das heißbegehrte blaue Ledermäppchen weiter behalten. Bundeskanzler Kohl hatte sich extra dafür stark gemacht. Er belohnte einen seiner umstrittensten Weggefährten, dem selbst ein Meineid die politische Karriere nicht vermasseln konnte. Zimmermann weiß offensichtlich zuviel. Als früherer CSU-Generalsekretär (1955-1967) war der Anwalt maßgeblich daran beteiligt, die CSU in Bayern an die Macht zu boxen – mit dubiosen Methoden, welche der bis dahin im katholisch-ländlichen Milieu unangefochten führenden Bayernpartei buchstäblich das Genick brach.

Doch Herrschaftswissen, langjährige Treue und Umtriebigkeit sind die Bestandteile, aus denen die Politiker noch Jahre nach ihrem Ausscheiden Honig saugen. Ob Zentralbankrat oder Lufthansa, ZDF oder ARD – die ausrangierte Politprominenz sitzt immer in der ersten Reihe. Obwohl es nicht überall viel zu holen gibt, drängen sich die Abgetakelten mit Vehemenz in die Gremien. Oft spielt dabei auch Eitelkeit eine Rolle. »Wer jahrzehntelang im Scheinwerferlicht gestanden ist, verträgt nur selten die Ruhe«, hatte einmal der frühere Bonner Parlamentsvize Carlo Schmid (SPD) gespottet.

Die Droge »Macht«, verbunden mit der schönen Aussicht auf etwas zusätzliches »Kleingeld«, ist nur die eine Seite der Medaille. Dank und Anerkennung für die geleistete Arbeit – oder, perfide genug, die preiswerte Chance, einen ungeliebten Parteifreund wegzuloben – ist die andere. Doch die durchaus legitime Absicht, Erfahrungen und Know-how älterer Politstrategen nicht sinnlos versanden zu lassen, wirkt in der Realität oft lächerlich. Der Verdacht, daß es in vielen Fällen mehr um das Wohl des Kandidaten als vielmehr um Erfolg und Ansehen des betreffenden Unternehmens geht, wird leider nur allzuoft bestätigt. Die Zahl der Abzocker im Politikerendlager wird immer größer, hier ein Überblick über die prominentesten Fälle:

- Manfred Abelein (63), Exbundestagsabgeordneter, wurde nach 28 Parlamentsjahren mit dem Job eines Vizepräsidenten bei der neugegründeten Europäischen Bank für Wiederaufbau und Entwicklung (EBRD) in London belohnt. Seine MdB-Pension in Höhe von 7800 Mark wirkt gegenüber dem jährlichen Bank-Salär geradezu mickrig: über 270000 Mark netto. Im Sommer 1993 war neben dem damaligen französischen Bankpräsidenten Jacques Attali, der Millionen, die für den Wiederaufbau in Osteuropa vorgesehen waren, für Luxusreisen und Nachtklubbesuche auf den Kopf gehauen hatte, auch der Deutsche ins Zwielicht geraten: Er hatte als »Berater« der Zwickauer Sachsenring Automobilwerke (SAZ), in deren Aufsichtsrat er auch heute noch sitzt (Jahresaufwandsentschädigung 20000 Mark), zusammen mit einem Hannoveraner Unternehmensberater über 6,5 Millionen Mark Honorare kassiert.
- Holger Börner (63), Exministerpräsident von Hessen, steht nach seinem Rückzug aus Wiesbaden der SPD-nahen Friedrich-Ebert-Stiftung in Bonn vor. Die Stiftung arbeitet international, was dem nicht gerade reisefreudigen und einsprachigen Kasselaner wenig behagt. Börners Politikerpension in Höhe von 12000 Mark wird dem neuen, aus Steuermitteln finanzierten Einkommen über 15000 Mark selbstverständlich nicht angerechnet.
- Wolfram Brück (58), Exoberbürgermeister von Frankfurt

am Main, versucht sich seit geraumer Zeit als Geschäftsführer des umstrittenen Müllverwertungsprojekts Duales System Deutschland. Die Berufung des konfliktscheuen CDU-Politikers auf diesen komplizierten Posten gilt als Fehlgriff. Neben seiner OB-Pension in Höhe von 9800 Mark kassiert der CDU-Politiker über 250000 Mark Geschäftsführergehalt.

- Josef Duchac (55), der als thüringischer Ministerpräsident zurücktreten mußte, nachdem bekannt geworden war, daß er als Nikolaus auf einer Stasiweihnachtsfeier seltsame Gedichtchen vortrug, verdingt sich nun als Repräsentant der CDU-nahen Konrad-Adenauer-Stiftung in Lissabon. Der Mann aus dem Eichsfeld kann sich in seiner neuen Umgebung nur per Dolmetscher verständigen. Das Gehalt des schon als Ministerpräsident überforderten Politnikolaus in Höhe von 11000 Mark nebst Spesen zahlt zwar die Stiftung, aber diese besorgt sich ihre Finanzausstattung bekanntermaßen aus der Staatskasse, also beim Steuerzahler.
- Jockel Fuchs (74), Exoberbürgermeister der rheinland-pfälzischen Landeshauptstadt Mainz, mischt seit seiner Gründung im Jahre 1962 noch immer im ZDF-Verwaltungsrat mit. Der Sozialdemokrat führt jene Altherrenriege an, die mit Friedrich Zimmermann (CSU), 69, Hans Fahning (SPD), 68, Hermann Heinemann (SPD), 67, Konrad Kraske (CDU), 66, und Hans Koschnick (SPD), 66, in den beiden Gremien des größten europäischen Funkhauses, Verwaltungs- und Fernsehrat, mitreden und dafür bis 1500 Mark pro Monat kassieren.
- Eugen Glombig (71), langjähriger Sozialexperte der SPD im Bundestag, wirkt seit 1988 als schleswig-holsteinischer Bürgerbeauftragter für soziale Angelegenheiten und Landesbeauftragter für Behinderte. Ins Kreuzfeuer der Kritik geriet Glombig, der neben seiner Abgeordnetenpension in Höhe von 7750 Mark auch noch 16000 Mark (Besoldungs-

gruppe B 10) kassiert, als ihm der Kieler Landesrechnungshof im Herbst 1993 neben einem autoritären Führungsstil schlampigen Umgang mit Steuergeldern und überhöhte Gehälter attestierte; 25 800 Mark gab Glombig allein 1991/1992 für Auslandsreisen aus.

- Wilfried Hasselmann (69), Exinnen- und Bundesratsminister von Niedersachsen sowie CDU-Landesvorsitzender a.D., sitzt im Aufsichtsrat der bundeseigenen Industrieverwertungsgesellschaft AG in Bonn. Das kleine Zubrot betrug im Geschäftsjahr 1992 rund 23 000 Mark. Obwohl der Aufsichtsratsposten mit der Ministerfunktion gekoppelt ist, hat der gelernte Landwirt Hasselmann dieses Mandat an seinen Amtsnachfolger von den Grünen bisher noch nicht weitergereicht.
- Philipp Jenninger (61), Exbundestagspräsident, der 1988 mit einer verheerenden Rede zum 50. Jahrestag der sogenannten Reichskristallnacht ausrutschte und danach zurücktreten mußte, darf als deutscher Botschafter in Wien müßiggehen. Kanzler Kohl hat seinem Abspeckbruder und Parteifreund sogar ein höheres Gehalt verschafft: 16 500 Mark statt 14 200 Mark, mit denen der Platz Wien bislang vom Auswärtigen Amt honoriert worden war.
- Rainer Maedge (50), Exlandtagsabgeordneter aus Köln. Er ist der Jüngste in der Rubrik Versorgungsabzocker. Aber auch er hat seine große politische Zukunft schon hinter sich, wenngleich er als Lotto-Direktor in Köln viel Zeit hat, um sich als begnadeter kommunaler Strippenzieher zu betätigen. Die 350 000 Mark jährlich, die er dabei kassiert, sind ein schönes Pölsterchen. Was den neuen Job attraktiv macht, war nicht nur das üppige, sechsstellige Übergangsgeld, welches der gelernte Verwaltungsbeamte und spätere SPD-Landesgeschäftsführer bei seinem Wechsel nach 13jährigem Abgeordnetendasein in die Zockerzentrale mitnahm, es ist auch seine wunderbare Pensionsregelung.

Wenn sich SPD-Mann Maedge in spätestens 15 Jahren zur Ruhe setzt, kassiert er doppelt: Lottorente plus Abgeordnetenpension. Letztere kann dann nicht angerechnet werden, weil Maedge in der Privatwirtschaft tätig war.

- Hans Matthöfer (69), Exbundesfinanzminister, organisiert als Vorstandsvorsitzender der Gewerkschaftsholding BGAG die traurigen Hinterlassenschaften seiner kriminellen Kollegen aus den Vorstandsetagen von Neuer Heimat und Co-op. Nebenher berät der SPD-Mann auch noch die brandenburgische Landesregierung. Matthöfer kassiert neben einem Vorstandsgehalt über einer Million Mark per anno auch noch 7 500 Mark Politikerpension.
- Theo Schwefer (64), Exabgeordneter im Düsseldorfer Landtag. Der Rechtsanwalt und Notar aus Münster war der finanzpolitische Sprecher der CDU-Fraktion. Kaum einer wußte über die Verästelungen des Landeshaushalts besser Bescheid als er. Um den kompetenten Kontrahenten loszuwerden, boten ihm die roten Landesherren den Posten des Direktors der West-Lotto GmbH in Köln an. Schwefers Gage (600 000 Mark), aber auch sein Übergangsgeld und die spätere doppelte Rente können sich sehen lassen.
- Peter Wedder (64), Exabgeordneter im baden-württembergischen Landtag, regiert seit sechs Jahren die Staatliche Toto-Lotto GmbH in Stuttgart. Der gelernte Wirtschaftsprüfer und Steueranwalt hatte seine Meriten zuvor als finanzpolitischer Sprecher der CDU-Fraktion geholt. Weil er niemals unter Späth Staatssekretär werden konnte, mußte er mit einem adäquaten Job belohnt werden. Die Lottogesellschaft mit ihrem Geschäftsführerposten (Jahreseinkommen 258 000 Mark) war da genau das richtige. Als 58jähriger hatte Wedder dort schon seine Höchstrente erworben: 40 Prozent des Festgehaltes. Hinzu kommen schon jetzt 586 000 Mark Abgeordnetenpension pro Jahr.
- Bernhard Worms (63), der bei der nordrhein-westfälischen

Landtagswahl 1985 sang- und klanglos untergegangene CDU-Spitzenkandidat, wurde »als Kohls treuer Diener« mit dem Staatssekretärsjob in Blüms Sozialministerium belohnt. Dem Kölner Oberpostrat gelang damit ein beachtlicher Karrieresprung, der sich auszahlt: 16000 Mark im Monat.

Was die manchmal schon ziemlich senilen Altpolitiker in ihren Aufsichtsratsämtern wirklich bewirken, ist mehr als umstritten. Fest steht jedenfalls, daß sie ihre Stühle in den Unternehmen für Jüngere blockieren, kaum neue und frische Ideen einbringen und nicht ganz unschuldig daran sind, daß die gesetzlich formulierten Kontrollaufgaben nur halbherzig bewältigt werden. So manches Unternehmen will die schamlosen Schläfer in den Aufsichtsratssitzungen zwar loswerden, doch um die guten Kontakte ins politische Lager nicht zu gefährden, lassen sie die Altabzocker lieber auf ihrem Stuhl – und zahlen weiter.

Mitunter gehen »Beförderungen« auch daneben. »Nun doch kein ›Sechser‹ für Peter Hartherz«, titelte leicht schadenfroh die »Frankfurter Rundschau«, als bekannt wurde, daß Hessens Ministerpräsident Hans Eichel (SPD) den verdienten Parteifreund und Landtagsabgeordneten Peter Hartherz, 53, nun doch nicht zum zweiten Geschäftsführer der Lotterie-Treuhandgesellschaft mbH machen wollte. Exlehrer Hartherz sollte zusammen mit seinem Parteifreund Hanns-Detlef von Uckro (57), der bisher als Ministerialdirigent im Wiesbadener Finanzministerium wirkte, den Laden schmeißen. Als Jahresgehalt winkten 230000 Mark samt üppiger Pensionsregelung (10000 Mark pro Monat).

Inzwischen kann Hartherz froh sein, daß er den Job nicht bekam. Denn ein halbes Jahr nach seiner gescheiterten Bewerbung geriet die Lottogesellschaft in ihre bisher schlimmste Führungskrise, bei der Hanns-Detlef von Uckro seinen schönen Posten und Staatssekretär Erich Geske sowie Finanzministerin Annette Fugmann-Heesing (SPD) ihre Ämter verloren. Uckro hatte mit Geske einen Dienstvertrag ausgehandelt, der ihm nicht nur ein Jahreseinkommen von 270 000 Mark bescherte, sondern dem Lottochef auch gestattete, weiterhin Geschäftsführer des landeseigenen Blindenhilfsmittelherstellers (Blista) zu bleiben. Der Blista-Job brachte zusätzliche 60 000 Mark. Geske hatte die Presse über den Inhalt des Uckroschen Dienstvertrages belogen und damit seine Ministerin als die politisch Verantwortliche mit in den Abgrund gerissen. Auch Uckro wurde gefeuert, denn er hatte vergessen, seinem Dienstherrn mitzuteilen, daß er aus seiner nur vierjährigen Bürgermeisterzeit in Gelnhausen außerdem Monat für Monat 3 111 Mark Pension kassierte.

Uckro war der Nachfolger von Hans-Joachim Dumscha, der nach 20jährigem Dienst im zarten Alter von 52 Jahren die Segnungen des Frührentnerdaseins in Anspruch genommen hatte – fünf Monate vor Vertragsablauf und ausgestattet mit einer Abfindung über 200 000 Mark.

Die Dreistigkeit der Ostpolitiker

So schnell wie sie oben waren, waren sie auch wieder unten. Wer kennt heute noch Sabine Bergmann-Pohl? Die einstige Volkskammerpräsidentin, die in der Wendezeit gewandt und keck das Ostparlament im Asbestpalast von Berlin beherrschte, galt als eine der großen Hoffnungen der CDU. Kaum in Bonn, avancierte die Fachärztin für Lungenkrankheiten auf Kohls ganz besonderen Wunsch zur parlamentarischen Staatssekretärin im Gesundheitsministerium. In dieser Funktion ist sie trotz Aids-Skandal und Gesundheitsreform bislang noch nicht aufgefallen. Wohl schon eher als eifrige Besucherin in Kölner Boutiquen. Ihre Tage am Rhein scheinen gezählt.

Als echter Rüpel-Ossi erwies sich auch der ehemalige Verkehrsminister Günther Krause. Niemand von seinen Kollegen hat so rasant und so perfekt die negativen Seiten der Wessis verinnerlicht wie der Diplombauingenieur und Informatikdozent aus Mecklenburg: arrogant, anmaßend, maßlos. Seine Affären stellen so manchen Altabzocker aus der Bonner Politikerriege in den Schatten:

- So kassierte er und seine Ehefrau Heidrun auf Antrag vom Arbeitsamt Wismar 70 Prozent der monatlichen Kosten (858 Mark) für ihre Putzfrau.
- Ehefrau Heidrun fummelte obendrein in einem Hamburger Autohaus mit dem Diplomatenpaß ihres Mannes herum, um Prozente für den Chrysler-Jeep ihres 16jährigen Sohnes herauszuholen – was ihr auch gelang. Sohnemann Christian fährt seitdem mit einem Führerschein zur Schule, den er sich in den USA besorgt hatte, wohin er seinen Vater während einer Dienstreise begleiten durfte.
- Krause selbst heuerte beim Bau seines Privathauses in Börgerende einen Arbeitslosen zur Schwarzarbeit an.
- Er setzte sich für westdeutsche Kaufleute ein, die in Schiebereien um den Rostocker Elbo-Baukonzern verwickelt waren.
- Als Minister ließ er sich im Juni 1991 über 6000 Mark für den Umzug seiner Familie von Berlin nach Börgerende in Mecklenburg rechtswidrig aus der Bundeskasse erstatten.

Soviel Dreistigkeit in einem der höchsten politischen Ämter des Landes ist ein weiteres Beispiel dafür, wie Politiker heute den Staat hemmungslos als Selbstbedienungsladen mißbrauchen. Für seine ostdeutschen Landsleute war Krause – bevor Kanzler Kohl ihn zum Rücktritt zwang – ein Vorbild dafür, daß einer, der von unten kommt, auch ganz oben mitmischen kann. Insofern sind Abzocker vom Schlage eines Günther

Krause auch nicht ganz unschuldig daran, daß das Vertrauen vor allem junger Leute in die Politik inzwischen auf den Faktor Null gesunken ist.

Immerhin konnte sich der Exverkehrsminister 947 Tage im Amt halten. Schneller mußten die beiden thüringischen Minister Willibald Böck (Innen) und Hans-Henning Axthelm (Soziales und Gesundheit) ihren Sessel verlassen. Schon bald nach ihrem Amtsantritt im Spätherbst 1990 standen sie unter schwerem Beschuß. Böck geriet in die Schlagzeilen, weil er von der hessischen Unternehmensgruppe Stutz 20000 Mark wegen bevorzugter Genehmigung von Bau und Betrieb diverser Autobahnraststätten einsteckte. Axthelm hatte einem ehemaligen Stasi-Mitarbeiter ein 160-Betten-Hotel in bester Erfurter Lage zugeschanzt und die landeseigenen Kliniken in Bad Berka ausgesprochen günstig an die westdeutsche Rhön-Gruppe verkauft. Was dabei angeblich sonst noch an Geldern heimlich unter dem Tisch durchgereicht wurde, ist nie aufgeklärt worden. Die Fälle der CDU-Politiker sind an traurigen Facetten kaum zu überbieten: Die Erfurter Staatsanwaltschaft stellte aus unerfindlichen Gründen das Ermittlungsverfahren gegen Böck ein, und Axthelm ließ sich in einem oberfränkischen Großmarkt auch noch beim Klauen von Hundeshampoo und einem Pornoheft erwischen. Im August 1992 legten beide ihre Ämter nieder.

Rathäuser im Fadenkreuz der Filz-Mafia

Nichts verrät in Köln am Rhein mehr über die Philosophie ihrer Bewohner als der berühmte Satz »Könne un jönne könne«, was so viel heißt wie »Können und Gönnen können«. Der Kölner Soziologieprofessor Erwin K. Scheuch sieht die ganze Sache weniger lyrisch: »Wir müssen einen dramatischen Sittenverfall konstatieren«, sagt der Verfasser des Insiderbuches »Cliquen, Klüngel, Karrieren«. Scheuch meint damit die vielen krummen Touren im Schatten des Domes: Korruption, Vetternwirtschaft und Privilegien im Rathaus und in den kommunalen Amtstuben. Der Professor, als aktives CDU-Mitglied wie auch als früherer Mentor des rechtsliberalen »Bundes Freiheit der Wissenschaft« linksrevolutionärer Ideen eigentlich eher unverdächtig, hatte mit seiner berühmten Fallstudie über die kölsche Kommunalpolitik und deren atemberaubenden, parteiübergreifenden Postenschacher nicht nur am Rhein für großes Aufsehen gesorgt. Doch ein bißchen Köln ist heute überall. Der Selbstbedienungsvirus hat schon lange auch die Ratsherren und -damen gepackt. Privilegien wie billige Stromtarife, von denen der Bremer Bürgermeister Klaus Wedemeier (SPD) profitierte, hochherrschaftliches Wohnen in bester Lage zum Sozialtarif, das sich Schuldezernent Andreas Henseler in Köln gönnt, oder Freiflüge wie etwa zur Messe nach Thessaloniki, von denen die Düsseldorfer Ratsherren in ihrer Funktion als Aufsichtsräte der Messegesellschaft NOWEA Gebrauch machten, sind nur die Spitze des Eisberges, der die ganze Republik umfaßt. Das Fatale an der Selbstbedienungsmentalität ist, daß Städte und Gemeinden heute finanziell am Rande des Abgrunds stehen und nur Staatssubventionen sie vor dem Absturz bewahren. Sie schließen Kindergärten und Hällenbäder, Theater und Museen. Dennoch werden zugunsten der Beamten und des Apparats mancherorts Millionen verpulvert.

So skandalös aber wie im Münchner Rathaus ging es in anderen Großstädten der Republik schon lange nicht mehr zu. Oberbürgermeister Uhde mußte sogar eine »Antikorruptionstruppe« ins Leben rufen, um den Schmiergeldsumpf an der Isar trockenzulegen. Vor allem in der Baubehörde hatte es seit Jahrzehnten immer wieder Gerüchte oder sogar Informationen aus erster Hand über Korruption gegeben. Ende 1993 wurde dann der Chef der Lokalbaukommission Herbert Weidenschläger festgenommen, der von dem Münchner Immobilienmakler und Elektrounternehmer Helmut Schmid seit Jahren mit monatlich 2000 Mark geschmiert worden sein soll. Er dankte dafür mit Gefälligkeiten bei der Genehmigung von Baurechten in teilweise umstrittenen Gebieten.

Aus den Münchner Stadtwerken wurden Fälle bekannt, bei denen Bieterfirmen offensichtlich geheime Bewerberunterlagen der Konkurrenz zugespielt bekamen. Danach haben diese die Preise nach unten korrigiert. Bei der Müllabfuhr wurde geschmiert, bei der Messe die Hand aufgehalten, und kurz vor Weihnachten 1993 kam raus, daß auch leitende Mitarbeiter der Verkehrsbetriebe bei der Vergabe von Schulbuslinien kräftig in die eigene Tasche gearbeitet hatten.

Dagegen ist das Anfang Januar 1994 im Fürther Rathaus bekannt gewordene Techtelmechtel der Abzocker sicherlich nur eine unbedeutende Entgleisung, sie zeigt aber immerhin, wie weit die Moral in deutschen Amtsstuben heute geht. Dort wurden die Staatsanwälte nach der Anzeige einer Stadträtin aktiv, nachdem diese entdeckte, daß der Tochter des Oberbürgermeisters Uwe Lichtenberg, aber auch dem Sohn des Geschäftsführers der städtischen Wohnungsbaugesellschaft Sozialwohnungen zugeschustert wurden. Das Heim von Lichtenbergs Nachwuchs, einer 18jährigen Studentin, war immerhin 65 Quadratmeter groß. In solchen Wohnungen werden in den meisten Städten überwiegend Familien mit mehreren Kindern untergebracht. Außerdem hatte das Prominentenkind einen über der Bemessungsgrenze liegenden Unterhaltsanspruch gegen ihre wohlhabenden Eltern.

Politische Korruption

Es war wie im Krimi. Der Informant öffnete den mit Papieren vollgestopften Schrank und meinte: »Sie haben jetzt 50 Minuten, wenn Sie in dieser Zeit nichts finden, bekommen Sie gar nichts.« Der Besucher hatte Glück. Was er fand und im Büro des Informanten an einem zeitweise streikenden Gerät kopierte, war von solcher Brisanz, daß es die Republik erschütterte. Die Akten lieferten dem »Spiegel« die Titelstory über den »Flick-Skandal«, der größten Korruptionsaffäre in der Geschichte der Bundesrepublik. Als Hans Leyendecker, Düsseldorfer Korrespondent des Hamburger Magazins, damals im Herbst 1982 gegen zwei Uhr nach Hause kam, legte er die Kopien unter sein Kopfkissen, damit sie ihm nicht noch geklaut würden.

Danach wurde erstmals aktenkundig, wie einer der größten deutschen Konzerne versucht und es fertiggebracht hat, Politiker und Parteien zu schmieren. Schon seit den Siebzigern pflegte der Konzern die »Bonner Landschaft«: Politiker und Parteien wurden über schwarze Kassen, über die der Flick-Angestellte Rudolf Diehl penibel Buch führte, geschmiert. Als Firmenboß Friedrich Karl Flick (»FKF«) sich 1975 dazu durchgerungen hatte, sein Zwei-Milliarden-Aktienpaket an der Daimler-Benz AG – immerhin knapp 30 Prozent des gesamten Aktienkapitals – der Deutschen Bank AG zu verkaufen, ging es für ihn um die Frage, ob er den »Buchgewinn« in Höhe von 1,8 Milliarden Mark, der bei diesem Deal übrigblieb, versteuern muß. Nach geltendem Recht hätte Flick rund eine Milliarde Mark an Steuern bezahlen müssen. Zum Glück gab es den § 6 b des Einkommensteuergesetzes und den § 4 des Auslandsinvestitionsgesetzes. Und diese regeln die Ausnahmen: Steuerbefreiung ist möglich, wenn die Wiederanlagen aus Verkaufsgewinnen »volkswirtschaftlich besonders förderungswürdig« sind. Tatsächlich segneten die Bonner Finanz- und Wirtschaftsminister 1,5 Milliarden Mark Steuerbefreiung ab. Flick investierte 800 Millionen in den US-Mischkonzern Grace, 460 Millionen in die eigene Firmengruppe (Dynamit Nobel AG, Buderus AG, Feldmühle AG) sowie noch einmal 210 Millionen Mark in die ehemalige Kölner Pleitebank Herstatt.

Die Namen der politischen Köpfe, die damals den Deal genehmigen mußten, die Wirtschaftsminister Hans Friderichs und Otto Graf Lambsdorff (beide F.D.P.) sowie die Finanzminister Hans Matthöfer und Manfred Lahnstein (beide SPD), fanden sich zufällig auf den Zetteln des Buchhalters Diehl. Nun roch alles nach Bestechung. Da auch noch andere Bonner Großkopferten notiert worden waren, bekam der Skandal eine unglaubliche Rasanz. Diehls Liste ist eindrucksvoll: Franz Josef Strauß, CSU, (950 000 Mark), Alfred Dregger, CDU, (90 000 Mark), Gerhard Stoltenberg, CDU, (200 000 Mark) Ernst Albrecht, CDU, (60 000 Mark), Rainer Barzel, CDU, (1 562 500 Mark), Walther Leisler Kiep, CDU, (4 050 000 Mark), Franz Heubl, CSU, (120 000 Mark), Hermann Höcherl, CSU, (15 000 Mark), Max Streibl, CSU, (25 000 Mark) Walter Scheel, F.D.P., (200 000 Mark), Josef Ertl, F.D.P., (75 000 Mark), Willi Weyer, F.D.P., (200 000 Mark), Otto Graf Lambsdorff, F.D.P., (135 000 Mark), Hans Friderichs, F.D.P., (375 000 Mark), Herbert Karry, F.D.P., (35 000 Mark), Hans-Dietrich Genscher, F.D.P., (1 050 000 Mark), Hans Matthöfer, SPD, (40 000 Mark), Manfred Lahnstein, SPD, (35 000 Mark), Horst Ehmke, SPD, (10 000 Mark), Konrad Porzner, SPD, (25 000 Mark), Herbert Ehrenberg, SPD, (40 000 Mark), Martin Bangemann, F.D.P., (7 000 Mark), Egon Bahr, SPD, (40 000 Mark), Erhard Eppler, SPD, (40 000 Mark), Bernhard Vogel, CDU, (20 000 Mark) und Kai Uwe von Hassel, CDU, (60 000 Mark). Insgesamt warf Flick aus seinen schwarzen Kassen 25 Millionen Mark in die Bonner Arena. Die meisten dieser Herren stehen – sofern nicht verstorben oder regulär pensioniert – heute noch in Amt und Würden.

Natürlich schwor die gesamte Politprominenz, alles Geld an ihre Parteien weitergeleitet zu haben – auch wenn sie es, wie der damalige Oppositionsführer Helmut Kohl, ohne Quittung und im Briefumschlag entgegennehmen durften. Strafrechtlich relevant waren denn auch nur die Zahlungen an sogenannte »staatsbürgerliche Vereinigungen«; mit diesen hatten vor allem CSU, CDU und F.D.P. operiert. Es waren »Tarnorganisationen zur Täuschung der Finanzbehörden«, wie der Richter Hans-Henning Buchholz von der 7. Großen Strafkammer des Bonner Landgerichts am 16. Februar 1987 in seiner Urteilsbegründung sagte. Friderichs und Lambsdorff hatten Flick-Spenden für die F.D.P. gesammelt und sie Organisationen mit wohlklingenden Namen wie der »Gesellschaft zur Förderung der freien Marktwirtschaft in Europa« und der »Gesellschaft für europäische Wirtschaftspolitik« vermacht. Dreh- und Angelpunkt dieses bislang unerreichten Skandals war der Generalbevollmächtigte des Konzerns, Eberhard von Brauchitsch. Er fädelte in den Siebzigern das Hilfsprogramm ein, seine Nachfolger führten es fort.

Geschadet hat das ganze Verfahren kaum jemandem. Die Karrieren gingen im großen und ganzen weiter wie geplant – Lambsdorff brachte es sogar noch zum Vorsitzenden der F.D.P. Lediglich der inzwischen zum Bankpräses aufgestiegene Exminister Friderichs nahm, ausgestattet mit einem netten Schmerzensgeld in Millionenhöhe, seinen Hut. Sein Renommee hat kaum gelitten. Ob als Co-op-Sanierer oder vielfacher Aufsichtsrat, der Mann von der Mosel ist dick im Geschäft. Die 180 000 Mark Geldstrafe, um die er von Richter Buchholz gebeten wurde, konnte er ebenso locker zahlen wie sein Bruder im Geiste, Graf Lambsdorff, der nur 61 500 Mark blechen mußte. Drahtzieher und Multimillionär Brauchitsch wurde wegen Steuerhinterziehung und Beihilfe dazu zu mit einer Freiheitsstrafe von zwei Jahren und einer Geldstrafe von 550 000 Mark belegt. Vom Vorwurf der Bestechung beziehungsweise der Bestechlichkeit sprach die Kammer die Angeklagten frei.

Ein Unrechtsempfinden konnten die journalistischen Beobachter des Mammutprozesses weder bei den angeklagten Managern noch bei den Politikern feststellen. Insofern hatte der Flick-Skandal auch keinerlei Lerneffekt für die politische und wirtschaftliche Kaste. Wer glaubte, es ginge ein Ruck durch das Land und die Sitten würden sich im positiven Sinne ändern, war auf dem Holzweg. Man ist allenfalls etwas vorsichtiger geworden, aber trotzdem wird fleißig weiter abgezockt. Immer neue Skandale erschüttern die Republik. Wie eng dabei die Verflechtungen immer noch zwischen Politik und privaten Interessen sind, zeigt der jüngste Skandal aus den neuen Bundesländern:

Der Rechtsanwalt Wolfgang Kubicki, 42, und der mecklenburgische Wirtschaftsminister Conrad-Michael Lehment, 49, sind dicke Freunde. Der Anwalt half dem Sproß aus der bekannten Rostocker Schnapsdynastie bei der Rückübertragung seines Erbes in der Kröpeliner Straße, der Haupteinkaufsmeile der ostdeutschen Hansestadt. Rein zufällig bat kurz danach das Schweriner Umweltministerium die Kieler Kanzlei Kubicki, Dr. Scholtis & Partner um Beratung beim Verkauf der Problemmülldeponie Schönberg an ein West-Konsortium unter der Federführung des VEBA-Konzerns. Die Beratungshonorare in einer Gesamthöhe von 858 815,69 Mark stießen den Beamten der Staatskanzlei übel auf, und der Landesrechnungshof kritisierte, Expertisen und Beratung seien ihr Geld nicht wert gewesen. Aber nicht nur das. Der Rechnungshof stellte auch fest, daß dem Land Mecklenburg-Vorpommern durch die Geschäfte ein Schaden von mindestens 100 Millionen Mark entstanden sei.

Wie auch immer – die Landeskasse bezahlte dennoch, Kubicki und seine Partner kassierten. Zum Glück für Freund Lehment, denn dieser profitierte auch ein wenig von dem fürstlichen Honorar: Seine inzwischen installierte »Conrad Michael Lehment KG Besitzgesellschaft« verhökerte für 3,2

Millionen Mark den Anwälten Scholtis und Kubicki genau jenes Grundstück, das Kubicki für Lehment zurückgeholt hatte. Damit der Herr Minister auch weiterhin am Ball bleibt, gründete er mit seinen Kieler Freunden noch eine gemeinsame Compagnie, die »Entwicklungsgesellschaft Kröpeliner Straße«. Deren Aufgabe: die Entwicklung des von Lehment gerade an Kubicki & Co. verkauften Filetgrundstücks. Während Kubicki von seinem Amt als Landesvorsitzender der schleswig-holsteinischen F.D.P. inzwischen zurücktrat, »um Schaden von der Partei zu wenden«, regiert der F.D.P.-Schnapsbrenner-Immobilienspekulanten-Minister lustig weiter. Seine Felle hat der Politabzocker im trocknen, und im Osten werden schließlich tatkräftige Männer gebraucht.

II. Durchstecher im Management

Es ist schon eine hochbrisante Mischung: fachliche Unfähigkeit, Gerissenheit und Größenwahn. Wenn einer seinen Chauffeur von Frankfurt nach Reims schickt, damit dieser den Champagner vor Ort einkauft, dann klingt das schon verdächtig. Wenn aber der Champagner-Liebhaber zu Hause sein Unternehmen, das ihm nicht einmal gehört, auch noch in Grund und Boden wirtschaftet, mit immerhin fast drei Milliarden Mark Schulden, spätestens dann ist ein Mann wie Filmemacher Harald Dietl gefragt.

»Nichts ist erregender als die Wahrheit«, wußte schon der Starreporter Egon Erwin Kisch. Aber auch einem »Egonek«, wie der abgebrühte Chronist und Weltenbummler von seinen Freunden im heimischen Prag genannt wurde, würde der Stift aus der Hand fallen, sähe er in eben jene Abgründe, die sich heute Tag für Tag auftun und die auf zweifelhaft eindrucksvolle Weise belegen, daß es mit der Moral in den Chefetagen nicht mehr weit her ist. Während überall im Lande Werke stillgelegt, Unternehmensabteilungen dichtgemacht, ganze Branchen wie etwa Kohle und Stahl vom Erdboden verschwinden, Tausende von Arbeitern und Angestellten auf die Straße gesetzt werden und obendrein noch dem Volk von seiner Regierung eine Roßkur ohnegleichen verordnet wird, ignoriert noch immer ein Großteil der sogenannten Leistungsträger aus der Wirtschaft die Zeichen der Zeit. Viele Manager der deutschen Industrie tanzen weiter ihren Tanz ums Goldene Kalb in der Hoffnung, daß es niemand bemerkt. Harald Dietl, der Erfolgsregisseur aus München-Schwabing, der ein ausgesprochenes Faible für skurrile Stoffe (»Kir Royal« und »Schtonk«) besitzt, hätte Gelegenheit für einen neuen Streifen übers Milieu.

Das Milieu? Hier riecht es nicht nach angebrannter Erbsensuppe im Treppenhaus, und es liegen auch keine zerbrochenen Bierflaschen im Hof herum. Das Genre des Harald Dietl ist die neue Wirklichkeit: menschliche Schwächen und Verrücktheiten mit glitzerndem Ambiente in den Glaspalästen der Industrie. Also ließe sich folgendes Drehbuch-Scribble denken:

Ein sportlicher Mittvierziger, wegen seines ungermanischen Aussehens und seiner phantastischen Rechenkünste von seinem Freund, dem Herrn Minister, dem er lange Jahre als Abteilungsleiter diente, fast zärtlich »der Armenier« genannt, betritt an einem sonnigen Frühlingstag des Jahres 1973 seinen neuen Arbeitsplatz als Chef einer großen Bank. Da trifft ihn fast der Schlag. So hatte er sich sein künftiges Arbeitsumfeld nicht vorgestellt: »Die Etage war in einem Zustand, der geradezu kreditschädigend war.« Für 300 000 Mark läßt der Neue seine Suite erst einmal umrüsten. Neue Teppichböden und schickes Mobiliar. An die Wand kommen Werke des Lieblingsmalers Emil Nolde – selbstverständlich eingekauft zu Spitzenpreisen. Damit auch alles paßt, läßt der luxusfreudige Havannaraucher den Kühlschrank mit Champagner auffüllen. Den hatten seine Chauffeure direkt aus Reims herbeigeschafft, sozusagen als Erzeugerabfüllung.

Dem Untersuchungsausschuß des Landtages wird der Banker (Jahreseinkommen damals: 280 000 Mark) später erzählen, daß er seine Fahrer nur deshalb zum Schampusholen losgeschickt habe, weil sie »nichts zu tun« gehabt hätten und »nur herumgesessen« seien. Doch ehe der große Chef seinen 2000-Mark-Ledersessel mit dem unbequemen Stuhl im schmucklosen Saal des parlamentarischen Untersuchungsausschusses vertauscht, macht er erst einmal Geschäfte. Und was für welche! Wo immer es um Pleiten geht, hat er seine kreditgebende Hand im Spiel. Ob bei Termitenbauten am Frankfurter Sonnenring, der Münchner Freizeitstadt »Schwabylon«, einem Dinslakener Röhrenproduzenten oder bei der durch die Verwaltung amerikanischer Mafia-Konten ins Gerede gekommenen Genfer Banque de Crédit International (BCI) seines Freundes Tibor Rosenbaum, an dem sein Institut mit 36,4 Prozent beteiligt ist. Am Schluß fehlen fast drei Milliarden Mark in der Kasse. Weil die Bank »öffentlich-rechtlich« ist, darf sie nach dem Gesetz nicht pleite gehen. Die Zeche zahlen wieder einmal die Kleinen: in diesem Falle die Sparkassen des Landes, also der Steuerzahler. Der Banker räumt nach 21 Monaten sein schönes Luxusbüro und zieht sich an die Washingtoner Georgetown University zurück, wo er fortan als Dozent für Internationale Beziehungen wirkt – auf einem Lehrstuhl, den der deutsche Bundespräsident gestiftet hatte.

Der Klassiker Hankel

Die Fakten dieses Wirtschaftskrimis entstammen nicht den grauen Zellen eines klugen Drehbuchschreibers, sondern der deutschen Realität: Der Banker heißt Wilhelm Hankel, ist Mitglied der SPD und war unter Karl Schiller erfolgreicher Leiter der einflußreichen Abteilung »Geld und Kredit« des Bundeswirtschaftsministeriums. Bei der Bank handelt es sich um die Hessische Landesbank (Helaba) in Frankfurt am Main, die sich nach dem Skandal schnell in »HLB« umbenannte und die mit damals 31,89 Milliarden Mark Bilanzsumme von Hankel ausersehen war, die Nummer eins der öffentlich-rechtlichen Banken zu werden – viel größer und mächtiger noch als die Düsseldorfer WestLB mit einer Bilanzsumme von 47,47 Milliarden Mark. Die Pleite beendete aber auch die

Karriere des hessischen Ministerpräsidenten Albert Osswald (SPD), der als Verwaltungsratsvorsitzender der HLB grandios versagt hatte.

Hankel ist kein Einzelfall und dennoch beinahe schon ein Klassiker. Was diesen Wirtschaftsskandal auch heute noch so beispielhaft macht, sind nicht nur seine bizarren Facetten, sondern die Wirkung, die diese Affäre auslöste. Denn Hankel war einer der ersten, der im Übergang von der Aufbau- zur Konsolidierungsphase der Republik eine bis dahin unbekannte, negative Richtung einschlug. Hankel avancierte zum Trendsetter des schlechten Geschmacks. Aber auch für ihn gilt: Hochbezahlte Manager sind auch nur Menschen. Doch anders als bei den jährlich vielen tausend Fällen, wo Angestellte über ihre Verhältnisse leben, ihren Arbeitgebern Kuckuckseier ins Nest legen oder manchmal sogar skrupellos betrügen, endet das Luxusleben auf der Chefetage fast immer mit verheerenden Folgen – für die anderen. Kunden werden betrogen, Aktionäre übers Ohr gehauen, Arbeitsplätze vernichtet, Unternehmen in den Konkurs getrieben. Mit ihrer Raffgier, ihrer Eitelkeit und Verschwendungssucht schädigen die vom rechten Weg abgekommenen Topmanager die Volkswirtschaft in ihren Grundpfeilern und ramponieren das Ansehen einer ganzen Führungselite. »Wo hat es das schon einmal gegeben, daß sich einer die Reitstunden für das Fräulein Tochter von der Firma bezahlen ließ«, entrüstet sich der als »Aktionärsschreck« oft diffamierte Düsseldorfer Anlegervertreter Kurt Fiebich über die schleichenden Unsitten in Deutschlands Chefetagen.

Geschichten aus dem Palais Gies

Fehlendes Unrechtsbewußtsein, mangelnde Sensibilität und übersteigerter Drang nach Größe werfen interne wie externe

Kritiker auch dem Multiaufsichtsrat und früheren Vorstandsvorsitzenden der Aachener-Münchner-Gruppe, Helmut Gies, vor. Nicht nur, daß der 1,68 Meter große Allfinanzguru für 84 Millionen Mark das »Palais Gies« errichtete, »ein Marmortempel, der unter der Glaspyramide einen Hauch von Monarchie verbreitet«, wie die »Frankfurter Allgemeine« empfand, nein, Gies dachte auch noch an seine Familie zu Hause. Zum Beispiel, als er kurz nach dem Ausstieg als Vorstandsvorsitzender der Finanzholding AMB sein Wohnhaus in Aachens vornehmster Gegend seiner Gattin übertrug, die es wiederum zu einem überhöhten Preis der Aachener und Münchner Leben (AML) andrehte. Der auf der AML-Hauptversammlung vom Aktionär Veit Kremer gestellten Frage, ob es denn richtig sei, »daß die AM-Leben-Gruppe das Privathaus des Herrn Dr. Gies käuflich erworben hat«, konnte Gies wahrheitsgemäß-scheinheilig entgegnen: »Die Gesellschaft hat von mir kein Haus erworben.«

Tricksereien aus der untersten Schublade zählten stets zu den starken Seiten des promovierten Juristen. So beantragte er schon 1983 beim Bau seiner Privatvilla frech eine Befreiung von der Grunderwerbs- und Ermäßigung bei der Grundsteuer, weil er mit dem Dreifamilienhaus neuen Wohnraum geschaffen habe. Ein 64 Quadratmeter großes Zimmer deklarierte er als Arbeitsraum – wegen gewisser Repräsentationspflichten. Das Wohnungsamt lehnte ab, doch die vorgesetzte Dienststelle revidierte diesen Bescheid. Nachdem ein Anonymus die Sache auffliegen ließ, bekam auch der Kölner Regierungspräsident Franz-Josef Antwerpes Wind: Wer sich ein Arbeitszimmer leiste, in dem man »Rollschuh laufen« könne, solle auch die Steuern zahlen. Antwerpes wies die Aachener Behörde an, den Bescheid zurückzunehmen. Gies zog dagegen vor Gericht und verlor. Den Strafbefehl über 45 000 Mark wegen Steuerhinterziehung akzeptierte Gies, allerdings ohne Anerkenntnis jeglicher Schuld.

Die Geschichte mit der Steuer vermasselte dem Versicherungs-Napoleon, der sich durch besonders großzügiges Mäzenatentum hervortat, weil er, wie das »manager magazin« vermutet, »die Spendentöpfe seines Konzerns immer auch zur Überhöhung seines Egos eingesetzt« habe, die staatliche Anerkennung. Alle Bemühungen Gies', auch noch das Bundesverdienstkreuz mit Stern einzukassieren, mit dem die Republik gerade eben den Allianz-Chef Wolfgang Schieren dekoriert hatte, schlugen fehl. Der ehemalige bayerische Bundesratsminister und Landtagspräsident Franz Heubl (CSU), der als Aufsichtsrat der AMB-Tochter Thuringia fungierte, wie auch Nordrhein-Westfalens Ministerpräsident Johannes Rau (SPD), dem Gies als Kunstförderer stets zu Diensten war, katzbuckelte ohne Ergebnis in der Villa Hammerschmidt.

In einem anderen Fall jedoch zahlten sich die glänzenden Kontakte ins politische Lager aus. Nachdem Gies sich im Nicht-EG-Land Österreich an einer öffentlichen Ausschreibung um eine noble Villa beteiligte, erhielt er den Zuschlag. Seither wird darüber spekuliert, ob und wieweit nicht Gerhard Waldheim, der Sohn des damals amtierenden österreichischen Bundespräsidenten, der im Vorstand der AMB-Tochter Bank für Gemeinwirtschaft (BfG) sitzt, bei der Weichenstellung im Salzburgischen behilflich war. Finanziell jedenfalls ist das Exil fernab aller undankbarer Zeitgenossen ein lohnendes Ziel. Seine satte Altersversorgung (rund 450 000 Mark) wird mit etwa 20 Prozent weniger besteuert als in Deutschland, und auch die 900 000 Mark, die der inzwischen 65jährige für seine zehn Aufsichtsratsmandate jährlich einstreicht, werden geringer besteuert als zu Hause. Gies spart hier sogar rund 30 Prozent. Geldflucht ins Ausland, wie sie von den Regierenden vor allem beim »kleinen Mann«, der seine Ersparnisse nur besser verzinst sehen will als hierzulande möglich, immer wieder öffentlich angeprangert wird, betreiben Leute wie Gies erheblich cleverer im ganz großen Stil.

Die Visitenkarten des Freiherrn von Dörnberg

Übertriebene Eitelkeit gehört zum Geschäft. Sie ist neben der Raffgier die zweitwichtigste Antriebsfeder der Abzocker in der deutschen Industrie. Als geradezu exemplarisch kann der Fall des Ernst-Adrian Freiherr von Dörnberg, angesehen werden. Der Adelsherr entstammt einem uralten hessischen Geschlecht, das erstmals im Jahre 1100 urkundlich erwähnt wird. Seine Vorfahren dienten Kaisern, Königen und Landgrafen als Diplomaten und Erbküchenmeister. Einer von ihnen, Pandolphus Ferdinand Freiherr von Dörnberg, brachte es vor 200 Jahren gar zum königlich preußischen Justizminister. Mit dieser imposanten Ahnengalerie ist – und da teilt Ernst-Adrian Freiherr von Dörnberg die höchst leidvollen Erfahrungen anderer Edelleute – im säkularisierten Zeitalter leider kein Staat mehr zu machen. Was ist schon ein elfter Freiherr gegen elf Nullen in der Bilanzsumme?

Der Lufthansa-Aufsichtsrat bestellte Ernst-Adrian von Dörnberg per 1. Januar 1991 zum Vorstandsmitglied, zuständig für den Vertrieb. Das war ein Senkrechtstart. Denn erst zweieinhalb Jahre zuvor war der damals 35jährige von der Unternehmensberatung McKinsey zur Fluggesellschaft gekommen. Bei der Lufthansa sollte der promovierte Jurist und Volkswirt seine Consulter-Erfahrungen (bei McKinsey beriet Dörnberg vor allem die Rüsselsheimer Adam Opel AG auf dem Gebiete der Rationalisierung und Kostenoptimierung) einsetzen: als Leiter der Konzernorganisation, wenig später, in Personalunion, auch noch als Leiter der Strategischen Konzernentwicklung. In beiden Funktionen erwarb sich Dörnberg den Ruf eines knallharten Kostenkillers – beste Voraussetzungen für höhere Weihen in einem Unternehmen, das gerade die Schallmauer von 400 Millionen Miesen durchbrochen hatte.

Und die höheren Weihen kamen: erst stellvertretendes, dann ordentliches Vorstandsmitglied – alles in rasender Geschwindigkeit. Dieser Erfolg mußte der Umwelt unbedingt und in entsprechender Form mitgeteilt werden, dachte sich Dörnberg. Weil dem Edelmann die Presseverlautbarungen der Gesellschaft bezüglich seiner Bestellung wohl zu profan schienen und er einen ausgeprägten Sinn für Repräsentation besitzt, ließ er 300 neue Visitenkärtchen drucken – und zwar auf Diplomatenkarton und mit Stahlstichprägung. Die Rechnung dafür über 3 442,80 Mark ließ der Kostenkiller selbstverständlich von der Lufthansa begleichen. Dort wäre die Affäre wohl mehr oder weniger im Sande verlaufen, hätte der LH-Vorstand – also auch Dörnberg – nicht kurz zuvor beschlossen, sich von 7 800 der insgesamt 55 000 Mitarbeitern, zu trennen. Und noch etwas paßte nicht: Der Boß, Jürgen Weber, investierte in seine Kärtchen noch nicht einmal 20 Pfennig pro Stück, beim Freiherrn lag der Stückpreis bei 11,47 Mark. Im Vergleich zu den großen Abzockerskandalen bei SEL, Sachsenmilch oder Metallgesellschaft mag Dörnberg wie ein kleiner Fisch erscheinen. Doch immerhin demonstrieren auch solche Peanuts-Fälle, wie weit die Moral auf den Chefetagen der deutschen Industrie gesunken ist.

Der Sonnenkönig von Rhein und Ruhr

Über solche Vorwürfe können andere freilich nur müde lächeln. Professor Dr. Dieter Spethmann, Vorstandsvorsitzender der Düsseldorfer Thyssen AG, hatte seinen Arbeitgeber da ganz anders zur Kasse gebeten: Nicht nur, daß er für knapp zwei Millionen Mark seine Chefsuite im 19. Stock renovieren ließ – Spethmann ließ sich auch noch für rund zehn Millionen Mark seine Dienstvilla am Kaiser-Wilhelm-Ring 72 im noblen Stadtteil Oberkassel umbauen. Obendrein brachte er es fertig, daß der Stahlkonzern ihm das schloßähnliche Gebäude auf Lebenszeit überließ. Von der mit sündhaft teurem Schnickschnack ausstaffierten Festung war ein Besucher derart überwältigt, daß er noch Wochen nach seinem Termin im Allerheiligsten mit leuchtenden Augen erzählte: »Die Vasen im Haus sind so groß, daß man kleine Kastanienbäume darin pflanzen könnte.« Die antiken Chinavasen hatte der gute Mann dabei wohl noch übersehen, ebenso wie die vier Portraitbilder von Andy Warhol, auf denen der Hausherr und seine Ehefrau Liesi so gut getroffen sind. Was von den Ausstattungsmillionen Spethmann selbst bezahlte und was aus den Thyssen-Kassen kommt, wird wohl nie so recht aufgeklärt werden. Voller Stolz berichtet jedenfalls der Hausherr über sein Palais mit Rheinblick: »Diese Bude zu bewohnen hat mir ein freundliches Schicksal gestattet.«

In den Konzernzentralen von Rhein und Ruhr lösten die Marotten des Thyssen-Chefs arge Verwunderung aus. Spethmanns Vorgänger und Intimfeind Hans-Günther Sohl zitierte einen Ruhrbaron, der über Spethmann urteilte: »Mit dem ist eine totale Persönlichkeitsveränderung vor sich gegangen.« Und ein ehemaliger Thyssen-Vorstand meinte: »Der Mann leidet unter Realitätsverlust.« Ganz so drastisch mochte es Berthold Beitz, der allmächtige Krupp-Verweser, nicht formulieren. Von ihm stammt der Satz, Spethmann habe in seinem Amt »mehr und mehr die Bodenhaftung verloren«. Ein solches Urteil kommt ausgerechnet von Beitz, dessen unstillbare Managereitelkeit selbst bis an die Schwelle des eigenen Grabes reicht – ihm war es gelungen, seine letzte Ruhestätte auf dem Bredeneyer Friedhof unmittelbar neben Alfried und Hugo Krupp zu ergattern, was noch nicht einmal dem leibhaftigen Familiennachfolger Berthold Krupp gelungen ist.

Im Grundtenor waren sich aber auch die beiden argentinischen Großaktionäre Claudio Graf Zichy-Thyssen und dessen Bruder Federico (18,6 Prozent Thyssen-Anteil) einig. Den Urenkeln des Firmengründers August Thyssen erzählte Spethmann in schwierigen Firmenzeiten vollen Ernstes, daß es ihm nun endlich nach langem Suchen gelungen sei, einen preiswerten Schneider zu finden. Dieser fertige ihm seine Anzüge schon für 8 000 Mark das Stück. Kritik an seinem aufwendigen Lebensstil wiegelte Spethmann, der andererseits nie etwas dagegen hatte, wenn er in der Öffentlichkeit als »Genußmensch« oder gar als »Sonnenkönig« bezeichnet wurde, stets ab: »Alles Klatsch und Tratsch«. Unter dieser Rubrik hakt er auch weltmännisch ab, was Industriekollegen wie der verurteilte Ex-SEL-Vorstandschef Helmut Lohr journalistischen Gästen heute gern bei Kaffee und Kuchen über ihn erzählen. Danach habe der Thyssen-Lenker auf Geheiß seiner Tochter wiederholt sogar Babynahrung für die Enkelkinder im Firmenjet zum Feriendomizil ins spanische Marbella fliegen lassen. Für vergleichbare Taten mußte sich der ehemalige SEL-Lenker Helmut Lohr immerhin vor dem Richter verantworten.

Spethmann hatte jedoch Glück, daß er mit seiner Unternehmenspolitik, einer gnadenlosen Diversifizierung des einstigen Stahlkonzerns, halbwegs erfolgreich war, denn die Gegner lauerten an jeder Biegung des Geschäftsjahres. Allen voran Hans-Günther Sohl, sein Vorgänger und Förderer. Sohl wollte noch als Aufsichtsratsvorsitzender am großen Thyssen-Rad mitdrehen. Als er aber merkte, daß sich Spethmann nichts mehr sagen lassen wollte, mußte er sich eine andere Strategie einfallen lassen. Im Bündnis mit Spethmann-Gegnern aus dem Management, Aktionärskreisen und Großbanken versuchte Sohl den undankbaren Ziehsohn schon im März 1984 zu kippen. Spethmanns Hang zum Protz und der schlechteste Firmenabschluß in der Geschichte der Thyssen

AG kamen ihm dabei wie gerufen. Doch das Schlachtfest fand nicht statt. Spethmann überstand die Hauptversammlung, räumte anschließend unter seinen Gegnern endgültig auf und blieb bis zur Pensionierung 1992 mit Prunk und Gloria im Amt. Lediglich seinen Wunsch, Aufsichtsratsvorsitzender zu werden und das Unternehmen aus dem Hintergrund zu steuern, konnte sich der Jurist nicht erfüllen. Die Gegner von damals hatten ihre Schlappe noch nicht vergessen.

Die Millionenmarotten des Dr. Lohr

Als Helmut Lohr, der berüchtigte Exchef des Elektronikriesen SEL (4500 Beschäftigte, sechs Milliarden Mark Umsatz) vor der 8. Kammer des Stuttgarter Landgerichts zum Schlußwort anhob, glaubten die Zuhörer ihren Ohren nicht zu trauen: Überall in deutschen Unternehmen sei es »an der Tagesordnung«, verteidigte sich der vom Postbeamten zum Konzernherrn Aufgestiegene, daß die Firmen Privatausgaben ihres Chefs übernähmen – natürlich auch jene für private Charterflüge, Hausmädchen und sonstige »außergewöhnliche Belastungen«. Was sich der wegen Untreue, Betrugs und Steuerhinterziehung angeklagte Lohr geleistet hat, war schon eine »Spitzenleistung«: Rund 14 Millionen Mark, wie die Stuttgarter Zeitung herausbekam, hat sich SEL Jahr für Jahr die Amtsführung ihres Vorstandschefs kosten lassen, der am Ende seiner Karriere obendrein noch mit 3,1 Millionen Mark und 667 000 Mark Jahresrente auf Lebenszeit oder »Schweigegeld«, wie ehemalige Lohr-Weggefährten süffisant anmerken, abgefunden wurde.

Allein wie Lohr in seiner Ferienvilla auf Mallorca tatkräftig SEL-Gelder zum Familienwohl verschwendet hat, ist ein glänzendes Indiz dafür, welche Auffassung der bei Mitarbeitern und Vorstandskollegen äußerst verhaßte Firmenlenker von mein und dein im Unternehmen hatte. Für die Umbauten oder Renovierungen seiner Villen in Calvia und Vaihingen bediente sich Lohr bei seiner Firma mit zwei Millionen Mark. Bei über 30 der 160 Flugstunden mit einem »Learjet 35«, welche die Stuttgarter Fluggesellschaft Contact Air allein 1988 SEL in Rechnung stellte, flog der Pilot Mallorca an. Die Flüge auf die Balearen und ihre steuerliche Behandlung schließlich waren der Auslöser, die den Mitreisenden und Lohr-Spezi Lothar Späth (CDU), der sich auch als Traumschiffpassagier vom SEL-Boß in der Ägäis betreuen ließ, als baden-württembergischen Ministerpräsidenten abstürzen ließen.

Auch Helmut Lohr stürzte ab. Das Stuttgarter Gericht sah die Vorwürfe als erwiesen an und verurteilte den Manager im Mai 1991 zu drei Jahren Haft und 600 000 Mark Geldstrafe. Die wegen Steuerhinterziehung mitangeklagte Ehefrau Franziska kam mit einer Geldbuße über 100 000 Mark davon. Allenfalls die unbequeme Haft (erheblich verkürzt wegen guter Führung) dürfte den Topmanager ernsthaft berührt haben, denn das, was er sich innerhalb seiner SEL-Zeit zur Seite legen konnte, einschließlich der fürstlich ausgefallenen Abfindung und Pensionsregelung, reicht aus, um ein paar Dutzend kinderreicher Familien über Jahrzehnte zu versorgen. Angesichts der Massenentlassungen, die der an Überkapazitäten krankende SEL-Konzern in letzter Zeit vorgenommen hat, und angesichts der Tatsache, daß Helmut Lohr nach seinem unrühmlichen Fehltritt von seinen französischen Vorgesetzten zum Teufel gejagt wurde, steht die Millionenversorgung des Herrn Lohr in keiner Relation mehr.

Auch nach zwei Jahren Haft, wo er sich auf über 400 eng beschriebenen Schreibmaschinenseiten seinen Zorn über die Ungerechtigkeit dieser Welt von der Seele geschrieben hat und nebenbei als Sprecher des Gefangenrates sofort wieder Managementfunktionen übernahm, hat Lohr aus den Fehlern nicht gelernt. Wenn der heute gut versorgte Ex-SELer aus dem Panoramafenster seines Vaihinger Nobelbungalows auf die schwäbische Mittelgebirgslandschaft blickt, dämmert ihm weder Erkenntnis noch verspürt er irgendwelche Reue. Was er sich geleistet habe, sei bei den Muttergesellschaften des Konzerns gang und gäbe gewesen, die Kontrollinstanz des Aufsichtsrates habe seiner Meinung nach lediglich »Beiratsfunktion« und damit keinerlei Einspruchskompetenz bei Spesen oder sonstigen Luxusausgaben gehabt. Seinem Statusempfinden versucht er krampfhaft treu zu bleiben. Selbst in der Freizeit, über die er trotz erster Consultingangebote nun reichlich verfügt, kleidet sich der nach öffentlicher Rehabilitierung heischende Machtmensch noch immer so, als würde er jeden Moment in die nächste Vorstandssitzung einmarschieren.

Wie tief der Sumpf tatsächlich war, in dem Lohr sich bewegte, wird wohl in allen Details nie ans Tageslicht kommen. Obgleich er sich mit süffisanten Anspielungen nicht zurückhält (»Wenn ich vor dem Untersuchungsausschuß ausgesagt hätte, wäre Lothar Späth erledigt gewesen«), mag er konkrete Fakten auf keinen Fall auspacken. Das gilt vor allem für brisante Interna aus dem Hause SEL, wo er dunkle Kräfte – von einer Riege um den heutigen Vorstandsvorsitzenden Gerhard Zeidler bis hin zu Stasi und KGB – am Werk sah, um ihn zu stürzen und andere auf den Thron zu hieven. Lohr will nichts sagen, weil er um seine fürstliche Pension fürchtet, die er in zwei juristischen Instanzen durchfechten mußte. Bei dem Thema »Generalskonten« beispielsweise könnte durchaus noch eine späte Bombe platzen. Hier halten sich hartnäckig Gerüchte, daß für hochrangige Bundeswehrgenerale wegen deren guter Dienste bei der Auftragsvergabe für wehrtechnisches Gerät auf geheimen Konten ganz beträchtliche »Pensionsrückstellungen« gebildet worden seien.

Bei der öffentlichen Verhandlung im Fall Lohr wurden solch sensible Aspekte freilich gänzlich ausgespart. Was der

Topmanager jedoch in puncto Luxus, Verschwendung und Bereicherung dem Gericht aus seiner Sicht offenbarte, wirft die Frage auf, ob es stimmt, daß nämlich private Wünsche des Führungspersonals von den Unternehmen heute generell erfüllt würden – mit oder ohne Wissen der zuständigen Aufsichtsräte. Ist es tatsächlich »an der Tagesordnung«, daß Verschwendungssucht und Raffgier, ob legal oder illegal betrieben, das Denken der Wirtschaftselite bestimmen? Fest steht jedenfalls, daß viel zu viele deutsche Bosse nach Lust und Laune ihren ganz persönlichen Luxus aus der Firmenkasse finanzieren. Ein peinliches Beispiel: Während jeder Mitarbeiter sein Kantinenessen bei mageren Firmenzuschüssen von häufig nicht mehr als zwei bis drei Mark selbst bezahlen muß, werden für das Management sogar prämierte Spitzenköche mit fünfstelligen Monatsgehältern eingestellt, die täglich auf Kosten des Hauses mehrgängige Menus »a la carte« mit feinsten Weinen servieren. Das ist bei Daimler-Benz so, das ist bei Siemens so, und auch ein Unternehmen wie die Deutsche Aerospace (DASA), das nach dem Einbruch ihrer Geschäftsfelder in den Bereichen Rüstung, Luft- und Raumfahrt insgesamt 16000 Arbeitskräfte entlassen will, macht da keine Ausnahme.

Sie lesen sich wie Geschichten aus dem Tollhaus – die Stükke, deren Hauptdarsteller Personen sind, die jedes Maß verloren haben. Einst geachtet und mehr noch gefürchtet, ruinieren viele erst ihr Unternehmen und dann ihr eigenes Image aus einem ganz banalen Grund: Sie können nie genug bekommen. Selbst noch in der Stunde des Abtretens spielen sie ihr Talent aus, das sie einst nach oben kommen ließ. Ihre Selbstherrlichkeit – manche sagen Charisma – genügt, um so manchen Kritiker das Fürchten zu lehren. So trat ein Lohr noch vor Gericht wie ein leibhaftiger Wirtschaftskapitän auf, der auch noch meinte, den Richter, den Staatsanwalt und die ganze Kammer belehren zu müssen. Und vom 56jährigen Frank

Staudacher, dem ebenfalls wegen Durchstecherei geschaßten Südmilch-Chef, heißt es düster, er wolle »zurückschlagen« – ganz im Stile seines Förderers und Vorgängers Wolfgang Weber, den selbst eine zweijährige Haftstrafe auf Bewährung und 2,3 Millionen Mark Geldbuße wegen Steuerhinterziehung (1988) keinen Millimeter aus seiner Karrierespur und seinem Sessel zu heben vermochten. Der Berliner »Tagesspiegel« kommentierte beinahe mit Hochachtung: »Der große Blender steckte alle in die Tasche.«

»Was kann man auch von der derzeitigen Unternehmergeneration erwarten, der man niemals Dinge wie Werteorientierung, historisches Selbstverständnis, Interdisziplinarität und ein ausgeprägtes Weltbild sondern ausschließlich Expertentum beigebracht hat«, fragt der Essener Gesellschaftskritiker Professor Heinz J. Kiefer. Die Jahrgänge der 40- bis 50jährigen, die heute in Spitzenfunktionen der Wirtschaft sitzen, seien »absolut wertneutral und geschichtslos« erzogen worden. In einem solchen Klima kann Abzockertum und Selbstbedienungsmentalität am besten gedeihen.

Luxusreisen und Vetternwirtschaft

Einmal im Jahr trifft sich die internationale Managerelite im schweizerischen Davos zum »World Economic Forum«. Hans Peter Stihl, Motorsägenfabrikant aus Waiblingen, war auch dort, aber nur einmal: »Das war das erste und letzte Mal«, schwor der wackere Schwabe. Seither wird Stihl, der es inzwischen zum Präsidenten des Deutschen Industrie- und Handelstages (DIHT) gebracht hatte, in den Schweizer Bergen nicht mehr gesehen.

Der Nutzwert von Managementveranstaltungen dieses Schlages ist mehr als umstritten. Die Firmen zahlen ein Heidengeld für die Meetings – im Fall Davos sind es immerhin rund 20000 Franken –, und raus kommt dabei meist nichts. Die fünf Tage und Nächte in den Luxusabsteigen dienen der eitlen gegenseitigen Selbstbestätigung. Viele nutzen den Aufenthalt im Kanton Graubünden auch noch als zusätzliche Urlaubstage, bringen ihre »Sekretärin« oder andere Damen ihrer Wahl mit. Denn für das psychische Wohlbefinden ist rund um die Uhr gesorgt. Ein höchst sportives Rahmenprogramm in frischer Bergluft sorgt für reichlich Abwechslung – wegen der so wichtigen Firmenkontakte geht alles freilich auf Kosten des Unternehmens. Doch selbst die gesellschaftlichen Höhepunkte des Davos-Forums wie etwa die abendlichen Bankette in einem der vielen Hotels bescheren auch nicht immer die erhofften Kontakte. Selbst die Vorträge und Seminare rufen bei vielen Teilnehmern oft nur ein mühsam unterdrücktes Gähnen hervor. Während Harvard-Professoren recht langweilig über »Corporate fitness« dozieren und westeuropäische Wirtschaftskapitäne über ihre Erfahrungen mit »Lean management«, der neuen Zauberformel für Sparsamkeit und Mitarbeiterabbau im Unternehmen, berichten, fehlen die Zuhörer in ihren Unternehmen, um das Gehörte vielleicht gelegentlich in die Tat umzusetzen.

Globale Führungskräfteereignisse wie das Davoser Management-Forum gibt es rund um den Globus ein paar Dutzend, und der Trend geht vielerorts dahin, in einem Sonderarrangement gleich die Gattin mitzubringen. Kaum ein Managementkongreß, wo nicht gleichzeitig ein Damenbegleitprogramm angeboten wird. Daß bei den abendlichen Bällen, Banquets und Dinners die Ehefrauen nicht aus eigener Tasche zahlen, versteht sich ganz von selbst. Was solche sauber verschachtelten Incentives auf Firmenkosten den Unternehmen übers Jahr wirklich kosten, hat noch kein Controller ernsthaft nachgerechnet. Unter den Gentlemen aus den Topetagen der Industrie ist es aber beileibe kein Geheimnis, daß einige der Managerkollegen bis zu 30 Tagen im Jahr auf solchen Kongressen und Symposien weilen – ganz nach der Devise, je schlechter es dem Unternehmen geht, um so häufiger. Denn auch wenn das Ganze nichts für das Unternehmen bringt, eines ist gewiß: Solche Veranstaltungen nutzen immerhin als Kontaktplattform für den nächsten Job.

Daß sich die Abzocker in den Chefetagen auch mit solch vergleichbar geringen Ausgaben an einer funktionierenden Marktwirtschaft versündigen, dürfte vielen nicht ganz klar sein. Gerade in konjunkturell schwierigen Zeiten, wo neue innovative Ideen gefragt sind, belasten sie die eher mageren Ausbildungsbudgets der Unternehmen über Gebühr. Die Summen, die heute für Kongresse und Symposien im Topmanagement ausgegeben werden, fehlen bei der strategisch wichtigen Know- how-Auffrischung der Mitarbeiter. »Wenn es den Unternehmen schlechtgeht, sparen sie zuerst an der Aus- und Weiterbildung«, weiß Volker Lindemann, Marketingchef von Diebold Deutschland GmbH, einer der führenden Management-Unternehmensberatungen hierzulande mit starkem Engagement im Kongreß- und Seminarbereich. Dieses Fehlverhalten zeige langfristig Auswirkungen auf die Innovationsqualität der Unternehmens und der gesamten Industrie.

Wie die Entwicklung im Ausbildungssektor gerade in jüngster Zeit demonstriert, haben die Prasserei bei Managementsymposien und die gleichzeitigen Einsparungen bei Mitarbeiterschulungen noch ganz andere Folgen für die Marktwirtschaft. Unbemerkt vom großen Konzerntreiben stirbt in Deutschland gerade eine Branche: Dutzende von kleinen zum Teil hochspezialisierten Seminaranbietern mußten in den vergangenen zwei Jahren Konkurs anmelden, weil ihnen die Teilnehmer ausblieben. Nur die großen Anbieter werden überleben, denn Kongresse für das Topmanagement mit teuren Referenten aus Japan und den USA haben immer noch Hochkonjunktur.

Eine längere Überlebensdauer haben im deutschen Management freilich Kumpanei, Spezltum und Vetternwirtschaft. Was der umstrittene VW-Einkaufschef und Kostenkiller José Ignacio López (Jahresgage sechs Millionen Mark) auf einem Nebenkriegsschauplatz vorführte, ist nur eine kleine Abzokker-Facette dessen, was hierzulande sonst noch so in den heiligen Korridoren der Unternehmen passiert. Es störte bei VW weder Vorstand noch Aufsichtsrat, als er im Sommer 1993 seine erst 22jährige Tochter Irene und deren holländischen Verlobten Wilhelm Admiraal für den eigenen Konzern engagierte. Während die Tochter, die gerade mal das Abitur geschafft hat, für ein Jahresgehalt von 140 000 Mark beim VW-eigenen Marketing Manager Institut in Braunschweig wirkt, erhielt Admiraal in Wolfsburg den Posten des Bereichsleiters für Beschaffung – Jahresgehalt 200 000 Mark. Für solche Jobs müssen sich erheblich bessere Leute ihr ganzes Leben lang durch die Hierarchien boxen.

Negativer Wertewandel

»Der Wertekanon ist etwas durcheinandergeraten«, konstatierte schon in den Siebzigern der österreichisch-amerikanische Nationalökonom und Wirtschaftsethiker Friedrich August Hayek. Der Nobelpreisträger für Wirtschaftswissenschaften (1974), der auch an der Freiburger Universität lehrte, hatte dabei noch nicht einmal einen der größten Abzocker der deutschen Wirtschaftsgeschichte im Visier, denn die Machenschaften des Albert Vietor blühten seinerzeit noch im verborgenen.

Hayeks damalige Situationsanalyse, die für ihn »Eruptionen im moralischen Bereich« waren, womit er ganz offensichtlich auf spektakuläre Fälle wie den IOS- Skandal oder die Herrstatt-Pleite anspielte, bei denen Tausende von Kleinanlegern und Bankkunden um Milliarden von Mark geprellt worden waren, ist aktueller denn je. Die Staatsanwaltschaften der Republik haben alle Hände voll zu tun, um der wie Metastasen wuchernden Wirtschaftskriminalität Herr zu werden. Allein am wichtigsten deutschen Finanzplatz Frankfurt am Main mit seinen 450 in- und ausländischen Banken arbeiten derzeit 24 Staatsanwälte, um so läppische Dinge wie Kapitalanlagebetrug, Konkursdelikte oder Steuerbetrug aufzudekken. Drogenkriminalität oder Mafiosi-Verbrechen sind in dieser Aufstellung noch nicht einmal enthalten. Der Straftatbestand »Korruption« nahm am Main innerhalb weniger Jahre so dramatische Formen an (1400 Ermittlungsverfahren seit 1987), daß seit 1. Dezember 1993 eine eigene Abteilung dafür installiert werden mußte. Die Behörden machen gar keinen Hehl daraus, daß die Beamten gegenüber der kriminellen Cleverneß im Management mit ihren meist internationalen Verflechtungen manchmal hoffnungslos überfordert sind.

Der Fall Südmilch

19. Mai 1992: An dieses Datum wird Frank Staudacher wohl noch lange zurückdenken. An jenem Dienstag unterschrieben er und der Chef der Stuttgarter Südmilch AG, Wolfgang Weber, zwei Vereinbarungen, von denen jedenfalls eine große Chancen besitzt, als exemplarisches Abzockerdokument in die nicht gerade langweilige Geschichte deutscher Unternehmensunkultur einzugehen. In diesem Papier war geregelt, daß Staudacher (er sollte im September desselben Jahres Weber auf dem Chefsessel beerben) ein auf einem komplizierten Bonussystem basierendes zusätzliches »Honorar« von jährlich 100000 Mark erhält sowie zusätzlich 300000 Mark von der Firma Intermilch, an der Südmilch beteiligt ist. Was die ganze Sache so kitzelig machte und schließlich zur fristlosen Entlassung des Sanierungsspezialisten und ehemaligen

McKinsey-Mannes führte, war die Tatsache, daß von diesem »Geheimvertrag« der Südmilch-Aufsichtsrat bis auf eine Ausnahme nichts wußte. Nicht schlecht, wenn man bedenkt, daß Staudacher bereits einen »richtigen« Fünf-Jahres-Arbeitsvertrag hatte, der ihm 700 000 Mark per anno bescherte.

Vor dem Hintergrund dramatischer Sanierungsschnitte, denen sich Staudacher nach McKinsey-Manier hauptsächlich widmete – er entließ 40 Prozent der Belegschaft und kürzte den 5 000 bäuerlichen Vertragspartnern den ohnehin kargen Milchpreis –, wirken solche »vermögenswirksamen Leistungen« besonders komisch. Oder nahm sich Frank Staudacher etwa Wolfgang Weber zum Vorbild? Dieser, der protzig wie ein »Provinzfürst« (»Der Spiegel«) lebte, setzte Maßstäbe: Er beschäftigte einen eigenen Leibkoch, besaß zwei 100 000-Mark-Dienstwagen (Audi S 4 und Mercedes der S-Klasse) und unterhielt drei Büros – alles auf Kosten eines Konzerns, den er jahrelang mit Katastrophenmanagement führte. Das Ergebnis – immerhin 487 Millionen Mark Verlust – wußte er mit geschickten Bilanzmanipulationen zu verbergen. Hinzu kommen noch 370 Millionen Mark Haftungsrisiken, von denen 250 Millionen Mark auf die Dresdner Sachsenmilch AG entfallen. Die Stuttgarter Staatsanwaltschaft, die bei Ermittlungen von Wirtschaftskriminalität nicht zu den schnellsten im Lande gehört, vermutet Weber heute in Paraguay, wo er in Chaco eine 100 000 Hektar große Farm besitzt.

Doch alles der Reihe nach. Als im April 1992 »Wolfgang Weber mal wieder ein Problem mit der Bilanz« (»Der Spiegel«) hatte, mußte er die 30 Millionen Mark Miese, die 1991 bei der Südmilch aufgelaufen waren, verstecken. Zum Glück fungierte der Südmilch-Boß auch noch als Hauptgeschäftsführer der Landgold Milch GmbH im benachbarten Künzelsau. Und so schickte am 6. April 1992, zu verbuchen per 31. Dezember 1991, die Landgold der Südmilch eine »Gutschrift« über 32,3 Millionen Mark – die Gegenleistung für angebliche Milchlieferungen. Weber hatte eine saubere Bilanz, und der Aufsichtsrat hatte wieder einmal nichts gemerkt. Für die Kontrolleure war es, zugegebenermaßen, nicht immer einfach, dem Alleinherrscher auf die Finger zu sehen. Denn dieser beherrschte das Geschäft perfekt: Landgold war seit 1989 an der Südmilch beteiligt, diese wiederum hielt 33,1 Prozent der Künzelsauer. Um das Landgold-Areal zu Geld zu machen, gründete der ewig klamme Weber die Südmilch Verwaltungsgesellschaft, die je zur Hälfte den beiden Unternehmen gehört. Die Verwaltungsgesellschaft kaufte – auf Pump, versteht sich – für 50 Millionen Mark das Künzelsauer Gelände. Landgold schob ihren Anteil von 32,3 Millionen Mark nach Stuttgart, deklariert als Erstattung für Milchlieferungen. Mit diesem Trick zauberte Weber Geld herbei, wobei ihm arglose Banken hilfreich zur Seite standen. Daß diese Geschäfte von den meist bäuerlichen Miteigentümern der Landgold GmbH hätten genehmigt werden müssen, denen zwei Drittel des Künzelsauer Milchwerks gehören, fiel zunächst niemandem auf. Erst Anfang 1993 wurde der inzwischen als Südmilch-Aufsichtsratsvorsitzender amtierende Bilanzfälscher aus seinem Amt gejagt. Ausgerechnet sein mit zwei Honorarverträgen ausgestatteter Nachfolger Staudacher kam Weber auf die Schliche und forderte dessen Rücktritt. Wenig später wurden auch Webers langjährige Vorstandskollegen Rudolf Hoffmann und Manfred Klecker gefeuert.

Daß der Bilanzkünstler bei diesen Dimensionen seinen persönlichen Vorteil nicht vergaß, versteht sich von selbst. Vom Aufsichtsrat ließ sich Weber einen Arbeitsvertrag genehmigen, der ihm »uneingeschränkt« Nebentätigkeiten zur Betreuung seines privaten Vermögens erlaubte (keine ungewöhnliche Vereinbarung vor allem bei mittelständisch strukturierten Unternehmen der deutschen Industrie). Zu diesem Zwecke war eigens eine Sekretärin tätig. Die Amtsgeschäfte führte er am liebsten vom Wohnort Künzelsau aus, und den

Aufsichtsrat empfing der Chef häufig im Hotel »Schwarzwaldhof« in Freudenstadt. Besitzer: Wolfgang Weber. Auch sonst war der Milchmann nicht kleinlich. Ein Manager, dessen Frau in Heidelberg ein Dentallabor betrieb, durfte auf Konzernkosten eine Sekretärin beschäftigen, die hauptsächlich für das Labor arbeitete.

An diesem Beispiel wird deutlich, wie clevere Manager hierzulande inzwischen ihr Unternehmen als Selbstbedienungsladen verstehen. Das Stück »Weber-Staudacher-Südmilch« bietet geradezu alle Facetten eines modernen Wirtschaftskrimis. Dazu gehört auch jener private 750 000-Mark-Kredit, den der Heidelberger Baulöwe Roland Ernst im Juni 1992 dem Milchmann Weber gewährte. Ernst vergaß die Zinsen und erinnerte sich ausgerechnet an dem Tag, an dem Weber geschaßt wurde, der ihm zustehenden 46 875 Mark: »Wie wir erst jetzt festgestellt haben, wurde es bisher versäumt, Ihnen die Zinsen für das vorgenannte Darlehen zu berechnen«, hieß es in dem Mahnschreiben des Heidelbergers. Das Pikante an der Sache ist, daß Roland Ernst als »Generalübernehmer« der insgesamt 320 Millionen Mark teuren Produktionsstätte der Sachsenmilch AG in Leppersdorf bei Dresden auftrat, die eine Tochter der Stuttgarter Südmilch AG ist.

Was sich dabei abspielte, geht auf keine Kuhhaut. Laut Vertrag vom 23. September 1991 sollte Ernst für die »schlüsselfertige Erstellung des Neubauvorhabens« einen Festpreis von 100 Millionen Mark erhalten, zuzüglich zehn Prozent für seinen Service als Generalübernehmer (Gü). Am gleichen Tag schloß Weber mit seinem Spezi Ernst einen zweiten Vertrag, der den ersten aufhob, und in dem es heißt, daß »auf der Grundlage der tatsächlich entrichteten Summe der Drittleistungen zuzügl. 10 % Gü-Zuschlag« abgerechnet werde, »wobei letzterer mindestens 10 Mio. DM incl. Mwst. betragen muß.« Daß Weber den zweiten Vertrag geheimhielt, habe er nicht gewußt, sagte der Mann vom Bau. Für den war »von vornherein klar«, daß die Geschichte mit dem Festpreis nur »eine vorläufige Regelung« gewesen sei, um an staatliche Subventionen zu kommen. Im Klartext: Sollte Ernst – was unwahrscheinlich ist – das Projekt für weniger als 100 Millionen Mark bauen, kann er auf jeden Fall sein Zehn-Millionen-Mark-Honorar einstreichen; im anderen Fall, bei einer Summe über 100 Millionen Mark, werden die Mehrkosten auf die Südmilch- und Sachsenmilchaktionäre abgewälzt.

So geschah es. Im Sommer 1993 lagen die Kosten schon über 150 Millionen Mark. Staudacher, der neue Boß, focht die Abmachungen an, und Ernst stellte die Bauarbeiten in Leppersdorf ein. Das mit großen Hoffnungen gestartete sächsische Projekt wurde von Kriminellen in Grund und Boden gewirtschaftet. Die Deutsche Bank, die Ende 1991 die Sachsenmilch an die Börse gebracht und verkündet hatte, daß die erste ostdeutsche Aktie mit einem Ausgabekurs von 80 Mark »auch für den Kapitalanleger attraktiv sei«, konnte Schadensersatzklagen geprellter Sachsenmilch-Aktionäre gerade noch abwenden, weil sie sich bereit erklärt hatte, das Papier zum jeweiligen Einkaufswert zurückzunehmen, eine Aktion, die das Frankfurter Geldhaus rund 40 Millionen Mark kostet.

Und die Südmilch AG? Diese gehört jetzt zur niederländischen Molkereigruppe Campina Melkanie B.V. Schadensersatzansprüche der Aktionäre – etwa an Weber – haben keine Aussicht auf Erfolg. Der Joghurtkönig hat sein gesamtes Vermögen inzwischen nach Paraguay transferiert, wie Vergleichsverwalter Volker Grub einer fassungslosen Hauptversammlung bekanntgab.

Daß alles überhaupt so weit kommen konnte, geht nicht zuletzt auf das Konto der Aufsichtsgremien. Hätten sie funktioniert – der »Blender« Weber wäre mitsamt seinen Potemkinschen Dörfern schon vor Jahren entlarvt worden. Selbst die größte Chance, den »mächtigsten Milchmann Europas«, wie sich Weber gerne titulieren ließ, endlich loszuwerden, ließen die Milchbauern und Kommunalpolitiker am mittleren Neckar ungenutzt. Damals, 1988, war Weber verhaftet worden, weil er mehrere Millionen Mark an Steuern hinterzogen hatte. Sogar aus dem Gefängnis vermochte der Katastrophenmanager seine echten und falschen Freunde zu überzeugen. Nicht anders ist es zu erklären, daß es ihm gelang, innerhalb kurzer Zeit das Geld für die Rekordkaution von acht Millionen Mark zusammenzuschnorren. Zwar kam Weber aus der Haft, das Stuttgarter Landgericht verurteilte ihn dennoch Ende 1991 zu 2,3 Millionen Mark Geldbuße plus zwei Jahre Haft auf Bewährung.

Das Urteil war kaum gefällt, da zog der »Ellenbogenmensch« (Exaufsichtsratsvorsitzender Fritz Josenhans) schon wieder an allen Strippen. Zuvor gab er dem 18köpfigen Aufsichtsrat aber noch eine eindrucksvolle Kostprobe seines schauspielerischen Talents: Natürlich wolle er »seiner« Südmilch »auf keinen Fall« zur Last fallen, und natürlich biete er hiermit seinen Rücktritt an. Doch diesen mochte – bis auf fünf dickköpfige Bauern – der Aufsichtsrat nicht annehmen. Selbst die sechs Arbeitnehmervertreter im Aufsichtsrat hielten dem kriminellen Boß die Stange.

Das »System Weber« ruhte auf zwei Säulen: Zum einen auf der charismatischen Ausstrahlung des Milchmanns, der schon als 34jähriger unter tatkräftiger Mithilfe seines Vaters 1969 in den Vorstand der Südmilch eingezogen war. Ob bei Bauernversammlungen in den rauchigen Gasthöfen des Hohenloheschen oder beim Geschäftsbericht im gelackten Ambiente sternchengeschmückter Hotels – der Mann mit der hohen Stirn machte Eindruck. Selbst Banker knickten vor ihm zusammen. Als Manager, der seinem Publikum Allwissenheit vorgaukelte, trat er ebenso auf wie als weltläufiger Zeitgenosse, der sich, wenn es ihm in den Kram paßte, auch gelegentlich seiner kleinbäuerlichen Herkunft erinnerte. Anneliese

Hieke von der Schutzgemeinschaft der Kleinaktionäre hat den Taschenzauber schnell durchschaut: »Weber ist ein Mann, der Katastrophen so darstellen kann, daß der Saal auch noch klatscht.« Die zweite »Qualität« des »größten Managers im Umkreis von 200 Kilometern«, wie sich Weber schon 1978 selbst bezeichnete, lag in seiner virtuosen Beherrschung seiner gutgläubigen Aufpasser. Vor allem die Bauernriege aus dem Aufsichtsrat profitierte davon. Statt Stalluft ließ er sie manchmal den Duft der großen weiten Welt schnuppern. Dann, Ende 1990, durften einige von ihnen nach Südafrika jetten, wo Webers Bruder Gerhard eine kleine Farm besitzt.

Auch die, die es vielleicht am ehesten hätten wissen müssen, wie etwa der Heilbronner Oberbürgermeister Manfred Weinmann (CDU) oder dessen Fellbacher Amtskollege Friedrich Wilhelm Kiel (F.D.P.), die im Aufsichtsrat beziehungsweise im Beirat der Südmilch saßen, muckten nicht auf. Tatenlos sahen sie zu, wie der Joghurt-Guru seine Kunststükke zelebrierte. Anneliese Hieke, der Aktionärsschützerin, läuft es noch heute eiskalt den Rücken hinunter: »Im Aufsichtsrat sitzen Mitwisser, Schlafmützen und Angsthasen.«

Hinter dieser Wertung verbirgt sich eine neue Grundhaltung, die wie eine stille Seuche allmählich weite Teile der deutschen Industrie erfaßt und alle bisherigen Kontrollmechanismen einer funktionierenden Marktwirtschaft lahmlegt. Immer häufiger sind heute die Unternehmen aus einem feinen Netz von Abhängigkeiten und Annehmlichkeiten gesponnen, in dem Vorstände, Aufsichtsräte, Industrieverbände, Banken und Politvertreter die klug miteinander verbundenen Knotenpunkte darstellen. Jeder deckt in diesen »Grand-old-boys-networks« jeden, denn nur wer mitmacht bei diesem Spiel um Ruhm, Ehre und Millionen, wer bei den vermeintlichen Machern ein Auge zudrückt, sie stützt und protegiert, eröffnet sich selbst alle Chancen, auf der Karriereleiter immer noch weiter aufzurücken und am großen Abzocken zu partizipieren.

Gewiß, die »schwarzen Schafe« sind noch immer in der Minderheit, aber was sie anrichten, beherrscht die Schlagzeilen und trägt zur negativen Imagebildung einer ganzen Managergeneration bei. Folge: In weiten Teilen der Bevölkerung gilt der Beruf des Managers nur noch bedingt als anständiger Job. Ehrgeizige junge Nachwuchsleute, die sich heute an den betriebswirtschaftlichen Lehrstühlen abmühen, um einmal eine Karriere in den Chefetagen der deutschen Industrie einzuschlagen, wagen es kaum noch, ihre beruflichen Wunschziele zu definieren, weil sie – zumindest von Gleichaltrigen – sofort in die Abzockerecke gestellt werden. Wer schon in der Ausbildung solche Erfahrungen machen muß, überlegt sich schnell, ob er den richtigen Weg eingeschlagen hat. Für die deutsche Wirtschaft stellt sich die Frage, ob sie in den nächsten Generationen wirklich die besten Nachwuchsleute bekommt oder nur jene Studenten, die gegenüber den Abzockermethoden so etwas wie Bewunderung empfinden. Das wäre verheerend.

Geschäfte in der Grauzone

Legal, halblegal und illegal – die Grenzen in einigen Bereichen der deutschen Wirtschaft verwischen sich wie nie zuvor. Firmen, die etwas auf sich halten, beschäftigen ganze Stäbe von Juristen, die nichts anderes tun als Geschäfte in den Grauzonen der Gesetze auszuloten und für das Unternehmen zu nutzen. Nirgendwo läßt sich heute mehr Geld verdienen als dort, wo Gesetzeslücken existieren und Kontrollen versagen.

Der tägliche Blick in die Tageszeitung läßt nur schwach erahnen, was hinter den Kulissen von so manchem Unternehmen heute gärt und brodelt. Allein die Meldungen, die beispielsweise die Leser der »Süddeutschen Zeitung« nur innerhalb der ersten Novemberwoche 1993 ihrem Blatt entnehmen konnten, werfen ein eindrucksvolles Schlaglicht auf den Zustandes dieses Landes:

2. November: »Aids-Skandal weitet sich aus. Weitere Pharmafirma in Affäre um HIV-infizierte Blutprodukte verwikkelt.«
3. November: »Ermittlungen wegen giftiger Holzschutzmittel.«
4. November: »Auftragslos – da wurde der Ingenieur zum Betrüger.«
5. November: »Prozeß wegen illegaler Ausfuhr von Maschinengewehren. Experte: Grauzone im Gesetz.«
6. November: »Moksel-Mitarbeiter gibt Auskunft über Mittelfluß zwischen Buchloe und Küsnacht.« – »Millionenschwere Irrläufer auf dem Weg zu Sylvia.« – »Neue Erkenntnisse für die Staatsanwaltschaft. Finanzminister beharrt auf Versteuerung des Schwarzgeldes.«

Das Abzockervirus hat breite Sektoren unseres wirtschaftlichen und politischen Lebens erfaßt. Kaum eine Branche und Berufsgruppe, weder Alter noch gesellschaftliche Schicht sind vor ihm immun. Und es geht um alle Größenordnungen: von der Milliardenschieberei ausgebuffter Devisenspekulanten bis zur läppischen 50-Mark-Unterschlagung des kleinen Kassierers – hingelangt wird rücksichtslos und ohne Reue.

Was auffällt, ist das atemberaubende Tempo, mit dem sich die Skandale neuerdings häufen. Es ist keine Übertreibung: Wenn etwas boomt in diesen düsteren Zeiten, dann sind es die Skandale und Affären. Die Versandung moralischer Kategorien und die unbegrenzte Schamlosigkeit spielen dabei eine entscheidende Rolle. Wenn zum Beispiel die Koblenzer Firma UB Plasma jene 2,50 Mark sparte, die sie investieren mußte, um bei jedem ihrer Blutspender absolut sicher zu sein, daß sie kein Aids-verseuchtes Blut in Umlauf bringt, dann zeigt dieser Fall, wie es um die Moral bei einigen Gewerbetreibenden inzwischen bestellt ist: Ordinäre Kriminelle mit weißem Kragen und sauber gebügeltem Armani-Zweireiher machen sich diese Republik zur Beute. Und für Abwechslung ist gesorgt. Jeden Tag läuft eine andere Sau durchs Dorf.

Schnelle Mark im Schlachthof

Pharma-Schinken statt Parma-Schinken – das Grundnahrungsmittel Fleisch verführt nicht nur den Verbraucher. Doch während dieser durch übermäßigen Genuß allenfalls sein individuelles Darmkrebs- und Herzinfarktrisiko erhöht, riechen Schlachthöfe, Spediteure und Tierpharmazeuten in den Rinder- und Schweinehälften einen besonders attraktiven Braten. Er schmeckt um so besser, je mehr sich mit ihm verdienen läßt – natürlich auf Kosten der Gesundheit anderer und zu Lasten des Verbrauchers. Die Liste der Skandale ist lang und wird jede Woche um einiges länger. Wo sich eine schnelle Mark verdienen läßt, wird skrupellos zugeschlagen.

Den jüngsten Beweis liefern die kriminellen Machenschaften der Norddeutschen Fleischzentrale (NFZ). Das mit fast vier Milliarden Mark Umsatz zweitgrößte europäische Schlachtimperium geriet im Spätherbst 1993 in die Schlagzeilen, nachdem bekannt wurde, daß 1 000 verdorbene Schweinehälften heimlich im Lübecker NFZ-Schlachthof weiterverarbeitet worden sind. Der Schlachter Karl-Heinz König erinnert sich: »Viele Stücke hatten grüne Stellen, die glitschten nur so über die Arbeitstische.« Unabhängig von dieser Schweinerei wurde fast gleichzeitig eine Untersuchung der Verbraucherzentrale Hamburg bekannt, die diese zusammen mit dem

»Stern« organisierte. Bundesweit waren in Supermärkten und Edelfreßtempeln 244 verdächtige Fleischproben gekauft und anschließend untersucht worden: 80 Prozent war verdorben und hätten gar nicht verkauft werden dürfen. Resumee der Verbraucherzentrale: »Das Fleisch war teilweise faul, ekelerregend oder mit Fäkalbakterien infiziert.« In Rindermarkknochen aus einem Hamburger Kaufhaus fanden die Prüfer 620 Millionen Keime pro Gramm (normal sind fünf Millionen Keime). »Eine Gefahr für die Gesundheit konnte nicht ausgeschlossen werden«, urteilten die Verbraucherschützer.

Die Abzockermentalität bei der NFZ hat nicht nur Konsequenzen für das Schlachthofunternehmen, sondern für einen ganzen Wirtschaftszweig. Der Fleischkonsum in Deutschland geht schon seit Jahren kontinuierlich zurück: von 68,8 Kilogramm pro Kopf im Jahre 1986 auf 62,3 Kilogramm 1992. Der 60-Milliarden-Mark-Branche kann dies nicht gleichgültig sein. »Der Markt ist kaputt, der Preis ist richtig im Arsch«, schimpft Claus Lütje, Vorsitzender der Schleswig-Holsteinischen Schweine-Vermarktungs-Gesellschaft nach den neuerlichen Skandalen in der Schlachthofbranche. Die Folgen der Sauereien sind noch nicht abzusehen. Schon kündigte Bundeslandwirtschaftsminister Jochen Borchert (CDU) schärfere Lebensmittelüberwachung und eine härtere Gangart gegen »gewissenlose Geschäftemacher« an. Doch diese sitzen in den seltensten Fällen auf den Bauernhöfen. Erzeuger Lütje: »Wir sind die letzten in der Kette, und wir müssen zahlen.« Lütje und seine Kollegen schreiben »richtig rote Zahlen«: 65 Mark kostet heute die Aufzucht eines Ferkels, das für 45 Mark verschleudert werden muß. Für das Kilo Schweinefleisch erlösten Deutschlands Landwirte im November 1993 nur noch 2,05 Mark gegenüber 2,25 Mark acht Wochen zuvor; das ist der niedrigste Preis seit der Währungsreform.

Schuld an diesem Preisverfall sind nicht nur die Billigimporte aus Holland oder Dänemark, sondern auch die Sauereien der Großschlächter, die mit ihren Abzockermethoden nicht nur ihr eigenes Unternehmen zugrunde richten, sondern zu Totengräbern ihrer Zunft werden. Was in den Pfannen brutzelt, ist oft vergammelt, mit Arzneien belastet und von krankheitserregenden Bakterien verseucht. Unter dem Banner von Profitabilität werden in den Schlachthöfen die Tiere von Akkordabstechern gequält und manchmal auch Kadaver verwurstet. Den Bauern, von der unsinnigen EG-Agrarpolitik ohnehin arg gebeutelt, ist das natürlich alles nicht geheuer, auch wenn ihr Verband mit dem Multifunktionär Constantin Freiherr von Heereman an der Spitze von »unbegründeten Horrormeldungen« tönt, die durch die Medien geisterten. »Wenn das so weitergeht, können wir bald dichtmachen«, meint dagegen Fleischvermarkter Lütje.

Die Geschäfte der Müll-Mafia

Ihr Ideenreichtum scheint unbegrenzt, wenn es darum geht, Schlupflöcher zu finden, um Industrieabfälle rund um den Globus zu verschieben. Deutsche »Entsorgungsunternehmen« finden selbst dann eine Hintertür, wenn ein Gesetz absolut eindeutig und die drohenden Strafen gewaltig sind. Dabei geht es um viel mehr als um die Vergiftung entfernter Erdregionen. 43 Prozent aller umwelttechnischen Patente stammen aus Deutschland – ein riesiges technisches und ökonomisches Potential, das nicht nur für den gesamten Planeten, sondern auch für die deutsche Volkswirtschaft bei den immer größer werdenden globalen ökologischen Problemen ein wahrer Segen wäre. Aber schon warnt das Bundesumweltamt vor einem Nachlassen der Bemühungen auf diesem Sektor: »Sonst könnte es kommen wie schon einmal, als Patente zur Abgasreinigung aus Japan zurückgekauft werden mußten.« Lutz Wicke (CDU), Staatssekretär beim Berliner Senator für Stadtentwicklung und Umweltschutz, formuliert es drastischer: »Deutschland als extrem exportabhängiger Produzent kann sich auf dem Weltmarkt nur behaupten durch hochqualifizierte, umwelttechnisch fortschrittliche Produkte – oder gar nicht.«

Doch was passiert? Die vorhandenen technischen Potentiale werden nicht genutzt. Entweder mangelt es an den einschlägigen Gesetzen oder einfach am guten Willen. Dabei ist das deutsche Know-how in Sachen Umwelttechnik weltweit führend. So werden beispielsweise beim Elektronikschrott die bereits vorhandenden umweltfreundlichen Aufarbeitungskapazitäten nicht genutzt, weil der Abfall – aus Kostengründen – einfach exportiert wird. Gerade diese Methode zeigt, wie gefährlich der Schlendrian auch aus wirtschaftlicher Sicht ist. In den computerproduzierenden Ländern USA, Korea und Japan wird die Entwicklung in Deutschland mit größter Aufmerksamkeit verfolgt. Denn auch dort ist das Problembewußtsein gewachsen. Die Konsequenz wird sein, daß die Unternehmen hierzulande, deren Pionierleistungen den deutschen Elektronikschrott-Verarbeitungsmarkt bislang prägten, schon bald ihren Vorsprung verlieren werden, wenn sich die Investitionen im eigenen Lande nicht mehr rechnen.

Sie drehen alle am großen Rad: Makler und Spediteure, die sich aufs »Entsorgen« hochgiftiger Industrieabfälle spezialisiert haben. Ihre Zahl ist ebenso unbekannt wie die Mengen, die sie Tag für Tag in alle Himmelsrichtungen verschieben. Und Giftmüll, im Behördendeutsch verniedlichend »Sondermüll« genannt, ist mehr als genug vorhanden: 15 Millionen Tonnen (1993). Da locken riesige Gewinnspannen. Weil die deutschen Umweltgesetze eine effiziente und damit aufwendige Beseitigung hochgiftiger Abfälle verlangen – so kostet zum Beispiel die umweltgerechte Entsorgung einer Tonne PCB-verseuchten Transformatorenöls in Deutschland derzeit knapp 7000 Mark –, finden nicht wenige Unternehmen den

Weg zu jenen Maklern, die das Zeug nach Übersee vermitteln, wo es in dubiosen Anlagen verbrannt wird. Hinzu kommt, daß in den heimischen Spezialöfen nur etwa zwölf Prozent der toxischen Abfälle verbrannt werden können. Mit der »Technischen Anleitung Sonderabfall«, welche die Beseitigung beispielsweise auch von Klärschlämmen oder Tierzuchtabfällen vorsieht, verschärfte sich der Giftmüllnotstand noch. Die kommunalen Zwischenlager sind sowieso schon voll bis obenhin. Nach einer Statistik des Heidelberger Greenpeace-Spezialisten Andreas Bernstorff haben zigtausende Tonnen Altchemikalien, Filterstäube und Kupferschlamm, für die in Deutschland mehr als 44 Millionen Mark Entsorgungskosten fällig gewesen wären und die für einen Minimalbetrag außer Landes gekarrt wurden, von 1990 bis 1992 die deutschen Grenzen passiert. Aber auch diese Zahlen in Bernstorffs »vorläufiger und unvollständiger Auflistung« signalisieren nur einen Bruchteil des wahren Volumens. In Wirklichkeit geht es in die Milliarden.

Kein Wunder, daß sich neben dem legalen »Mülltourismus«, der, auf bilateralen Verträgen basierend, die Entsorgung deutscher Abfälle in den Nachbarländern ermöglicht, auch eine illegale Giftmüll-Connection etabliert hat, die in 36 Länder reicht – von Rumänien über Ägypten bis nach Zaire. Besonders beliebt unter den Giftkutschern sind die jetzt zugänglichen unendlichen Weiten des Ostens. Filterstäube aus rheinischen Stahlwerken, hochgiftig wie kaum etwas, lassen sich problemlos und billig, deklariert als »Wirtschaftsgut«, in die Mongolei verfrachten. Das Spielchen funktioniert immer nach dem gleichen Muster: Ein Müllmakler meldet sich beim Stahlkocher und behauptet, in der Mongolei oder sonstwo in der ehemaligen Sowjetunion würde das Zeug gebraucht. Eine entsprechende Bescheinigung des zuständigen Ministeriums macht die Fracht für Polizei, Zoll oder Wasserschutzpolizei zur unantastbaren Ware. Dafür sorgt schon der ausländische Stempel, der in der einst zentralistischen UdSSR wie auch in anderen Ostblockstaaten selbst in kleinsten Behörden auf ein zuständiges »Ministerium« hinweist. Stempel dieser Qualität, deren Herkunft für deutsche Behörden nicht verifizierbar ist, sind jenseits der Oder schon für fünf Dollar zu haben. Ärgert sich Bernstorff: »95 Prozent der Taten, auf die in Deutschland eine Freiheitsstrafe bis zu sechs Jahren steht, werden hier verübt, und trotzdem unternehmen die Behörden nichts.« Diese beziehen sich auf die Formel »Geltungsbereich Grundgesetz«, eine unter Juristen inzwischen immer häufiger umstrittene These.

Aber auch dort, wo das Grundgesetz gilt, treibt das Geschäft mit der Müllbeseitigung bizarre Blüten. Westdeutsche Makler räumen derzeit die ostdeutschen Industrieareale von problematischem Abfall. Doch statt die ausgedienten Autoreifen, Kühlschränke, Altchemikalien und Laboreinrichtungen in die vorgeschriebenen Entsorgungseinrichtungen zu geben, stellen sie den Kram gegen geringe Pacht auf Wiesen oder in Scheunen und Lagerhallen ab und verduften. Das Honorar – bis zu 2 000 Mark je Tonne – haben sich die Herren, die früher mit Fassadenverkleidungen und anderen seltsamen Beschäftigungen ihr Geld verdienten, vorher von den Konkursverwaltern oder den neuen Eigentümern natürlich auszahlen lassen. Jetzt dürfen die Verpächter der Lagerflächen den Rest besorgen, denn nach der Gesetzeslage haften sie.

Auch Reiner Auerbach, Spediteur aus Chemnitz, fiel diesen Gangstern zum Opfer: Die Firma Imex-Kayser aus Rheinbach bei Bonn hatte ihn beauftragt, 100 Tonnen angeblich ungefährliche Fracht aus agrochemischen Betrieben einzusammeln und zu lagern. Nach einem anonymen Anruf bei der Chemnitzer Bezirksregierung flog die Sache auf, und die Pestizide, Altöle und Bitumen mußten in ein öffentliches Gefahrengutlager gebracht werden. Die Rechnung für Analyse, Transport und Entsorgung ging an Auerbach: über zwei

Millionen Mark. Auerbach ärgert sich schwarz: »Zwei Jahre habe ich versucht, als Ossi etwas aufzubauen, dann kommt so ein Wessi und macht alles zur Sau.«

Im weltweit organisierten lukrativen Müllgeschäft spielt der weltgrößte Müllkonzern, die US-Firma Waste Management, eine dominierende Rolle. Das Unternehmen aus Chicago, das angeblich mit Geldern der amerikanischen Mafia aufgebaut wurde, regelt mittlerweile sogar die Sondermüll- und Hausmüllentsorgung von Teilen des Ruhrgebiets wie auch der schleswig-holsteinischen Landeshauptstadt Kiel. Zu Hause war Waste Management in der Vergangenheit bereits mehrfach negativ aufgefallen: Seine Manager mußten sich wegen Bestechung und unlauteren Wettbewerbs wiederholt vor Gericht verantworten.

In Deutschland sind die Behörden so gut wie machtlos gegenüber solchem Abzockergebaren. Zwar hat sich beim Wiesbadener Bundeskriminalamt eine Arbeitsgruppe »Illegaler Mülltourismus« etabliert, die sich um eine Übersicht über diesen grauen Markt bemüht, doch die Lagebilder, Täterstrukturen und logistischen Erkenntnisse, die dabei in mühevoller Arbeit gewonnen werden, reichen nicht aus, der Müll-Mafia das Handwerk zu legen. BKA-Experte Reinhard Peterson: »Die Polizei wird diese Art von Kriminalität allein kaum bewältigen können.« In Hamburg, von wo aus ein Großteil des deutschen Giftmülls seine Reise in die große weite Welt antritt, formuliert die Ordnungsmacht das Dilemma der Kontrollbehörden noch etwas drastischer; es klingt wie ein Offenbarungseid: »Wir müssen uns auf Kommissar Zufall verlassen.« Im Sonderdezernat PD 455 der Hansestadt befassen sich fünf Beamte speziell mit Giftmüllschiebern – bei über 6000 Containern, die im Hafen täglich umgeschlagen werden, ein aussichtsloses Unterfangen.

Einen der wenigen Glücksmomente erlebten die Fahnder, als sie Ende Juli 1993 vier leitende Mitarbeiter der auf Recycling und Industrieabfälle spezialisierten Firma Thyssen-Sonnenberg festnahmen. Ihnen wird vorgeworfen, zwischen Januar 1991 und Juli 1992 rund 31 000 Tonnen Abfälle illegal nach Frankreich gebracht zu haben.

Der ganz ordinäre Betrug

Innovationen sind gefragt. Vor allem in der Rezession. Doch während fast überall im Lande die Belegschaften dezimiert und ganze Branchen stillgelegt werden, aufgebrachte Mitarbeiter demonstrieren und Manager ratlos über immer anderen Positionspapieren brüten, schlagen landauf, landab immer häufiger die Kriminellen unter den Krawattenträgern auf der Chefetage zu. Allein die Fälle des vergangenen Jahres könnten ganze Nachschlagewerke deutscher Wirtschaftskriminalität füllen. Hier eine kleine Auswahl populärer und weniger bekannter Abzockerstories aus 1993:

- Im Januar mußte sich im größten Wirtschaftsprozeß der deutschen Nachkriegsgeschichte vor der 2. Großen Strafkammer des Frankfurter Landgerichts einer der Hauptverantwortlichen des Co-op-Skandals, Alfons Lappas, Aufsichtsratschef des Handelsriesen und Exgewerkschaftsfunktionär, verantworten. Der Staatsanwalt warf ihm Untreue und Betrug vor. So soll Lappas auch von den Bilanzfälschungen gewußt haben, mit denen Co-op-Chef Bernd Otto 115 in- und ausländische Banken um rund zwei Milliarden Mark geprellt hatte.
- Im Februar flog in Baden-Baden der Deal eines früheren Filialleiters einer Düsseldorfer Privatbank auf, der sein gesamtes Vermögen in der Spielbank durchgebracht hatte. Dagegen wäre nichts zu sagen, doch der 46jährige griff auf das Geld der Bank sowie seiner Kunden zurück und unter-

schlug dabei rund acht Millionen Mark. Der einst hochgeachtete Manager wurde verhaftet.

- Im März wurde der frühere Finanzvorstand der Arag Versicherungen, Henner Haferkorn, vom Landgericht Aachen wegen Untreue, Betrug und Steuerhinterziehung zu einer Freiheitsstrafe von vier Jahren und acht Monaten verurteilt. Haferkorn hatte in einem umfassenden Geständnis zugegeben, im Rahmen einer Kapitalanlage der Arag einen Betrag von 56,4 Millionen Mark dem untergetauchten Anlageberater Walter Amend ohne weitere Sicherungen überlassen zu haben. Aus der Zusammenarbeit mit Amend hatte er angeblich Provisionen von 4,5 Millionen Mark erhalten.
- Im April berichtete das Bundeskriminalamt (BKA) vom »blühenden Geschäft« am Farbkopierer. Die Produktion von Falschgeld habe erschreckende Dimensionen angenommen: Allein in den ersten drei Monaten habe man 17 970 Fälle registriert. Der Schaden gehe in den »zweistelligen Millionenbereich«.
- Im Mai gab es in Frankfurt wieder Ärger im Management des Chemiemultis Hoechst AG: Günter B., Chef der Gebäudeverwaltung, wurde festgenommen. Er soll 15 Jahre lang Waren auf Kosten des Konzerns bestellt und dann privat verkauft haben. Schaden: Vermutlich über 10 Millionen Mark. Der Schwindel flog auf, als der 53jährige Manager plötzlich mit einem neuen Mercedes-Coupé (500 SEC) zum Preis von annähernd 150 000 Mark vorfuhr.
- Im Juni verhaftete die Kripo vier Croupiers und drei Gäste der Spielbank Bad Kissingen. Die Croupiers hatten den Gästen ermöglicht, die Jetons zu setzen, nachdem die Kugel schon gefallen war. Der Gewinn von 200 000 Mark wurde zwischen Croupiers und Spielern brüderlich geteilt.
- Im Juli verurteilte das Landgericht München II einen süddeutschen Kaufmann, der insgesamt 4,5 Millionen Mark aus

der von ihm geleiteten Aktiengesellschaft veruntreut hatte. Er wurde zu drei Jahren und elf Monaten Haft verurteilt. Der 49jährige soll Geschäfte mit einem mechanischen Parksystem vorgetäuscht haben, das noch nicht funktionsfähig war. Seit 1991 habe der Kaufmann unter Hinweis auf diese Scheingeschäfte regelmäßig Gelder aus der AG gezogen.
- Im August wurden in Stuttgart Manfred Kiecker und Rudolf Hoffmann, zwei frühere Vorstandsmitglieder der Südmilch AG, festgenommen. Als Grund für die Verhaftung nannte der Staatsanwalt, es bestehe der dringende Tatverdacht auf Untreue, Subventions- und Prospektbetrug.
- Im September nahm die Staatsanwaltschaft Köln die Ermittlungen gegen Mitarbeiter der Kölner Telekom auf. Sie sollen Schmiergelder erhalten haben. Gefälschte Rechnungen wurden sichergestellt.
- Im Oktober filzten 131 Beamte der Staatsanwaltschaft Berlin die Privat- und Büroräume von 21 Personen in 34 Orten. Die Verdächtigen sollen die Treuhandanstalt um »zwischen 50 und 200 Millionen Mark« geschädigt haben.
- Im November mußte sich vor dem Paderborner Landgericht ein 53jähriger Unternehmer wegen Betruges, Steuerhinterziehung, Verstoß gegen das Arbeitsförderungsgesetz und Ausbeutung ausländischer Arbeitnehmer verantworten. Er hatte Millionengewinne mit illegal eingeschleusten Bauarbeitern aus Polen gemacht, die er nicht einmal versteuerte.
- Im Dezember erhob die Staatsanwaltschaft am Landgericht Nürnberg-Fürth Anklage wegen Betrugs und Untreue gegen einen 45jährigen Bankkaufmann und einen 35jährigen Unternehmensberater. Beide hatten Aufbaugelder, die für Thüringen gedacht waren, verschoben. Der Schaden: sechs Millionen Mark.

Diese Fälle bilden nur die Spitze eines Eisbergs. »Darunter«, so der Frankfurter Staatsanwalt Hubert Hardt, »verbirgt sich eine riesige Zahl vergleichbarer Fälle.« Längst sind es nicht mehr die Banken- oder Versicherungskonzerne allein, die vor lauter Scham und der Angst vor einer Verunsicherung der Kundschaft die Betrugsmanöver ihrer Angestellten intern regeln. Viele klein- und mittelständische Betriebe, die ebenfalls ins Fadenkreuz krimineller Mitarbeiter geraten sind, scheuen aus Furcht vor Konkurrentenhäme die Öffentlichkeit. Die Summe, um die es dabei ingesamt geht, schätzt Hardt, liege satt »im neunstelligen Bereich«.

Kann man jedoch dem einfachen Angestellten den Griff in die Kasse verdenken – ihm, der immer die noblen Herren Otto, Lappas oder Steinkühler als leuchtende Vorbilder dafür nahm, wie der kleine Mann den Aufstieg nach oben schaffen kann? Und noch etwas stimmt nicht: Wenn große Männer der Industrie, die Idole ganzer Betriebswirtschaftler-Generationen, sich auf Kosten der Gemeinschaft gewissenlos bereichern, dann bleiben sie für viele noch immer die strahlenden Helden, wenn sie nur mit kleinen Blessuren die Gerichtssäle verlassen, um sich dann mit ihren fürstlichen Firmenabfindungen erst einmal auf ihre Anwesen im Tessin oder in der Karibik zurückziehen. Daß es nicht ganz so hart kommt, dafür sorgen schon die teuren Starverteidiger wie der Münchner Rechtsanwalt Rolf Bossi oder sein Frankfurter Kollege Günter Dörr, der seit dem Contergan-Prozeß hierzulande als einer der genialsten Männer der Juristenzunft gilt, aber auch Lappas-Verteidiger Heinz Wagner, Professor für Straf- und Strafprozeßrecht an der Universität Kiel. Der Auftritt einflußreicher Rechtsprofis, die wie im Falle Bossi ihre Auftritte auch noch mediengerecht zu inszenieren wissen, führt nicht selten dazu, daß die Angeklagten mit einem blauen Auge davonkommen. Gewiß ist jedenfalls, daß sich die sogenannten Prominentenprozesse über Monate, manchmal gar Jahre hinziehen – und das alles auf Kosten des Staates.

Korruptionsgesellschaft mbH

In Deutschland wird geschmiert, was das Zeug hält. »Unsere Leute arbeiten vorzüglich, aber am Rande ihrer Kapazität«, sagt der Münchner Oberstaatsanwalt Heinz Stocker. Stockers Behörde, die Abteilung X der Staatsanwaltschaft München I, ermittelte Ende 1993 in 364 Verfahren gegen rund 400 Personen, die in einen einzigen Fall, dem großen Münchner Schmiergeldskandal um die Vergabe öffentlicher Bauaufträge, verwickelt sind.

»München leuchtet«, wußte schon vor dem Ersten Weltkrieg der aus Lübeck zugereiste Schriftsteller Thomas Mann. »München glitzert«, weiß heute der Staatsanwalt. Der Ankläger meint damit die Millionenschiebereien, in die sie alle verwickelt zu sein scheinen – eine Handvoll Manager von namhaften Firmen wie dem Elektronikriesen Siemens AG bis zu jenen namenlosen Kommunalbeamten, die beim allerbesten Willen gar nicht so aussehen, als könnten sie in großem Stil die Hand aufhalten. Die Mehrheit der Münchner, von extrem hohen Mieten und Lebenshaltungskosten ohnehin schon ziemlich gebeutelt, reagiert ziemlich gallig, wenn sie morgens in der U-Bahn von den neuen Fällen Kenntnis nimmt, die ihr die Lokalgazetten nahezu täglich servieren.

»Hier wurde und wird ganz bewußt die freie Marktwirtschaft pervertiert«, sagte Günter Bechert, Vorsitzender Richter der Wirtschaftsstrafkammer des Landgerichts München II, und verdonnerte – bis auf einen Fall, in dem er eine knackige Geldstrafe verhängte – alle Angeklagten zu saftigen Freiheitsstrafen: von einem Jahr und drei Monaten bis zu sechs Jahren und neun Monaten. Die Straftaten: aktive und passive Bestechung, Untreue und Betrug. Unter den zehn Männern auf der Anklagebank saßen auch drei Siemens-Manager, der Vertriebsleiter Ernst Kerndlmaier (60), Abteilungsdirektor Heinrich Dittrich (60) und der Exvorstand Wolfgang Keim (66).

Alle drei wußten von jenen drei Millionen Mark, die ihr Unternehmen locker machte, um an ein begehrtes »Referenzprojekt« zu kommen, das Klärwerk München II in Dietersheim.

Drahtzieher des Skandals war ebenfalls ein Siemens-Mann: der damals schon pensionierte Diplomingenieur Joseph Kraemer (71). Er war es, der im Auftrag seines Kompagnons, des städtischen Baureferatsangestellten Manfred Oberndorfer (45), beim Siemens-Vorstand Keim auftauchte, um »Provisionen« abzuholen. So heißt Schmiergeld nicht nur im klitschigen Bahnhofsmilieu, sondern auch in den allerfeinsten Etagen der deutschen Industrie. Oberndorfer brauchte den Zaster, und schließlich saß er an der Quelle. Um diese für die Unternehmen sprudeln zu lassen, war eine kleine Aufwandsentschädigung fällig. Konkret: Der städtische Bedienstete Manfred Oberndorfer schanzte gegen »Provision« der Münchner Siemens-Niederlassung für Anlagentechnik, aber auch Angehörigen eines illegalen Firmenkartells Aufträge aus kommunalen Klärwerksprojekten zu. Keim zu Kraemer: »Ja, das ist bei Siemens auch möglich, besprechen Sie alles weitere mit Herrn Kerndlmaier.« Dann nahm das Schicksal seinen Lauf.

Die Sache flog nach einem anonymen Brief an die Staatsanwaltschaft auf, der, wie Oberndorfers Anwalt Steffen Ufer meinte, nur »von hervorragend eingeweihter Stelle« stammen konnte. Fast gleichzeitig kamen die Ermittler auf Kraemers Spur. Der Ex-Siemens-Mann arbeitete bei einem Elektroingenieurbüro in Germering, das seine Schmiergeldzahlungen an Oberndorfer als »Provision« von der Steuer abzusetzen versuchte. Die Kripo, schon nach dem Insider-Brief eingeschaltet, war bereits dahintergekommen, daß der städtische Angestellte Oberndorfer (Monatseinkommen 5 500 Mark), der beim Klärwerk als »örtlicher Projektleiter« arbeitete, im oberbayerischen Moosburg etwas überdimensioniert gebaut hatte – ein Haus mit Swimmingpool, Solarium und Doppelgarage für insgesamt 1,7 Millionen Mark. Das Geld stammte aus Koffern, die ihm Unternehmer oder der Geldbote Kraemer ins Haus stellten. Einmal waren sogar 260000 Mark drin. Kraemer, der nicht nur Siemens-Schmiergelder weiterleitete, kassierte ein Prozent der jeweiligen Auftragssumme. Der »Münchner Merkur« wunderte sich: »Sitten wie in Palermo.«

Die ausgesprochen unorthodoxe Art der Auftragsvergabe kam auch bei der eigentlichen »Geschäftsabwicklung« zum Vorschein. Chefs oder Abgesandte der Bestecherfirmen trafen sich mit Oberndorfer in schöner Regelmäßigkeit im Wirtshaus beim Klärwerk, um bei Bier und Weißwurst auszuhändeln, wer von ihnen welchen Auftrag bekommen sollte. Dabei ging es nicht nur um Arbeiten am Klärwerk, sondern auch um »Folgeaufträge«. Insgesamt ging es im Münchner Osten um ein Volumen von 35 Millionen Mark. Wie die krummen Geschäfte schließlich abgewickelt wurden, könnte einem drittklassigen Krimi entnommen sei: Der Ausgeguckte versprach ein fürs Baureferat günstiges Angebot, und die anderen sicherten zu, mit ihren Angeboten ordentlich darüber zu liegen. Reichte das nicht, griff Oberndorfer zum Korrekturmittel »Tipp-Ex«. Doch was für die Stadtkasse so günstig aussah, war nur ein Trick der Betrüger. Manipulierte Abrechnungen verschafften den Firmen jenen finanziellen Spielraum, den sie brauchten, um Schmiergelder zu zahlen und dabei dennoch kräftig abzusahnen. Ein im Münchner Prozeß herumgereichter Brief beschreibt es: »Damit die Firma aber zu ihrem Geld kommt und auch noch Schmiergelder dazugerechnet werden können, macht man halt das Bauvorhaben mit Regiearbeiten, Nachkalkulationen und ›unvorhergesehenen Teuerungen‹ etwas kostspieliger. So einfach ist das!«

Die kriminelle Energie des Angestellten Oberndorfer war damit aber noch längst nicht erschöpft. Er gründete eine Schein-GmbH, in der ein Spezl den Geschäftsführer spielte.

Dieses Unternehmen trat offiziell als Subunternehmen der am Klärwerk arbeitenden Vertragspartner auf und schrieb der Stadt fleißig Rechnungen – für insgesamt 1,294 Millionen Mark. Doch diese Leistungen wurden in Dietersheim nie erbracht, sondern in Moosburg, am Privathäuschen des umtriebigen Projektleiters.

Die Nachrichtenagentur Reuters meldete am 4. November 1993: »Wegen Bestechlichkeit und Betrugs bei der Vergabe öffentlicher Aufträge sind in München fünf Mitarbeiter eines Ingenieurbüros schuldig gesprochen worden. Das Landgericht München I verurteilte den 50jährigen Leiter des Büros zu drei Jahren Haft, weil seine Firma in den achtziger Jahren öffentliche Aufträge im Wert von 83 Millionen Mark manipuliert und dafür mehr als 800000 Mark Schmiergeld eingestrichen habe. In der Münchner Schmiergeldaffäre um die Vergabe öffentlicher Aufträge sind in den vergangenen zwei Jahren bereits 24 Strafverfahren abgeschlossen worden. Mehrere Verfahren laufen noch.«

Der Schaden, den das Gespann Oberndorfer/Kraemer angerichtet hat, besitzt mit mehreren Millionen Mark nicht nur eine materielle Seite – er erschütterte das Vertrauen in die bis dahin einigermaßen skandalfreie Münchner Stadtverwaltung. Und, genauso gravierend, er ramponierte das Image eines Weltkonzerns, der bis zu diesem Zeitpunkt großes Ansehen besaß. Selbst Richter Bechert schien die aufgedeckten Machenschaften nicht recht glauben zu wollen. Mehrfach stellte er während des Prozesses fassungslos die Frage: »Wo bleibt denn hier die Siemens-Firmenphilosophie?«

Die scheint es nie gegeben zu haben. Denn Aufträgen und Umsätzen haben sich alle anderen Aspekte in den meisten deutschen Unternehmen unterzuordnen. Wenn es ums harte Geschäft geht, dann gelten Moralisten nur als Exoten. Und die halten dann die Luft an, wenn, wie im Prozeß, ein kleines Zipfelchen jener Bakschisch-Praktiken sichtbar wird, die der

Elektronikriese im internationalen Geschäft anwendet. Die drei Millionen Mark für Manfred Oberndorfer jedenfalls konnten ohne weiteres und relativ rasch von einem Siemens-Konto in der Schweiz abgerufen werden – verbucht als Zahlungen für Iran- oder Korea-Aufträge, die zum damaligen Zeitpunkt teilweise noch nicht einmal existierten. Daß der deutsche Weltkonzern auch im Ausland kräftig schmiert, ist allgemein bekannt. Zu Beginn der großen italienischen Antikorruptionswelle wurde im Frühsommer 1993 der Mailänder Siemens-Manager Giorgio Scanavacca (60) verhaftet. Er hatte Führungspersonal der staatlichen Telefongesellschaft ASST mit mehr als 2,5 Millionen Mark bestochen. Weit mehr Geld mußte der Münchner Konzern in Spanien locker machen. Für den Auftrag zur Elektrifizierung der Schnellbahnstrecke Madrid – Sevilla sollen Siemens-Vertreter fast 14 Millionen Mark illegal gezahlt haben.

In der Heimat des Konzerns jedenfalls sollen solche Praktiken nicht mehr vorkommen. So sieht es die bayerische Landeshauptstadt, die aus den Betrügereien um ihre Kläranlage inzwischen Konsequenzen gezogen hat: Größere Aufträge schreibt sie nur noch europaweit aus. Falls sich dann die »von den Delikten betroffenen Großfirmen (AEG, ABB und Siemens)« bewerben, müssen diese schriftlich erklären, daß an dem Projekt ihrerseits keine Person mitgewirkt hat, die in den Ermittlungsakten der Staatsanwaltschaft erwähnt wird.

Tango corrupto am Main

Wolfgang Schaupensteiner weiß, wovon er spricht: »Wenn wir in Deutschland nicht massiv gegen Korruption und ihre Folgen vorgehen, werden die Ausmaße schon bald die öffentlichen Haushalte gefährden.« Der Leiter des Korruptionsdezernats der Frankfurter Staatsanwaltschaft hat ausgerechnet, daß allein im Bundesland Hessen Jahr für Jahr ein Schaden über Hunderte von Millionen und bundesweit sogar zehn Milliarden Mark angerichtet wird, weil »Preisabsprachen und gekaufte Staatsdiener« die Haushalte strangulieren. Bei Staatsanwaltschaft und Polizei gilt das Dreieck Frankfurt–Wiesbaden–Limburg als der Landstrich mit der größten deutschen Korruptionsdichte. Hier sind die Grenzen zwischen Wirtschaft und Politik besonders transparent – durchlässig für Summen in jeder denkbaren Höhe. Allein im Bausektor wurde im Spätherbst 1993 gegen 800 Unternehmer, Architekten und Beamte ermittelt. Selbst Bürgermeister sind mit von der Partie. Einer von ihnen ist Hans-Werner Börs (65), seit 22 Jahren unangefochtener Ortsvorsteher der westlich von Frankfurt gelegenen 10 000-Einwohner-Gemeinde Kriftel. Zusammen mit seiner Gattin Helene und einigen Rathausmitarbeitern tafelte er schon mal im »Kurhausstüberl« des Prominentenkochs Alfons Schuhbeck im oberbayerischen Waging am See. Eingeladen hatte der Geschäftsführer Hermann Dupp von der Firma Rompf, eines auf den Bau von Kläranlagen spezialisierten Unternehmens aus dem nordhessischen Driedorf. Es war die vierte »Informationsreise«, welche Herr und Frau Börs in Sachen Abwasserverband unternahmen – gestiftet von der Firma Romp. Nach Schmankerln und siebengängigen Luxusmenüs wurde es feierlich: wie bei einem Staatsakt unterzeichneten der »Löwe von Kriftel«, wie der CDU-Politiker Börs zu Hause genannt wird, weil er vor Jahren die Eingemeindung Kriftels in die ungeliebte Kreisstadt Hofheim verhinderte, einen Vertrag, der dem Kläranlagenbauer mit einem Schlag einen Vier-Millionen-Auftrag bescherte. Damit auch die Nachwelt von diesem denkwürdigen Ereignis Kenntnis nehmen kann, hielt ein Kofferträger des Bürgermeisters die Zeremonie mit seiner Videokamera fest.

Inzwischen liegt die Kassette bei der Frankfurter Staatsanwaltschaft – Beweismittel in einem Verfahren, in dem es um massive Korruption geht. Denn Börs ist nicht nur Bürgermeister, sondern auch noch Vorstand der Abwassergemeinschaft »Schwarzbachverband Main Taunus« – Auftraggeber eben jener Kläranlage, die Rompf in der 15 000-Einwohner-Gemeinde Niedernhausen bei Wiesbaden nun bauen durfte.

Rompf baut, aber Börs ist nicht mehr im Amt – suspendiert und wegen Verdunkelungsgefahr verhaftet. Denn was die Strafverfolgungsbehörde dem Exbürgermeister und Abwassermanager vorwirft, ist nicht von Pappe: versuchte Erpressung, Bestechlichkeit und Betrug. Weil in den Diensträumen von Börs eine italienische Pistole mit ausgekratzter Seriennummer entdeckt wurde, ermitteln die Staatsanwälte auch noch wegen des Verdachts auf Verstoß gegen das Waffengesetz. Die Staatsanwaltschaft vermutet, daß Börs (offizielles Monatseinkommen 6 000 Mark) durch Auftragszuschanzen Vorteile im Gegenwert von mehreren hunderttausend Mark abgegriffen hat – in Form kostenloser Reisen, billiger Miete in einer von einer Baufirma überlassenen Villa sowie günstigen Handwerkerleistungen am Eigenheim.

Ähnlich wie Börs, der hartnäckig seine Unschuld beteuert, reagierten auch seine Untertanen auf die Vorwürfe. Kurz nach der Verhaftung ihres Bürgermeisters trafen sich 500 Kriftteler mit Fackeln und Spruchbändern zu einer Sympathiekundgebung. Den Vogel schoß dabei die örtliche CDU ab. Sie nominierte den Untersuchungshäftling zu ihrem Spitzenkandidaten für die nächste Kommunalwahl.

Solche Reaktionen zeigen in aller Deutlichkeit, wie hierzulande inzwischen die Grenzen zwischen Recht und Unrecht immer mehr verschwimmen. Wenn dem CDU-Mann die Sache nachgewiesen wird, hat er zwar gegen deutsches Recht verstoßen, aber da dies im Sinne seiner Partei passierte, wird es auch noch gutgeheißen. Daß solche Abzockerskandale keineswegs der eigenen Karriere schaden, demonstrieren nicht zuletzt Männer wie Otto Graf Lambsdorff, den seine Parteispendenaffäre in den eigenen Reihen nur noch weiter aufwertete. Die F.D.P. wählte ihn sogar noch zu ihrem Vorsitzenden und später zum Ehrenvorsitzenden.

Sollten die Vorwürfe stimmen, wäre selbst der Millionendeal von Bürgermeister Börs noch ein relativ kleiner Fisch im hessischen Haifischbecken. Gleich einer Mafia-Familie funktionierte ein Schmiergeldring, der von der Limburger Staatsanwaltschaft ausgehoben wurde. Mit dabei: ein Bauunternehmen, ein Planungs- und Architekturbüro, vier Ingenieurbüros, sechs Mitarbeiter aus Stadt- und Staatsbauämtern, drei Bürgermeister und zwei lokale Parteivorsitzende. Das Planungsbüro, das enge Verbindungen zu vier weiteren Bauunternehmen unterhielt, soll als Inkassostelle fungiert und die Schmiergelder an die Beamten verteilt haben. Solche Dinge können aber nur dort passieren, wo, wie in Hessen, Bürgermeister nicht nur in ihrer Gemeinde das Sagen haben, sondern auch bei Wasser- und Abwasserverbänden oder kommunalen Bauträgergesellschaften mitmischen. Kommentiert der Frankfurter Staatsanwalt Günter Wittig: »Wo entscheidende Kompetenzen in einer Hand liegen und wenig Kontrolle ausgeübt wird, ist das wie eine Lizenz zum Gelddrucken.«

So kassierte der Neu-Anspacher Bürgermeister Heinz Born (SPD) 200 000 Mark, sein Kollege aus der Taunusgemeinde Usingen, Rolf Eggebrecht (CDU), 390 000 Mark. Hugo Lietzow, Vorsitzender des Abwasserverbandes Vordertaunus, strich nach Meinung der Staatsanwaltschaft fast zehn Jahre lang ein steuerfreies Nebeneinkommen von 5 000 bis 7 000 Mark ein, und bei Georg Hahn (CDU), Bürgermeister von Schmitten und Vorstand des Abwasserverbandes Oberes Weiltal, sollen es mindestens 400 000 Mark sein, mit denen er geschmiert wurde. Mit derselben Summe ist CDU-Kreistagsabgeordneter Wilfried Müller dabei, während Vizelandrat Hans Joachim Galuschka (CDU) sogar 450 000 Mark vereinnahmte. Während Lietzow und Hahn die Vorwürfe bestreiten, haben die anderen Beschuldigten ein Geständnis abgelegt. Alle landeten sie in U-Haft, erhielten dann Haftverschonung; aber keiner ist mehr im Amt.

Vergleichsweise harmlos ist dagegen die Zahlung von 7 000 Mark, die der Chef eines hessischen Ingenieurbüros leistete, um dem Bürgermeister der Gemeinde Biebesheim (Kreis Groß-Gerau), Walter Vollmer (SPD) und seiner Familie, eine Reise nach Florida zu ermöglichen. Der Bürgermeister hatte die Rückzahlung der angeblich geliehenen Summe »vergessen«. Nachdem bekannt wurde, daß das Ingenieurbüro schon seit Jahren Aufträge von der Gemeinde erhält, hat sich nun auch hier der Staatsanwalt gemeldet.

Es sind beileibe keine Pfennigbeträge, um die es bei den krummen Geschäften mit Gemeinden und Ämtern geht. Auch ein 57jähriger Angestellter des Bad Homburger Tiefbauamtes langte kräftig hin. 486 000 Mark hat Ludwig Hofmann in kürzester Zeit in die eigene Tasche gewirtschaftet. Sein Geschäftspartner, ein Bauunternehmer, stellte in elf Fällen fingierte Rechungen aus, die von Hofmann abgezeichnet wurden. Dabei wurden nicht nur Arbeitsstunden überhöht berechnet, sondern Leistungen aufgeführt, die frei erfunden waren. Zwei Drittel der erschwindelten Summe kassierte der Unternehmer, ein Drittel sein Spezi vom Amt. Dieser trieb es aber auch noch mit anderen Firmen. Gegen Schmiergeld und Geschenke – Farbfernseher, kostenloses Tanken – sorgte Hofmann dafür, daß seine Unternehmen immer gut im Rennen lagen. Dann spielte er ihnen Kalkulationsunterlagen der jeweiligen Konkurrenten zu, damit »seine« Leute bei Ausschreibungen die Nase vorne hatten.

Wie tief der Sumpf im deutschen Schmiergelddreieck mittlerweile ist, geht aus einer Äußerung des Anklägers Wittig hervor: »Bauunternehmer haben uns gesagt, daß sie ohne Bestechung kaum einen öffentlichen Auftrag bekommen haben.« Allein im Großraum Frankfurt seien bis zu 90 Prozent aller Bauaufträge durch Preisabsprachen manipuliert. Udo Müller, Präsident des Landesrechnungshofes Hessen: »Ein freier Wettbewerb findet streckenweise überhaupt nicht mehr statt.« Sogar bei der hessischen Staatsbauverwaltung wurden die Mechanismen des Marktes teilweise ausgeschaltet. Gegen 240 Beschuldigte allein aus diesem Bereich ermittelt der Staatsanwalt. Mitarbeiter aus der Verwaltung, wie zum Beispiel der Hauptsachbearbeiter Peter Gregers, sollen bei krimineller Auftragsvergabe von Großprojekten (Paul-Ehrlich-Institut in Langen) bis zu 700000 Mark an »Provision« abgezockt haben.

Wenngleich in Hessen gerade in jüngster Zeit häufiger Fälle ans Tageslicht kamen, so spielt das Bundesland bei gängigen Schmiergeldgeschäften keineswegs nur eine Einzelrolle. Was beim Grundstückschacher in deutschen Kommunen und Behörden sonst noch so über den Tisch geht, darüber läßt sich nur vage spekulieren. Ein leitender Beamter des Münchner Landratsamtes bestätigt hinter vorgehaltener Hand: »Bei der Ausweisung von Bau- oder Bauerwartungsland ist es schon fast ungewöhnlich, wenn nicht irgendwie gekungelt wird oder irgend jemand die Hand aufhält.« Das gelte insbesondere in ländlichen Gebieten, wo Bürgermeister oft nur als Kofferträger oder verlängerter Arm der örtlichen Unternehmerschaft etabliert werden.

Millionenschiebereien bei der Telekom

Als im August 1993 Deutschlands zweitgrößte Direkt-Marketing-Agentur HM1 Heuser, Mayer + Partner in München unerwarteten Besuch bekam, ging gleichzeitig im fernen Bonn eine Bombe hoch. Mitten in der parlamentarischen Sommerpause glühten auf einmal die Drähte im Bundespostministerium. Der Staatsanwalt teilte mit, daß man den HM1-

Geschäftsführer Manfred Heuser gerade verhaftet habe – und mit ihm, in Darmstadt, den Postdirektor Werner R. und Amtsrat Lothar S. sowie in Bonn den Oberamtsrat Klaus R. Alle drei hatten sich von HM1 schmieren lassen.

Die Postler saßen an einem ganz besonderen Schalter. Sie verwalteten allein den Telekom-Werbeetat von immerhin satten 230 Millionen Mark. Aus lauter Dankbarkeit für die Aufträge aus dem Hause Bötsch ließen die Werbemanager die Postmänner etwas vom Duft der großen weiten Welt schnuppern: Der Oberamtsrat spielte Golf in Florida, während es den Direktor und seinen Amtsrat nach Rom, Florenz und Verona zog – alles auf Kosten von HM1. Obendrein gab es noch Fahrräder für die ganze Familie, Ledertaschen und Pilotenkoffer für die Herren sowie Cartier-Parfüm für die Damen. Bei Oberamtsrat R. stießen die Fahnder außerdem noch auf fünf Cartier-Uhren (Wert 100 000 Mark) im Bettkasten.

Tatorte des Skandals waren die Telekom-Zentrale in Bonn und das Technologie- und Forschungszentrum der Telekom (FTZ) in Darmstadt. Beteiligt waren neben den bereits erwähnten Beamten und der Münchner Agentur, die übrigens eine Tochter des renommierten Düsseldorfer Werbeunternehmens BBDO ist, auch noch andere Unternehmen, die für die Staatsfirma Reklame machen, wie zum Beispiel das DeWe-Filmstudio in Hildrizhausen bei Stuttgart. Die Schwaben hatten unter anderem Beiträge über den Fernmeldesatelliten »Kopernikus« gedreht und sich dafür beim Auftraggeber mit schönen Geschenken bedankt.

Der Trick, den die kreativen Beamten gemeinsam mit den pfiffigen Agenturleuten ausheckten, war eigentlich auch hier von geradezu rührender Schlichtheit: Die Agenturen schickten für ihre tatsächlichen oder zusammenphantasierten Leistungen je eine Rechnung nach Bonn und Darmstadt. Beide Telekom-Unternehmen zahlten. Kurze Zeit später überwiesen dann die Firmen den doppelt bezahlten Betrag auf das

Konto 2762300 bei der Commerzbank in München – ein Konto, das von HM1 verwaltet wurde. Innerhalb von drei Jahren sammelten sich auf diese unkomplizierte Weise gut zehn Millionen Mark an. Das Konto war der Topf, aus dem die Beamten bedient wurden.

Spätestens an dieser Stelle müßten die Bonner Volksvertreter aufjaulen. Doch man überläßt den Fall lieber der Staatsanwaltschaft – ausgerechnet auch noch der Darmstädter, die mit den Fällen López und UB-Plasma sowie mit Dutzenden von kommunalen Bestechungsaffären völlig überlastet ist. Doch unsere Abgeordneten im Postausschuß des Bundestages wissen offenbar zu gut, weshalb es sich nicht schickt, den überforderten hessischen Staatsanwälten mit Hilfe eines parlamentarischen Untersuchungsausschusses hilfreich unter die Arme zu greifen: Ein Großteil der 19 Damen und Herren Abgeordneten ist selbst mit von der Partie. Zwar nicht als Kunden von »HM1«, sondern als Empfänger kleiner Aufmerksamkeiten aus dem Hause Telekom. Auch hier ist von Edeluhren, Champagner und Parfüm die Rede – alles völlig legal, denn für Politiker gibt es, auch im Jahre 12 nach Flick, noch immer keinen Bestechungsparagraphen im Strafgesetzbuch.

Welche Kreise dieser Skandal ziehen könnte, läßt der Einbruch ins Büro von Oberamtsrat R. vermuten. Kurz nachdem bekannt wurde, daß der Postmann festgenommen wurde, verschwanden in einer lauen Augustnacht 200 bis 300 Telefonkarten von seinem Schreibtisch.

Die informations- und kommunikationstechnische Branche mit ihren immensen Möglichkeiten gilt ohnehin als Eldorado für Durchstecher aller Klassen. Besonders in ihrer Boom-Phase zog sie Kriminelle jeder Schattierung wie magisch an. Software-Klau, Betrug und plumpe Bestechung waren an der Tagesordnung. In der Chronik der »unvergeßlichen Affären« nimmt der Nixdorf-Skandal (1988) einen »Ehrenplatz« ein. Damals flogen vier leitende Mitarbeiter des

Paderborner Computerherstellers – unter ihnen Vertriebsleiter Hans Heitele und Pressesprecher Rolf Prey –, weil sie bei der Vergabe von Werbe- und Druckaufträgen rund sechs Millionen Mark Schmiergelder kassiert hatten.

Auch diese Fälle bilden nur die sichtbare Spitze des Eisberges. Die deutschen Werbeagenturen – vor allem die vielen kleinen Gesellschaften, die in konjunktureller Schieflage um jeden Auftrag kämpfen müssen – gelten ohnehin als gefährlicher Schmiergeldsumpf. Wer bei all diesen Fällen jedoch die wahren Schuldigen sind, die Bestecher oder die Bestochenen, ist juristisch oder auch moralisch meist kaum nachzuvollziehen. Deutsche Agenturmanager jedenfalls machen gar keinen Hehl daraus, daß sie bei der Vergabe von Werbeetats nicht gerade selten von den Auftraggebern auf eine »gewisse Bedürfnislage« aufmerksam gemacht werden. Schließlich gilt in der Werbezunft wie in keiner anderen Branche die alte Weisheit: Kleine Geschenke erhalten die Freundschaft.

Das 1989 unter dem Titel »Die Hohe Kunst der Korruption« veröffentlichte Buch des Gießener Psychologen und Politberaters Professor Horst-Eberhard Richter wurde in gewissen Kreisen der deutschen Industrie als heimlicher Bestseller und unverzichtbare Fortbildungslektüre für Führungskräfte gehandelt. Darin stellt der Autor die These auf, daß Bestechung »ein unentbehrliches Herrschaftsmittel der Führungsschicht« ist und daß »ohne Verfilzung von Macht und Geld, ohne betrügerische Manipulation der Massen keine moderne Gesellschaft mehr regierbar« sei. Solche Thesen werden von orientierungsbedürftigen Managern gern aufgegriffen und in die Tat umgesetzt. Die Folge: eine zunehmende »Balkanisierung« weiter Teile der deutschen Industrie, wie all die aufgedeckten Delikte beweisen, wo offensichtlich kaum noch etwas läuft, wenn nicht ausreichend geölt und geschmiert wird.

Schwarzgeldklinik und Münchner Bahndamm

Die Bremer nennen ihn »Mister 10 Prozent«. Aribert Galla, 49, einst Verwaltungsdirektor der städtischen St.-Jürgen-Klinik, kreierte immerhin eine neue Form der Bestechlichkeit: Firmen mußten, um an die Aufträge zu kommen, einen Teil des Umsatzes an Galla abzweigen, der einen Großteil dieser Schmiergelder mittels fingierter Rechnungen und zwischengeschalteter Firmen auf das Konto einer eigenen Scheinfirma auf die Kanalinsel Jersey überwies. Aus diesem Fonds – nach Ansicht von Generalstaatsanwalt Hans Janknecht mindestens 1 060 000 Mark – wollte Galla »Anschaffungen außer der Reihe finanzieren«. Als Galla 1990 wieder mal nach Jersey kam, um sich aus seiner Tütenkasse zu bedienen, nahm ihn die Polizei fest. Fast vier Jahre später verurteilte das Bremer Landgericht Galla wegen Bestechlichkeit, Vorteilsnahme und Untreue zu drei Jahren und neun Monaten Haft.

Bei dem Prozeß kam heraus, daß Galla seit 1977 Geld von mehreren Firmen gefordert und erhalten hatte, denen er als Gegenleistung Aufträge verschaffte. Der Skandal reichte aus, um den SPD-geführten Bremer Senat mal wieder gewaltig ins Trudeln zu bringen: Exgesundheitssenator Herbert Brückner, der den seltsamen Praktiken in der »Schwarzgeldklinik« trotz entsprechender Hinweise jahrelang tatenlos zugesehen hatte, mußte sein Amt als bremischer SPD-Chef niederlegen, Hans-Helmut Euler, der zum Zeitpunkt des Skandals als zuständiger Senatsdirektor fungierte, verlor sein schönes Amt als Leiter der Staatskanzlei.

Was die Nordlichter können, fällt auch den Bajuwaren nicht schwer: Der Präsident der Bundesbahndirektion München, Professor Peter Lisson, verdient 13 400 Mark netto. Dennoch konnte er offenbar nicht den Ausbau des Dachgeschosses seiner Eigentumswohnung im Stadtteil Solln aus eigener Tasche bezahlen. Den Auftrag zum Ausbau erteilte die Aufbaugesellschaft Orleansplatz (AGO), ein Unternehmen, das Beamtendienstwohnungen baut. Geschäftsführerin der AGO war zu jener Zeit Barbara H., die gleichzeitig auch noch beim berühmten Immobilienmakler Helmut Schmid als Buchhalterin tätig war. Ein Architekt der Bahndirektion erstellte den Ausbauplan, die Kosten dafür sollten beim Bau eines Bahngebäudes, das der Schmiergeldmakler Helmut Schmid damals errichtete, untergebracht werden. Erst als ein AGO-Gesellschafter die Kosten für den Dachausbau vermißte, zahlte Professor Lisson einen »Anerkennungsbetrag« in Höhe von 7 500 Mark.

Seit Jahren liefen die Geschäfte zwischen Lisson und Schmid »wie geschmiert« (Boulevardblatt »tz«). Die Sache mit dem Dachausbau brachte nun im Spätherbst 1993 die Kriposonderkommission dazu, die Verbindung zwischen dem smarten Professor und dem windigen Immobilienmann einmal genauer unter die Lupe zu nehmen. Und siehe da, man wurde fündig – alte Hüte zwar, aber nun in völlig neuem Licht: 1988 wollte die Bundesbahn im Stadtteil Nymphenburg ein Wohnheim bauen. Weil die Bahn aber von der Stadt für ihr Vorhaben keine Baugenehmigung bekam, verkaufte sie das 10 000 Quadratmeter große Grundstück für 7,5 Millionen Mark an Helmut Schmid. Und der – seltsam, seltsam – bekam die Genehmigung, errichtete ein Wohnheim und vermietet es teuer an die Bahn. Ähnlich lief es auch mit einem anderen Grundstück, das die Bahn an Schmid verkaufte. In einer Aktennotiz setzte sich die Direktion für Schmid als Käufer ein, weil dieser beim Bieten im Zusammenhang mit einem anderen Grundstücksverkauf der Bahn »ausgerutscht« sei. Während der Staatsanwalt ermittelt, sitzt Schmid eine dreijährige Haftstrafe in Landsberg ab. Wegen Betrug und Bestechung war er im Sommer 1993 vom Landgericht München I verurteilt worden. Schmid war am Skandal um das Städtische Klärwerk München II beteiligt.

Der Milliardenverlust der Metallgesellschaft

Als am 17. Dezember 1993 der Aufsichtsrat der Frankfurter Metallgesellschaft (MG) den bisherigen Chef Heinz Schimmelbusch, 49, und dessen Finanzvorstand Meinhard Forster fristlos feuerte, war erst ein Zipfel jenes Skandals bekannt, der das Topunternehmen an den Rand des Ruins führte. Von »nur« 347 Millionen Mark Jahresverlust war die Rede. Karl-Josef (Kajo) Neukirchen, der als Feuerwehrmann in die Bresche sprang, hatte wenig später die wahre Größenordnung des Desasters erfaßt: 1,8 Milliarden Mark. Diese Riesensumme hatte sich innerhalb weniger Monate durch riskante Ölgeschäfte aufgetürmt.

Während Neukirchen den MG-Saustall ausmistete und mit den 100 Banken ein Sanierungskonzept ausarbeitete, saß Schimmelbusch in seiner New Yorker Wohnung und bereitete sich mit den Anwälten auf den drohenden Prozeß vor. Denn im fernen Frankfurt ermittelte die Staatsanwaltschaft gegen ihn wegen des Verdachts der Untreue sowie wegen Verstößen gegen das Aktiengesetz.

Schimmelbusch war an seinem Ehrgeiz wie an seiner Raffgier gescheitert. Zum einen wollte er den stark von zyklischen Rohstoffen, von Hütten und Anlagenbau abhängigen Konzern auf eine breitere Basis stellen, andererseits bereicherte sich der gebürtige Wiener gnadenlos an seiner Firma.

So hatte MG-Chef, der firmenintern »Schibu« genannt wurde, vor zehn Jahren zum Preis von 340 000 Dollar eine Eigentumswohnung in der 73. Straße mitten in Manhattan gekauft. Das Geld stammte aus der Kasse der New Yorker MG-Tochter, deren Chef »Schibu« war. Weil der Aufwand für sein Domizil zu hoch war, vermietete der Jungmanager die Immobilie an die MG-Tochter – für 75 000 Dollar im Jahr. Daß »Schibu« seine Möbel in der Wohnung ließ, störte niemanden. Ebensowenig wie jemand Anstoß daran genommen hatte, daß

Schimmelbusch die Wohnung bei seinen zahlreichen New-York-Visiten bewohnte. Nachdem »Schibu« zum großen Chef am Main aufgestiegen war, Anfang der 90er, schloß er mit der New Yorker Tochter einen neuen Mietvertrag. Die darin enthaltene Renovierungsverpflichtung wurde erfüllt, und die Metallgesellschaft Corp. zahlte, ohne mit der Wimper zu zukken, 260 000 Dollar.

Amerika wurde für die Familie Schimmelbusch zum Land der unbegrenzten Möglichkeiten. Wenn die Gattin anreiste, stand ihr ein Firmenwagen der Marke Lincoln nebst Chauffeur zur Verfügung. Die 55 000 Dollar Anschaffungskosten übernahm wieder einmal die Company. Sie zahlte auch die 65 000 Dollar für den Chefwagen und löhnte die Ferienaufenthalte zwischen Palm Beach und Long Island für das Ehepaar Schimmelbusch und dessen drei Kinder – insgesamt rund 60 000 Dollar.

Auch zu Hause langte der MG-Boß ordentlich hin. Ohne Genehmigung des Aufsichtsrats ließ er ein firmeneigenes Haus nahe der Konzernzentrale zur Luxusvilla umrüsten. Doch die Villa geriet zur Dauerbaustelle. Ständig mußten neue Renovierungswünsche des Ehepaares realisiert werden. Von allem hat der Aufsichtsrat angeblich nichts gewußt. Die New Yorker Machenschaften blieben unter dem Deckel, weil die US-Firma Arthur Anderson die US-Tochter prüfte und nicht die Wirtschaftsprüfungsgesellschaft KPMG. Der Aufsichtsrat wußte angeblich auch nichts von den üppigen Spesenregelungen, die sich der MG-Chef selbst zusammenbastelte. Zur Hannover-Messe zum Beispiel engagierte er für die Konzernempfänge den Barkeeper des Berliner Hotels Kempinski, und Messehostessen vertrieben Geschäftsfreunden und Kollegen die Langeweile.

Den Wirbel, den die MG-Pleite auslöste und 60 000 Mitarbeiter um ihren Arbeitsplatz zittern ließ, verstand Schimmelbusch überhaupt nicht. Für ihn handelte es sich bei den Nachrichten aus Old Germany um eine »Attacke auf meine Glaubwürdigkeit, die mich zwingt, vor Gericht zu ziehen«.

Der Kollaps des Schneider-Imperiums

Ein höchst interessanter Fall für die Justiz dürfte auch die Milliardenpleite des Frankfurter Bau- und Immobilienlöwen Jürgen Schneider werden. Als im April 1994 sein auf Sand gebautes Imperium wie ein Kartenhaus zusammenbrach, markierte dies den wohl spektakulärsten Breakdown eines Unternehmens in der Wirtschaftsgeschichte der Bundesrepublik. Während seine über hundert Liegenschaften in ausgesprochenen Nobellagen allenfalls einen Wert von 1,7 Milliarden Mark darstellten, stand der Immobilienmogul mit rund 6,4 Milliarden Mark allein bei deutschen Banken in der Kreide. Addiert um die Verbindlichkeiten bei ausländischen Geldinstituten dürften die Gesamtschulden Schneiders nach Schätzung von Finanzanalysen bei mindestens neun Milliarden Mark liegen. Mit Hilfe sogenannter Wirtschaftsprüfer, die ihm astronomische Vermögenswerte attestierten, hatte der smarte Akademiker jahrelang deutsche Großbanken an der Nase herumgeführt und immer neue Milliardenkredite für Prestigeprojekte wie das Palais Bernheimer in München, die Mädler-Passage in Leipzig und das Frankfurter Einkaufscenter Les Facettes lokker gemacht.

Daß sich ausgerechnet die feinsten Adressen des deutschen Finanzgewerbes – allen voran die Deutsche Bank, die Dresdner Bank und die Hypobank – von solch unglaublichen Taschenspielertricks linken ließen, ist ein eigenes Kapitel für sich. Die geradezu sträfliche Fahrlässigkeit, mit der die Vorstände dieser Geldinstitute immer wieder ihre Unterschrift unter Schneiders Kreditanträge setzten, führte zu einem eklatanten Imageeinbruch der deutschen Bankenbranche, die in der internationalen Wirtschaft bislang als überaus solide gegolten hatte. Der Schaden, der aus dem Schneider-Desaster für den Finanzplatz Deutschland erwächst, ist in seiner ganzen Dimension noch längst nicht absehbar. Arbeitnehmer und

Angestellte, die den feinen Herren in den Glaspalästen ihre mühsam verdienten Ersparnisse anvertrauen, werden sich ihren eigenen Reim auf derlei Geschäftsgebaren machen.

An Indizien, aus denen Schneiders »Sponsoren« hätten Verdacht schöpfen können, bestand zu keinem Zeitpunkt ein Mangel. Der aufwendige Lebensstil des promovierten Grandseigneurs, der seine über hundert Baustellen vorzugsweise im Learjet anzufliegen pflegte, wäre einer näheren und skeptischeren Betrachtung durchaus wert gewesen. Seine vor Eitelkeit strotzenden Personality-Broschüren in eigener Sache verrieten bereits eine Seite seiner unübertrefflichen Großmannssucht. Wer allerdings in den Genuß kam, Schneiders schloßartiges und allnächtlich vollbeleuchtetes Herrschaftsdomizil im Taunusstädtchen Königstein zu besuchen, mußte sich fragen, ob der Mann noch alle Sinne beisammen hat. Dort gibt es nicht nur eine Landerampe für Turmfalken, sondern auch vergoldete Zaunspitzen, wie sie allenfalls noch arabische Potentaten zur Verzierung ihrer Märchenpaläste nutzen.

Mit der eigenen Sicherheit nahm es der Milliardenbetrüger sehr genau. Während er seine Prachtvilla mit einem privaten Atomschutzbunker für 220 Sitz- und Liegeplätze ausstaffierte, scherte er sich einen Teufel um die Sicherheit der ihm anvertrauten Arbeitsplätze. Nachdem der Patron innerhalb von nur dreieinhalb Monaten rund 300 Millionen Mark von seinen Festgeldkonten abgeräumt und sich mit unbekannter Adresse aus dem Staub gemacht hatte, dürfte sich die Zukunft von 3000 Mitarbeitern seiner Unternehmensgruppe jetzt auf dem Arbeitsamt entscheiden. Mindestens ebenso schlimm trifft es unzählige kleine Bau- und Handwerksfirmen, allein 250 Betriebe in Leipzig, die jetzt auf ihren Forderungen gegen Schneider wohl sitzen bleiben und um ihre Existenz fürchten müssen. Diesen Firmen war bis zuletzt von den Banken eine erstklassige Bonität der Schneider-Gruppe bescheinigt worden. Um so schlimmer, da

Schneider die Handwerker schon vorher mit knallharten Knebelverträgen gnadenlos abgezockt hatte.

Schmieren als Gesellschaftsspiel

Dem Reiz des großen Geldes erliegen viele. Und daß geschmiert wird, ist auch nichts Neues. Durch die gesamte Geschichte der Menschheit zieht sich das Thema »ars corrumpendi« wie ein roter Faden. Der deutsche Soziologe Max Weber formulierte schon vor dem Ersten Weltkrieg: »Keine Ethik der Welt kommt um die Tatsache herum, daß die Erreichung ›guter‹ Zwecke in zahlreichen Fällen daran gebunden ist, daß man sittlich bedenkliche oder mindestens gefährliche Mittel und die Möglichkeit oder auch die Wahrscheinlichkeit übler Nebenerfolge mit in Kauf nimmt.« Weber hat damit die damalige Situation in einem auf Expansion angelegten Kaiserreich exakt analysiert. Er hatte dabei den Politiker im Visier, dem er klarmachen wollte, weshalb die angeblich innere Stimme, wie sie sich etwa in den Geboten der Bergpredigt ausdrückt, in der Politik nichts zu suchen habe: »Man muß ein Heiliger sein in allem, zum mindesten dem Wollen nach, muß leben wie Jesus, die Apostel, der heilige Franz und seinesgleichen, dann ist diese Ethik sinnvoll und Ausdruck einer Würde. Sonst nichts.«

Zwischen der Weberschen Theorie und der heutigen Praxis liegt fast ein Jahrhundert. Übertragen auf die moderne Gesellschaft mit all ihren ins Unendliche gewachsenen technologischen und moralischen Risikopotentialen wirken Webers Erkenntnisse heute eher antiquiert. Doch der Kauf von Ämtern, Meinungen, Politikern und Aufträgen führt zu einer fatalen Demoralisierung unseres politischen und sozialen Systems. Die Korruptionsfälle in der Verschachtelung von Politik und Wirtschaft trieben die Herrschenden in eine verhängnisvolle Glaubwürdigkeitskrise. »Politiker- und Systemverdrossenheit«

kommen nicht von ungefähr – eine im übrigen höchst gefährliche Entwicklung, weil sie den politischen Randgruppen links und rechts wie auch den bedeutungslosen Alternativen in der Mitte den nötigen Schub verleiht, um in den Parlamenten die von ihnen angestrebte Blockadepräsenz zu erreichen.

Als Symptom für die völlig desolate Situation der deutschen Politik ist auch der Ausgang der Hamburger Bürgerschaftswahl vom 17. September 1993 zu werten. Ohne dem Wähler ein politisch glaubwürdiges Sachprogramm präsentieren zu können, schaffte die sogenannte »Statt-Partei« auf Anhieb den Einzug ins Rathaus – und das in einer liberalen und aufgeklärten Stadt! Aber auch das Ergebnis der Brandenburger Kommunalwahlen im Dezember 1993 gibt unter diesem Aspekt zu denken. Unmittelbar nach den Gehaltsskandalen in Sachsen-Anhalt, die zur Regierungsauflösung führten, weil sich ein großer Teil der Ministermannschaft um Werner Münch (CDU) mit überhöhten Jahresgehältern in sechsstelliger Höhe bediente, mußte die CDU mit Stimmverlusten von mehr als 10 Prozent einen Erdrutsch in Kauf nehmen. Rund 50 Prozent der Wähler gingen aus lauter Politikverdrossenheit gar nicht erst zur Wahl, die SED-Nachfolgepartei PDS konnte mit einem zweistelligen Stimmenzuwachs ein Bombenergebnis erzielen – keineswegs ein nostalgisches Ergebnis, sondern eine Ohrfeige für die CDU im Osten dieser Republik und die Absahnermentalität ihrer Landespolitiker.

Daß die etablierten Parteien einen immer größeren Vertrauensverlust hinnehmen müssen, ist ganz sicher eine Folge der vielen Abzockerskandale der vergangenen Jahre, Monate und Wochen. Die Konseqenz des Vertrauensschwundes beim Wähler steht wie ein Menetekel an der Wand: Bonner Politiker fürchten bereits, daß in Deutschland wieder Weimarer Verhältnisse einkehren könnten, daß viele unbedeutende Splitterparteien ins Parlament einziehen und damit keine mehrheitsfähige Politik möglich ist.

III.
Die Versorgungsextremisten

Sie predigen Wasser und trinken Wein. Während sie ihre Arbeiter auf die Straße setzen, in den Betrieben erbarmungslos den Rotstift kreisen lassen und ihre Aktionäre verprellen, langen einige Herren in den Chefetagen deutscher Firmen schamlos zu. Vorstände, die sich in Zeiten wirtschaftlicher Rezession auch mal einen Gehaltsstopp verordnen oder gar die Bezüge kürzen, sind seltene Ausnahmen. Die Abzockermentalität auf deutschen Chefetagen nimmt eher zu.

Helmut Kohl soll es überhaupt nicht gefallen haben, daß ausgerechnet im eigenen politischen Lager Stimmung gegen die Spitzenverdiener in der Wirtschaft gemacht wurde – so dicht vor den nächsten Bundestagswahlen. Die Reaktion des CDU-Chefs ist aus seiner Sicht nur allzu verständlich. Denn bei fast vier Millionen Arbeitslosen, ungebrochener Entlassungswelle und drastischen Einsparungen in den Unternehmen kann derlei Gemurre den Sozialneid in der Nation nur noch heftiger anheizen.

Was war geschehen, das den Kanzler um die Gunst der Wählerstimmen fürchten ließ? »Weg mit den millionenschweren Managergehältern«, so lautet die Forderung von Klaus E. Bregger, dem Bundesvorsitzenden der CDU/CSU-Mittelstandsvereinigung. Es sei unerträglich, daß die einen entlassen werden, während Topmanager mitten in der Krise auf ihre ohnehin hohen Gehälter kräftig draufsatteln. Bregger steht mit seiner harschen Kritik nicht alleine. Die trotz schärfster

Rezession ungebrochene Selbstbedienung erregt inzwischen immer mehr Gemüter, wie zuletzt die hitzige Debatte über den wegen des Vorwurfs der Industriespionage ins Zwielicht geratenen Ex-GM-Manager Ignacio López zeigte. Bei seinem neuen Brötchengeber, dem angeschlagenen VW-Konzern, baut der gefürchtete Kostenkiller Tausende von Jobs ab und kassiert dafür gerüchteweise zwischen 20 und 30 Millionen Mark in fünf Jahren.

So fordert die Deutsche Schutzvereinigung für Wertpapierbesitz nach dem Vorbild eines in der Schweiz diskutierten Modells, die Bezüge für Spitzenmanager auf das 25fache eines durchschnittlichen Angestelltengehalts der jeweiligen Unternehmen zu begrenzen, womit allerdings Breggers Forderung kaum zu erfüllen wäre. Zahlreiche Politiker wie Altbundeskanzler Helmut Schmidt, der sich schon 1992 für ein Einfrieren der seiner Meinung nach viel zu hohen Aufsichtsrats- und Vorstandsbezüge für wenigstens fünf Jahre stark gemacht hatte, wettern gegen die Raffgier in der Beletage. Und sogar eine Reihe prominenter Topmanager erhebt mahnend das Wort – etwa Daimler-Chef Edzard Reuter, nach dessen Meinung das obere Management mit gutem Beispiel vorangehen sollte, oder der Deutsche-Bank-Primus Hilmar Kopper. Der findet das Einfrieren von Vorstandsbezügen für einige Jahre zumindest »ganz gut«.

Bei etlichen Firmen, allen voran solchen mit sinkenden Gewinnen oder drastischen Verlusten, sind die Maßhalteappelle schon angekommen. So mußten die Vorstände der Thyssen AG für 1993 neben den ohnehin geschrumpften gewinnabhängigen Tantiemen eine fünfprozentige Kürzung ihrer fixen Gehälter hinnehmen, die Führung der Tochterfirma Thyssen Stahl AG sogar um zehn Prozent. Ähnlich geht es inzwischen den Managern zahlreicher anderer Firmen wie Bosch, Volkswagen oder der Deutschen Lufthansa, denen Bezüge gekappt wurden – in der Mehrzahl zunächst die variablen. Immerhin, so ergab eine Umfrage der Frankfurter Plaut Personalberatung GmbH bei mehr als 1000 Firmen, sind 35 Prozent aller Unternehmen dabei, die gewinnabhängigen Gehaltsbestandteile zu senken. Acht Prozent reduzieren inzwischen sogar die Fixgehälter.

Oberflächlich gesehen, mutet der mancherorts eingeschlagene Sparkurs wie der Beginn einer neuen Bescheidenheit an. Doch der Blick trügt, Sparsamkeit auf der Chefetage bleibt – Wirtschaftskrise hin, Wirtschaftskrise her – für das Gros der deutschen Firmen ein Fremdwort. Während sie ihrer Belegschaft Tariferhöhungen auf die außertariflichen Bezüge anrechnen, freiwillige soziale Leistungen zusammenstreichen und Prämien kürzen oder inzwischen den Reallohn durch Ausdehnung der Arbeitszeit ohne Lohnausgleich drücken, halten die meisten Topmanager weiter ungeniert die Hand auf.

Nach einer Untersuchung der renommierten Gummersbacher Kienbaum Personalberatung dürfte die Steigerung der Vorstands- und Geschäftsführergehälter 1993 geringer ausfallen als im Jahr 1992. Damals langten die deutschen Führungskräfte um fast sieben Prozent zu und kamen im Durchschnitt auf 330000 Mark pro Jahr – je nach Unternehmensgröße gab es nicht selten das Fünf- bis Zehnfache. Aber etwa vier Prozent dürfte der Zuschlag noch zuletzt betragen haben, von realen Einbußen also nicht zu reden.

Den Gürtel enger zu schnallen, daran denken vor allem die Chefs von Banken und Versicherungen am wenigsten. So zeigte die Plaut-Umfrage, daß 76 Prozent der Geldhäuser und Assekuranzfirmen 1993 die festen Bezüge erhöhen wollten, mehr als 30 Prozent drückten auch die variablen Bezüge nach oben. Die Handelsunternehmen gaben sich ähnlich unbescheiden – knapp die Hälfte von ihnen stockte die Festgehälter auf. So auch bei den Dienstleistungsunternehmen, von denen sogar 51 Prozent die Tantiemen anhoben. Aber es sind keineswegs nur die gut verdienenden, krisenfesten Firmen, die ihren Führungskräften mitten in der Rezession weitere Zuschläge gewähren. Daß Kritiker wie Bregger richtig liegen, belegen die zahllosen Fälle, bei denen sich schlechte Leistung mit peinlicher Instinktlosigkeit paarten.

Die zwanzig eindrucksvollsten Gehaltsabzocker stellte Mitte 1993 das Hamburger »manager magazin« an den Pranger: Beispielsweise sackte 1992 der Gewinn vor Steuern bei der Henkel KGaA um 16,2 Prozent ab, während das Jahreseinkommen je Vorstandsmitglied um exakt den gleichen Satz auf 1,383 Millionen Mark stieg. Nicht ganz so dreist, dafür aber um so erfolgloser erwiesen sich die Topmanager der Gerresheimer Glas AG. Ihr Durchschnittssalär wuchs um 11,6 Prozent auf 713 400 Mark, der Gewinn stürzte von 102 auf 30 Millionen Mark. Auch die Vorstände von Daimler-Benz, die mit 2,037 Milliarden Mark einen um mehr als ein Drittel geringeren Gewinn zu vertreten hatten, mußten sich trotz vollmundiger Sparreden von Konzernchef Edzard Reuter als Absahner vorführen lassen. Ihr jährliches Durchschnittsgehalt vermehrte sich um 13,1 Prozent auf 1,889 Millionen Mark – angesichts der fünfstelligen Massenentlassungen ein schamloses Hinlangen.

Auch in anderen verlustgeplagten Firmen, die massenhaft Personal abbauen müssen, langte das Management kräftig zu. So bei dem auf Schleuderkurs geratenen Stuttgarter Autobauer Porsche (42 Millionen Mark Verlust), wo die Durchschnittsbezüge immerhin noch um 3,1 Prozent auf knapp 704 000 Mark kletterten. Oder der Autozulieferer Kolbenschmidt (89 Millionen Mark Verlust): Mit 335 800 Mark fallen die Pro-Kopf-Bezüge in der Chefetage zwar noch relativ bescheiden aus. Aber sie lagen damit glatt acht Prozent höher als ein Jahr zuvor.

Haben die deutschen Manager, wie etwa bei der schwer angeschlagenen Werkzeugmaschinenfirma Maho (Gehaltsplus von mehr als vier Prozent), ebenso wie ihre Aufsichtsräte jegliches Gefühl für Verhältnismäßigkeit verloren? Man könnte es fast glauben angesichts solch exorbitanter Zuschläge, die sich beispielsweise Firmen wie VP Schickedanz, Linotype-Hell oder Bertelsmann genehmigten. Nach Berechnungen von »manager magazin« bezogen die Schickedanz-Vorstände 1992 pro Monat jeweils mit knapp 58000 Mark, sage und schreibe 55,9 Prozent mehr Gehalt als ein Jahr zuvor.

Selbst das Topmanagement der schwer angeschlagenen Eschborner Linotype-Hell brachte ein Monatssalär von pro Kopf mehr als 57000 Mark nach Hause, ein Plus von 41 Prozent. Und auch beim Medienkonzern Bertelsmann, der seine Manager ohnehin schon so gut bezahlt wie kaum ein anderes deutsches Unternehmen, gab es noch 23 Prozent obendrauf: Der Bertelsmann-Vorstand verdiente pro Vorstandsmitglied 250000 Mark im Monat. Spätestens bei solchen Vergleichen verschwinden alle vertretbaren Relationen zwischen dem, was die Konzernmanager tatsächlich leisten und welche unternehmerischen Risiken mit solchen Jobs verbunden sind. Während in der derzeitigen Wirtschaftskrise reihenweise Unternehmer in die Pleite rasseln und zur Rettung ihrer Firmen die Altersversorgung opfern müssen, gehen selbst kläglich gescheiterte Manager noch mit satten Abfindungen nach Hause und brauchen ihr Leben lang keinen Finger mehr zu rühren.

Gegenüber der Illustrierten »Stern« brachte der Gehaltsspezialist und Kienbaum-Berater Heinz Evers die Situation unlängst auf den Punkt: »Wenn ich mir die Bilanzen ansehe, habe ich den Eindruck, daß viele (Vorstände) ihr Geld nicht wert waren. Da hat sich Beamtenmentalität breitgemacht. Jahrelang lief alles wie von selbst. Sogar Leute ohne Unternehmergeist gaben ganz passable Wirtschaftsführer ab.« Wenn es nicht laufe, kritisiert Evers die Versager unter den Hochbezahlten, werde die schlechte Wirtschaftspolitik, die Hochzinspolitik der Bundesbank oder die Konjunktur vorgeschoben. Evers: »Daß Manager ihr hohes Gehalt dafür bekommen, trotz ungünstiger Rahmenbedingungen Lösungen zu finden, realisieren viele überhaupt nicht mehr.«

Doch während heute reihenweise Mitarbeiter wegen nachgewiesener Unfähigkeit in die Arbeitslosigkeit getrieben werden, sind die Schönwetterkapitäne der deutschen Industrie die letzten, die um ihre Pfründe bangen müssen, wenn ihre Schiffe schlingern oder bereits leck geschlagen sind. Was sie gerne vergessen: Sie sind in ihren Unternehmen nur Angestellte, die bei höchsten Gehältern mit dem Kapital anderer wirtschaften, dafür aber kaum ein Risiko tragen. Selbst bei schlechtestem Management haben sie kaum etwas zu fürchten. Während der Markt beispielsweise mittelständische Unternehmer mit meist dünner Kapitaldecke für ihre Fehler in den Konkurs treibt, gehen sie mit dicken Abfindungen nach Hause und brauchen in der Regel keinen Finger mehr zu rühren. Managementkritiker sehen in der ungefährdeten Versorgung den Grund, warum auf den Führungsebenen vieler Unternehmen heute Beamtenmentalität vor unternehmerischer Kreativität und sozialem Verantwortungsbewußtsein rangiert.

Das Grundproblem, das Analysten wie Evers schon längst ausgemacht haben: Die meisten der Topbezüge deutscher Manager beinhalten variable Anteile, die jedoch nur unzulänglich wirken und häufig genug nur nach oben flexibel sind. Denn sie sind an wenig aussagefähige, weil legal manipulierbare Kennziffern wie Gewinne oder Dividende gebunden. Doch daran, daß noch nicht einmal zehn Prozent der 100 größten deutschen Firmen vernünftige Regelsysteme für die variablen Einkommen aufbieten, die etwa auch an den Aktienkurs gekoppelt sind, dürften die Manager vermutlich als letzte etwas ändern wollen. Dann nämlich gingen sie, ganz anders als bisher, erheblich größere Risiken ein. Zudem könnten Öffentlichkeit und die eigenen Mitarbeiter über die

Bezüge der Bosse, heute lediglich als Sammelposition für den Gesamtvorstand in den Geschäftsberichten ausgewiesen, sehr viel wirksamer als heute diskutieren – für die hochdotierten Geheimniskrämer eine Schreckensvision.

Überaus seltsam: Ausgerechnet auf die Gehälter derjenigen Manager, die sich wie keine ihrer Kollegen auf der Welt praktisch ununterbrochen outen müssen, nämlich auf die US-amerikanischen, verweisen deutsche Führungskräfte immer wieder, wenn über die Höhe ihrer Einkommen diskutiert wird. Sicher – die Bezüge der amerikanischen Chefs, das weiß nicht nur in den Staaten jedes Kind, brechen alle Rekorde und scheinen für die Führungsgilde der Alten Welt auf den ersten Blick unerreichbar: Thomas Frist jr., Chef der HCA Hospital Corporation of America, hat 1992 rund 126 Millionen eingestrichen, während sein Kollege Sanford I. Weil mit der vergleichsweise mickrigen Summe von 67,6 Millionen Dollar zufrieden sein mußte. Immerhin lag Weil noch besser als Charles Lazarus von der Spielzeugfirma Toys ›R‹ Us, der gerade mal auf 64,2 Millionen Dollar kam. Coca-Cola-Chef Robert Goizneta wirkt mit seinen 14,65 Millionen Dollar (1993) dagegen geradezu unterbezahlt.

Aber diese horrenden Millionenbeträge verzerren das Bild, weil es sich bei ihnen um einmalige Geldflüsse aus der Ausübung von Aktienoptionen, also nicht um laufende Bezüge handelt. Lazarus etwa bezog 1992 »nur« ein Gehalt von 7,025 Millionen Dollar. Damit lag er in der Hitliste der 20 höchstdotierten US-Topmanager (CEO = Chief Executive Officer) auf Platz drei hinter Michael D. Elsner von Walt Disney (7,459 Millionen Dollar) und Alan C. Greenberg von Bear Steam Cos (15,832 Millionen Dollar). Mit dieser Gruppe verglich das US-Wirtschaftsmagazin »Forbes« die deutschen Spitzenverdiener und kam zu folgendem Ergebnis: 1992 bezogen die 20 US-Superverdiener alles in allem durchschnittlich 4,8 Millionen Dollar, während für den entsprechenden Kreis deutscher Führungskräfte nur 1,8 Millionen Dollar pro Kopf genannt werden.

Doch solche Vergleiche hinken. Sie verschleiern, daß die Unterschiede in Wirklichkeit deutlich geringer sind. Auf der einen Seite haben die Amerikaner aufgrund höherer variabler Boni und sogenannter Longterm-Incentives, in der Regel Aktien der eigenen Firma, höhere Bezüge als ihre deutschen Kollegen. Aber sie bezahlen daraus höhere Steuern, müssen Kapital für den Ruhestand bilden und wenden mehr Geld für ärztliche Versorgung auf.

In einer Untersuchung für das »Wall Street Journal« fand die New Yorker Consulting-Firma Towers Perrin unlängst am Beispiel zweier mittelständischer Firmen in Deutschland und den USA heraus: Manager der zweiten Ebene (in diesem Fall Vice President Human Resources bzw. Arbeitsdirektor) beziehen in den USA im Schnitt ein Gesamteinkommen von rund 159 500 Dollar, ihre deutschen Pendants einschließlich einkommensgleicher Vergünstigungen wie Dienstwagen nur 145 000 Dollar. Doch nach Abzug aller Ausgaben und Steuern liegt der Amerikaner mit einem verfügbaren Nettoeinkommen von knapp 44 300 Dollar nur noch rund 4000 Dollar vor seinem deutschen Kollegen.

Für das US-Magazin »Forbes« sind solche Vergleiche bei den ganz großen Verdienern allerdings nur die halbe Wahrheit. Weil deutsche Topmanager im Gegensatz zu den US-Managern zahllose, nicht offengelegte – aber legale – Vergünstigungen, wie etwa Dienstwohnungen oder Luxuskarossen einschließlich Chauffeur, genießen und darüber hinaus mit Bezügen aus diversen Aufsichtsratsmandaten ein Zubrot verdienen, schätzen die Gehaltsspezialisten des Blattes, müsse man zu dem oben genannten Durchschnittsgehalt der deutschen Top twenty von 1,8 Millionen Dollar in Wirklichkeit eigentlich noch 900 000 Dollar hinzurechnen. Das mag zu hoch gegriffen sein, verdeutlicht aber den unübersehbaren

Abzockertrend, über die leicht erkennbare Gehaltsdimension aus dem Unternehmen herauszuziehen, was das Zeug hält.

Einen ganz wesentlichen Unterschied zu den US-Managern, der sich nicht in Dollar oder Mark fassen läßt, verschweigen die larmoyanten deutschen Manager besonders gerne: Auch wenn sie schlecht managen, müssen sie in der Regel kaum um ihren Arbeitsplatz bangen. US-Führungskräfte leben da erheblich riskanter und werden schon nach miserablen Quartalsergebnissen kurzerhand in die Wüste geschickt, wenn ihre Leistungen unzulänglich sind. Miserables Management ist in den Staaten schwerer zu kaschieren als in Deutschland, denn mit dem obligatorischen Quartalsbericht stehen die amerikanischen Bosse praktisch alle drei Monate auf dem Prüfstand.

Supergehälter auf dem Prüfstand

Wieviel die deutschen Topmanager genau verdienen, das wissen neben ihren Aufsichtsräten, ihren Buchhaltern und dem Finanzamt nur sie alleine. Allenfalls gehören noch, sofern sie bei der Jobsuche behilflich waren, die Headhunter zum erlauchten Kreis der Eingeweihten. Denn das Jahresgehalt der vermittelten Führungskraft bestimmt das Kopfgeld, an dem eine ganze Vermittlerbranche sich dumm und dämlich verdient. Die Geheimniskrämerei, in den USA beispielsweise völlig undenkbar, hat die Spekulationen um die wahren Bezüge stets um so heftiger angeheizt. Rankings der Spitzenverdiener, so ungenau sie auch sein mögen, sind heißbegehrter Lesestoff. Und sie werden in den seltensten Fällen dementiert, weil sich dazu der Betroffene offenbaren müßte.

Die gängige Faustregel, zur Ermittlung der Gehälter von Vorstandschefs 50 Prozent der durchschnittlichen Bezüge je Vorstandsmitglied zu addieren, hilft zwar bei der Annäherung an tatsächliche Summen. Aber sie kann im Einzelfall auch erheblich daneben liegen. So geht etwa das Beratungsunternehmen The Wyatt Company davon aus, daß das Gehalt eines Vorstandsprimus um 30 bis 100 Prozent über dem seiner Vorstandskollegen liegen kann. Mit einer regelrechten Vernebelungstaktik wird in der Versicherungswirtschaft operiert. Deren wirkliche Usancen bei der Entlohnung ihrer Chefs können Außenstehende kaum nachvollziehen, wenn Vorstände von mehreren Gesellschaften ihres Konzerns Einkommen beziehen.

Nicht in einer der teuren Metropolen Hamburg, Frankfurt oder Berlin, sondern ausgerechnet in der tiefsten deutschen Provinz, in Gütersloh, lebt ein Mann den Traum vom großen Reibach – und zwar besser als jeder andere Manager dieser Republik. Allein von den – versteuerten ! – Zinsen seines Jahresgehaltes wäre leicht das Jahreseinkommen eines Geschäftsführers in einem kleinen mittelständischen Betrieb zu bestreiten: Bertelsmann-Chef Mark Wössner ist mit rund vier Millionen Mark per annum Deutschlands höchstdotierter Angestellter. Nur einer war bisher erfolgreicher: Peter Tamm, der einstige Vorstandschef des Springer-Konzerns. Er strich noch 1991, bevor er unrühmlich das Unternehmen verließ, mehr als fünf Millionen Mark ein.

Nicht nur Vorstandschef Wössner trägt in Gütersloh ein sattes Salär nach Hause. Dank Bertelsmanns Oberaufseher Reinhard Mohn beziehen auch die anderen Spitzenmanager des größten deutschen Medienkonzerns Gehälter, die zu den höchsten dieser Republik zählen, doch merkwürdigerweise selten in einem Ranking auftauchen. So kassierte 1992 jeder der acht Vorstände, beispielsweise Gruner + Jahr-Chef Gerd Schulte-Hillen, im Schnitt immer noch 3,08 Millionen Mark ein.

Die hochbezahlten Herren müssen zuletzt ziemlich kräftig zugelangt haben, denn die Bertelsmann-Bilanz weist für 1992 aus, daß die Bezüge des Gesamtvorstandes glatt um 10,8 Prozent auf 27,324 Millionen Mark anzogen – während die Zahl der Vorstände von zehn auf acht fiel. Allein dieser Zuwachs von einem Jahr zum anderen würde einen durchschnittlich bezahlten Lohnschreiber der diversen Bertelsmann-Blätter – gleich ob »Stern«, »Geo« oder »Capital« – geradezu in Entzücken versetzen, hätte er denn das noble Plus als Jahresgehalt auf seinem Konto. Auch im internationalen Vergleich sind die Bezüge der Bertelsmänner Spitze. Unter Berücksichtigung einkommensgleicher Vergünstigungen und anderer Vorteile errechnete »Forbes«, daß Wössners Jahreslohn eigentlich mit 3,854 Millionen Dollar, umgerechnet also rund sechs Millionen Mark, veranschlagt werden müßte. Damit würde der Gütersloher in den USA zu den zehn bestbezahlten Managern zählen – noch vor Martin S. Davis, Chef des Hollywood-Konzerns Paramount mit 3,64 Millionen Dollar Jahressalär. Noch 1981 zählte der Club derjenigen deutschen Aktiengesellschaften, die ihren Vorständen mehr als eine Million Mark zahlten, gerade zwei Firmen: Bertelsmann und die Quandt-Gesellschaft Altana.

Das hat sich inzwischen gründlich geändert, bei den Spitzenverdienern ist es längst nicht mehr so einsam. Heute dotieren 64 deutsche Aktiengesellschaften aller Branchen ihre Führungszirkel mit millionenschweren Beträgen. Die Liste der Bezieher derartiger Traumgehälter ist kaum zu überblicken und reicht von Reinfried Pohl (Deutsche Vermögensberatung, 2,35 Millionen Mark), Uwe Holy (Boss, 2,05 Millionen) oder Edzard Reuter (Daimler-Benz, 1,57 Millionen) über Hilmar Kopper (Deutsche Bank, 1,23 Millionen) bis hin zu Michael M. Benninghaus (Arag, 1,03 Millionen). Doch sie nennt nicht die gesamte Schar der deutschen Schwerstverdiener, denn in zahlreichen Unternehmen, die nicht als Aktiengesellschaften firmieren, wird häufig ebenso klotzig verdient. So zum Beispiel bei der Haniel & Cie GmbH, bei den Fernsehsendern RTL plus und SAT1 oder bei der verschwiegenen Handelsfirma Metro, deren Chef Erwin Conradi einige Branchenkenner auf mindestens drei Millionen Mark taxieren. Wie hemmungslos in den Chefetagen kassiert wird, verdeutlicht auch die Statistik: Von 1980 bis 1992 kletterten die deutschen Vorstandsbezüge im Schnitt um mehr als 90 Prozent. Die unteren Hierarchien können da nicht im Ansatz mithalten.

Daß die Topmanager größerer Firmen besser bezahlt werden als ihre Kollegen in kleineren Unternehmen, erklären Gehaltsexperten gern mit der Komplexität der Organisationen: Je größer sie ist, um so höher sind die Anforderungen an die Qualifikation der Führungskräfte. Das ist aber, neben der direkten Wirkung von Gewinnen oder Verlusten auf die variablen Gehaltsanteile, fast schon alles an Logik, was die Spendierfreudigkeit der Firmen erklären könnte. Warum, so muß man fragen, zahlten die Thyssen Edelstahlwerke 1991 bei einem Verlust von 79 Millionen Mark ihren Vorständen jeweils 960 000 Mark – und damit 80 Prozent mehr als die ebenso großen, aber wesentlich erfolgreicheren Stahlwerke Peine-Salzgitter (Gewinn 91 Millionen) ihren Führungskräften gewährte? Oder: Warum kassierten die Vorstände von BMW 1991 mit rund 2,2 Millionen Mark pro Kopf gut das 2,5fache dessen, was ihre Kollegen beim Rüsselsheimer Autohersteller Opel erhielten? Mit einem Jahresüberschuß von 1,1 Milliarden Mark hatte die hessische Konkurrenz die Bayern deutlich in den Schatten gestellt.

Offensichtlich werden Deutschlands Chefetagen in Wirklichkeit nach dem Gutsherrenprinzip entlohnt, folgt man den Worten des Fresenius-Aufsichtsratschefs Afred Stiefenhofer. Ein Kleinaktionär hatte angesichts der anhaltenden Wirtschaftsflaute den Vorschlag gemacht, eine Pause bei den Gehaltserhöhungen für den Vorstand einzulegen, woraufhin Stiefenhofer ihm entgegnete: »Gute Leute bezahlt man gut, schlechte Leute beschäftigt man erst gar nicht.« So einfach ist das also.

Was aber sind gute Leute wert? Gemessen an ihren Leistungen, das jedenfalls glaubt das Hamburger »manager magazin« unlängst mit einer Computeranalyse von Eigenkapitalrenditen und Umsätzen herausgefunden zu haben, sind Deutschlands Führungskräfte reihenweise überbezahlt. Stimmt die komplizierte Rechnung, dann müßte ein Manager wie Mark Wössner stattliche Millionenbeträge zurückbezahlen. Nach der Analyse sollten zum Beispiel die Bertelsmänner statt im Durchschnitt drei Millionen nur 800 000 Mark erhalten, die Gehälter der Asko-Vorstände (im Schnitt 1,837 Millionen Mark) müßten um mehr als die Hälfte auf rund 750 000 Mark zusammengestrichen werden. Fast ebenso würde es der BMW-Crew um Vorstandschef Bernd Pischetsrieder (1,89 Millionen Mark Jahressalär) ergehen, die sich mit knapp 975 000 Mark begnügen müßte. Ob bei Stinnes, Klöckner-Werke, Porsche, Preussag oder Daimler-Benz – die Vorstände all dieser Unternehmen verdienen, gemessen am tatsächlichen Markterfolg, ebenfalls zuviel.

Überzogene Gehälter und dreiste Selbstbedienungsmentalität bringen nicht nur Aktionäre und Beschäftigte in Rage. Auch der Bundesrechnungshof ist inzwischen auf dem Plan, weil er im Osten staatlich sanktionierte Abzockerei in Betrieben der Treuhandanstalt auf Kosten der Steuerzahler ausgemacht hat. So beanstandete die Prüfbehörde unter ihrem Präsidenten Heinz Günter Zavelberg in ihrem jüngsten Jahresbericht die Bezüge von 46 Direktoren und 135 Abteilungsleitern. Durch ein spezielles Bonus-System ergattern Ostmanager noch erheblich mehr Zulagen zu ihren Grundbezügen als ihre Westkollegen.

Da erhält einer der Treuhand-Direktoren bei einem jährlichen Grundgehalt von 400 000 Mark eine Vergütung von insgesamt 522 100 Mark (plus 30 Prozent). In einem anderen Fall wurde ein Salär von 240000 auf 362100 Mark aufgestockt (plus 51 Prozent). Einsamer Spitzenwert bei der wundersamen Steigerung der Treuhand-Bezüge: plus 74 Prozent. Für Kritiker dieser Entlohnungspraxis, beispielsweise den stellvertretenden SPD-Vorsitzenden Wolfgang Thierse, sind die Folgen eindeutig. Ärgert sich Thierse: »Solche Einkünfte zeugen von einer Selbstbedienungsmentalität, die bei den Menschen in Ostdeutschland negative Vorurteile bestätigt.«

Während über die monetären Besitzstände der Führungskräfte in Ost- und Westdeutschland gleichermaßen heftig, aber so gut wie folgenlos debattiert wird, bleiben vor allem die reichlichen Zusatzvergünstigungen fast immer unerwähnt – weil sie in der Mentalität der Führungskräfte schon als Selbstverständlichkeit verankert sind. Da wird zum Beispiel über die Notwendigkeit von Dienstfahrzeugen auf den niederen Ebenen nachgedacht. Aber als De-facto-Standard ist der – natürlich auch privat genutzte – Dienstwagen schon bei den leitenden Angestellten kein Thema mehr – und erst recht nicht in der Chefetage. Grund: 80 Prozent der Führungskräfte, das zeigen Kienbaum-Zahlen, kommen in deutschen Großunternehmen in den Genuß von Firmenwagen. Ab und an ist sogar der Zweitwagen für die Vorstandsgattin dabei.

Nicht erst so spektakuläre Fälle wie der des früheren SEL-Chefs Helmut Lohr zeigen, daß es auf vielen Chefetagen mit der Sensibilität für die in der Regel legale Inanspruchnahme von Firmenleistungen – von der Edellimousine mit Fahrer über Erste-Klasse-Dienstreisen bis zu üppigen Freßgelagen in nobelsten Herbergen – nicht weit her ist. Die Folgewirkungen auf die Mitarbeiter sind unübersehbar. So recherchierte beispielsweise das Nachrichtenmagazin »Focus« über den inneren Zustand der angeblich auf Sparkurs befindlichen Firma Daimler-Benz: Wer dreist genug sei, führe sich dort auf »wie in einem Selbstbedienungsladen«. Direktoren, Assistenten und Vorstandssekretärinnen würden die Fahrer ihrer Chefs für private

Besorgungen einspannen. Partys gehen wie der vollgetankte Luxus-Mercedes fürs Wochenende oder der ganze Urlaub aufs Firmenkonto. Selbst von der Reise einer Sekretärin mit dem Daimler-eigenen Firmenjet ist die Rede. Sie soll ihren Liebhaber, einen Bankmanager, in Genf besucht haben.

Deputate und Privilegien

In ihrer häufig unglaublichen Instinktlosigkeit und peinlichen Arroganz fühlen sich die Großverdiener in den Chefetagen der deutschen Industrie scheinbar unantastbar. Da schenkt der Chef einer süddeutschen Metallfabrik seinem Enkel zum bestandenen Abitur ein Auto und läßt die Versicherungsprämien nebst Steuer von der Firma überweisen. Da klagen Unternehmensjustitiare die Studienplätze für die Kinder ihrer Vorstände ein, und Sekretärinnen müssen auch noch die Diplomarbeiten der Sprößlinge tippen. Gar nicht zu reden von der Mitgliedschaft im Golfclub – Gattin inklusive – auf Firmenkosten oder der Teilnahme an teuren und spesenträchtigen Dienstreisen, von denen sich ein nicht unerheblicher Teil eher durch seinen hohen Freizeitwert auszeichnet.

Üppige Etats für die Betreuung von Gästen, millionenschweres Sponsoring von Sportveranstaltungen, denen die Chefs je nach privater Interessenlage verfallen sind, oder die Anstellung von Protokollchefs – der Nutzen dieses teuren Gehabes ist in keiner Weise meßbar. Warum braucht die Rheinmetall Berlin AG eigene Jagdgründe auf ihrem Firmengelände in der Lüneburger Heide? Und warum kann Rheinmetall-Chef Hans Brauner (durchschnittliches Gehalt eines Vorstands dieser Firma: 1,2 Millionen Mark) eigentlich nicht dafür zahlen, wenn er gern den Waidmann spielt? Und: Wieviel unsinniges Geprotze solcher Art und wie viele Industrieführer, die im Machtrausch jegliches Gefühl für Verhältnismäßigkeit verloren haben, kann sich eine Wirtschaft im harten internationalen Verdrängungswettbewerb überhaupt noch leisten?

Die Pensionsabzocker

Wer im Berufsleben richtig absahnt, ist auch als Rentner auf der sicheren Seite. »Wenn sie auch ab und an die strategische Perspektive ihrer Firma aus den Augen verlieren«, vertraute ein Personalchef kürzlich der »Wirtschaftswoche« an, »die private leidet nicht darunter.« Der Mann weiß, wovon er spricht: Ganz gleich, ob sie erfolgreich managen oder ihre Firmen herunterwirtschaften – sehr genau und mit großem Erfolg achten deutsche Topmanager darauf, daß es ihnen auch im Ruhestand an nichts mangelt.

Das wird ihnen nicht weiter schwergemacht, denn mit ordentlichen Pensionszusagen wollen die Unternehmen ihre Spitzenkräfte langfristig an sich binden und vielversprechende Einsteiger anlocken. Auf jeden Fall eine sichere Sache, denn die Ruhegelder sind nicht an die Gesamtbezüge, sondern an die zuletzt erzielten Fixgehälter gekoppelt und wachsen in den meisten Fällen mit der Inflationsrate. In der Regel liegen die Altersbezüge deutscher Manager zwischen 40 und 70 Prozent ihrer Festbezüge, die wiederum 75 Prozent des Gesamteinkommens ausmachen.

Die 50 größten deutschen Firmen schicken ihren pensionierten Führungskräften das meiste Geld aufs Altenteil: Im Durchschnitt etwa 300 000 Mark im Jahr. Gut 95 Prozent aller Vorstände von Aktiengesellschaften haben nach Kienbaum-Erhebungen solch eine Pensionszusage im Arbeitsvertrag, bei den Geschäftsführern von GmbHs liegt die Rate bei 88 Prozent. Da macht es in vielen Fällen auch überhaupt nichts, wenn Manager ihre Firmen miserabel führen. So bildete die angeschlagene Maho, wie das »manager magazin« herausfand, nach dem Rausschmiß ihres früheren Chefs Werner Babel und seiner Manager Hans-Joachim Holstein, Henning Bähren und Ralf Schiller eine Pensionsrückstellung von insgesamt 3,5 Millionen Mark. Der frühere Lufthansa-Chef Heinz Ruhnau, der die Airline mit dem Kranich fast zum Absturz gebracht hätte, kassiert pro Monat noch immer etwa 17 000 Mark.

Wer unfreiwillig ausscheidet, braucht selten auf etwas zu verzichten. Ob Conti-Chef Horst Urban, der ehemalige Gutehoffnungshütte-Vorsteher Manfred Lennings oder der gefeuerte Vorstand der Westdeutschen Landesbank Vinzenz Grothgar – alle haben entweder Ansprüche auf satte Pensionen oder streichen sie bereits ein. Auch wenn es härter kommt, wird gezahlt. Selbst wer sich nach kurzem Gastspiel als Fehlbesetzung erweist, kann bei einem Rauswurf häufig genug neben einer Abfindung noch eine Pensionszusage mitnehmen. So erging es beispielsweise unlängst dem gefeuerten Lufthansa-Vorstand Adrian von Dörnberg. Tröstlich für die Aktionäre: Immer mehr Firmen sind vorsichtiger geworden und vereinbaren Pensionsregelungen erst von der zweiten Vertragsperiode an.

Einige ganz besonders ausgefuchste Manager können einer fürstlichen Rente auch dann sicher sein, wenn sie ihre laufenden Verträge selbst kündigen. Zu ihnen gehört Heyo Schmiedeknecht, der Chef des Anlagenbauers Babcock, der zuvor bei dem Immobilienkonzern Harpener den Dienst quittiert und einen Anspruch auf eine Pension von 8 000 Mark pro Monat mitgenommen hatte. Andere sind noch dreister und handeln bei ihren spendablen Arbeitgebern sogar lebenslange Bezüge für die Verwandtschaft heraus – wie etwa der frühere Manager der Westdeutschen Landesbank Johannes Völling. Er ließ sich für seine wesentlich jüngere Frau eine jährliche Witwenpension von 292 000 Mark vertraglich zusichern.

Andere Spitzenkräfte der deutschen Wirtschaft genießen als Rentner sogar noch einiges mehr als nur satte Ruhegelder. Das lebenslange Wohnrecht des früheren Thyssen-Chefs Dieter Spethmann in seiner protzigen Dienstvilla am Rheinufer in Düsseldorf-Oberkassel ist nur eines der zahllosen Beispiele dafür, wie es sich längst verabschiedete Unternehmenslenker auch weiterhin auf Firmenkosten gutgehen lassen. Nicht nur der einstige Chef der Stahlfirma, auch alle anderen Thyssen-Vorstände dürfen ihr Rentnerdasein gratis in noblen Hütten fristen.

So gut geht es den Ruheständlern der Deutschen Bank nicht. Aber auch das größte deutsche Geldhaus läßt sich nicht gerade lumpen, wie der Fall des ausgeschiedenen Vorstands Eckart van Hooven zeigt. In der Hamburger Bankniederlassung, in allerfeinster Citylage am Adolphsplatz, kann der Rentner in einem eigenen Büro seinen Privatgeschäften nachgehen – wenn er nicht gerade im Kasino der Bank bei edlem Tropfen und üppigem Menü mit Geschäftsfreunden tagt oder sich im Dienst-Daimler chauffieren läßt.

Auch der Daimler-Benz-Konzern, der auf seinem harten Spar- und Schrumpfkurs Tausende an Jobs streicht und auch etliche Ebenen in der Managementhierarchie kappt, versorgt seine altgedienten Direktoren mit geradezu paradiesischen Privilegien. Er stattete eine Reihe von ihnen nicht nur mit Büros, Sekretärinnen und Dienstkarossen nebst Chauffeuren, sondern auch noch mit gutdotierten Beraterverträgen aus. Der bekannteste dieser Freizeit-Consultants ist der aufs Altenteil abgedrängte frühere Daimler-Chef Werner Breitschwerdt. Immerhin – im Gegensatz zu vielen anderen Pseudoberatern tut Breitschwerdt wenigstens etwas für sein Geld und kümmert sich um das Berliner Bauvorhaben der Daimler-Dienstleistungsfirma Debis.

Beraterverträge, ob mit dem alten Arbeitgeber, dessen Tochterunternehmen oder abhängigen Zulieferfirmen, erfreuen sich bei pensionierten Managern als Ergänzung zu ihren Bezügen ebenso großer Beliebtheit wie Aufsichtsratsposten. Einige besonders clevere Manager schaffen es sogar, all diese Jobs miteinander zu kombinieren – so etwa Karl Friedrich Hagenmüller, der pensionierte Vorstand der Dresdner Bank. Er spielt bei der Hamburger Mischfirma Wünsche AG nicht nur den Aufsichtsratschef, sondern ist zugleich auch dort als hochdotierter Berater beschäftigt. Das recherchierfreudige »manager magazin« fand heraus, daß der »greise« Aufseher pro Jahr neben seinen Ratsbezügen noch ein Honorar von 200 000 Mark pro Jahr einsackt – scheinbar vollkommen unverdientermaßen, denn Hagenmüller gilt im Unternehmen als hoffnungslos überfordert. Die Wünsche AG jedenfalls kam wegen eines Streits der Eigner und falscher Diversifikationspolitik in starke Turbulenzen.

Als Virtuose unter den pensionierten Nebenverdienern gilt der ehemalige F.D.P.-Wirtschaftsminister Hans Friderichs. Sein staatlicher Versorgungsanspruch als ehemaliger Staatsdiener und das Ruhegeld aus seiner anschließenden Zeit als Chef der Dresdner Bank reichten dem Expolitiker längst nicht aus. Mit etlichen Beraterverträgen und Aufsichtsratsmandaten wie bei Airbus oder Adidas scheffelt Friderichs millionensschwere Honorare wie kaum ein anderer. Auch andere gut gepolsterte Rentner lassen sich die Gelegenheit für ein ordentliches Zubrot nicht entgehen. Manfred Lennings, inzwischen Präsident des Instituts der Deutschen Wirtschaft, beriet die WestLB in Sachen Krupp. Der mit einer Pension abgeschobene ehemalige Thyssen-Finanzvorstand Klaus Kuhn besserte mit Beraterverträgen bei der AEG und bei Benteler seine Kasse auf. Lufthansa-Pensionär Ruhnau erhält ein sattes sechsstelliges Honar als Consultant bei der WestLB, wo er mit seinen Erfahrungen in der Flugtouristik aushilft.

Abfindungen – der süße Abschied

Er legte 1987 den bis heute grandiosesten aller Abschiede hin und wurde zum Erstaunen aller rund vier Jahre später von seinem alten Arbeitgeber wieder eingestellt: Günter Prinz, zuvor unter anderem lange als »Bild«-Chefredakteur auf der Springer-Gehaltsliste und damals Stellvertreter des Springer-Vorstandschefs Peter Tamm, kassierte bei seiner Trennung von dem Hamburger Verlagshaus die schier unglaubliche Abfindung von knapp 17 Millionen Mark. Eine nette Dreingabe für die rund 19 Millionen Mark, die Prinz obendrein einsteckte, als er seine von Axel Springer als Geschenk erhaltenen Springer-Aktien (ein Prozent des Stammkapitals) verkaufte.

Der Abgang des millionenschweren Verlagsmanagers und Trägers des Bundesverdienstkreuzes fiel nicht nur wegen der horrenden Summen aus dem Rahmen. Was den Fall darüber hinaus so ungewöhnlich machte, war das Sonderkündigungsrecht in seinem Vertrag, von dem Prinz Gebrauch machte, als er mit Tamm in Streit geriet und ihm der Flop der Zeitschrift »Ja« angelastet wurde.

Auch sein weiterer Berufsweg sorgte für Aufsehen. Prinz verdingte sich 1988 bei Verleger Hubert Burda und kümmerte sich mit Sitz in der Holding-Geschäftsführung um Burda-Blätter wie »Bunte«, »Forbes«, »Super Illu« und zuletzt »Super« – um Mitte 1991 wieder bei Springer als stellvertretender Vorstandsvorsitzender einzusteigen, wo mit dem früheren Philip-Morris-Manager und im November 1993 verstorbenen Günter Wille inzwischen ein neuer Chef regierte.

Nach Willes Tod rotierte das Springer-Personalkarussell erneut: Prinz übernahm den Vorstandsvorsitz und hält ihn bis Mitte 1994 für den neuen Interimschef Horst Keiser warm. Der wiederum soll weichen, wenn sich der Springer-Neuzugang Jürgen Richter eingearbeitet hat. Kein Platz also für den hochdotierten einstigen Werbemanager Willi Schalk, den Wille noch kurz vor seinem Tod angeheuert und ihm seine Nachfolge versprochen hatte. Für Springer-Oberaufseher Bernhard Servatius, der mit Schalk zuletzt um eine Abfindung von mindestens 8 Millionen Mark stritt, ein geradezu leichter Fall: Allein für die fünf Vorstände, die er feuerte, als er Wille einstellte, mußte Springer laut »manager magazin« 33,5 Millionen Mark berappen.

Solch lukratives Job-hopping schaffte zwar bisher noch keiner in der deutschen Managerriege. Aber die Zahl der Fälle, in denen sich Manager mit traumhaften Abfindungen verabschiedeten, ist überaus beachtlich. Daran ändern auch Durchschnittsrechnungen nichts, nach denen Führungskräfte in einigen anderen europäischen Ländern, etwa in Italien, Belgien oder den Niederlanden, nach einem Rausschmiß sanfter landen als hierzulande. So ermittelte Wyatt Data Services, daß deutsche Führungskräfte, denen nach 20 Jahren gekündigt wird, mit 15 Monatsgehältern verabschiedet werden, während ihre italienischen Kollegen 24 Monatsbezüge davontragen. Diese Manager haben aber in der Regel ein nicht annähernd so hohes Jahressalär wie ihre deutschen Kollegen.

Für die Masse der gefeuerten deutschen Spitzenverdiener gilt, daß es bei der Höhe ihrer Abfindungen überhaupt nicht auf ihre tatsächlichen Leistungen ankommt. So konnte beispielsweise der frühere Metro-, Massa- und Co-op-Manager Franz H. Wolf nach Recherchen des »Spiegel« (»die Eloquenz stand in keinem Verhältnis zur Kompetenz«) innerhalb von nur wenigen Jahren bei seinen diversen Arbeitgebern schätzungsweise zehn Millionen Mark an Abfindungen einsammeln – ohne daß sein Wirken irgendwo nennenswerte Spuren hinterlassen hätte. Zweifellos eine der Folgen der heute immer häufiger praktizierten präventiven Absicherung, ohne die etablierte Topmanager kaum noch in ein anderes Unternehmen wechseln. Schon vor fünf Jahren hatte die Gummersbacher Personalberatungsgesellschaft Kienbaum ermittelt, daß 30 Prozent aller Vorstände und ein Fünftel aller Geschäftsführer feste Zusagen auf saftige Abschiedsgelder in ihren Verträgen verankert haben. Für einige, wie Günter Prinz, öffnet sich der goldene Fallschirm sogar, wenn sie von sich aus den Bettel hinwerfen.

Solche Absicherungsklauseln hatte Manfred Fischer wohl vergessen. Dafür kassierte der einstige Bertelsmann-Vorstand und spätere Chef der heutigen Daimler-Firma Dornier um so ungenierter. Sechs Millionen Mark gab ihm Bertelsmann mit auf den Weg, von Daimler erhielt der geschaßte Fischer trotz einer Dienstzeit von noch nicht einmal zwei Jahren anschließend sieben Millionen Mark. Auch eine üppige Rente ist ihm sicher: Bertelsmann zahlt ihm pro Jahr 500 000 Mark – erheblich mehr als jeder aktive Mittelständler mit hohen unternehmerischen Risiken pro Jahr nach Hause trägt.

Noch nie wurden so viele deutsche Manager in die Wüste geschickt wie in der 1992 begonnenen Wirtschaftskrise. Selbst wenn einer wie Kajo Neukirchen seinen Job gut macht, hilft ihm manchmal das Schicksal zu einer millionenschweren Abfindung. Er hatte die angeschlagene Klöckner-Humboldt-Deutz AG Ende der 80er Jahre wieder in die Gewinnzone geführt und machte sich als Nachfolger des zur Treuhandanstalt abgewanderten Detlev Rohwedder an die Neustrukturierung des Stahlriesen Hoesch AG. Doch nur wenige Monate nach seinem Amtsantritt stellte sich heraus, daß Krupp-Chef Gerhard Cromme in einer Nacht-und-Nebel-Aktion die Kapitalmehrheit bei Hoesch ergattert hatte und auf eine Fusion beider Firmen drängte. Neukirchen, der dann die zweite Geige hätte spielen müssen, verließ daraufhin das Unternehmen – mit einer Abfindung von mehr als fünf Millionen Mark in der Tasche.

Ähnlich wie die Stahlwerker dürften auch die von Arbeitsplatzverlusten bedrohten Beschäftigten der gebeutelten deutschen Automobilbranche vor Wut gebrüllt haben, als die Runde machte, mit welch üppigen Abschiedsgeschenken ein erfolgloser Spitzenmanager bedacht werden sollte. Der Vorstandschef der verlustreichen Kölner Ford-Werke AG, John E. Hardimann (Jahreseinkommen rund 800 000 Mark), bezieht nach Antritt seines vorzeitigen Ruhestands im März 1994 etwa 25 000 Mark im Monat. Ford garantierte ihm außerdem Aktienoptionen von mehr als einer Million Dollar.

Richtig gut kann es sich auch der frühere Stellvertreter von VW-Chef Ferdinand Piech, Daniel Goeudevert, ergehen lassen. Weil der Manager kurz vor seinem Rauswurf Mitte 1993 noch schnell einen neuen Fünf-Jahres-Vertrag unterschrieben hatte, entließ ihn VW mit einem – sogenannten – Beratervertrag, der ihm rund acht Millionen Mark einbringt. Mit anderen Spitzenmanagern, so zum Beispiel bei Vorstandsmitglied Dieter Ullsperger, verfuhr VW ähnlich, jedoch zu etwas bescheideneren Sätzen. So erhielt Ullsperger immerhin noch ein Trostpflaster von rund fünf Millionen Mark.

Blind und reich im Aufsichtsrat

Über sie zogen die Medien im vergangenen Jahr heftiger her denn je – die Oberaufseher der deutschen Wirtschaft, die Aufsichtsräte. Die meisten der Männer und Frauen, die das Aktiengesetz mit der größten Macht ausgestattet hat, nutzen ihren Spielraum nicht so, wie sie könnten und sollten. Im Grunde sind sie in konjunkturell normal verlaufenden Zeiten verzichtbar. Und wenn es schwierig wird, erweisen sie sich in der Regel als unfähig. Viel zu viele Räte, einschließlich deren Vorsitzende, schauen dem riskanten und konzeptlosen Treiben ihrer Vorstände tatenlos zu, um bei der nächsten Wahl nicht ihren eigenen Stuhl zu gefährden. In deutschen Aufsichtsräten herrscht heute eine moderate Einvernehmlichkeit mit den Vorständen, die mit dem Slogan »Friede, Freude, Eierkuchen« umschrieben werden kann. Keine Krähe hackt dort der anderen ein Auge aus, Querdenker werden nicht geduldet. Fehlentscheidungen in den Unternehmen lassen sich in vielen Fällen nicht nur allein dem operativen Management anlasten, sondern auch den Kontrollgremien, die diese in der Regel mitgetragen haben. So wird unter den Aktionären der Frankfurter Metallgesellschaft noch lange darüber diskutiert werden, ob der Aufsichtsrat unter Deutsch-Bankier Ronaldo Schmitz nicht schon sehr viel früher hätte bemerken müssen, welch großes und gefährliches Rad MG-Chef Schimmelbusch drehte. Auch der VW-Aufsichtsrat unter dem Vorsitz von Ruhrgas-Chef Klaus Liesen, der die ungebremste und kopflose Investitionspolitik des früheren VW-Chefs Carl Hahn absegnete, muß sich heute Mitschuld an der katastrophalen Situation der Autofirma bescheinigen lassen.

In den Unternehmen funktionieren die Kontrollmechanismen vor allem auch deshalb so mangelhaft, weil die Räte – geradezu systematisch – von entscheidenden Informationen abgeschnitten werden und über wichtige Vorgänge und Pläne erst zu spät und häufig in stark verdichteter Form, zum Beispiel durch Wirtschaftsprüferberichte, Kenntnis erhalten. Doch so mancher Aufsichtsrat, der Vorstände einstellen und wieder entlassen kann, zeichnet sich durch eine unsägliche Impotenz aus. Unter anderem deshalb, weil es ihnen an Branchenkompetenz mangelt: Banker, Versicherungsdirektoren und greise Exmanager treffen Entscheidungen über Inhalte, die sie nicht verstanden haben.

Daß deutsche Aufsichtsräte mit Jahressalären von zum Teil nur 12000 Mark nicht gerade Superhonorare abschleppen, muß nicht unbedingt mit mangelnder Qualifikation einhergehen. Für dieses Geld werden die Räte manchmal auch nur zu drei bis vier Sitzungen im Jahr zusammengerufen. Und außerdem sitzen viele in mehreren Aufsichtsräten, so daß sich die Tantiemen leicht in sechsstelligen Regionen bewegen. Hochbezahlte Räte (die Spitze halten die Altana-Aufseher mit mehr als 100 000 Mark pro Kopf und Jahr) müssen andererseits nicht unbedingt die Besseren sein. Springers Oberaufseher Bernhard Servatius kassiert neben seiner Ratstantieme (pro Kopf lagen die Bezüge der Springer-Kontrolleure 1990 bei 58 000 Mark) als Testamentsvollstrecker zusätzlich rund zwei Millionen Mark pro Jahr. Er hat es – vielleicht weil er ein Branchenfremder ist – nicht geschafft, die seit Jahren schwelenden Krisenherde im Management des Verlagsimperiums in den Griff zu bekommen.

IV.
Die Steuertrickser

»Die Leute glauben, den Staat darf man bescheißen«

Die klamme Republik braucht eigentlich jede Mark – das gilt um so mehr, wenn die Konjunktur lahmt und die öffentlichen Hände der Wirtschaft mit Investitionen neue Impulse geben müßten. Steuern sind die entscheidenden Finanzquellen, aus denen der Staat die Masse seiner Ausgaben etwa für Sozialleistungen, Verkehr, Verteidigung bis hin zur Kultur- und Sportförderung speisen muß. Das lernen schon Grundschüler in ihren ersten politischen Lektionen. Ohne ausreichende Steuermittel müßten Kindergärten und Universitäten dichtgemacht werden, könnten keine Subventionen für die Konjunkturentwicklung oder die volkswirtschaftlich notwendigen Fördermaßnahmen für Landwirtschaft, Kohle, Werften oder Wohnungsbau bezahlt werden – es sei denn über eine weitere Erhöhung der Staatsverschuldung, die in Deutschland bereits ein schier unerträgliches Ausmaß erreicht hat.

Was aber ist schiefgelaufen, wenn solche plausiblen Spielregeln des Gebens und Nehmens immer weniger greifen und immer mehr Staatsbürger dagegen verstoßen? Wie kommt es, daß etwa die gängige Hinterziehung von Sparzinsen sich zu einem Massendelikt ausgewachsen hat und den Tätern offenbar jegliches Unrechtsbewußtsein abgeht? Warum sind die Instrumente zur Bekämpfung der zunehmenden Steuerbetrügereien so stumpf?

Fest steht: Das Krebsgeschwür breitet sich geradezu beängstigend aus, Illegalität hat durch Duldung den Schein der Legalität bekommen. Mit einem marktwirtschaftlich geprägten Staatswesen, das vor seinen Steuersündern zu kapitulieren scheint, ist auf lange Sicht nicht mehr viel Staat zu machen. Durch die widerrechtlichen Tricksereien und Manipulationen im Steuerbereich geht dem Fiskus pro Jahr soviel Geld verloren, wie der Aufbau Ost kostet. Ein Teufelskreis: Wenn Bürger und Unternehmer ihren Obulus eigenmächtig versagen, muß der Staat zwangsläufig Leistungen kürzen und die Steuerschrauben weiter anziehen.

Die Steuermoral in deutschen Landen jedenfalls hat einen ebenso traurigen wie folgenschweren Tiefpunkt erreicht. An dieser Entwicklung haben hochkarätige Politiker und Wirtschaftskapitäne einen nicht unwesentlichen Anteil. Die Art und Weise, wie sie im Rahmen der Flick- und Parteispendenaffären Mitte der achtziger Jahre über ihre Geldwaschanlagen an der Steuer vorbei Millionen von Mark in bar vereinnahmten oder auf Konten schleusten, hat die Republik in ein Glaubwürdigkeitstrauma gestürzt, von dem sie sich psychologisch wohl bis heute nicht erholt hat. Während Mitbürger, die von Sozialhilfe leben, schnell als Schmarotzer und Faulenzer gebrandmarkt werden, bleibt das Volksempfinden in Sachen Steuerbetrug merkwürdigerweise ziemlich kühl. Keiner, so scheint es, findet etwas dabei. Horst Kiesecker, ein Landtagsabgeordneter mit Wahlkreis auf der Schwäbischen Alb, hat das ganze Ausmaß der Misere knapp und präzise auf den Punkt gebracht: »Die Leute glauben, den Staat darf man bescheißen.«

Das muß sich auch jener Mann gedacht haben, mit dessen Namen und Machenschaften sich einer der größten Steuerskandale der jüngeren Vergangenheit ebenso untrennbar wie symptomatisch verbindet. Mit kleinen Geschäften gab sich Walter Schleicher nicht ab. Er griff lieber nach den Sternen. Der Unternehmer aus Norderstedt bei Hamburg wollte zusammen mit russischen Raumfahrtexperten ein System entwickeln, mit dem Werbung aus dem All auf die Erde strahlen sollte. In seiner blühenden Phantasie malte sich Schleicher aus, daß zum Beispiel ein Mercedes-Stern Nacht für Nacht am Himmel hängen würde. Oder eine Coca-Cola-Flasche. Für die Realisierung solch hochfliegender Pläne war auf Erden die Schleicher-Firma mit dem anspruchsvollen Namen Eurokosmos GmbH zuständig.

Der gelernte Orthopäde und Kaufmann genoß in Norddeutschland den Ruf, bei seinen Geschäften ein goldenes Händchen zu haben. Was immer er anpackte, schien prächtig zu laufen und reichlich Cash abzuwerfen. Schleichers AM-Holding Produkte AG am Norderstedter Mühlenweg 131–139 bildete das Dach für insgesamt 140 verschiedene Firmen, die über den ganzen Globus verstreut waren. Darunter auch exotische Adressen wie die Malediven und Papua-Neuguinea. Manche Unternehmen beschäftigten sich mit Arbeits-, Medizin- und Sicherheitstechnik. Andere waren im Umweltschutz tätig. Zu Schleichers Sammelsurium gehörten jedoch auch Rüstungsunternehmen, die Steueranlagen für U-Boote und Antennen für Panzer herstellten.

Der Multiunternehmer ist zwar eher der Typ des Oberbuchhalters, doch er liebte die Selbstdarstellung in der Öffentlichkeit. Er fuhr Ferrari und Rolls-Royce, nahm an der Rallye Paris–Dakar teil und war Sponsor der Norderstedter Volleyball-Bundesligadamen und von Autorennen. Um den vielfältigen Aktivitäten einen repräsentativen Rahmen zu geben, erwarb Schleicher 1989 für 3,5 Millionen Mark das 22-Zimmer-Schloß Tremsbüttel. Mit weiteren Millionen möbelte er den Landsitz auf. Er zählt zu den schönsten Liegenschaften Schleswig-Holsteins. Hamburgs Geldadel fühlte sich durch Einladungen nach Tremsbüttel geschmeichelt.

Seit Anfang Februar 1993 ist es in dem Anwesen sehr still geworden. Die Immobilienabteilung des Londoner Auktionshauses Sotheby's sucht einen Käufer, der allerdings zehn Millionen Mark hinblättern soll. Der Schloßherr mußte nämlich ganz plötzlich seinen Wohnsitz verlegen – ins Gefängnis von Neumünster. Anfang November 1993 stand Schleicher als Angeklagter vor dem Landgericht Kiel. Ihm wurde der größte Steuerbetrug in der Geschichte der Bundesrepublik vorgeworfen. Zwischen 1987 und 1992 soll er über 200 Millionen Mark abgezockt haben. Anfang Dezember 1993 erhielt Schleicher die Quittung: acht Jahre und sechs Monate Gefängnis, beinahe die Höchststrafe.

Wie kommt man an 200 Millionen Mark, noch dazu vom Finanzamt? Ganz einfach. Gleich stapelweise schrieb Schleicher auf einer klapprigen Schreibmaschine Rechnungen an Scheinfirmen in Großbritannien. Das Finanzamt erstattete Schleicher, wie bei Exportgeschäften üblich, die Mehrwertsteuer. Daß es sich dabei nur um Luftgeschäfte handelte, flog allerdings erst nach fünf Jahren auf. Vor Gericht gestand der Angeklagte den Vorwurf der Steuerhinterziehung, gab sich aber als Wohltäter aus: »Ich wollte doch nur Arbeitsplätze retten.« Zu holen waren bei Schleicher und seinem Imperium nur noch etwa 50 Millionen Mark. Der Rest des Geldes ist verschwunden. Die meisten Firmen gingen kurz nach der Verhaftung ihres Inhabers in Konkurs.

Mogelei mit Schnaps und Currywurst

Um den Staat und seine Steuereintreiber kräftig zu prellen, braucht man keineswegs ein weltweites Firmengeflecht. Eine bescheidene Würstchenbude genügt auch. Der Verkauf von Currywurst und Schaschlik in der Fußgängerzone einer Stadt ist weit lukrativer als ein Drei-Sterne-Restaurant im Schloßhotel. Es sei denn, der Imbiß befindet sich in Hamburg. Die Bewohner der Hansestadt schienen jahrelang einen großen

Bogen um bestimmte Würstchenbuden zu machen. Wollen sich solche Betriebe partout nicht zu Goldgruben entwickeln, werden sie von Steuerfahndern ins Visier genommen – und von Müllmännern. Sie sammeln den Inhalt der Abfalleimer an verdächtigen Würstchenbuden und registrieren die Zahl der Pappteller und Getränkedosen.

Anfang 1992 war dem Sprecher der Hamburger Finanzbehörde klar, warum die Geschäfte so miserabel liefen: »Viele Imbißbudenbesitzer kauften einen Großteil der Ware gegen Barzahlung ein. Sie tauchte nie in den Geschäftsbüchern auf.« 16 Steuersünder konnten überführt werden. Innerhalb von vier Jahren hatten sie 15 Millionen Mark Steuern hinterzogen. Wichtigste Einkaufsquelle für die Besitzer der Würstchenbuden war die Stöver Snack Service GmbH in Aldrup-Wildeshausen bei Oldenburg. Mit einem Jahresumsatz von 500 Millionen Mark ist sie bei der Belieferung von Imbißbuden Marktführer. Geschäftsführer Günter Bahlmann fand den Verkauf gegen Bares keineswegs ungewöhnlich: »Ein durchaus branchenübliches Verhalten. Aber offenbar hat das beim Imbißgewerbe ein Ausmaß erreicht, das die Steuerfahndung aufmerksam machte.«

In der Bewirtungsbranche ist bekannt, daß viel gemogelt wird. Jürgen Kasper vom Bundesverband der Schnellgastronomie und Imbißbetriebe in Köln beteuert deshalb: »Wir weisen unsere Kollegen immer wieder darauf hin, solche Schwarzkäufe zu unterlassen.« Es hört nur keiner hin. Gerade in der Gastronomie ist die Verlockung groß, eine schnelle Mark am Finanzamt vorbei einzusacken. Vor allem Schnaps und Wein, aber auch Würstchen und Braten holt der Wirt aus dem Großmarkt. Doch die Ware taucht weder beim Ein- noch beim Verkauf auf. Ein Insider aus der Gastronomie behauptet: »In Deutschland gibt es keinen Wirt, der eine weiße Weste hat. Die Gefahr, erwischt zu werden, ist äußerst gering, solange er die Trickserei nicht arg übertreibt.«

Selbstbedienung und Verweigerung

Nicht nur Gastronomen wirtschaften häufig am Finanzamt vorbei. So gut wie alle Branchen aus Handel und Handwerk verstecken einen Teil ihrer Umsätze vor dem Fiskus. Steuerhinterziehung ist längst zum Volkssport geworden. Selbst Arbeiter und Angestellte, deren steuerliche Möglichkeiten sehr begrenzt sind, versuchen, dem Fiskus ein Schnippchen zu schlagen, indem sie sich bei der Entfernung zwischen Wohnung und Arbeitsstätte um ein paar Kilometer verschätzen. Wenn der Sachbearbeiter beim Finanzamt den kleinen Schwindel nicht bemerkt, springt ein kleiner Gewinn heraus. Hohe Mieten lassen sich etwas erträglicher gestalten, wenn in der Steuererklärung ein Raum als Arbeitszimmer genutzt wird, obwohl er in Wirklichkeit als Gästezimmer dient.

Der Schaden, der durch kleine und große Mogeleien entsteht, ist beträchtlich. Bund, Länder und Gemeinden wären sofort ihre drückenden Finanzsorgen los, wenn alle fälligen Steuern und Abgaben ehrlich entrichtet würden. Sogar eine allgemeine Steuersenkung wäre dann möglich. »Jedes Jahr werden 150 Milliarden Mark am Staat vorbeigeschummelt«, schätzt Erhard Geyer, Bundesvorsitzender der Deutschen Steuergewerkschaft. Das bedeutet: Jede fünfte Steuermark wird nicht abgeliefert. Daß sich die Zahlungsmoral verbessern wird, ist freilich nicht anzunehmen.

Im Gegenteil. In Deutschland nimmt nicht nur die Politik- und Parteienverdrossenheit zu, sondern auch die Abneigung der Bürger, sich vom Staat schröpfen zu lassen. Zweifellos besteht zwischen den verschiedenen Formen der Verweigerung ein enger Zusammenhang. Kein Tag vergeht, an dem die Medien nicht über einen neuen Fall von skrupelloser Selbstbedienung durch Politiker oder von haarsträubender Verschwendung von Steuergeldern berichten. Abgeordnete des Bundes und der Länder genehmigen sich durch maßgeschneiderte Gesetze Diäten und Pensionen, von denen selbst betuchte Steuerzahler nur träumen können.

Sparappelle der Politiker werden zu einem schlechten Witz, wenn ausgerechnet jene, die sie verbreiten, munter in die eigene Tasche scheffeln. Daß der saarländische SPD-Ministerpräsident Oskar Lafontaine nebenbei ein Ruhegehalt als Ex-Oberbürgermeister von Saarbrücken bezog, machte wochenlang Schlagzeilen. Wenn sein hessischer Kollege Hans Eichel seine Dienstvilla für 1,6 Millionen Mark umbauen läßt und seine Minister schon nach einem Tag im Amt ein Recht auf üppige Altersversorgung erwerben, brauchen sich Politiker und Parteien nicht zu wundern, wenn sich die Steuerzahler vor ihren Verpflichtungen gegenüber dem Staat zu drücken versuchen – notfalls auch mit Methoden außerhalb der Legalität.

Die hemmungslose Gier des Staates nach mehr Geld bewirkt ab einem bestimmten Punkt genau das Gegenteil: Er nimmt weniger ein. Dies wies der kalifornische Wirtschaftswissenschaftler Arthur Laffer in der nach ihm benannten Kurve nach, die er vor Jahren für US-Präsident Ronald Reagan auf einer Papierserviette aufzeichnete und erklärte. Überschreitet die Höhe der Steuern die Schmerzgrenze, dann kommt es zur Leistungsverweigerung der Bürger. Betriebe und ganze Branchen sterben, wandern ins Ausland oder tauchen ab in die Schattenwirtschaft.

Kapitalflucht und Steuerhinterziehung sind die Antwort auf den hemmungslosen Griff in die Taschen der Bürger. Daß sich die Steuerspirale in den kommenden Jahren weiter drehen wird, darauf kann man angesichts der leeren Kassen und Budgetnöte in den öffentlichen Haushalten ohne Risiko jede Wette eingehen. Der SPD-Bundesvorsitzende Rudolf Scharping hat im November 1993 die griffige 10-Prozent-Formel bereits vorformuliert: »Wer 2000 Mark Steuern bezahlt, der kann auch noch 200 Mark mehr bezahlen.«

Weder der sozialdemokratische Kanzleraspirant noch sonst

jemand in Bonn scheint von Professor Laffer und seiner Kurve gehört zu haben. Sonst wäre wohl Bundesfinanzminister Theo Waigel nicht auf die Idee gekommen, eine sogenannte Zinsabschlagsteuer auf Kapitalerträge einzuführen. Kaum hatte er sie im November 1991 angekündigt, da floh das Kapital, das Waigel besteuern wollte, über die Grenze. »Geld«, so lautet ein altes Banker-Bonmot, »ist wie ein scheues Reh«. Aus schierer Furcht, daß ihre jahrelang am Finanzamt vorbeigemogelten Zinserträge entdeckt werden könnten, mochten bei vielen Banken und Sparkassen nur die Hälfte der Kunden Anträge für die erhöhten Steuerfreibeträge (6100 Mark für Ledige, 12200 Mark für Verheiratete) einreichen. Und zu verbergen gibt es allem Anschein nach mehr als genug. Nach Schätzungen des Bundesfinanzhofes wurden bisher in 60 bis 80 Prozent der Fälle die Zinseinnahmen in der Steuererklärung nicht korrekt deklariert.

Die Quellensteuer hat an dieser Tatsache kaum etwas geändert – im Gegenteil. Die Bonner Spekulationen auf zusätzliche Milliardeneinnahmen in zweistelliger Höhe haben sich nicht im entferntesten erfüllt, und der volkswirtschaftliche Schaden dieser direkten Zinsabschöpfung dürfte den erhofften Nutzen bei weitem übersteigen. Etwa 150 Milliarden Mark verschwanden von den Konten deutscher Banken und tauchten bei ihren Töchtern in Luxemburg wieder auf, wo Zinsgewinne bisher steuerfrei bleiben. Weitere 150 Milliarden wurden nach Österreich, in die Schweiz und andere Nachbarländer transferiert, wo Ausländer ebenfalls nicht zur Kasse gebeten werden. Für Deutsche ist es zwar nicht verboten, Geld im Ausland anzulegen. Die Zinsabschlagsteuer muß aber, wenn die Freibeträge überschritten werden, trotzdem bezahlt werden. Eine Tatsache, die von den Anlegern einfach vergessen wird, weil sie schlechterdings nicht einsehen wollen, daß bereits versteuerte Ersparnisse noch einmal abkassiert werden sollen. Durch diese Form höchst eigennütziger

Selbstjustiz in Steuerfragen nahm der deutsche Fiskus 1993 statt der erwarteten 23 nur elf Milliarden Mark ein.

Einladung zu Mißbrauch und Schwindel

Die privaten Steuerflüchtlinge wissen sich dabei in hochkarätiger Gesellschaft. Nur zu leicht erliegen auch viele Unternehmer und Finanzvorstände deutscher Firmen den Verlockungen, die nicht nur exotische Steuerparadiese in der Karibik, sondern auch nahe gelegene europäische Oasen wie etwa die britischen Kanalinseln Guernsey, Jersey, Alderney oder Sark bieten. »Die gesamte deutsche Wirtschaft«, so beobachtete Mitte 1993 ein Luxemburger Vermögensverwalter, »verschiebt ihr Geld zunehmend ins Ausland.« Auf Jersey etwa, mitten in der Europäischen Gemeinschaft, gibt es weder Umsatz- noch Kapitalertragssteuern, Ausländer brauchen dort überhaupt nichts abzuführen. Auf dem Eiland Sark gibt es noch nicht mal ein Finanzamt.

Daß sich an diesen Privilegien, die zum Mißbrauch nachgerade einladen, bald etwas ändert, ist wenig wahrscheinlich. Die traditionsbewußten Bannerträger der britischen Krone lassen in dieser Sache partout nicht mit sich reden und verweisen auf jene Zusatzprotokolle, die sie im Rahmen ihrer EG-Beitrittsverträge zum Vorteil ihrer Inseln im Ärmelkanal und damit für eine internationale Klientel von Steuertricksern ausgehandelt haben. Wegen des massiven Kapitalzuflusses bleibt für die 85 000 Inselbewohner mächtig was hängen: Sie zählen sie zu den reichsten Menschen der Welt.

Im Fürstentum Liechtenstein, wo es mehr ausländische Briefkastenfirmen als Einwohner gibt, stellen die deutschen Adressen mit Abstand den größten Anteil. Auch Luxemburg lebt von den deutschen Steuerhinterziehern prächtig. Das früher von Stahlerzeugung und Landwirtschaft geprägte Großherzogtum verwandelte sich in ein modernes Bankenzentrum. Glaspaläste deutscher Banken schossen wie Pilze aus dem Boden. Die Luxemburger Tochter der Deutschen Bank AG – ihre Niederlassung heißt im Volksmund »Le Château« – avancierte inzwischen zum größten Steuerzahler des Ministaates. Auch Handel und Tourismus nahmen dank der deutschen Überweisungen und Bargeldtransporte einen kräftigen Aufschwung.

Einer handverlesenen Schar von deutschen Superverdienern bietet Monaco an der Côte d'Azur ein sonniges Steuerasyl. Prominente Leitfiguren aus dem Spitzensport, die eigentlich ein Vorbild geben sollten, weil sich junge Menschen an ihnen orientieren, nutzen dort Fiskalprivilegien, von denen die Amateure hierzulande sich kaum eine Vorstellung machen können: keine Steuern auf Einkommen und Vermögen, keine Erbschaftssteuer für Kinder und Ehegatten. So gut wie alles, was er außerhalb Deutschlands verdient, leitet der Tennisstar Boris Becker schnurstracks in seine monegassische Aktiengesellschaft um. Den größten Teil des Geldes schüttet er an sich selbst aus – steuerfrei, versteht sich. Spiel, Satz und Sieg: Allein 1992 sparte der Crack aus dem badischen Leimen auf diese Weise rund elf Millionen Mark an Steuern, die dem deutschen Fiskus verlorengingen. Kein Wunder, daß fast das gesamte deutsche Davis-Cup-Team diesem Beispiel ihres früheren Captains folgt und neben Spitzensportlern ganze Heerscharen von Filmschauspielern, Sängern, Entertainern und was sonst noch alles zum Schicki-Jet-set zählt, in Monaco ihr Steuerunwesen treiben.

Geschäfte ohne Rechnung: Schwarzarbeit und Schattenwirtschaft

Wer es den von Illustrierten auf Schritt und Tritt begleiteten Stars zumindest im kleinen ein wenig nachmachen will, wird

Schwarzarbeit kaum als großes Unrecht empfinden können. Sie ist sozusagen das Monaco des kleinen Mannes. Während sich die deutsche Wirtschaft durch die schwerste Rezession der Nachkriegszeit quält, erlebt die Schattenwirtschaft eine wahre Blüte. Die Deutsche Steuergewerkschaft schätzt, daß mindestens ein Achtel des Bruttosozialprodukts oder 400 Milliarden Mark am Fiskus vorbei erwirtschaftet werden – mit steigender Tendenz. Dadurch entgehen dem Staat jährlich 130 Milliarden Mark.

Immer häufiger heißt es bei Handel und Handwerk: »Wollen Sie o. R.?« Ohne Rechnung kostet die Renovierung der Wohnung manchmal nur noch die Hälfte. Gelegentliche Razzien auf Baustellen oder in der Gastronomie bringen es an den Tag: Während die Arbeitslosigkeit dramatisch zunimmt, verzeichnet die illegale Beschäftigung einen wahrhaften Boom. Nordrhein-Westfalens Arbeitsminister Franz Müntefering schätzt die Zahl der illegalen Leiharbeiter auf mehr als eine halbe Million und spricht von einem »modernen Menschenhandel«. Mit verstärkten Kontrollen in den Betrieben ist jedoch der Schattenwirtschaft kaum beizukommen. »Der bessere Weg ist es, bei den Ursachen anzusetzen«, meint die Zeitschrift »Der Steuerzahler«. »Zuallererst heißt dies, auf eine nachhaltige Begrenzung der Abgabenbelastung hinzuarbeiten.«

Doch genau das Gegenteil geschieht. Die durchschnittliche Belastung des Durchschnittsverdieners stieg zwischen 1960 und 1990 von 27,4 auf 40,1 Prozent. Bis 1996 wird sie durch die bereits beschlossenen Erhöhungen auf 47 Prozent klettern. Auf mindestens 74 Milliarden Mark addiert sich jene Summe, die der Staat bis dahin seinen Bürgern zusätzlich aus der Tasche ziehen will. Für die Steuergewerkschaft sind solche Abgabenerhöhungen etwa zur Finanzierung der deutschen Einheit ein »Ärgernis«, solange nicht ernsthaft versucht wird, die vorhandenen Steuerquellen zu erschließen.

Davon kann jedoch keine Rede sein. Obwohl Bund, Länder und Gemeinden in drückender Geldnot stecken, versinkt die Finanzverwaltung immer tiefer im Chaos. Es herrscht katastrophale Personalknappheit. Nach der deutschen Vereinigung wurden Tausende Beamte zum Aufbau von Finanzämtern in die neuen Bundesländer geschickt. Weil die Bezahlung eher mager ausfällt, wanderten zwischen 1987 und 1992 etwa 13 500 von insgesamt 120 000 Mitarbeitern in die private Wirtschaft ab, um vorzugsweise bei Steuerberatungsbüros, Industrieunternehmen oder Versicherungen besser dotierte Jobs anzunehmen. Um eine effiziente Finanzverwaltung zu gewährleisten und den Hinterziehern und Betrügern die entsprechende Manpower entgegenzusetzen, müßten allein in den alten Bundesländern nach Berechnungen der Steuergewerkschaft mindestens 25 000 Spezialisten zusätzlich eingestellt werden – vor allem Fahnder und Prüfer. Denn deren detektivische Filigranarbeit im Dienste des Gemeinwesens hat dem Fiskus allein 1992 über 15 Milliarden Mark eingespielt. Bei einem Pro-Kopf-Ergebnis von über einer Million Mark bringt so ein Beamter rein rechnerisch rund das Zehnfache seines Gehaltes in die Staatskasse.

Doch anstatt die dringend benötigten neuen Planstellen zur Bekämpfung des Steuermißbrauchs zu schaffen, wollen Bonn und die Länder ihrem heillos überlasteten öffentlichen Dienst im Steuerwesen erst mal die Arbeitszeit verlängern. Welche Auswirkungen dies auf die Motivation und Schlagkraft der Betroffenen haben wird, ist ungewiß. Nicht zuletzt sorgt der Staat durch ständig neue Gesetze und Erlasse dafür, daß seine Finanzbeamten längst den Überblick über ihr Aufgabengebiet verloren haben. Wer sich beim Fiskus ständig auf dem laufenden hält, hat keine Zeit mehr, Steuererklärungen zu bearbeiten. Der Bund der Lohnsteuerhilfevereine zählt jedes Jahr 3000 neue Entscheide der Finanzgerichte, 40 Erlasse des Bundesfinanzministeriums und über 200 wegweisende Urteile des Bundesfinanzhofes. Kein Bürger kann diesen Steuerdschungel mehr durchblicken. Der prominente Steuerrechtler Joachim Lang von der Universität Köln kritisiert, daß die »Chaotisierung des Steuerrechts weiter mit Macht vorangetrieben« wird. Seine Forderung: »Es muß politischer Druck ausgeübt und Steuerverdrossenheit gezeigt werden.«

Auch die 21 Oberfinanzpräsidenten schlugen in einem Schreiben an ihren Vorgesetzten, den Bundesfinanzminister, höchstpersönlich und lautstark Alarm: »Die Steuerquellen werden nicht mehr voll ausgeschöpft, die Steuerkriminalität kann nicht mehr wirksam genug bekämpft werden. Den Nachteil haben die ehrlichen Steuerzahler.« Und in einem internen Papier des Bundesfinanzministeriums warnen die Beamten: »Mißbräuche und Steuerumgehungen nehmen zu.« Daß etwa neue Verordnungen und Formulare den wie ein Krebsgeschwür wuchernden Steuerschwindel rasch beenden können, glauben indes nicht einmal die Bonner Finanzexperten selbst. Wenn Hinterziehung, rechtswidrige Verkürzung oder Täuschung quasi schon das Niveau eines Gewohnheitsrechts erreicht haben, ist mit gängigen Methoden der Abschreckung allein nicht mehr viel Staat zu machen.

Da kann es dann kaum noch verwundern, daß in einigen Branchen halb- oder gar illegale Steuermanipulationen zum Bestandteil der betriebswirtschaftlichen Kalkulation werden. »In der Gebäudereinigung«, so zitiert die »Wirtschaftswoche« einen Fahnder aus Münster, »kann ein Unternehmer ohne Steuerhinterziehung und illegale Beschäftigung einpacken.« Bei den damit gemeinten gewerblichen Saubermachern funktioniert das in der Praxis meistens so: Der Angestellte bekommt einen Teil seines Lohns korrekt überwiesen, der Rest geht an fiktive Personen oder Verwandte, deren Einkommen, logisch, unter der Besteuerungsgrenze liegen.

Hunderte von Millionen Mark gehen dem deutschen Fiskus jährlich verloren, weil Importeure von Textilien die wirklichen Herstellungsländer der von ihnen eingeführten Waren geschickt zu verschleiern wissen. Der Fall, den die Staatsanwaltschaft München I im Dezember 1992 aufdeckte, markiert – wie so oft – allenfalls die Spitze eines Eisberges. Ein Einkaufskommissionär namhafter deutscher Konzerne hatte mit gefälschten Präferenznachweisen die in Indien und Pakistan produzierten Stoffe im Wert von 20 Millionen Mark über das steuerbegünstigte Bangladesh nach Deutschland verschoben und so den Zoll um 2,5 Millionen Mark geprellt. Mit dem entsprechenden Bakschisch, so verriet der Schmuggler im Verhör frank und frei, sei in diesen Ländern so gut wie jede Bescheinigung zu bekommen.

Wahrscheinlich wären dort sogar auch jene Steuerbanderolen wohlfeil, die auf immer mehr deutschen Zigarettenpakkungen fehlen. Seit der Öffnung des Ostens hat sich hierzulande ein nachgerade schwindelerregender Handel mit unverzollten Glimmstengeln entwickelt, die in ganzen Stangen oder als einzelne Schachteln von fliegenden Händlern auf eigene Rechnung oder im Dienst mafioser Kartelle deutlich unter dem offiziellen Handelspreis an die Konsumenten gebracht werden. Mit einem Volumen von jährlich rund 20 Milliarden Mark zählt die Tabaksteuer zu den bedeutenden Einnahmeposten im Bundesetat. Jetzt machen zunehmend andere den Reibach, natürlich steuerfrei.

Die Methoden, mit denen die Nikotinganoven ihr Handwerk verrichten, sind ebenso simpel wie effizient. Zunächst besorgen sie sich die für den Erwerb der Zigaretten benötigten Versandpapiere in einem Prager Büro, das die Dokumente nach dem internationalen Warentransportabkommen (TIR) ohne viel Umstände ausstellt. Mit diesen offiziellen Formularen kaufen die Schieber anschließend Container mit zollfreien Zigaretten in Freihäfen wie Hamburg, Bremen oder Rostock. Die Artikel der Marken Marlboro, West, Ernte oder HB erreichen freilich nie ihren angegebenen Bestimmungsort in osteuropäischen Ländern, sondern sie kommen in Deutschland über verschlungene Pfade in den inoffiziellen Vertrieb. Gegen diesen Schmuggel hat eine vom Zollkriminalamt (ZKA) eigens aufgestellte Sonderkommission (Codename »Blauer Dunst«) mit ihren 40 Beamten wenig ausrichten können. Soko-Leiter Wolfgang Meierhofer schätzt, daß dem Fiskus allein 1993 durch diesen Zollbetrug eine Milliarde Mark entgangen ist.

Modelle der organisierten Hinterziehung

Mit Textilien oder Zigaretten freilich ist das Spektrum der Produkte, die an Zoll und Steuer schnurstracks vorbeilaufen, bei weitem nicht erschöpft. Bei Gütern aus dem Bereich der Spitzentechnologie bleibt für die Abzocker meist noch viel mehr an unzulässiger Wertschöpfung hängen. Im Oktober 1993 kam die Staatsanwaltschaft Berlin einem großangelegten, bundesweiten Steuerbetrug in Millionenhöhe durch den Schmuggel von Computerteilen auf die Spur. Nach der Durchsuchung von Geschäfts- und Wohnräumen und der Beschlagnahme von Material an 32 Orten errechneten die Ermittler einen Steuerschaden von 28 Millionen Mark. Das reichte aus, um sechs Manager gleich festzusetzen, gegen drei weitere Drahtzieher, die sich zu diesem Zeitpunkt noch im asiatischen Raum aufhielten, wurden ebenfalls Haftbefehle erlassen. Bei der Ware handelt es sich um sogenannte SIM-Module, Speicherchips für Arbeitsspeicher von Personalcomputern.

Wie raffiniert sich manche Schlupflöcher im Steuerwesen über fragwürdige Auslandsgeschäfte zum eigenen Vorteil nutzen lassen, exerzierte Wolfgang Weber, der frühere Chef der Stuttgarter Südmilch AG, eindrucksvoll vor. Kenner sprechen hier sogar von einem »Modell zur organisierten Steuerhinterziehung«. Über seine Beef Vieh- und Fleisch GmbH & Co. KG im schwäbischen Heilbronn, einer Abschreibungsgesellschaft zur Bewirtschaftung von Rinderfarmen im paraguayischen Chaco, verkaufte Weber deutschen Anlegern Land in Paraguay und stellte ihnen dann steuersparende Pachtaufwendungen in gigantischer Höhe in Rechnung. In seinem Urteil vom 23. Dezember 1991 konstatierte das Landgericht Stuttgart, daß sich Weber einen Gewinn von 650000 Mark verschaffte, indem er eigentlich unverkäufliches Land zu einem stolzen Preis an den Mann brachte.

Die Investoren mußten das Know-how zur Hintergehung des Fiskus gleich mitbezahlen. Einem Künzelsauer Zahnarzt hat der Milch- und Fleischmann Land zum Preis von 75 Mark je Hektar verkauft, für das er selbst zuvor nur 36 Mark berappt hatte. Der Dentist wies für die 3750 Hektar dann einen jährlichen Pachtzins von 93750 Mark als steuermindernden Verlust aus. Für Weber summierte der Staatsanwalt die hinterzogenen Steuern auf 5,3 Millionen Mark. Die gerichtliche Quittung lautete auf zwei Jahre Haft, ausgesetzt zur Bewährung gegen eine Geldbuße von zwei Millionen Mark plus 300000 Mark Geldstrafe.

Wer so gut davonkommt, findet leicht Nachahmer, weil das Risiko, erwischt zu werden, kalkulierbar erscheint und man den Kopf offenbar leicht aus der Schlinge ziehen kann. Weber beispielsweise konnte schon Jahre vorher in vielerlei Steuerkalamitäten immer wieder beste Beziehungen in höchsten Polit- und Finanzkreisen spielen lassen, wenn es galt, Haftverschonung zu erwirken oder Bankbürgschaften nachzuweisen.

Über Verdrossenheit und Mißbrauch darf sich jedoch eine Finanzverwaltung nicht beklagen, wenn sie selbst die Ursache dafür ist. Schauplatz von zwei sehr unterschiedlichen Possen, die fast gleichzeitig aufflogen, ist das Bundesland Bayern. In Bad Füssing hatte der Arzt und Unternehmer Dr. Eduard

Zwick, ein Spezi des damaligen CSU-Ministerpräsidenten Franz Josef Strauß, ein florierendes Thermalbad errichtet. Nur mit den Steuern nahm er es nicht so genau. Schließlich sah er keinen anderen Ausweg als die Flucht in die Schweiz, die Steuerhinterzieher nicht ausliefert. Zwick aber plagte das Heimweh. Nach einem Treffen mit dem damaligen Landesvater Franz Josef Strauß wurde während der Amtszeit von Finanzminister Gerold Tandler, einem früheren Geschäftspartner Zwicks, das Verfahren klammheimlich eingestellt. Mit einem Schlag war Zwick 62 Millionen Mark Steuerschulden los. Erst als der Skandal aufflog, wurde das Verfahren wieder in Gang gesetzt. Weil offenbar auch beim Verkauf der Kuranstalt durch den Vater an den Sohn Johannes Zwick Millionen am Finanzamt vorbeigeschleust wurden, muß nun der Junior büßen. Seit Anfang 1994 sitzt er in U-Haft. Für seine Freilassung forderte das Gericht 60 Millionen Mark Kaution, die höchste in der Geschichte. Johannes Zwick kann diese Summe nicht aufbringen und bleibt hinter Gittern.

Nicht nur der Steuerzahler schäumt vor Wut. In einem Leserbrief an die »Süddeutsche Zeitung« ließ auch die Münchner Finanzbeamtin Eva Harlander Dampf ab. Wegen Zwick komme sie sich »vornehm ausgedrückt veräppelt« vor. Sie müsse sich »wegen windiger 5 000 Mark herumstreiten, wo wir das Geld doch millionenweise zum Fenster hinausschmeißen können«. Der normale Steuerzahler, so kommentierte die couragierte Fachfrau, könne solche Mißverhältnisse nicht mehr begreifen und sei zu Recht frustriert und verstimmt.

Bei Pfennigbeträgen kommt die Bürokratie hingegen schnell auf Trab. Knallhart reagierte Hermann Simmerl, Bürgermeister von Dorfen im Landkreis Erding. Er schickte dem Kfz-Sachverständigen Rudolf R. per Einschreiben eine Rechnung über drei Pfennige, die er an Steuern schuldig geblieben war. Der Adressat hielt dies für einen Scherz und kümmerte sich nicht weiter darum. Eines Tages stand jedoch eine Amtsbotin vor seiner Tür und forderte erneut die drei Pfennige. Der Sachverständige legte Einspruch ein. Keine Chance, abgelehnt! Den Bürokraten kam es nicht in den Sinn, über Aufwand und Ertrag ihrer Aktion nachzudenken.

Vor allem gut verdienende Selbständige wissen, wie sie den Höchststeuersatz von 53 Prozent umgehen können. Private Essen und Geschenke werden über die Firma abgerechnet. Bei Hunderttausenden von steuerlich berücksichtigten Präsenten gehen dem Fiskus jährlich fast eine viertel Milliarde Mark durch die Lappen, wie der SPD-Finanzexperte Joachim Poß mit spitzer Feder nachgerechnet hat. Auf von Experten vorsichtig geschätzte 800 Millionen Mark summieren sich die Bewirtungskosten, die die Finanzämter jährlich als steuerlich wirksame Betriebsausgaben durchgehen lassen. Da laufen die Luxuscabrios von Kleinstunternehmern als Firmenwagen auf Geschäftskosten durch die Bücher, Ehefrau oder Freundin werden zum Schein im eigenen Unternehmen beschäftigt, ihr Gehalt von der Steuer abgesetzt. Urlaubsreisen dienten angeblich der Anbahnung von neuen geschäftlichen Kontakten. Die private Luxusyacht im Mittelmehr wird zum Schein für ein paar Wochen verchartert. Damit wird sie zum Gewerbebetrieb, der aber leider nur Verluste einbringt. Wie schön, daß man sie von der Steuer absetzen kann.

Noch schöner: Die Gefahr, daß solcher Schwindel auffliegt, wird wegen der Personalnot in den Finanzämtern immer geringer. Inzwischen ist es ein offenes Geheimnis, daß die meisten Steuererklärungen, die von einem Steuerberater erstellt wurden, nicht mehr geprüft, sondern nur noch abgehakt werden. Auch die Wahrscheinlichkeit, daß Mogeleien bei einer späteren Betriebsprüfung entdeckt werden, ist äußerst gering. Die 2,4 Millionen Kleinstbetriebe bekommen im Durchschnitt nur alle 32 Jahre Besuch von einem der 8600 deutschen Betriebsprüfer. Bis dahin sind sie meist längst wieder von der Bildfläche verschwunden. Unternehmen mit bis zu fünf Millionen Mark Jahresumsatz werden nur alle 10,5 Jahre steuerlich unter die Lupe genommen.

Heiße Tips aus dem Finanzamt

Aber nicht nur in puncto Manpower, auch in technischer Hinsicht sind die Steuerkontrolleure und Fahnder ihren Kontrahenten von der Abzockerfront hoffnungslos unterlegen, wie die Düsseldorfer »Wirtschaftswoche« nachwies. Steuersünder können die Buchführungsdaten ihrer Schwarzgeschäfte inzwischen so raffiniert verschlüsseln, daß in aller Regel nur noch EDV-Spezialisten durchblicken und die Manipulationen aufdecken können. Die Gegenseite, so hat es den Anschein, ist immer einen oder mehrere Schritte voraus. Zwar sind inzwischen etwa in Nordrhein-Westfalen alle Betriebsprüfer mit Laptops, Prüfprogrammen und Akustikkopplern ausgerüstet worden. Doch in der Praxis erweisen sich diese technischen Hilfsmittel meist als ziemlich stumpf. Wegen der langwierigen Beschaffungsprozeduren im öffentlichen Dienst sind Hard- und Software oft schon wieder veraltet, bis sie zum Einsatz kommen können. »Gerade im EDV-Bereich«, weiß ein Fahnder, »geht die Schere zu unserem Nachteil immer weiter auseinander.«

Als ob solche Handicaps noch nicht ausreichten, versorgen ausgerechnet beamtete Spitzenkräfte der Finanzbürokratie eine zahlungskräftige Kundschaft mit brandheißen Tips, wie sich Steuerklippen möglichst trickreich umschiffen lassen. Wenn sie mit wertvollen Insiderinformationen richtig auspakken, kassieren solche Referenten bis zu 10000 Mark pro Vortrag. Dabei geht es nicht immer nur um so allgemeine, harmlose Themen wie »Möglichkeiten der Steuerbefreiung« oder »Nutzung von Sonderabschreibungen«. Der Kölner Steueroberamtsrat Ortwin Posdziech etwa muß sich fragen lassen, ob mit seiner Dienstauffassung noch alles stimmt, wenn er in Ratgeber-Workshops zum Komplex »Zuwendungen von Schmiergeldern Dritter an den Gesellschafter-Geschäftsführer einer GmbH« doziert.

Hermann Ohlewein, Chef des Offenburger Finanzamtes, macht nicht einmal einen Hehl daraus, daß er sich lieber für einen kleinen Kreis wohlhabender Bürger als für das Gemeinwohl ins Zeug legt. Seine Seminare über Betriebsprüfung stehen bei all jenen, die damit Probleme haben oder befürchten müssen, hoch im Kurs. »Das ist mein Spezialgebiet, da erzähle ich jede Menge Interna«, gab Ohlwein voller Stolz dem Nachrichtenmagazin »Focus« zu Protokoll. Solche Maulwürfe muß nicht einmal ein schlechtes Gewissen plagen, wenn immer mehr Kollegen vorgesetzter Dienststellen ihr Gehalt auf diese Weise ebenfalls nach Kräften aufzubessern pflegen. Hohe Beamte des Bundesfinanzministeriums sind besonders eifrige Nebenberufler – allen voran der Regierungsdirektor Horst Dahnke und die Ministerialräte Victor Sarrazin, Berndt Runge und Gerd Stuhrmann.

Wann immer es gilt, sich mit heißen Steuertips und Insiderwissen aus dem Finanzamt einer ordentlich zahlenden Klientel aus Managern, Unternehmern und Geldanlegern anzudienen, lassen sich auch viele Steuerbeamten der Landesfinanzministerien und Oberfinanzdirektionen nicht lange bitten. Als besonders rührig aufgefallen sind hier namentlich die pensionsberechtigten Consulting-Experten Hildegard Pich (Düsseldorf), Walter Harnischfeger (Frankfurt) und Herbert A. Weihnacht (Freiburg).

Zum skandalösen Höhepunkt gerät solcher Know-how-Transfer immer dann, wenn die bestallten Wächter oder Häscher selber zu Tätern werden. Als unrühmliches Exempel für solche Machenschaften lieferte der frühere Chef des Finanzamtes Elbufer im Hamburger Stadtteil Blankenese, Siegfried Röhling, reichlich Stoff für negative Schlagzeilen.

Der Exbundestagsabgeordnete der SPD wurde nicht nur beschuldigt, seine eigene Steuerschuld um knapp 80 000 Mark unzulässigerweise verkürzt zu haben, sondern auch aktive Beihilfe bei Steuerhinterziehungen Dritter zu leisten. In einer über 100 Seiten dicken Anklageschrift warf ihm die Staatsanwaltschaft 1991 vor, seine Untergebenen widerrechtlich angewiesen zu haben, einer Firma 60 000 Mark an bereits gezahlten Säumniszuschlägen zu erlassen und das Geld zu erstatten. Beileibe kein Einzelfall. Im Juli 1993 erhob die Staatsanwaltschaft Saarbrücken Anklage wegen Steuerhinterziehung gegen den früheren persönlichen Referenten von Finanzminister Hans Kasper. Er soll außerdem mit dem ganzen Gewicht seiner hohen politischen Funktion rechtswidrig in einen Steuerfall der Finanzverwaltung eingegriffen haben.

Steuermoral auf dem Tiefpunkt

Bei so viel Schützenhilfe von oben, bei all den Schlupflöchern und der geradezu dramatischen Personalknappheit der deutschen Steuerbehörden ist es kein Wunder, daß Betrüger sich meist durch eigene Unvorsichtigkeit oder Tolpatschigkeit ans Messer liefern. So wie der Münchner Hautarzt und selbsternannte Krebsspezialist Dr. Nikolaus Klehr. Im August 1993 verteidigte er seine umstrittenen Behandlungsmethoden in der Sendung »Der heiße Stuhl« des TV-Privatsenders RTL. Klehr rühmte sich, 5 000 Patienten erfolgreich behandelt zu haben, und auch sein Honorar kam zur Sprache – rund 25 000 Mark. Der Arzt mußte also Millionen verdienen. Auch ein Beamter des zuständigen Finanzamtes sah vermutlich an jenem Sommerabend RTL und blätterte anschließend in Klehrs Steuerakten. Drei Tage nach der Sendung wurde er in seiner Praxis festgenommen und ins Stadelheimer Gefängnis gesteckt. Erst gegen eine Kaution von sieben Millionen Mark kam er wieder auf freien Fuß. Gegen ihn läuft jetzt ein Verfahren wegen Steuerhinterziehung.

Auch der Memminger Gynäkologe Dr. Andreas Theissen sorgte 1992 monatelang für Schlagzeilen. Er landete wegen illegaler Abtreibungen vor Gericht und wurde am Ende zu einer Haftstrafe auf Bewährung verurteilt. Ausgelöst wurde der Prozeß jedoch durch eine anonyme Anzeige wegen Steuerhinterziehung. Theissen verschwieg in seiner Steuererklärung die Honorare, die er von den Frauen kassiert hatte. Die Liste der ertappten Steuersünder ist nicht eben arm an prominenten Namen. Peter Boenisch mußte als Regierungssprecher gehen, weil er ein Beraterhonorar von Mercedes-Benz nicht versteuert hatte. »Konsul« Hermann Weyer flüchtete vorübergehend nach Brasilien, weil er die Einkünfte aus seinem schwunghaften Handel mit Titeln dem Finanzamt vorenthielt.

Am 21. April 1994 überraschten die beiden auflagenstarken Münchener Boulevardblätter »tz« und »Abendzeitung« auf den Titelseiten ihre Leser mit einer spektakulären Nachricht. »Bestseller-Autor: ein Betrüger in Nadelstreifen« und »Halbe Million Steuerschulden: Bestseller-Autor verknackt!« lauteten die in plakativen Großbuchstaben gesetzten Schlagzeilen. Der kleinwüchsige Mann, der in seinen Büchern Deutschlands Managern in einer beispiellosen Gerneralabrechnung pauschalisierend Unfähigkeit und Größenwahn vorwarf, sie als Bluffer und Blender mit akutem Realitätsverlust titulierte und die Banken durchweg als Betrüger abkanzelte, stand plötzlich wegen ganz ähnlicher Verfehlungen in eigener Sache vor dem Richter. Was Günter Ogger dort in grauem Büßergewand eingestehen mußte, dürfte seine Glaubwürdigkeit als selbsternannter Anwalt des kleinen Mannes wohl auf Dauer erschüttern. Der 53jährige Publizist und Unternehmensberater, der es vom Werbetexter zum hochgejubelten Erfolgsautor mit einem Jahreseinkommen von mindestens einer Million

Mark brachte, hatte innerhalb von sieben Jahren rund 500 000 Mark an der Steuer vorbeigeschwindelt, indem er sich einfach vom bayerischen Finanzamt abgemeldet und seinen Erstwohnsitz in ein denkbar bescheidenes Appartement in Südtirol verlegt hatte. Mit diesem Trick fühlte sich der in seinem persönlichen Umfeld als überaus knickrig bekannte Schwabe derart sicher, daß er glaubte, die Masse seiner Rechnungen weiterhin über die Adresse seiner Münchener Nobel-Altbauwohnung nahe der Oktoberfestwiese quasi steuerfrei fakturieren zu können. Die Quittung für derlei Betrugsmanöver stellte ihm die 5. Strafkammer des Landgerichts München aus: eine Geldbuße in Höhe von 100 000 Mark sowie zwei Jahre Haftstraße, die zur Bewährung ausgesetzt wurden. Ein Glück für den Steuer-Abzocker, daß seine anderthalbjährige Bewährung, die er erst 1990 wegen Meineids im Hinblick auf seine Einkommensverhältnisse auferlegt bekommen hatte, bereits abgelaufen war.

Häufig sind es betrogene Geschäftspartner oder Ehefrauen, die den Steuerfahndern heiße Tips liefern. Jahrelang hatte der Bauunternehmer Heinz R. hohe Bargeldbeträge aus der Kasse genommen. Er müsse, so behauptete er gegenüber seinem Partner, Auftraggeber schmieren. In Wirklichkeit legte er das Geld auf einem Züricher Konto an, von dem auch die Ehefrau wußte. Der Bauunternehmer hatte jedoch noch ein kleines Geheimnis: eine Geliebte. Als die Ehefrau dahinterkam, daß sie betrogen wurde, verlangte sie die Scheidung. Doch ihr Mann zeigte sich bei der Abfindung knausrig. Ein verhängnisvoller Fehler. Um den Druck zu verstärken, verriet die Ehefrau dem Partner ihres Mannes das Schweizer Schwarzgeldkonto. Der gab den Tip umgehend weiter an die Steuerfahndung. Als Quittung erhielt der Unternehmer zwei Jahre Haft auf Bewährung und 1,5 Millionen Mark Geldstrafe.

Hinter einem einst prominenten Politiker ist die Berliner Staatsanwaltschaft her. Er heißt Gerhard Beil und war der letzte Außenhandelsminister der DDR. Nach der deutschen Vereinigung wurde er Berater der Krupp AG und sollte Geschäfte mit der Sowjetunion vermitteln. Dafür kassierte er 800 000 Mark sofort und monatlich weitere 10 000 Mark. Um die Spuren zu verwischen, ließ sich Beil das Geld auf ein Konto in Zürich überweisen. Von dort transferierte er es auf ein Konto der österreichischen Firma Novum, die unter dem Verdacht steht, zu den Koko-Betrieben des früheren Stasi-Mannes Alexander Schalck-Golodkowski zu gehören. In Österreich ließ sich Beil sein Guthaben bar auszahlen und dachte nicht daran, Steuern zu entrichten. Solcher Leichtsinn ist sträflich. Über Beils Tätigkeit für Krupp und die Höhe seines Honorars wurde in vielen Zeitungen berichtet. Damit war auch das zuständige Finanzamt informiert und brauchte nur noch Beils Steuererklärung für 1990 abzuwarten. Da aber stand nichts von einem fetten Honorar. Ein klarer Fall von Steuerhinterziehung.

In der klammen Republik brauchen vor allem die Kommunen jede Mark. Neben den konjunkturell bedingten Mindereinnahmen und der Kostenexplosion im sozialen Bereich verschärfen Steuerhinterziehung, Schwarzarbeit und Schattenwirtschaft die ohnehin äußerst angespannte Finanzlage der Städte und Gemeinden dramatisch. »Uns steht das Wasser bis zum Hals«, muß Willy Pohlmann, Oberbürgermeister von Herne, in aller Offenheit bekennen. Er ist nicht der einzige, immer mehr Stadtkämmerer pfeifen auf dem letzten Loch. Kultureinrichtungen droht ebenso das Aus wie der Pflege städtischer Grünanlagen. Wegen der Steuermisere mußten die ersten Großstädte bereits Schwimmbäder schließen, weil sie den defizitären Betrieb nicht mehr bezahlen können. Andere schalten nachts die Straßenbeleuchtung ab oder schieben Kostenberge für notwendige Reparaturen vor sich her. In Herne ist die marktwirtschaftlich kontraproduktive Erhöhung der Grund- und Gewerbesteuer schon beschlossene

Sache. Rathausschef Pohlmann sieht stellvertretend für die Masse seiner Kollegen nur einen Ausweg: »Wir müssen die Bürger mehr und mehr belasten.«

Wirklich? Die Quittung für solche Lösungsansätze wird nicht lange auf sich warten lassen. Die fortgesetzte Erhöhung der Steuer- und Abgabenlast bei gleichzeitig ansteigender Zahl schlimmer Steuergeldverschwendungen bilden den moralischen Hintergrund zur Rechtfertigung von Steuerhinterziehung, Schwarzarbeit und Schattenwirtschaft. Die Folgen dieser Verweigerung, die mit einem Ausstieg aus der Solidargemeinschaft gleichzusetzen ist, treffen jeden und bilden gravierende Gefahren für den sozialen Frieden. Ursachenbekämpfung wäre angesagt, die mit einer nachhaltigen Begrenzung der Abgabenbelastung beginnt und mit einer konsequenten Sparpolitik zur Eindämmung der ausufernden Staatsverschuldung noch lange nicht endet.

Ist es etwa schon zuviel verlangt, daß sich die im öffentlichen Rampenlicht stehenden Politiker und Manager gerade in puncto Steuern ihrer Vorbildfunktion bewußt werden und sich entsprechend verhalten? Der Optimismus des Bundes der Steuerzahler jedenfalls hält sich da in engen Grenzen. Die zahlreichen Affären der letzten Zeit hätten vielmehr den Eindruck entstehen lassen, kommentierten weitblickende Experten des Verbandes, »daß gerade die Politiker und die Parteien den Staat als Selbstbedienungsladen ansehen, in dem sich jeder ungehemmt holt, was er kriegen kann«.

V.
Profiteure im Subventionsdschungel

Alimente für die falschen Strukturen

Marktwirtschaft treibt oft so absurde Blüten, daß man sie am besten als Märchen erzählt. Angenommen, ein gut ausgestattetes japanisches Auto der Golf-Klasse kostet etwa 30 000 Mark. Weil die deutsche Industrie viel zu teuer produziert, müßte ein vergleichbares Fahrzeug aus Rüsselsheim oder Wolfsburg für 84 000 Mark verkauft werden. Zu diesem Preis ist es natürlich nicht konkurrenzfähig. Um die Arbeitsplätze an den deutschen Fließbändern zu erhalten, wird die Herstellung jedes Autos vom Staat mit 54 000 Mark subventioniert. Ein verdammt teurer Spaß. Deshalb werden alle Benutzer öffentlicher Verkehrsmittel mit einer Autoabgabe zur Kasse gebeten.

So ein Schwachsinn, sagt sich der Verbraucher. Recht hat er. Die Geschichte mit den subventionierten Autos ist ja auch nur erfunden. In anderen Branchen ist solcher Unfug hingegen Realität und sogar Geschäftsgrundlage. Und dies schon seit Jahrzehnten, ohne daß ein Ende abzusehen ist.

Die Preisrelation für Autos ist keineswegs zufällig gewählt. Sie entspricht den Verhältnissen auf dem Markt für Steinkohle. Eine Tonne dieses Energieträgers kostet im Ausland knapp 100 Mark. Die Essener Ruhrkohle AG stellt für eine Tonne aus deutscher Förderung stolze 280 Mark in Rechnung. Die Differenz gleichen der Staat mit fast 30 Milliarden Mark jährlich und die Verbraucher mit dem sogenannten Kohlepfennig aus, der auf jede der rund 40 Millionen Stromrechnungen aufgeschlagen wird. Insgesamt summieren sich die Kohlesubventionen auf die gleiche Höhe wie der deutsche Verteidigungshaushalt von 1993 (48,5 Milliarden Mark).

Noch schlimmer: Für die Erhaltung unrentabler Arbeitsplätze im Kohlebergbau gibt der Staat dreimal soviel Geld aus wie für Forschungsprojekte, die neue Arbeitsplätze schaffen würden. Jeder der gut 100 000 Arbeitsplätze bei der Ruhrkohle AG kostet somit außer dem Gehalt zusätzlich 50 000 Mark pro Jahr – nicht nur für die hart schuftenden Kumpels unter Tage, sondern auch für die Beschäftigten in den gemütlichen Schreibstuben. Thüringens F.D.P.-Chef Andreas Kniepert weiß, wie diesem Irrsinn für alle Zeiten beizukommen ist. Er schlug vor, alle Gruben zu schließen und die Kumpels samt Familie nach Gran Canaria zu schicken. Wenn sie nämlich dort einen Dauerurlaub verbringen ist es billiger, als wenn sie zu Hause arbeiten.

Leicht gesagt, denn die Kumpels wollen nicht im Süden in die Sonne blinzeln, sondern weiter in den Schächten malochen. Bei jeder neuen Schrumpfkur der Ruhrkohle AG, zuletzt um weitere 20 000 Mann bis 1995, kommt es im Revier zum Aufstand. Autobahnen werden für Stunden blockiert, Puppen von Politikern gehen unter dem Gejohle der Demonstranten in Flammen auf. Bundes- und Landesminister werden mit leeren Bierdosen beworfen. Unter dem Druck der Straße beschließen Regierungen und Parlamente neue und kostspielige Strukturprogramme. Im Klartext: Es bleibt alles beim alten. Bis ins Jahr 2005, so der derzeitige Stand, soll die deutsche Luxuskohle gefördert werden.

Eine für die Marktwirtschaft fatale Entwicklung, die anscheinend nicht mehr zu bremsen ist. Bund und Länderregierungen haben sich mittlerweile im Wirrwarr der Subventionen so hoffnungslos verheddert, daß niemand mehr einen

Überblick hat, warum und wofür sie bezahlt werden. Beispiel Nordrhein-Westfalen: Für insgesamt 477 Förderprogramme gibt die Landesregierung in Düsseldorf jährlich 8,4 Milliarden Mark aus. Fast die Hälfte der Unterstützungen werden schon seit mehr als 20 Jahren gezahlt. »Bei jedem siebten Projekt«, kritisiert Eberhard Munzert, Präsident des Landesrechnungshofes in Nordrhein-Westfalen, »sind die ursprünglichen Ziele der Förderung unbekannt.« Der Bund der Steuerzahler meint zu wissen, warum das Geld in einem Faß ohne Boden versikkert: Die Ministerien »begründen ihre Unwissenheit oft mit dem Ausscheiden von Mitarbeitern, die die Planungsphase noch miterlebt haben«.

Eine eigenartige Begründung. Jeder Bürger weiß, daß ohne Formular und Unterlagen bei Behörden nichts läuft. Wer Wohngeld oder Sozialhilfe in Anspruch nehmen will, muß erst einmal einen einen ebenso langwierigen wie peinlichen Papierkrieg überstehen. Geht es hingegen um Millionensubventionen, dann werden offenbar längst nicht so viele Umstände gemacht. Der Verdacht liegt nahe, daß in solchen Fällen gute Beziehungen zu den Kassenverwaltern in der Politik und Administration ausreichen.

Feinste Adressen am Pranger

In Nordrhein-Westfalen weiß man wenigstens, wieviel Geld für Subventionen verpulvert wird. Baden-Württemberg dagegen hat den Überblick schon völlig verloren. Zwischen acht und 15 Milliarden Mark sollen es im Musterländle sein. Genau weiß es niemand. Der SPD-Finanzexperte Dieter Puchta sieht deshalb nur noch einen Ausweg: »Kürzung der Subventionen auf Null.« Anschließend sollten alle Anträge auf Förderung neu gestellt werden.

Daß Subventionen Gift für die Marktwirtschaft sind, wird

auch von den Politikern – insbesondere bei ihren Balkonreden – nicht bestritten. Weil die Staatskassen leer sind, wird vor allem zu Beginn von Legislaturperioden regelmäßig der Ruf nach Abbau von Fördermitteln laut. Der frühere Bundeswirtschaftsminister Jürgen Möllemann trat seine kurze Amtszeit sogleich mit der Drohung an, er werde wieder zurücktreten, wenn die Subventionen des Bundes nicht um mindestens zehn Milliarden Mark gekürzt würden. In Wirklichkeit geschieht jedoch so gut wie nichts. Jede Partei hält ihre schützende Hand über ihre jeweilige Klientel: Die SPD über Kumpels und Stahlkocher an der Ruhr, CDU und CSU über die Bauern, die F.D.P. über den Mittelstand. Es versteht sich von selbst, daß Kürzungsvorschläge immer nur für Branchen gemacht werden, deren Beschäftigte als Wähler dem politischen Gegner zuzurechnen sind. Am Ende siegt jedoch immer eine Allparteienkoalition nach dem Motto: Läßt du meine Kumpels ungeschoren, dann lasse ich deine Bauern in Frieden.

Deshalb haben alle Vorschläge zum Abbau von Subventionen meist den Charakter von vagen Absichtserklärungen und führen, vor allem in wirtschaftlich schwierigen Zeiten, genau zum Gegenteil. 1993 stiegen die Zahlungen des Bundes auf 114 Milliarden Mark – ein neuer Rekord. Doch selbst diese Zahl ist noch geschönt. Sie erfaßt nämlich weder die Defizite von Staatsbetrieben wie Bundes- und Reichsbahn noch die Zahlungen an die Berliner Treuhandanstalt. Das tatsächliche Volumen der Subventionen liegt daher bei 170 Milliarden Mark. Fast jede dritte Mark aus dem Bundeshaushalt versikkert somit in einem Faß ohne Boden. Die Absurdität dieses Systems und der Schaden für die Marktwirtschaft ist nicht mehr zu übersehen. Die jährlichen Subventionen sind höher als der Beitrag der unterstützten Branchen zum Bruttosozialprodukt. Der Sozialismus hat sich durch die Hintertür in die Marktwirtschaft eingeschlichen, und er macht es sich nun auf Dauer gemütlich.

Der Abbau von Subventionen sei »nach wie vor unbefriedigend«, konstatierte einmal mehr der Sachverständigenrat zur Begutachtung der gesamtwirtschaftlichen Entwicklung in seinem Jahresgutachten 1992/1993. Den politischen Entscheidungsträgern fehle es an Kraft, so die Gutachter, vielleicht aber auch am Willen, sich gegen die Interessenvertreter durchzusetzen. Dabei versuchen selbst feinste Adressen der Industrie immer wieder, sich unzulässige staatliche Beihilfen zu erschleichen. Die Stuttgarter Daimler-Benz AG spielte beim Standortpoker für ihr neues Produktionswerk, um das die Städte Bremen und Rastatt heftig konkurrierten, alle Trümpfe aus, um sich Grundstück und Erschließung für diese Ansiedlung so weit wie möglich aus öffentlichen Töpfen subventionieren zu lassen. Erst ein Veto der EG-Wettbewerbswächter durchkreuzte diese für den damals noch überaus erfolgverwöhnten und steinreichen Konzern ziemlich imageschädigenden Pläne.

Am Pranger steht jetzt auch der Oberurseler Arzneimittelhersteller Fresenius AG. Wie erst Anfang 1993 publik wurde, soll das Unternehmen 1988 ein 172 000 Quadratmeter großes Grundstück der Stadt Friedberg zum Dumpingpreis von 19 Mark je Quadratmeter erworben haben – extrem weit unter dem wirklichen Marktwert, der bei bis zu 150 Mark pro Quadratmeter lag. Fresenius habe auf diese Weise hochgerechnet bis zu 14 Millionen Mark an unzulässigen und letztlich wettbewerbsverfälschenden Regionalhilfen kassiert, wie die EG-Kommission moniert.

Subventionen sind an sich kein Übel. Alle Staaten der Welt fördern Unternehmen oder ganze Branchen, die – aus welchen Gründen auch immer – in eine Krise geraten sind. Ohne die vorübergehende finanzielle Unterstützung aus Washington gäbe es wahrscheinlich heute weder den Flugzeughersteller Boeing noch den Autoproduzenten Chrysler. Die US-Regierung ließ jedoch nie einen Zweifel daran, daß ihre Finanzhilfen zeitlich befristet sind und die Unternehmen auf Dauer aus eigener Kraft überleben müssen. So kommen sie erst gar nicht in Versuchung, Subventionszahlungen auf Dauer als feste Größe in ihre Bilanz hineinzurechnen, wie es in Deutschland üblich geworden ist.

Unrentable Betriebe und Branchen können vorübergehend auch mit dem erklärten Ziel subventioniert werden, sie in absehbarer Zeit stillzulegen und die sozialen Folgen abzufedern. So ist es zum Beispiel im japanischen Steinkohlebergbau geschehen, der genausowenig überlebensfähig war wie der deutsche. Dort freilich machte die letzte Grube schon vor zehn Jahren zu, während an der Ruhr ein Ende nicht absehbar ist. Während in Deutschland in den meisten Fällen Subventionen zur Erhaltung langfristig unrentabler Branchen und nicht zu rettender Arbeitsplätze dienen, setzt Japan seine staatlichen Mittel überwiegend zur Entwicklung neuer Produkte und zur Eroberung neuer Märkte ein, durch die Jobs geschaffen werden. Das Inselreich wäre in der Elektronik niemals an die Weltspitze vorgestoßen, wenn dabei nicht Geld aus Tokio geflossen wäre.

Betrüger drehen das große Rad

In Deutschland sind jedoch solche zukunftsorientierten Subventionen eher die Ausnahme. Lediglich die Luft- und Raumfahrtindustrie, die mit jährlich 20 Milliarden Mark gefördert wird, könnte neue Betätigungsfelder erschließen. Doch ausgerechnet hier setzt die Bundesregierung in jüngster Zeit den Rotstift an.

Der Löwenanteil der Hilfsgelder fließt hingegen in Branchen, die mit Sicherheit keine Zukunft haben. »Statt neue und zukunftsweisende Technologien zu fördern«, sagt SPD-Wirtschaftsexperte Siegmar Mosdorf, »sind die meisten Gelder nur auf Erhalt von bestehenden Strukturen gerichtet.« Neben dem Bergbau sind dies die Landwirtschaft und die Werften. Ein Konzept ist in keiner der notleidenden Branchen zu entdecken. Subventionen werden sowohl zur Produktionssteigerung als auch zur Stillegung von Kapazitäten verteilt. Will ein Bauer finanziell gut über die Runden kommen, dann bringt es ihm wenig, wenn er besonders lange im Stall oder auf dem Feld arbeitet. Denn das meiste Geld kann er am Schreibtisch verdienen, indem er Subventionen aus Bonn und Brüssel beantragt.

Wenn es darum geht, den Staat und damit letztendlich den Steuerzahler um Subventionsmittel zu erleichtern, bilden Politiker und Manager auch mal Interessengemeinschaften außerhalb der Legalität. Ein solcher Fall wurde 1993 aktenkundig. Vor einem Münchener Gericht hatten sich drei Manager der Südfleisch GmbH wegen Subventionsbetrugs und Urkundenfälschung zu verantworten. In dem Verfahren ging es um den Bau von Schlachthöfen im nordostbayerischen Cham und im schwäbischen Nördlingen. Für beide Projekte beantragte und erhielt die Südfleisch finanzielle Zuschüsse sowohl vom bayerischen Landwirtschaftsministerium als auch von den beiden Kommunen. Dadurch wurde die zulässige Förderung von 25 Prozent der Gesamtkosten bei weitem überschritten.

Nur einem der Südfleisch-Manager wurde am Ende eine Bewährungsstrafe von 18 Monaten aufgebrummt. Seine Kollegen kamen mit je 45 000 Mark Geldbuße davon. Diese milden Strafen begründete der Richter, Günther Melchiro, damit, daß sich die Beschuldigten nicht selber bereichert hätten und von den Kommunalpolitikern in Cham und Nördlingen unter Druck gesetzt worden seien: »Die Schlachthöfe waren in so hohem Maße ein Anliegen, daß alle Fördermittel unbedingt ausgeschöpft werden mußten. Das politische Interesse hatte Dominanz vor Rechtsgrundsätzen.« Ein wahres und weises Wort.

Ein noch viel größeres Rad drehen Betrüger auf europäischer Ebene. Den Schaden, der durch Manipulationen mit lebenden Rindern und Fleisch entsteht, schätzt die EG-Kommission auf eine Milliarde Mark jährlich. Der Trick, um an Geld aus Brüssel zu kommen, funktioniert denkbar einfach. Ein Viehhändler importiert zum Beispiel polnische Rinder und gibt vor, sie über Spanien nach Marokko zu exportieren. Die Tiere verschwinden jedoch in einem deutschen Schlachthof. Ihr Fleisch wird anschließend in ein Nicht-EG-Land exportiert. Dafür zahlt Brüssel bis zu 1 000 Mark pro Rind.

In einen besonders dreisten Fall von Subventionsschwindel war – wieder einmal – die Firma Südfleisch verwickelt. Mitte der achtziger Jahre hatte sie 2 000 Tonnen Rindfleisch angeblich in den Libanon exportiert und 7,75 Millionen Mark aus Steuermitteln kassiert. Die Zollpapiere, so stellte sich später heraus, waren jedoch gefälscht. Das Fleisch war in Wirklichkeit in der Türkei gelandet. Deshalb forderte das Hauptzollamt Hamburg von der Südfleisch den Millionenbetrag wieder zurück. Ihre Manager dachten nicht daran zu bezahlen und wollten wenigstens 6,5 Millionen Mark retten, die sie bei einer regulären Ausfuhr in die Türkei kassiert hätten. Um die nötigen und diesmal echten Papiere zu beschaffen, erbaten sie eine Fristverlängerung. Bei Bundesfinanzminister Theo Waigel (CSU) stieß das von 40 000 bayerischen Bauern getragene Genossenschaftsunternehmen auf Verständnis.

Nicht aber bei der EG in Brüssel: Wenn eine Firma vorsätzlich oder grob fahrlässig falsche Papiere vorlege, könne ihr keine Fristverlängerung gewährt werden. Das Bonner Finanzministerium machte sich daraufhin bei der EG wegen der »moralischen Integrität« der Südfleisch GmbH für eine Ausnahmeregelung stark. Brüssel blieb jedoch stur. Erst als Brüssel damit drohte, bei Zahlungsunwilligkeit der Südfleisch das Geld von Waigels Ministerium zurückzufordern, gab es seine Hinhaltetaktik auf. Bezahlt hat die Südfleisch trotzdem nicht. Sie sei nämlich selbst von einem libanesischen Geschäftspartner aufs Kreuz gelegt worden und klagt nun gegen die Millionenrückforderung.

Auf Teufel komm raus geschummelt wird aber nicht nur mit Fleisch, sondern auch mit Käse. Auch er muß – manchmal freilich nur auf dem Papier – auf längere Reisen gehen, damit Hersteller und Händler ihre Hände aufhalten können. So tauchte Käse von der Elsterland e.G., Jessen, zu verdächtig günstigem Preis in Griechenland auf. Das Unternehmen aus Sachsen-Anhalt verkaufte sein Milchprodukt zunächst an eine Firma in Bulgarien. Dafür bezahlt Brüssel eine Exportsubvention. Anschließend landet der Käse jedoch in griechischen Regalen, also doch wieder innerhalb der Europäischen Gemeinschaft. Und das zu einem konkurrenzlos niedrigen Preis. In einem anderen Fall exportierte eine nordfriesische Molkerei ihren Käse angeblich in den Libanon. In Wirklichkeit tauchte er ebenfalls in Griechenland auf. Die Sache kam vermutlich nur deshalb ans Licht, weil die Zollpapiere allzu stümperhaft ausgestellt waren: Sie trugen – gewissermaßen als Krone der Dreistigkeit – die gefälschten Unterschriften der Leichtathletin Heike Drechsler und des Fußballkaisers Franz Beckenbauer.

Sündenfall an Deutschlands Küsten

Ganz legal handelt hingegen ein deutscher Küstenschiffer, der sich einen neuen Kahn bauen läßt, ihn dann aber anstelle des Fischfangs für einträgliche Butterfahrten in zollbegünstigten Gewässern nutzt. Unglaublich, aber Tatsache: Läßt ein deutscher Küstenschiffer einen brandneuen Kutter auf Kiel legen, dann kann er dafür einen staatlichen Zuschuß erhalten. Sein Kollege, der die Fischerei aufgibt und sein Schiff abwracken läßt, erhält ebenfalls eine Prämie. Ein eindeutiges Indiz dafür, daß im Subventionsdschungel längst der Überblick verlorenging und findige Abzocker immer wieder ihre höchst privaten Schneisen zu den staatlichen Geldtöpfen finden.

An Deutschlands Küsten wird viel und schon lange gesündigt. 1962 beantragten die Werften erstmals staatliche Unterstützung, um mit der japanischen und später der südkoreanischen Konkurrenz mithalten zu können, die von ihren Regierungen großzügig unterstützt wurden. Die fernöstlichen Werften erhielten jedoch nur eine befristete Anschubfinanzierung. Heute stehen sie finanziell weitgehend auf eigenen Beinen. Von den deutschen Schiffbauern kann man das nicht behaupten. Jeder Arbeitsplatz, errechnete die Unternehmensberatung Arthur D. Little in einem Gutachten, wird mit 36 000 bis 42 000 Mark subventioniert – Jahr für Jahr. Diese Entwicklung zeigt deutlich, daß durch unbefristete Subventionen überholte Strukturen für alle Zeiten zementiert werden. Werftmanager kalkulieren üppige Staatsknete bei jedem Auftrag und am Ende auch in die Firmenbilanz ein.

Dies gilt auch für die deutsche Stahlindustrie. In guten Zeiten ruht sie sich aus und kassiert satte Gewinne. Gehen die Geschäfte schlecht, rufen die Stahlmanager nach dem Staat. Im Revier wird ein Hochofen nach dem anderen stillgelegt. Ganze Stahlstandorte müssen sterben und bekommen dafür staatliche Unterstützung. Gleichzeitig werden aber die völlig verrotteten Eko-Stahlwerke in Frankfurt/Oder über Wasser gehalten. Fast drei Milliarden Mark, so schätzt der Hamburger Wirtschaftsprüfer Otto Gellert, werde der Staat nach der Privatisierung des Unternehmens für seine Sanierung aufbringen müssen – mehr als eine Million pro Arbeitsplatz. Eine Garantie für eine dauerhafte Sanierung von Eko-Stahl gibt es freilich nicht. Kritiker dieser Zahlungen meinen, es wäre besser und billiger, jedem Beschäftigten ein Million Mark bar als Startkapital für einc Existenzgründung oder für den Ruhestand auf Mallorca auf die Hand zu geben.

Eko-Stahl ist jedoch nur ein Symbol für den größten Subventionssündenfall, der mit der Vereinigung Deutschlands begann: Die neuen Bundesländer werden zum größten Milliardengrab. 42 Milliarden Mark pumpten 1992 die Treuhandanstalt und andere staatliche Stellen in ostdeutsche Betriebe. 1993 dürften es bereits über 50 Milliarden gewesen sein. Größter Empfänger ist die Jenoptik GmbH mit 3,6 Milliarden Mark. 7200 Arbeitsplätze sollen damit gerettet werden. Macht also wieder genau eine halbe Million pro Mitarbeiter, die Jenoptik-Chef Lothar Späth lockermachte. Als ehemaliger Ministerpräsident Baden-Württembergs weiß er am besten, wie man beim Staat Geld loseisen kann.

Kein Zweifel, die heruntergewirtschafteten Betriebe in der Ex-DDR sind nur durch massive Geldspritzen zu retten. Die Alternative wäre ein totaler Kahlschlag in der Industrie gewesen, der zu schweren sozialen Spannungen geführt hätte. Zu befürchten ist jedoch, daß die Unterstützung nicht zeitlich befristet geleistet, sondern – wie im Westen – zum Dauerzustand wird. Schön möglich, daß Eko-Stahl und Jenoptik noch am 100. Jahrestag der deutschen Vereinigung auf der Empfängerliste von Subventionen stehen. Je mehr Geld nämlich in solch marode Unternehmen gesteckt wird, desto schwerer fällt es, ihnen den Hahn eines Tages zuzudrehen.

Dafür gibt es ein recht treffendes historisches Vorbild. Im Jahre 1868 gewährte der preußische Staat erstmals den Küstenfischern Subventionen zum Kauf von Salz, um ihren Heringsfang konservieren zu können. Diese Förderung wurde nie wieder abgeschafft und kostet heute noch pro Jahr drei Millionen Mark.

Was in Brüssel alles schiefläuft

Als der Fahrer des Transporters mit dem rot-weißen Kennzeichen sich in die Warteschlange am polnisch-deutschen Grenzübergang Frankfurt/Oder einreihte, erschien ihm der verhangene Oktobertag 1991 als ganz gewöhnlich. Seit Februar hatte der Belgier regelmäßig die Tour gemacht und seine in Polen eingekauften Rinder, Kälber und Bullen bei den Zöllnern als für Tunesien bestimmte Ware deklariert. Er war deswegen auch nach dem zoll- und steuergünstigen gemeinschaftlichen Verfahren der EG für die Durchreise abgefertigt worden.

Diesmal allerdings wurde die Routine unterbrochen, ohne daß es der Fahrer merkte. Deutsche Zollfahnder verfolgten den Transporter, und was sie im Laufe der kommenden 24 Stunden beobachteten, war ein klassischer Fall in einer wachsenden Serie von Betrügereien, die die 350 Millionen Bürger des europäischen Binnenmarktes mittlerweile jährlich gut 20 Milliarden Mark kosten.

Der belgische Viehtransporter fuhr nämlich nicht, wie in den Zollpapieren versprochen, in Richtung spanische Küste, sondern bog bald von der Autobahn ab und hielt im brandenburgischen Schenkenberg. Hier warteten deutsche Laster auf das Lebendvieh, dessen Reise nun schon in den Schlachthöfen von Landshut und Regensburg enden sollte. Was die Bayern nicht aufnehmen konnten, ging in andere EG-Länder – Rinder, Kälber und Bullen erhielten einfach andere Ohrmarken.

Die deutschen Beamten schlugen zu und ließen damit einen illegalen Händlerring aus Deutschen, Niederländern und Belgiern auffliegen, der die öffentlichen Kassen in den acht Monaten seiner Existenz um schätzungsweise zwischen acht bis zehn Millionen Mark geprellt hatte. Der Belgier wurde Anfang September 1993 wegen »besonders schwerem Betrug« von Osnabrücker Richtern zu vier Jahren Haft verurteilt. Die anderen Mitglieder der europäischen Betrugsgemeinschaft, darunter der Osnabrücker Viehhändler Heinrich Bastwöste, warteten Ende 1993 noch auf ihre Strafe.

Ein Erfolg für die Fahnder, allerdings nur ein kleiner, denn die deutschen Behörden fühlen sich im Wettlauf mit den Abkochern und Absahnern angesichts der im europäischen Binnenmarkt laxen Kontrollen immer stärker wie der Hase im Wettlauf mit dem Igel. Die von Brüssel ausgedachten komplizierten Kriterien und Verfahren für Erstattungen bei der Warenaus- und -einfuhr, also das gesamte gemeinschaftliche Zollverfahren, lassen sich nur mit hohem Personalaufwand umsetzen.

Tatsächlich aber hat der deutsche Zoll in Erwartung des europäischen Binnenmarktes technisch und personell erst einmal kräftig abgerüstet. So wurden die Wiegevorrichtungen an den deutschen Grenzen abgebaut und die Zöllner angewiesen, verdächtige Ladungen zu den Standorten der Bundeswehr zu schaffen. Da die Bundeswehr meist weiter von der Grenze entfernt liegt, müssen die Zöllner auf diese Nachprüfung meist verzichten. »Besondere Schwierigkeiten«, findet Gerhard Rieger vom Zollkriminalamt Köln, »bestehen bei der Einfuhr von Lebendvieh.« Um nämlich festzustellen, ob der Spediteur in Wirklichkeit mehr Vieh geladen hat als auf dem Versandschein vermerkt sind, muß nachgezählt werden. Rieger: »Bei einer Ladung von 80 Bullen oder 800 Schafen wird die Problematik erkennbar.«

Die Beamten würden aber schon deswegen gebraucht, weil »der gesamte Lebensmittelhandel mit den osteuropäischen Ländern, vornehmlich Polen, Ungarn und der ehemaligen Tschechoslowakei, als potentiell hochkriminell verseucht angesehen werden muß«, wie Dr. Jürgen Rump vom Zollkriminalamt in Köln feststellt. Deutsche Händlergruppen sind nach Erkenntnissen von Rump ganz erheblich an Betrugsmanövern beteiligt, die in Einzelfällen Gewinne für die Betrüger in Höhe von über 30 Millionen Mark gebracht haben.

Manipuliertes Roulette

Was einst die Spezialität der italienischen Mafia zu sein schien, hat heute effiziente deutsche Nachahmer gefunden. Legale Ausnutzung der Lücken im feingesponnenen Vorschriftennetz der Brüsseler Agrarbürokratie lockt deutsche Kaufleute genauso magisch an wie der schlichte Betrug. Denn Bastwöste und seine Gang sind nach Erkenntnissen der Fahnder beileibe kein Einzelfall. Erleichtert werden Betrügereien zum Nachteil des europäischen Steuerzahlers überdies durch die antiquierte Ausrüstung der Zollfahnder. In der Zollstation Frankfurt/Oder etwa stapeln sich die Versandscheine der Spediteure meterhoch – die deutschen Beamten arbeiten ohne Computer. Die Folge beschreibt ein Beamter des Kölner Zollkriminalamts so: »Kommt eine Anfrage aus Brüssel, muß der Zöllner vor Ort erst einmal in den Keller gehen und nach dem Dokument suchen.« Dennoch halten die Ministerialbürokraten von Finanzminister Theo Waigel die Einrichtung eines nationalen EDV-Erfassungssystems für »weder zweckmäßig noch erforderlich«. Sie wollen lieber auf das EG-weite Zollinformationssystem warten, dessen Verwirklichung allerdings noch in ungewisser Ferne liegt.

Dabei müßte gerade der deutsche Finanzminister am Erfolg seiner Zöllner besonders interessiert sein. Aus seiner Kasse nämlich fließen die immer höheren Beiträge Deutschlands für den gemeinsamen Haushalt der Zwölfergemeinschaft. Dieser Beitrag zum europäischen Milliardenspiel beträgt jetzt schon jährlich rund 23 Milliarden Mark und wird bis Ende des Jahrzehnts auf 30 Milliarden Mark steigen. Waigel und seine Nachfolger sind damit die größten Nettozahler der Europäischen Union. Folglich müssen sie auch über 30 Prozent jedes Schadens zahlen, den die Betrüger dem EG-Haushalt zufügen.

Die mißverstandene Europatreue Bonns und die deswegen

auch immer stumpfer werdenden Waffen des Staates haben deutsche Abzocker schon seit langem zu ihrem Vorteil genutzt. Sie unterlaufen seit Jahren gänzlich ungeniert das System, das eigentlich den Bauern zugute kommen sollte. Werden sie einmal gefaßt, dann ist es nach Ansicht von Jürgen Rump »wahrscheinlich erst nach dem siebten oder achten Betrugsversuch«.

Der wirkliche Schaden, den die deutschen Abzocker dem Steuerzahler zufügen, läßt sich deswegen allenfalls aus den festgestellten Betrugssummen hochrechnen. Heraus käme ein manipuliertes Roulette, bei dem schon vor dem Lauf der Kugel die Gewinner feststehen. So fälschte der Münchener Viehgroßhändler IMEX zwischen 1981 und 1987 nahezu alle seine Zollpapiere. Die Fahnder stellten einen Schaden von 150 Millionen Mark fest. Die bayerische IFG führte von 1978 bis 1983 11 000 Tonnen hochwertiges Rindfleisch als »Schlachtabfälle« in die EG ein und sparte damit an Abgaben 78 Millionen Mark.

Der Fall illustriert überdies, wie ein überperfektioniertes Erstattungssystem erst recht kriminelle Energie freisetzt, die schließlich auch die besten Fahndungsmethoden ins Leere laufen läßt. Das zerkleinerte Rindfleisch aus Rumänien war als eine Ware deklariert worden, die zu 95 Prozent aus Zwerchfellmuskulatur und zu fünf Prozent aus Schweinefleisch bestehen sollte. Zwerchfelle waren nach den EG-Regeln abschöpfungsfrei und unterlagen als Schlachtabfall einem Zollsatz von sieben Prozent des Wertes. Der Unterschied schlug zu Buche, denn als Zwerchfell waren nur Abgaben von 0,25 Mark pro Kilo fällig. Für Rindfleisch allerdings hätte der Importeur 6,50 Mark pro Kilo bezahlen müssen. Auch die Prüfungsanstalten des deutschen Zolls konnten den Betrug nicht aufdecken. Die Gewebestruktur des Fleisches, das einzige Bestimmungskriterium, war bei der Zerkleinerung vollständig zerstört worden.

Falcones Vermächtnis für Deutschland

In Italien nennt man es Mafia. Das deutsche Synonym, das Politikern so locker von den Lippen kommt, klingt anonym und irreführend. Es heißt »Organisierte Kriminalität« (OK) und suggeriert, daß die Gefahr hierzulande allein von international operierenden Banden, Drogenkartellen und Geldwäschern ausgeht, daß Verwaltung und Politik aber eine weiße Weste haben.

Politiker gleich welcher Couleur, die im Kampf gegen das organisierte Verbrechen die Grundrechte der Bürger einschränken und Wanzen in Privatwohnungen verstecken wollen, fördern diesen Irrglauben aus eigenem Interesse. Sie fürchten, sie könnten eines Tages womöglich selbst zum Objekt von Lauschangriffen werden. Ihre Angst ist verständlich. Längst zappeln auch in der Bundesrepublik Teile von Verwaltung, Justiz und Politik im Netz mafia-ähnlicher Organisationen.

Hans Leyendecker, Richard Rickelmann und Georg Bönisch haben diese Entwicklung in ihrem Buch »Mafia im Staat« exakt beschrieben. Sie zitieren Italiens Mafia-Jäger Giovanni Falcone, der seine deutschen Kollegen auf einer Tagung des Bundeskriminalamts (BKA) im Oktober 1990 eindringlich gewarnt hatte: »Die Öffnung der Grenzen in der Europäischen Gemeinschaft wird zwangsläufig die Verbreitung der nach Art der Mafia organisierten Kriminalität begünstigen.« Da es typisch für mafia-artige Organisationen sei, »Institutionen hinterlistig zu unterwandern, würde es mich nicht wundern, wenn sich die Fälle von Beamtenbestechung und Korruption vermehrten«. Um ihre Ziele zu erreichen, so Falcone auf der BKA-Tagung, versuchen diese Organisationen, »mit allen Mitteln, sich die Untätigkeit von Polizei und Justizbehörden zu sichern«. Am 23. Mai 1992 bombte die Mafia Falcone, dessen Frau Francesca Morvillo und drei Leibwächter mit einer Tonne des Sprengstoffs Tritol weg.

Der Chef des Bundeskriminalamtes (BKA), Hans-Jürgen Zachert, nimmt Falcones Vermächtnis ernst. Mit Blick auf das aktuelle »Lagebild Organisierte Kriminalität« beklagte er beispielsweise im Sommer 1993 öffentlich die kritische Situation. Nach Angaben Zacherts bot die Analyse von 641 einschlägigen Ermittlungsverfahren ein alarmierendes Bild: »In jedem sechsten Fall war der öffentliche Dienst involviert«, in jedem zwanzigsten Fall die Justiz und in elf Großverfahren die Politik. Der BKA-Chef sieht deshalb Falcones »Annahme bestätigt, daß OK-Täter in zunehmendem Maße gezielt Korruptionshandlungen vornehmen«.

Zacherts nüchterne Zahlen schockierten Bonn. Doch die Bundesregierung handelte nach bewährtem Muster: Der damalige Innenminister Rudolf Seiters (CDU) verpaßte dem BKA-Chef erst mal einen Maulkorb. Rainer Funke, der parlamentarische Staatssekretär im Bundesjustizministerium, jammerte vor dem Rechtsausschuß des Bundestages, die Äußerungen Zacherts würden »zu einer Verunsicherung unserer Bevölkerung führen und der Arbeit der Justiz nicht gerecht werden«. Und die Abgeordneten, die laut Verfassung die Regierung kontrollieren sollen, spielten mit. Augenzwinkernd billigten sie Seiters Anordnung, BKA-Chef Zachert habe öffentliche Erklärungen von »grundsätzlicher Bedeutung in Zukunft mit dem Bundesministerium des Inneren abzustimmen«.

Der Filter funktioniert. Er versperrt den Blick auf die Wirklichkeit und läßt nur durch, was politisch opportun erscheint. Die trügerische Botschaft, die ans Ohr des Volkes dringen darf, lautet: Vater Staat ist sauber. Korrupt und kriminell ist allenfalls die Restfamilie. Daß dies ein verhängnisvoller Irrglaube ist, würde rasch deutlich, wenn die Bestechung und Bestechlichkeit von Abgeordneten endlich auch in Deutschland zum Straftatbestand erklärt und die Staatsanwälte nicht länger von Weisungen der Justizministerien behelligt werden könnten. Doch dazu fehlt dem Gesetzgeber der Mut.

Auch Manfred Kanther (CDU), Seiters' Nachfolger im Bonner Innenministerium, schlägt in die alte Kerbe. Er attakkiert BKA-Chef Zachert und will ihn entmachten. Sauer wegen des Debakels beim BKA-Einsatz gegen die RAF-Terroristen Grams und Hogefeld in Bad Kleinen, kündigte Kanther Anfang März 1994 an, Zachert dürfe zwar Präsident des Amtes bleiben, werde aber in »eine kollegial geprägte Führung« eingebunden und solle künftig vor allem repräsentative Aufgaben übernehmen. Um schärfere Gesetze durchzupauken, die jeden Bundesbürger zum potentiellen Sicherheitsrisiko erklären, warnt Kanther: »Straff geführte kriminelle Organisationen dringen immer tiefer in das Wirtschafts- und Gesellschaftssystem ein. Die Organisierte Kriminalität zeichnet sich durch steigende internationale Verflechtung, modernes Management und hohe technische Ausstattung aus.«

Den entscheidenden Punkt aber verschweigt Kanther: Organisierte Kriminalität ist, wie Heribert Prantl in der »Süddeutschen Zeitung« schrieb, in erster Linie »das kriminelle Zusammenwirken von Politik, Verwaltung und Wirtschaft«. Die Ziele sind klar: Die Gewaltenteilung der Verfassung soll ausgehebelt, die Justiz mattgesetzt und das Land hemmungslos ausgeplündert werden.

Moksels tierische Geschäfte

Es war eine illustre Runde, die sich am 2. Dezember 1992 im Bonner Landwirtschaftsministerium (BML) hinter verschlossenen Türen zum Krisengipfel traf: Ministerialrat Ulrich Schrömbges, der Referatsleiter für EG-Marktordnungsrecht im Bundesfinanzministerium (BMF), hatte als Verstärkung den Kollegen Stanke mitgebracht. Vom BML waren die Herren Hoffstadt, Eimer, Knüppel, Roller und Pompe erschienen. Auf der anderen Seite des Tisches saßen ihre Kontrahenten: sechs Repräsentanten der mächtigsten deutschen Fleischkonzerne, unter ihnen auch Dietrich Ehle aus Köln, Rechtsanwalt des damals 75jährigen Buchloer Fleischbarons Alexander Moksel.

Als Ministerialdirigent Roller vom Landwirtschaftsministerium die geheime Sitzung Punkt 14 Uhr eröffnete, da ging es für die Herren aus der Fleischbranche um alles oder nichts: 724 Millionen Mark standen auf dem Spiel und ein drohendes Strafverfahren wegen Subventionsbetrugs. Mit den Millionen der Steuerzahler hatten Bundesregierung und EG zwei Jahre zuvor ein gigantisches Fleischgeschäft zwischen den neuen Bundesländern und der Gemeinschaft Unabhängiger Staaten (GUS) gesponsert. In den Ställen der ostdeutschen Agrarbetriebe standen 1990 nach dem Fall der Mauer schlachtfähige Rinder, Schweine und Schafe in Massen. Weil der Fleischberg das ausgeklügelte EG-Preissystem bedrohte und der bereits eingetretene Preisverfall binnen kurzem die Existenz der ehemaligen DDR-Genossenschaftsbauern vernichtet hätte, gewährten Bonn und Brüssel den Ostbetrieben für den Fleischexport in die GUS weit höhere Subventionen als sonst üblich. Wichtigste Voraussetzung: Die DDR-Herkunft der Tiere mußte zweifelsfrei erwiesen sein.

Das EG-Recht zwang zur Eile. Am 3. Oktober 1990, dem Tag der deutschen Vereinigung, mußten die Verträge unterzeichnet sein. Erst 48 Stunden vorher war alles klar. Am 1. Oktober 1991 beantragte die zum früheren Regiebereich des DDR-Devisenbeschaffers Alexander Schalck-Golodkowski gehörende Ostberliner Firma Zentral-Kommerz (ZeKo) beim Hamburger Hauptzollamt Jonas die staatlichen Exportbeihilfen. Die EG zahlte für die Ausfuhr von 110 000 Tonnen Schweinefleisch, 140 000 Tonnen Rindfleisch und 6 000 Tonnen Schaffleisch aus den Beständen der Ex-DDR 420 Millionen Mark. Bonn legte 304 Millionen drauf.

Das Geld floß jedoch, wie Berliner und Augsburger Staatsanwälte nach anonymen Hinweisen herausfanden, weder an die Ostberliner Firma ZeKo noch an die notleidenden Ostbetriebe, sondern ganz offenkundig widerrechtlich an den in das Geschäft eingeschalteten westdeutschen Fleischgiganten Moksel (Umsatz 1991: mehr als vier Milliarden Mark). Der Konzern stand deshalb im Verdacht, die Ostberliner Treuhandfirmen zu Lasten des Steuerzahlers ausgeplündert zu haben. Zudem stießen die Ermittler auf Berge eindeutig gefälschter Ursprungszertifikate. Ende 1992 waren die Staatsanwälte sicher, die Täter mit ihrem Beweismaterial dingfest machen zu können. Doch daraus wurde erst mal nichts.

Die Strafvereitler vom Dienst

Die diskrete Kungelrunde im Bonner Landwirtschaftsministerium hatte ganze Arbeit geleistet. Wie ein interner Vermerk belegt, konnten die Vertreter der bedrängten Fleischkonzerne die Sitzung im Dezember 1992 schon nach kurzer Zeit als lachende Sieger verlassen. Ministerialrat Ulrich Schrömbges vom Finanzministerium hatte ihnen mit Billigung der Kollegen vom Agrarressort – warum und auf wessen Veranlassung auch immer – zugesagt, sich in ihrem Sinne als Trouble-Shooter zu betätigen und die Probleme per Erlaß elegant aus der Welt zu schaffen.

Schrömbges hielt Wort. Am 15. Januar 1993 entschärfte das Bonner Finanzministerium mit dem für Moksel und die Fleischlieferanten maßgeschneiderten (und von Schrömbges gezeichneten) Sondererlaß III B3-M3500- 234/91 die Vergabekriterien für das längst ausgelaufene Subventionsprogramm rückwirkend in einem entscheidenden Punkt: Mußten die

Antragsteller die ostdeutsche Herkunft der Exporttiere ursprünglich mit Veterinärzeugnissen und einer Fülle anderer Dokumente exakt belegen, so gab sich Bonn nun plötzlich mit weit weniger zufrieden. In dem Erlaß hieß es: Sollten die bisher erforderlichen Unterlagen »nicht mehr vorhanden sein, genügen auch Unterlagen aus der kaufmännischen Buchführung des Viehhandelsunternehmens oder des Schlachtbetriebs«. Aus einem offenkundigen Millionenbetrug war per Federstrich ein scheinbar unanfechtbarer Vorgang geworden.

So sah es jedenfalls die Augsburger Staatsanwaltschaft. Enttäuscht und verbittert stellte sie das Ermittlungsverfahren gegen Verantwortliche der Firma Moksel am 5. März 1993 ein. Begründung: Der Erlaß des Bundesfinanzministeriums habe »alle subventionserheblichen Tatsachen, die zu einer Anklage geführt hätten, rückwirkend für unerheblich erklärt«. Im Klartext: Das Bundesfinanzministerium, das den Bürgern ständig neue Opfer abverlangt, habe verhindert, daß mutmaßlichen Subventionsbetrügern der Prozeß gemacht und das veruntreute Geld zurückgefordert werden kann.

Als der Skandal publik wurde, schlug in Bonn die Stunde der professionellen Nebelkerzenwerfer: Das Finanzministerium bestritt mit gut gespielter Empörung die Begünstigung des Moksel-Konzerns und versicherte ebenso dreist wie spitzfindig, der Erlaß habe die Subventionskriterien nicht entschärft, sondern nachträglich präzisiert, um Subventionsbetrug zu verhindern – was irgendwie ja auch wieder stimmt.

Finanzminister Theo Waigel (CSU), der kraft Amtes die politische Verantwortung für den Vorgang trug, bugsierte sich mit dem erstaunlichen Eingeständnis aus der Schußlinie, er sei mit dem umstrittenen Erlaß seines Hauses »persönlich nicht befaßt« gewesen – eine aufschlußreiche Äußerung, die offenbart, daß in Waigels Ministerium offenbar untere Chargen nach eigenem Gusto mit dreistelligen Millionenbeträgen jonglieren dürfen.

Der damalige Bundeslandwirtschaftsminister Ignaz Kiechle (CSU) gab zwar zu, den Erlaß initiiert zu haben, beteuerte jedoch, er habe während seiner Amtszeit mit Parteifreund Theo über das Thema Moksel »nie geredet«.

Und um zu demonstrieren, daß die herbe Kritik der Augsburger Staatsanwaltschaft an dem Erlaß aus Bonn nun wirklich ziemlich haltlos ist, ordnete der Münchner Generalstaatsanwaltschaft Hermann Froschauer am 22. März 1993 die Wiederaufnahme der Ermittlungen gegen Moksel an. Froschauer ist an Weisungen des CSU-geführten bayerischen Justizministeriums gebunden. Die Wiederaufnahme des Moksel-Verfahrens gilt deshalb als rein taktisches Manöver, das die Ressorts der Bonner CSU-Minister Waigel (Finanzen), Kiechle (Landwirtschaft) und seines Nachfolgers Jochen Borchert (CDU) entlasten soll.

An der Ohnmacht der Augsburger Staatsanwaltschaft hat die Anordnung des Generalstaatsanwalt nichts geändert, denn der Erlaß des BMF blieb in Kraft. Wegen dieses Erlasses taugen die gefälschten Veterinärerzeugnisse nicht mehr für eine Anklage. Wer die Zeugnisse manipuliert hat, kann dies mit den jetzt geforderten »Unterlagen aus der kaufmännischen Buchführung« der ehemaligen Ostbetriebe um so leichter tun. Beweisen läßt sich das kaum: Die Landwirtschaftlichen Produktionsgenossenschaften (LPG) existieren nicht mehr; ihre Geschäftspapiere wurden vernichtet oder sind verschollen; die exportierten Tiere sind längst geschlachtet, das Fleisch verspeist – die Sache scheint gegessen.

Schirmherren und Schutzpatrone

Kein Wunder also, daß das Ermittlungsverfahren gegen Moksel im März 1994 weiter lustlos vor sich hindümpelte. Sein endgültiges Scheitern scheint gewiß. Allerdings wird die

Staatsanwaltschaft die Einstellung des Verfahrens diesmal vermutlich vorsichtiger formulieren – und weniger kompromittierend für die Bundesregierung.

Sollte der Bonner Kassenwart Theo Waigel dennoch wider Erwarten von Moksel einen Teil des Geldes zurückbekommen, so hätte er dies der Hartnäckigkeit des Kaiserslauterner Rechtsanwalts Robert Wieschemann (54) zu verdanken. Von der Berliner Treuhandanstalt zum Liquidator der früheren Ostberliner Schalck-Firma Zentral-Kommerz (ZeKo) bestellt, hat der Anwalt den Allgäuer Fleischkonzern vor dem Kölner Landgericht auf Zahlung von mehr als 100 Millionen Mark verklagt. Wieschemann begründete den Schritt Anfang Februar 1994 vor dem Schalck-Untersuchungsausschuß des bayerischen Landtags damit, daß die Millionensubventionen für das GUS-Geschäft einst nicht an ZeKo, sondern auf dubiose Weise an den florierenden Westkonzern Moksel geflossen seien. Den entgangenen Gewinn versucht der ZeKo-Liquidator deshalb jetzt im Auftrag der Treuhandanstalt auf dem Gerichtsweg bei Moksel einzutreiben.

Die offensichtliche Komplizenschaft Bonner und Münchner Ministerien mit dem mutmaßlichen Steuerhinterzieher und Geldwäscher Moksel hat Tradition. Bayerns Finanzminister Georg von Waldenfels (CSU) etwa sah sich Mitte 1992 im Schalck-Untersuchungsausschuß des Landtags dem Vorwurf ausgesetzt, er schütze den Moksel-Konzern und behindere die Untersuchungen. Der Minister hatte den Abgeordneten die Vorlage von Moksels Steuerakten so lange verweigert, bis die Konzernanwälte vor Gericht Verfassungsklage gegen die Herausgabe erhoben hatten. Waldenfels' Einsatz war dennoch vergeblich. Die Klage scheiterte, und der Minister mußte die Akten schließlich doch noch herausrücken.

Schlappen wie diese sind für Moksel und seine Schutzpatrone eher die Ausnahme. Wann immer Betriebsprüfer, Steuerfahnder und Staatsanwälte in den vergangenen Jahrzehnten den lukrativen Machenschaften des schwäbischen Fleischgiganten auf den Fersen waren, wurde der Eifer der Ermittler meist abrupt gebremst: Moksels Schutzengel sorgten diskret dafür – und die Strafverfolger standen wie die Hornochsen da.

So war das auch 1984. Damals überprüften die Finanzbehörden Moksels millionenschwere Fleischgeschäfte mit dem DDR-Topmanager Alexander Schalck-Golodkowski und wurden fündig. Ihr Urteil: Moksel habe »in zahlreichen Fällen schwerwiegende Zuwiderhandlungen und Wirtschaftsstraftaten begangen« und gut davon profitiert. Allein in einem Teilbereich – es ging um ein Handelsvolumen von 163 Millionen Mark – monierten die Prüfer insgesamt 179 Verstöße gegen innerdeutsche Handelsvorschriften, davon 111 »sehr schwerwiegende«.

Die Augsburger Staatsanwaltschaft ermittelte deshalb unter dem Aktenzeichen Js 15793/80 gegen Verantwortliche des Konzerns. Schon am 24. April 1981 hatte der Ermittlungsrichter die Durchsuchung der Firmenräume angeordnet. Sie verzögerte sich um ein Jahr, weil der damals zuständige Staatsanwalt Otto Kocherscheidt angeblich erst überlastet, dann krank und anschließend längere Zeit in Urlaub war. Mittlerweile hatte Moksel Wind von der geplanten Razzia bekommen. Am 15. April 1982 gab sich die Staatsanwaltschaft schließlich mit den Akten zufrieden, die der Konzern freiwillig herausrückte.

Obwohl Moksels Buchhaltung die Unterlagen vermutlich längst gesäubert hatte, blieben für die Ermittler noch drei gravierende Vorgänge übrig, die eine Anklage gerechtfertigt hätten: Fleischimporte aus der DDR »unter erheblicher Überschreitung der Gewichtsbeschränkungen« und zwei illegale Zahlungen des Moksel-Konzerns von zusammen 27 Millionen US-Dollar an die Ostberliner Firma AHB-Nahrung, die damals zum Bereich Kommerzielle Koordinierung (KoKo) von

Alexander Schalck-Golodkowski gehörte. Dabei handelte es sich offenbar um Zahlungen, von denen später im Zusammenhang mit dem Konto »Sylvia 651« die Rede sein wird.

Wie stets, wenn es um Moksels Wohl und Wehe geht, tagten auch damals in diversen Amtsstuben hochkarätig besetzte Kungelrunden, um für den Fleischbaron die Kuh vom Eis zu ziehen. Vertretern der Landeszentralbank in Bayern (LZB) und des Bonner Landwirtschaftsministeriums gelang es schließlich, Zoll, Steuerfahndung und Staatsanwaltschaft zu überzeugen, daß es für alle Beteiligten die beste Lösung wäre, wenn die Straftaten nur noch als simple Ordnungswidrigkeit verfolgt würden.

So geschah es. Doch die dafür zuständige Oberfinanzdirektion (OFD) München stellte auch dieses Verfahren ein. Schuld daran war erneut das Bonner Finanzministerium, diesmal unter seinem damaligen Chef Gerhard Stoltenberg (CDU). Mit Erlaß vom 30. Januar 1984 (III A 5-50750-1/84) hatte das BMF einfach die Verjährungsfrist für Ordnungswidrigkeiten, wie sie Moksel vorgeworfen wurden, von drei auf zwei Jahre verkürzt. Die OFD habe, so hieß es in der Anweisung aus Bonn lapidar, die in früheren Verwaltungsverfügungen und einem OLG-Urteil bestätigte Dreijahresfrist »nicht mehr zu vertreten«. Wieder einmal hatte das Bonner Finanzministerium den Moksel-Konzern aus einer prekären Lage herausgepaukt.

Der Zaubertrick mit den »Prager Filets«

Auch 1987 blieb Viehhändler Moksel ungeschoren. Damals hatte die Augsburger Staatsanwaltschaft gegen den Konzernherrn beim Amtsgericht einen Strafbefehl über 45 000 Mark wegen Subventionsbetrugs beantragt. Für die Ermittler stand fest, daß 1984 und 1985 auf Betreiben des Konzernchefs Rindfleischexporten nach Italien klammheimlich Schlachtabfälle beigemischt und dafür EG-Mittel von vergleichsweise schlappen 22 600 Mark abgesahnt worden waren. Nachdem Moksels Anwälte Druck gemacht hatten, blieb von den Vorwürfen nicht viel übrig. Zuletzt stand nur noch der Verdacht »einer fahrlässigen Ordnungswidrigkeit« im Raum, nämlich die »Verletzung der Aufsichtspflicht in Betrieben und Unternehmen«. Doch auch dieses Verfahren wurde eingestellt. Moksel mußte lediglich 5 000 Mark zugunsten einer gemeinnützigen Einrichtung spenden – ein kleiner, aber dennoch lohnender Deal.

Ein viel fetteres Schnäppchen machten der Moksel-Konzern und sein damals schärfster Konkurrent, die Rosenheimer Firma Marox, im Sommer 1990. Kurz vor der Wirtschafts- und Währungsunion mit der DDR lagerten Moksel und Marox in Absprache mit Schalcks Ostberliner KoKo-Firma AHB-Nahrung mehr als 1 700 Tonnen tiefgefrorenes Rinderfilet und Roastbeef aus Südamerika und Polen, vor allem aber aus Prag in DDR-Kühlhäusern ein. Die »Prager Filets« rutschten dann nach dem 1. Juli 1990, dem Tag der Wirtschafts- und Währungsunion, zollfrei und gewinnbringend in die EG.

Die Hamburger Zollfahndung, die den Coup aufdeckte, bezifferte den Schaden für die Gemeinschaft auf über 17 Millionen Mark. Die Oberfinanzdirektion Hamburg wollte im September 1990 denn auch pflichtgemäß »veranlassen, daß die entsprechenden Abgaben nacherhoben werden«, mußte sich aber vom Bundesfinanzministerium eines Besseren belehren lassen. Wie aus einem internen Vermerk hervorgeht, wurde die OFD von Bonn, das sich auf ein Votum der EG-Kommission berief, »ausdrücklich darauf hingewiesen, daß eine Nacherhebung der Abschöpfung für Einfuhren vor dem 30. 6. 1990 in die DDR nicht vorgesehen ist«. Um Ärger in den Medien zu vermeiden, solle der Fall »gegenüber der Presse heruntergespielt werden«, lautete der Rat aus Bonn. Fleischbaron Moksel hatte wieder mal Schwein gehabt. Aber darauf kann er sich eben verlassen.

Dem Konzernherrn aus dem Allgäu geht es da wie seinem langjährigen Geschäftspartner Alexander Schalck-Golodkowksi. Den ehemaligen Stasioberst und Chefdevisenbeschaffer der DDR ficht seine dunkle Vergangenheit nicht an – ein Schalck, wer Böses dabei denken würde. Behelligt allenfalls von ein paar neugierigen Touristen und betrübt nur ob des Makels, beim gemeinen Volk als übler Finsterling zu gelten, genießt der Pate der früheren DDR das Leben am schönen Tegernsee seit Jahren in vollen Zügen. Neuerdings fällt jedoch ein Schatten auf die Idylle. Die Berliner Staatsanwälte sind entschlossen, Schalck doch noch ins Gefängnis zu bringen.

Schalcks früherer Partner Alexander Moksel hat es besser. Sogar die Bürger in seiner Wahlheimat Buchloe stehen hinter ihm wie eine Eins. Sie halten den Metzgersohn für einen durch und durch ehrenwerten Mann. Moksel ist deshalb längst Ehrenbürger der Stadt. Eine Straße und ein Sportstadion tragen seinen Namen, ein von ihm mitfinanzierter Kindergarten heißt wie seine Frau: Sankt Antonia. Als der Unternehmer wegen seiner dubiosen Geschäfte vorübergehend heftig in die Schlagzeilen geriet, rührten ihn 650 Bürger sowie 40 Buchloer Vereine und Organisationen mit einer Solidaritätsadresse zu Tränen. »Lumpen in der Wirtschaft gehören bestraft«, schimpft er empört, meint damit aber vor allem andere. Für seine Person bittet er hingegen um Verständnis: »Es ist doch nichts Schlechtes dran, Geld zu verdienen.«

Für die Tausende von Haupt- und Nebenerwerbslandwirten, denen Moksel und sein Rosenheimer Branchenkollege März in der Position von Quasimonopolisten mit ihren von höchsten Stellen sanktionierten Billigfleischimporten aus dem Osten jahrelang das Geschäft vermasselt haben, mögen solche Weisheiten wie schierer Hohn klingen. Wie der über die Amigo-Affäre gestolperte bayerische Ministerpräsident Max Streibl (CSU) Ende 1993 im Münchner Schalck-Untersuchungsausschuß erstmals einräumte, hat es im Lager der Bauern deshalb »gewisse Schwierigkeiten« gegeben. Die klein- und mittelständischen Betriebe seien wegen Moksels Machenschaften »ziemlich geladen gewesen«. Zu einem Aufschrei, geschweige denn einem Aufstand gegen den Patron aus Buchloe ist es im Lager der ansonsten recht kämpferisch aufgelegten Viehmäster nie gekommen.

Provinzfürst Moksel, der von 1972 bis 1978 für die SPD im Buchloer Stadtrat saß, versteckt Bauernschläue, Größenwahn und skrupellose Geldgier hinter der Maske des Biedermanns. Geschickt hat er sich den Ruf erworben, ein generöser Wohltäter und Mäzen zu sein, der seine Gaben gerecht verteilt und alle Wohlgesonnenen am Erfolg partizipieren läßt: Als Pferdenarr und passionierter Herrenreiter läßt Moksel Millionen für den Reitsport springen. Als Arbeitgeber und vorausschauender Konzernchef pflegt er die Parteienlandschaft – aus purem Kalkül und mit gebündeltem Bargeld. SPD, F.D.P. und CSU wissen das zu schätzen.

Der bayerische SPD-Unterbezirkschef Helmut Simon macht kein Hehl daraus, daß von Moksel regelmäßig Summen in die Parteikasse flossen, »die nicht g'rad der Portokasse eines Ortsvereins entsprechen«. Moksel sponserte die SPD-Bundestagsabgeordnete Sigrid Skarpelis-Sperk, er spendete für die Buchloer SPD-Bürgermeisterkandidaten Gertrud Felkl und Fritz Bader, vergaß aber auch deren Konkurrenten nicht. SPD-Freund Simon stört das keineswegs: »Alexander Moksel ist in unserer Partei und dazu stehen wir auch.«

Wohin die Liebe führt, zeigte sich am 26. Februar 1992. Da beschlossen Buchloes Stadtväter einmütig, dem Unternehmer gut 300000 Mark rückständige Abwassergebühren zu erlassen und in eine »direkte Wirtschaftsförderung« zugunsten des Fleischkonzerns umzuwandeln – ein Klops im Vergleich zu den Millionen, die sich die Firma auf internationalem Parkett mit fragwürdigen Praktiken sonst gewöhnlich unter den Nagel zu reißen pflegt.

In den Genuß des warmen Spendenregens aus dem Hause Moksel kam in den siebziger Jahren auch die bayerische F.D.P. Den Liberalen flossen von Moksel-Konten allein zwischen 1975 und 1978 verdeckt und damit illegal mindestens 197000 Mark zu. Moksel bezahlte damit fingierte Rechnungen für unsinnige Telefongutachten der inzwischen liquidierten 100prozentigen Münchner F.D.P.-Briefkastenfirma »Wirtschafts- und Sozialpolitik Vertriebs-GmbH«. Als der Coup aufflog, forderte der Fiskus »eine straf- und bußgeldliche Würdigung«. Ob es dazu kam, ist unbekannt. Fest steht hingegen, daß Bayerns damaliger F.D.P.-Chef Josef Ertl just Landwirtschaftsminister in Bonn war, als Moksels Zaster auf krummen Wegen die Parteikasse füllte. Ertl hatte damals entscheidenden politischen Einfluß auf die Gestaltung der internationalen Fleischgeschäfte, an denen die Allgäuer Firma beteiligt war.

Auch die CSU profitierte von Moksels milden Gaben. Im Rechenschaftsbericht der Partei tauchte die Firma zuletzt 1991 offiziell mit 45000 Mark als Spender auf. Beträge von weniger als 40000 Mark müssen in dem Bericht nicht aufgeführt werden. Moksels Spende hatte der inzwischen verstorbene frühere Strauß-Intimus und CSU-Vorständler Franz Dannecker beschafft. Die CSU pumpte einen Teil des Geldes in den Landtagswahlkampf des damaligen bayerischen Innenministers Edmund Stoiber. Trotz Moksels Geldspritze wurde Stoiber aber erst 1993 Ministerpräsident.

Spürhunde wechseln die Fronten

Mögen Moksels Spendierhosen bei den Parteien auch gewaltig Eindruck schinden und das politische Klima in seinem Sinne verbessern: Gegen die meist jungen, gut qualifizierten und hochmotivierten Betriebsprüfer der Oberfinanzdirektion München und deren feine Witterung für faule Tricks schien zunächst kein Kraut gewachsen zu sein. Das sollte sich ändern: Die Beamten, denen manchmal über Monate hinweg ein eigenes Büro in Moksels Konzernzentrale zur Verfügung steht, werden zwar meist fündig. Doch je klarer sich das ganze Ausmaß der Manipulationen abzeichnet, desto aussichtloser werden paradoxerweise auch die Versuche, die Verantwortlichen zur Rechenschaft zu ziehen.

Solch niederschmetternde Erfahrungen zerstören auf Dauer die Motivation des besten Spürhunds. In dieser Lage fiel es Konzernchef Alexander Moksel nicht mehr besonders schwer, den einen oder anderen schlechtbezahlten OFD-Beamten zum Mehrfachen seines bisherigen Salärs als neuen Angestellten zu gewinnen. Schließlich gilt auch in seiner Branche: Was den Gegner schwächt, erhöht die eigene Schlagkraft. So leicht läßt sich ein Fleischbaron von niemandem zur Sau machen.

Ende der siebziger Jahre zog der OFD-Beamte Hans Beil von München nach Buchloe um und trat in Moksels Dienste. Zuvor hatte Beil als Betriebsprüfer intensiv Moksels Viehgeschäfte durchleuchtet. Dabei sind ihm die in diesem Konzern üblichen Gepflogenheiten offenbar in Fleisch und Blut übergegangen. »Die wackeren Schwaben im Hause M.«, eine Gruppe anonymer Insider, die der Staatsanwaltschaft jahrelang regelmäßig brisante Interna über die Machenschaften der Firma verrieten, hatten im August 1980 wieder mal hektische Aktivitäten in Moksels Chefetage beobachtet: »Es wird alles vertuscht. Unser Beil hat zu Moksel gesagt, ›das bringen wir schon wieder mit einigen Tausendern hin‹«, schrieben »die wackeren Schwaben« dem Staatsanwalt. Erhärten ließ sich der Bestechungsvorwurf freilich nie.

Der 1. Juni 1991 war Hartmut Rauschers erster Arbeitstag als Abteilungsleiter in Moksels Buchhaltung. Er kannte sich dort bereits bestens aus. Rauscher hatte knapp drei Monate zuvor in seinem damaligen Beruf als Zolloberinspektor für die Oberfinanzdirektion München 23 Tage lang Moksels Ausfuhrgeschäfte durchleuchtet. Auch Wolfgang Wannemacher, Moksels gewiefter Steueranwalt, stand einst im Dienste der OFD München.

Bestechung als Geschäftsprinzip

Wenn der große Reibach lockt, dann bleiben auch im Moksel-Konzern Moral und Skrupel auf der Strecke. Als unter Kreml-Chef Michail Gorbatschow der Eiserne Vorhang fiel, eröffneten sich dem Firmenpatriarchen aus dem Schwäbischen gänzlich neue Perspektiven. Siegesgewiß verkündete er: »Die zu erwartende dynamische Entwicklung im Osten Europas eröffnet grenzenlose Chancen – wenn man die spezifischen Gegebenheiten der Region kennt.« Und die kannte Moksel aus der langjährigen Zusammenarbeit mit Schalcks KoKo nur allzu gut. Um mit dem DDR-Regime und den ehemaligen Ostblockstaaten besser ins Geschäft zu kommen, war dem Viehhändler aus dem goldenen Westen so ziemlich jedes Mittel recht. Mal bestach er einflußreiche SED-Bonzen mit teuren Radio- oder Fernsehgeräten, mal schmierte er seine Partner mit Fahrrädern, Motorbooten oder Luxuslimousinen. Die Höhe der Bestechungsgelder, die Moksel beim Finanzamt meist mit Erfolg als Betriebsausgaben steuermindernd geltend machte, wuchs von Jahr zu Jahr dramatisch an: 1976 waren es 68 618 Mark, im Jahr darauf schon 105 773 Mark.

1978 expandierte Moksels Schmiergeldtopf dann auf stolze 769 539 Mark, und der Chef war es allmählich leid, mit den Erbsenzählern vom Fiskus weiterhin in jedem Einzelfall mühselig um die steuerliche Anerkennung der Bestechungsgelder zu feilschen. Ein Geschäftsmann seines Kalibers hat Wichtigeres zu tun. Am 11. Juli 1978 ließ Moksel dem Finanzamt Kaufbeuren deshalb den Vorschlag unterbreiten, die Schmiergelder »wegen der Größe der in Frage stehenden Beträge« pauschal als abzugsfähige Betriebsausgaben anzuerkennen, wenn sie 0,5 Prozent vom Auslandsumsatz seines Konzern nicht überschreiten. Auch die Namen der Bestochenen mochte der Firmenchef den Finanzbehörden künftig nicht mehr nennen.

In der Begründung seines Antrags gewährte Moksel tiefe Einblicke in die Usancen seiner Branche. Darin hieß es nämlich: »Es muß in solchen Fällen die Lebenserfahrung genügen, daß Auslandsgeschäfte einen gewissen Prozentsatz Schmiergeldzahlungen zur Voraussetzung haben. Andernfalls wären solche Geschäfte nicht abgeschlossen worden.« Seine Firma, jammerte der Chef dem Fiskus vor, habe »bereits etliche Großkontakte nicht wahrgenommen, weil das Risiko, im nachhinein Schmiergeldzahlungen nicht als abzugsfähige Betriebsausgaben anerkannt zu bekommen, Geschäfte uninteressant macht.«

Obwohl der Fiskus durchaus Verständnis für Moksels Nöte hatte, lehnte das Finanzamt Kaufbeuren die geforderte Pauschalregelung für die Bestechungsgelder am 2. August 1980 ab. Ob vorgesetzte Dienststellen später doch noch ein Einsehen hatten, ist unklar und Gegenstand von Ermittlungen der Staatsanwaltschaft. Dem weiteren Aufschwung des Unternehmens taten die Querelen keinen Abbruch. Die Geschäfte liefen geschmiert wie eh und je. Mit den Millionengewinnen galt es klug zu disponieren.

Nach den Erkenntnissen der Staatsanwälte von der Arbeitsgruppe Regierungskriminalität beim Berliner Kammergericht schleusten Moksel und seine Helfer zwischen 1977 und 1990 fast 100 Millionen Mark am Finanzamt vorbei vom Konto »Sylvia 651« bei der Deutschen Handelsbank (DHB) in Ostberlin auf zum Teil abenteuerlichen Umwegen in die Schweiz. Ob dies mit Hilfe seiner DDR-Partner geschah, ist bisher unklar. Von den Schweizer Konten hoben Moksel und seine Bevollmächtigten nach den Erkenntnissen der Ermittler immer wieder Teilbeträge ab. Dann verliert sich die Spur des Geldes.

Die Staatsanwälte sind sicher, daß Moksel und seine Helfer auf diese Weise »erhebliche Geldbeträge aus der Firma über die DDR in die Schweiz« geschleust haben, um das Geld »dort privat zu verwenden«. Sie ermitteln gegen Schalck, Moksel und dessen Vorstandsvorsitzenden Rodo Schneider, aber auch gegen Moksels Finanzvorstand Alfred Freibott und gegen den früheren AHB-Generaldirektor Manfred Wolf wegen des Verdachts der Untreue und der Steuerhinterziehung.

Moksels Steuerberater gab beim Finanzamt Kaufbeuren jedoch an, der Unternehmer habe das Geld nur als Treuhänder verwaltet und »an von der DDR benannte Empfänger« weitergereicht. Namen und Konten dieser Empfänger verschweigt er bis heute. Ein Steuerprüfer notierte dazu: »Ich hätte mir eine bessere Aufklärung der Vorgänge gewünscht.« Trotz dieser Zweifel verständigten sich Moksel und der Fiskus schließlich auf einen seltsamen Kompromiß, der die Berliner Justiz schockiert: Für die Jahre 1977 bis 1989 akzeptierte das Finanzamt Moksels Strohmannversion und verzichtete auf die Besteuerung der Sylvia-Millionen. Im Jahr 1990, nach dem Beitritt der DDR, sollte Moksel die Konten dann plötzlich »auf eigene Rechnung« geführt haben und mußte deshalb lediglich die 1990 verwendeten Sylvia-Gelder in Höhe von 7,5 Millionen versteuern.

Die feinsinnige Lösung war für Moksel ein exzellentes Geschäft: Es ersparte ihm die nachträgliche Versteuerung der restlichen 90 Millionen Mark und verhinderte, daß Bonn als Rechtsnachfolger der DDR Zugriff auf die Millionen hatte, die Moksel am 3. Oktober 1990, dem Tag der deutschen Vereinigung, auf Ostberliner und Schweizer Konten deponiert hatte.

Die Berliner Staatsanwälte sind allerdings entschlossen, Moksel und dessen Freunden bei den Finanzbehörden einen Strich durch die Rechnung zu machen. Die Staatsanwaltschaft an der Spree hat die bayerischen Finanzbehörden inzwischen mit Nachdruck aufgefordert, in Sachen Moksel umgehend einen Steuerstrafbericht zu verfassen. Der Grund: Die Ermittler halten das als »Verständigung« verschleierte Steuergeschenk des Fiskus für »unwirksam«. Sowohl das Konto »Sylvia 651« bei der Deutschen Handelsbank in Ostberlin als auch das Konto 714078 beim Schweizerischen Bankverein in Küsnacht, über die Moksel die ominösen 100 Millionen geschleust hat, seien als Privatkonten des Buchloer Industriellen zu betrachten, schrieben die Berliner Staatsanwälte dem bayerischen Fiskus ins Stammbuch – eine schallende Ohrfeige für die Finanzbeamten an der Isar und eine Bestärkung für all jene, die immer schon wußten, daß das Finanzamt die Großen schont, beim kleinen Mann aber gnadenlos selbst Pfennigbeträge eintreibt.

Bayerns Finanzminister Georg von Waldenfels (CSU), der über den Millionen-Deal zwischen Moksel und dem Fiskus angeblich nicht informiert war, äußerte öffentlich Betroffenheit und hob die Vereinbarung auf. Dem Schalck-Untersuchungsausschuß des bayerischen Landtags ist das zuwenig. Er will klären, ob Finanzminister Waldenfels und dessen Vorgänger Gerold Tandler (CSU) im Fall Moksel tatsächlich eine reine Weste haben.

Fusion der Kontrahenten – damit der Rubel weiter rollt

Die konspirativen Verbindungen und krummen Geschäfte, die den Moksel-Konzern in DDR-Zeiten mit Alexander Schalck-Golodkowski und seinen KoKo-Firmen verbanden, zahlten sich nach der deutschen Vereinigung doppelt aus: Moksel war im Geschäft mit den neuen Bundesländern von Anbeginn die Nummer eins – und konnte sich die passenden Filetstücke aus Schalcks KoKo-Reich problemlos einverleiben.

Moksels Strategie war ebenso simpel wie effizient: Er gründete Firmen mit fast identischem Namen, übernahm Führungscrew und Know-how der Ostkonkurrenz und hinterließ die ausgeschlachteten Firmenmäntel der Berliner Treuhandanstalt. Der blieb nur eines: liquidieren. Nach diesem Muster schluckte Moksel unter anderem die Ostberliner Schalck-Firma Zentral-Kommerz (ZeKo). Sie heißt jetzt Zentral-Kontor (ZeKo). Die Firma hatte 1990 beim 724-Millionen-Deal mit der damaligen Sowjetunion, der heutigen GUS, eine zentrale Rolle gespielt.

Nach den Erkenntnissen der Staatsanwaltschaft beim Landgericht Berlin hatte der damalige ZeKo-Manager Uwe Deichsler die begehrten Exportlizenzen für das GUS-Geschäft dem Moksel-Konzern »ohne erkennbare Gegenleistung« zugeschustert. Deichslers Schaden war das nicht. Er verdient heute bei Moksels neuem Tochterunternehmen Zentral-Kontor in einer gehobenen Position sein Geld. Dieses erfreuliche Schicksal ereilte auch Manfred Wolf, den ehemaligen Generaldirektor von Schalcks Ostberliner Außenhandelsbetrieb AHB-Nahrung. Als Moksel die Außenhandelsgesellschaft AHG-Nahrung 1990 gründete, bekam Wolf vom neuen Chef einen gutdotierten Vertrag und die Treuhand die wertlose Firmenhülle von Wolfs ehemaliger KoKo-Firma AHB. Die

Geschäfte von Moksels neuer Ostfiliale AHG florieren unter Wolfs Regie hingegen.

Alexander Moksels Kronprinz Rodo Schneider (50) wäre es hingegen fast verwehrt geblieben, von der deutschen Vereinigung zu profitieren. Der Vorstandsvorsitzende und Mitgesellschafter der Moksel AG wollte über die Berliner Treuhand möglichst billig die zentrale Rindermastanlage der ehemaligen DDR erwerben, die Müritz-Fleisch GmbH Hohen-Wangelin in Mecklenberg-Vorpommern mit 1700 Hektar großen Ländereien. Doch das Bundesfinanzministerium winkte ab. Man wolle, so wurde Schneider aus Bonn signalisiert, keine marktbeherrschenden Strukturen fördern. Als Käufer trat schließlich ein 21jähriger Student auf den Plan. Er bekam gegen vier Mitbewerber den Zuschlag. Es war Ralf Schneider, der Sohn von Moksels Kronprinz Rodo Schneider.

Im Sommer 1992 machte eine Nachricht die Runde, die in Wirtschaftskreisen für gewaltige Verwirrung sorgte. Der mittlerweile 75 Jahre alte Fleischbaron Alexander Moksel und sein schärfster Widersacher beim Schacher mit dem lieben Vieh, der Rosenheimer Unternehmerclan März (Firmenname: Marox), begruben ihre Feindschaft. Was stets völlig undenkbar schien, wurde im September 1992 Wirklichkeit: Die beiden Unternehmen fusionierten. Alexander Moksel verkaufte dem ehemaligen Konkurrenten März für 300 Millionen Mark ein Drittel der Firmenaktien. Im Gegenzug bekam Moksel einen fetten Happen aus dem März-Imperium, die Rosenheimer Firma Marox. Liebe auf den zweiten Blick oder nur ein Zweckbündis zur Abwehr drohender Strafprozesse nach dem Motto: Gemeinsam sind wir stark?

Solche Überlegungen sind vorerst Spekulation. Fest steht lediglich: Wie Moksel hat auch der März-Konzern von dubiosen Geschäften mit Schalcks KoKo profitiert; anders als bei Moksel blieben die Rosenheimer aber bisher vom Staatsanwalt verschont. Ob der März-Clan und der Fleischbaron aus dem Allgäu auch künftig ungeschoren davonkommen, steht dahin.

Auf seinen mächtigsten Schutzpatron muß der März-Konzern jedoch seit Jahren verzichten: auf Bayerns früheren Ministerpräsidenten und CSU-Chef Franz Josef Strauß (CSU). Er ist seit 1988 tot. Der im gleichen Jahr verstorbene Firmenchef Josef März hatte Anfang der achtziger Jahre auf seinem Gut Spöck mit Strauß und Schalck den Milliardenkredit für die DDR eingefädelt. Mit einem Darlehen der Unternehmerfamilie März bestreitet Schalck heute nach eigenem Bekunden sein Rentnerleben am Tegernsee. Am Wohlergehen der Firmen März und Moksel scheint er aber dennoch interessiert zu sein: Schalcks Anwalt Peter Danckert zog in den Aufsichtsrat der Moksel AG ein – als Sachwalter für die Interessen seines Mandanten Alexander Schalck-Golodkowski.

Die Aktionäre, so scheint es jedenfalls, stört das wenig. Sie wollen, daß der Rubel rollt. Die Fusion der früheren Erzrivalen Moksel und März ist deshalb ganz in ihrem Sinne. Als er die Kunde von der Elefantenhochzeit hörte, brachte ein Aktionär die Dinge auf den Punkt: »Mit Moksel zieht März die größte Sau an Land.«

VI. Absahnen im Verbandsklüngel

»Komm, Albert, laß den Quatsch!« Das war der einzige im Ansatz kritische Satz, den der Aufsichtsratsvorsitzende Heinz Oskar Vetter an den leitenden Angestellten Albert Vietor während dessen atemberaubender Karriere richtete. Der Chef des Deutschen Gewerkschaftsbundes (DGB) meinte damit nicht etwa die krummen Geschäfte des Vorstandsvorsitzenden des gewerkschaftseigenen Wohnungsbaukonzerns Neue Heimat, in die Vetter längst eingeweiht war, sondern das Hobby des vom Buchhalter zum Boß eines Milliardenunternehmens (1981: 15 Milliarden Mark Umsatz) aufgestiegenen Sohns eines Kasseler Lebensmittelhändlers: »König Albert«, wie die Genossen Vietor nannten, spielte Golf.

Die Mitgliedschaft im vornehmen Hamburger Golfclub e. V. war nicht die einzige Leidenschaft des Gewerkschaftsfunktionärs Vietor. Denn wie er in Blankenese, getrieben von krankhaftem Ehrgeiz, sein Handicap ständig zu verbessern suchte, mühte er sich auch um eine Verbesserung seiner individuellen ökonomischen Situation: Der Neue-Heimat-Chef (Jahreseinkommen 524 000 Mark) sammelte Wohnungen wie andere Leute Briefmarken – für sich und ganz privat. Aufsichtsratsvorsitzender Heinz Oskar Vetter wußte – wie sich in den späteren Gerichtsverhandlungen herausstellte – von den Bilanzfälschungen und anderen unglaublichen Machenschaften, doch unternommen hat er nichts. Ganz im Gegenteil: Der DGB-Vorsitzende deckte sie und vertuschte sie im Aufsichtsrat. Als der inzwischen gefeuerte »König Albert« im November 1984 in seinem Schweizer Domizil, einer Luxusvilla im italienischen Ronco, hoch über dem Lago Maggiore, 62jährig einem Herzinfarkt erlag, hinterließ er neben Villen in Wedel und Ascona 24 Wohnungen in Hamburg und Beteiligungen an 217 Berliner Objekten.

Jahrelang flossen innerhalb der Neuen Heimat Millionenbeträge, teils über Strohmänner wie den Hamburger Bankier Ernst Wölbern, in falsche Kanäle. Privatgeschäfte der Spitzenmanager – Vietor war nicht der einzige – und Fehlspekulationen im Ausland ließen die Schuldenberge ins Unermeßliche wachsen. Mit 17 Milliarden Mark war der Konzern schließlich bei den Banken verschuldet – die »Filzokraten« auf der Funktionärs- und Managerebene machten es möglich. Als die Medien erstmals Anfang Februar 1982 über den Skandal berichteten, schlugen die Wellen der Empörung hoch. Massenweise verließen Arbeiter und Angestellte die Gewerkschaften, deren Oberen sich nun in Schadensbegrenzung übten: Vietor und seine Spitzenleute Harro Iden und Wolfgang Vormbrock wurden – versehen mit hohen Abfindungen – gefeuert. Der Plan der Gewerkschaftsunternehmer, das angeschlagene Unternehmen Jahre später dem Berliner Großbäkker Gerhard Schiesser zum symbolischen Preis von einer Mark anzudrehen, war nur noch der traurige Höhepunkt eines Skandals, von dem sich die organisierte deutsche Arbeitnehmerschaft bis zum heutigen Tage nicht mehr erholt hat.

Es war eine Mischung aus Raffgier und Größenwahn, die den Chef des weltgrößten Wohnungsbaukonzerns dazu brachte, sich selbst und das Unternehmen zu demontieren und die Idee der Gemeinwirtschaft auf ewige Zeiten zu diskreditieren. Daß Vietor, der wie ein absolutistischer Herrscher in der Wandsbeker NH-Zentrale regierte, damit auch den Gewerkschaften einen unermeßlichen immateriellen Schaden zugefügt hatte, versteht sich von selbst. Das rein materielle Fiasko hatten seine Nachfolger schnell ausgerechnet: über 100 Millionen Mark.

Doch erst später erwies sich die Neue-Heimat-Pleite als Multimilliardending. Werte über 20 Milliarden Mark wurden durch die betrügerischen Manipulationen der Genossen und Kollegen in den Sand gesetzt. Gegenüber dieser Summe nehmen sich die zwei Milliarden Mark, um die 115 in- und ausländische Banken von Co-op-Chef Bernd Otto geprellt wurden, geradezu lächerlich bescheiden aus. Gewerkschaften als Unternehmer – das ist das klassische Beispiel vom Ende eines großen linken Traumes, des Modells einer ökonomischen Variante zwischen Kapitalismus und Sozialismus, wo hehre Manager die Arbeitergroschen mehrten, indem sie für bezahlbaren Wohnraum und preiswerte Lebensmittel sorgten – also die Grundbedürfnisse der Massen auf sinnvoll-soziale Weise befriedigten. Das Desaster der Gemeinwirtschaft bestätigte die langgehegte Vermutung, daß Gewerkschaftsmanager »mit Stallgeruch« auch nur Menschen sind, oft um keinen Deut besser und schlechter als ihre »kapitalistischen« Konkurrenten.

Der große Co-op-Schwindel und die Gewerkschaften

Der junge Mann im Hintergrund hatte es nicht schwer, seinen Weg zu machen. Er besaß gute Manieren und konnte immer freundlich lächeln. So etwas kommt an. Besonders bei jenen Kollegen, die keine akademischen Weihen vorweisen können, was der eine oder andere von ihnen insgeheim als persönlichen Mangel betrachtet haben mochte: Dr. oec. publ. Bernd Otto war der Sunnyboy des Deutschen Gewerkschaftsbundes; ein verständnisvoller, smarter Kofferträger, der seinem Chef Heinz Oskar Vetter stets hilfreich zur Seite stand.

»Er hat ihm sogar die Pfeife gestopft«, wußte hinterher einer aus dem Hans-Böckler-Haus, der Düsseldorfer Gewerkschaftszentrale, zu berichten. Als persönlicher Referent des »Gewerkschaftssekretärs«, wie sich Vetter stets gerne bescheiden nannte, kannte Bernd Otto nicht nur alle Mitkämpen – die Klunckers, Loderers und Mahleins – aus nächster Nähe, er hatte auch besten Einblick in den Betriebsablauf der deutschen Gewerkschaftsbürokratie. Schwächen oder Stärken des Apparats oder die seiner Bediener – nichts blieb Otto und seiner schnellen Auffassungsgabe verborgen.

Es war nur eine Frage der Zeit, bis aus dem Mann im Hintergrund der große Boß wurde. 1980 hatte er es geschafft. Otto avancierte zum Chef des Co-op-Konzerns mit einem Jahresgehalt von rund zwei Millionen Mark. Aus dem einstigen Kofferträger wurde einer der Topverdiener der deutschen Wirtschaft. Und auch seine Company schien auf einmal top. Die Umsätze stiegen kräftig und ebenso die Gewinne. Otto bastelte ein Imperium zusammen, das so verschachtelt war, daß sich heute nicht wenige fragen, ob denn der große Meister am Schluß selbst noch wußte, wo hinten und vorne war. Ein Dschungel mit Briefkastenfirmen – Namen wie BVG, Société Financière, Holborn Overseas, Garvey und Burlington tauchten auf. Die Banken und Sparkassen, die solchen Tricksereien nicht gewachsen waren, gewährten immer neue Kredite. Am Ende waren es zwei Milliarden Mark.

Wegen besonders schwerer Untreue, Betrug und persönlicher Bereicherung verurteilte das Frankfurter Landgericht Bernd Otto im Sommer 1993 zu einer Haftstrafe von viereinhalb Jahren und seinen Handlanger im Vorstand, Dieter Hoffmann, zu vier Jahren und drei Monaten. Schon im November kam Co-op-Vorstandssekretär Hans Gitter – wegen Untreue in fünf besonders schweren Fällen verurteilt – mit einer Gefängnisstrafe von zwei Jahren auf Bewährung relativ glimpflich davon. Der größte Wirtschaftsprozeß in der deutschen Nachkriegsgeschichte war damit aber noch nicht zu Ende. Werner Casper, der Exfinanzchef, kam aus Kanada zurück, wohin er geflüchtet war, und der ehemalige Handelsvorstand Michael Werner, der sich 1988 eine Art Schweigegeld in Höhe von über 16 Millionen Mark über den Tisch schieben ließ, muß sich ebenso wie der Co-op-Bilanz-Jongleur Klaus-Peter Schröder-Reinke und Exaufsichtsratsvorsitzender Alfons Lappas vor dem Frankfurter Gericht verantworten.

Die Vorwürfe der Staatsanwaltschaft lesen sich wie eine Bestandsaufnahme aus dem Gesamtstrafregister der deutschen Wirtschaftsgeschichte:

- Bilanzfälschungen des Co-op-Managements bescherten den Banken zwei Milliarden Mark Verlust,
- Co-op kaufte seine eigenen Aktien auf, was nach deutschem Recht verboten ist,
- Otto und Hoffmann hatten ihr Unternehmen um 20 Millionen Mark erleichtert und das Geld über Scheinfirmen ins Ausland transferiert,
- Exaufsichtsratsvorsitzender Alfons Lappas hat angeblich von den Durchstechereien des Managements gewußt und sie gedeckt.

Aufsichtsratschef Lappas war es auch, der den Skandal mit einer ungewöhnlichen Variante bereicherte: Kurz bevor er aus dem Co-op-Aufsichtsrat ausstieg, um seine eindrucksvolle Karriere vom Forstarbeiter zum Wirtschaftsführer als Vorstandsvorsitzender der Gewerkschaftsholding BGAG zu krönen, schob er Otto und dessen beiden Vorstandskollegen Dieter Hoffmann und Werner Casper schnell noch einen Sonderbonus zu: insgesamt sechs Millionen Mark. Bernd Otto wußte mit diesem und auch mit dem anderen Geld, das er aus seinem Laden abzockte, gut umzugehen. Im Taunus errichtete er eine 600-Quadratmeter-Villa, in Toronto, Düsseldorf und Lugano erfreuen ein Dutzend Eigentumswohnungen ihren Besitzer. In Südafrika unterhält Otto ein Luxusappartement samt Weingut, und im südspanischen Weinanbaugebiet Jerez wartet ein nicht gerade bescheidenes Ferienhäuschen. Gut 20 Millionen Mark, so schätzen die Fachleute, hat Otto in noch nicht einmal einem Jahrzehnt zusammengescheffelt. Selbst wenn der ehemalige Co-op-Lenker seine Haftstrafe bis zum Ende absitzen muß – was bei verurteilten Managern wegen »guter Führung« selten der Fall ist –, hat sich der Deal für ihn gelohnt – der Gewerkschaftsmann braucht sein Leben lang keinen Finger mehr zu rühren.

Der Fall Co-op, der wegen seiner Vielschichtigkeit zu einem jahrelangen Prozeß auszuarten drohte, fand mit der Verurteilung Lappas im Februar 1994 sein Ende. Der Exaufsichtsratsvorsitzende des Handelsunternehmens gestand nach 20 Monaten zähen Verhandlungen, insgesamt eine Million Mark Co-op-Geld auf vier Schweizer Konten erhalten zu haben. Die Frankfurter Richter verurteilten Lappas deshalb zu zwei Jahren Gefängnis, die Strafe wurde zur Bewährung ausgesetzt.

Diesem Spruch ging ein Deal zwischen den Beteiligten voraus: So boten die Anwälte ein Blitzgeständnis in harmloseren Punkten an, wenn die Staatsanwaltschaft auf die Verfolgung bei weiteren Anklagepunkten verzichte. Die Lappas-Advokaten kamen damit auch den Anklägern entgegen, die offensichtlich wenig Neigung verspürten, noch weitere Jahre Beweise in einem schwierigen Fall zusammentragen zu müssen.

Über den Kuhhandel der Justiz freuten sich nicht alle. »Da wird ja ein Ladendiebstahl bald strenger bestraft, als das Ausplündern eines ganzen Handelskonzerns«, schimpfte einer der Beobachter.

Tatsächlich: Für die Co-op-Angestellten hatten Ottos Bilanzfälschungen und Lappas Schiebereien fatale Folgen. Nur wenige Jahre nach dem Skandal um die Neue Heimat brach die drittgrößte deutsche Lebensmittelkette (50 000 Beschäftigte, 12 Milliarden Mark Umsatz) – ebenfalls ein »gemeinwirtschaftliches Unternehmen« – zusammen. Zigtausende von Arbeitsplätzen gingen verloren, und das Gewerkschaftsimperium, von dem nur noch ein Torso übrig blieb, mußte seine unternehmerischen Perlen herausrücken: den Hamburger Versicherungskonzern Volksfürsorge AG sowie die Frankfurter Bank für Gemeinwirtschaft (BfG) AG. Zwar hält die Gewerkschaftsholdig BGAG in beiden Unternehmen mit je 49 Prozent heute noch beachtliche Anteile, doch das Sagen haben jetzt andere. Doch das ist nur das geringere Übel: Nach den Skandalen um Neue Heimat und Co-op, aber auch nach der peinlichen »Steinkühler-Affäre« wächst das Mißtrauen in der arbeitenden Bevölkerung gegenüber den Gewerkschaften wie nie zuvor, und die Arbeitnehmerorganisationen schlitterten in die größte Vertrauenskrise ihrer Geschichte. Beängstigend für die Führer sind nicht nur die tausendfachen Mitgliederkündigungen, sondern vor allem auch der absolute Stillstand bei Neuanwerbungen.

Stiftungen und Verbände als lukratives Abstellgleis

Das »Taschenbuch des öffentlichen Lebens«, nach seinem Erfinder, dem früheren BASF-PR-Vorstand Albert Oeckl kurz »der Oeckl« genannt, zählt in seiner Ausgabe 1993/1994 genau 2 102 Adressen von Verbänden und Organisationen auf – neben Mammutinstitutionen wie dem Deutschen Sportbund (13,7 Millionen Mitglieder) oder dem Allgemeinen Deutschen Automobilclub ADAC (13 Millionen Mitglieder) enthält die Rubrik auch kleine und kleinste Verbände, wobei die Palette vom Fachverband Faltschachtel-Industrie e. V. in Offenbach bis zum Verband der Hopfenkaufleute und Hopfenveredler e. V. in Pfaffenhofen an der Ilm reicht.

»Die allergrößten Drohnen sitzen in den Verbänden. Sie säen nicht, sie ernten nicht, aber wir Aktionäre ernähren sie doch.« Dieser Satz des Aktionärsvertreters Kurt Fiebig beschreibt den Frust, den nicht nur Spekulanten und andere Kreativlinge umtreibt, wenn das Thema wieder einmal auf die Verbände kommt. In dieser Ecke des deutschen Vereinsunwesens hat sich über die Jahrzehnte ebenfalls eine Beamtenmentalität breitgemacht, welche die Volkswirtschaft finanziell immer mehr belastet (Stichwort »aufgeblähte Verbandsbürokratie«), und aus der in nur ganz seltenen Fällen Innovationen gekommen waren. »Von denen wagt sich keiner aus der Dekkung«, sagt Fiebig.

In keinem Land der Europäischen Union ist das Verbandswesen so ausgeprägt wie in Deutschland. Der Pluralismus, das Erkennungszeichen einer funktionierenden Demokratie, wird auf der wirtschaftlichen Ebene durch überzogenen Partikularismus pervertiert. Solange es sich dabei um Fach- und Unterausschüsse, Arbeitskreise und Kommissionen handelt, hält sich der Schaden in Grenzen – wenngleich es auch hier durchaus legitim erscheint, danach zu fragen, wie viele Arbeitsstunden und Kosten für die »Konferenzitis«, die auch bei den Marketendern der Marktwirtschaft immer mehr um sich greift, draufgehen. »Wenn sie es nicht gäbe, müßte man sie erfinden. Sie sind ein Segen.« Heinz Kühn (SPD), von 1966 bis 1977 nordrhein-westfälischer Ministerpräsident und von 1979 bis 1986 Vorsitzender der Friedrich-Ebert-Stiftung (FES), wußte, wovon er sprach: von den Aufbauleistungen seiner Organisation im ostafrikanischen Kenia. Dort hatte FES- Personal schon in den Sechzigern ein Fernsehausbildungszentrum installiert und den TV-Nachwuchs geschult. Heute ist die Friedrich-Ebert-Stiftung (Jahresetat 1994: 195 Millionen Mark) eine von fünf parteinahen Stiftungen, die sich ihren Lebensunterhalt aus dem Bundesetat besorgen: Gesamtvolumen 1993 rund 586 Millionen Mark. Wie die Konrad-Adenauer-Stiftung (CDU),

Friedrich-Naumann- Stiftung (F.D.P.), Hanns-Seidel-Stiftung (CSU) und Heinrich-Böll-Stiftung (Grüne) bietet die SPD-nahe Stiftung emeritierten Spitzenpolitikern ein lukratives Abstellgleis mit vielen schönen Reisen, Chauffeur, Sekretärin und Büro – und alle sind damit längst in die Schußlinie einer kritischen Öffentlichkeit geraten.

Unverschämter Griff in die Staatskasse

»Wer zum Teufel gibt den Parteien das Recht, auch noch ihre Tochterfirmen vom Steuerzahler aushalten zu lassen?« fragt der Speyerer Verwaltungsrechtler Hans Herbert von Arnim. Ihr originäres Aufgabengebiet, die politische Bildung im Inland, für die sie einst gegründet wurden, ist legitim, vor allem in Zeiten des zunehmenden Radikalismus, den Ausländermorden und dem, was allgemein unter dem Begriff »Politikerverdrossenheit« verstanden wird. Aber was tun die parteinahen Stiftungen? Sie konterkarieren – auf Kosten des Staates – sich und ihre Aufgabe:

Es ist wie im Film. Einmal im Jahr treffen sich die Schatzmeister der im Bundestag vertretenen Altparteien meist an einem schönen und stillen Ort im Bonner Umland und flüstern sich Zahlen zu. Dabei handelt es sich um Summen, die das Überleben ihrer in steten finanziellen Kalamitäten steckenden Organisationen sichern sollen: Staatszuschüsse an ihre Fraktionen, aber auch Wahlkampfkostenerstattung und nicht zuletzt Zuschüsse für die nahestehenden Stiftungen – alles in allem ein Milliardenpoker. Was die Herren Karl-Heinz Spilker (CSU) und Hermann Otto Solms (F.D.P.) mit den Damen Inge Wettig-Danielmaier (SPD) und Brigitte Baumeister verabreden, treibt schon lange niemanden mehr auf die Palme. Bonn und »die Menschen draußen im Lande« haben sich inzwischen an den Schmu gewöhnt.

Das Merkwürdige und für jeden Steuerzahler Ärgerliche ist, daß die Parteistiftungen im verborgenen operieren. Anders als die Parteien selbst brauchen sie ihre Bilanzen niemals offenzulegen. Lediglich der Bundesrechnungshof guckt mal in die Bücher. Der Verdacht, daß sich die Organisationen mit den großen Namen damit in einer Art Grauzone bewegen, ist spätestens seit dem Flick-Skandal bestätigt. Damals hat der Düsseldorfer Konzern via Millionenspenden an die Naumann-, Ebert-, Adenauer- und Seidel-Stiftung massiv Einfluß auf die eigene Steuerbefreiung genommen. Auch Konzernherren wie Konrad Henkel oder der damalige Dresdner-Bank-Sprecher Hans Friderichs ließen Parteistiftungen gerne eine Kleinigkeit zukommen. Und diese brauchen es. Zum Beispiel für ihre eigene Parteiarbeit. Dann werden sogar ganze Ortsverbände in Seminaren für den Wahlkampf fit gemacht. Was eigentlich reine Parteiarbeit ist und die Parteien aus ihren Mitgliedsbeiträgen finanzieren müßten, wird dann von den Stiftungen gesponsert, also von Spendern und – in weit größerem Umfang – vom Steuerzahler. Denn auch die Spenden der Industrieunternehmen lassen sich im deutschen Steuerlabyrinth geschickt am Fiskus vorbeilenken. Motto: Lieber sinnvoll in eigener Sache spenden als auch nur einen Pfennig Steuern zahlen. Zwar hat das Bundesverfassungsgericht schon 1986 in einem heftig umstrittenen Urteil die Subventionierung der Stiftungen erlaubt, aber auch die Karlsruher hoben ein wenig den Zeigefinger – ihnen waren Parteien und Stiftungen zu eng verflochten.

In diesem juristischen Niemandsland finden sich auch Leute wie Fritz Fliszar gut zurecht. Seit 1982 amtiert der gelernte Volkswirt als Chef der Friedrich-Naumann-Stiftung (FNS). Daß er in dieser Funktion auch Anspruch auf ein »ordentliches Auto« hat, verstand sich für Fliszar von selbst. Aber der BMW 530i touring war wohl doch eine Nummer zu groß: 101 420,90 Mark – das fiel sogar dem Innenministerium auf.

Doch zu einer Rückzahlung bzw. zur Aufforderung, den vom Steuerzahler gesponserten Superschlitten wieder zu verkaufen, konnte sich die Kanther-Behörde nicht durchringen. Und so fährt Fliszar mit dem Auto nach wie vor spazieren – am liebsten natürlich nach Österreich zum Skifahren, denn der Skisack auf dem Dach ist nur eine von 28 Extrapositionen, die der Mann mit dem Oberstudienratsaussehen sich selbst genehmigte. Fliszar hätte allen Grund, auf dem Teppich zu bleiben. Seine Organisation ist nicht zuletzt durch Verschwendung und dubiose Geschäfte ins Gerede gekommen. Obwohl die Staatskasse die Naumann-Stiftung ordentlich ausstattet (100 Millionen Mark per anno), schleppt sie schon seit Jahren Schulden in zweistelliger Millionenhöhe vor sich her.

Da hat auch die Firma Comdok GmbH in St. Augustin bei Bonn nicht helfen können, die als 95prozentige FNS-Tochter Dienstleistungen wie Materialeinkauf, EDV sowie Verlagsaktivitäten der Stiftung besorgt und auch die Parteitage der F.D.P. organisiert. Doch statt Gewinne verbucht das 30köpfige Comdok-Team Jahr für Jahr Millionenverluste: 5,2 Millionen Mark waren es allein 1993, die ebenfalls treu und brav aus dem FNS-Topf bezahlt wurden. Da fragen sich selbst Bonner Finanzexperten, wie solche Zahlenspiele überhaupt möglich sind.

VII.
Die Machenschaften der Insider

Nichts trifft den Kern einer Sache oft besser als alte Volksweisheiten. »Wissen ist Macht«, lautet die glasklare Erkenntnis. Seit Menschen in der Frühgeschichte zu tauschen und zu handeln begannen, ist Wissen auch Geld. Kluge Köpfe hatten schon immer eine feine Nase dafür, wie sich aus Informationsvorsprung Kapital schlagen läßt. »In jedem Menschen ist der Trieb lebendig«, so brachte schon der alte Cicero solche Gesetzmäßigkeiten auf den Punkt, »die geistigen und materiellen Möglichkeiten seines Daseins zu verbessern.« Heute glauben Trendforscher sogar, daß wir uns nicht zuletzt wegen der rasanten technologischen Entwicklung schnurstracks auf eine neue Zweiklassengesellschaft zubewegen: die der Informierten und die der Nichtinformierten. Das kann nicht viel Gutes bedeuten, wenn immer mehr Insider skrupellos und ohne jedes Gefühl von Verantwortung beim Umgang und bei der Nutzung von Information ihren Vorsprung in bare Münze umsetzen. Die Hemmschwellen in diesem Metier sind denkbar niedrig: Es geht ja nicht um Raub oder Totschlag, wenn die Infozocker das große Rad drehen und schon vorher wissen, in welches Loch die Kugel fällt. Sich auf diese Weise zu bedienen, fällt auch deshalb so leicht, weil der Schaden für andere oft nur sehr schwer und vor allem nicht immer gleich zu fassen ist. Die Folgen solcher von Gier und Habsucht getriebenen Insidermachenschaften hat anscheinend kaum einer der Beteiligten im Kalkül. Nicht einmal jene wirtschaftlichen, politischen oder institutionellen Großkopferten, die im öffentlichen Rampenlicht stehen und die in ihrem Denken und Handeln eigentlich gute Maßstäbe setzen müßten. Doch sie legen Gewissen und Verpflichtung gleichsam an der Garderobe ab und erliegen allzu bereitwillig der Versuchung, schnell mal Kasse zu machen. So muß es auch bei Franz Steinkühler gewesen sein, mit dessen Namen sich der wohl spektakulärste Insiderfall der letzten Jahre untrennbar verbindet.

Steinkühler und die Folgen

Donnerstag, 1. April 1993. Franz Steinkühler ist an diesem Tag, an dem jeder jeden auf den Arm nimmt, nicht zu Scherzen aufgelegt. Dem Chef der Industriegewerkschaft Metall, mit über drei Millionen Mitgliedern größte Einzelgewerkschaft der Welt, ist die an diesem Tag erschienene Ausgabe der »Wirtschaftswoche« auf den Magen geschlagen. Das Titelbild zeigt Steinkühler in der Pose des fanatischen Einpeitschers. Es fehlt nur noch der Schaum vor dem Mund. »Der Standort-Killer« lautet die ziemlich reißerische Schlagzeile. Es geht um die bevorstehenden Warnstreiks der Metaller in den neuen Bundesländern und die Folgen, falls sie ihre Forderung um eine Lohnerhöhung von 26 Prozent durchsetzen. Die knapp drei Seiten lange Story hält indessen nicht ganz, was sie verspricht. Steinkühlers Name taucht nur dreimal auf. Daß er ein Killer sein soll, findet der erfahrene Tarif- und Streikkämpfer unerhört.

Steinkühler liest das Düsseldorfer Wirtschaftsmagazin nicht weiter. Sein Terminkalender zeigt ihm, daß er an diesem Tag noch viel zu tun hat. Steinkühler hätte weiterlesen sollen. Auf Seite 120 stand eine Story, die ihn ebenfalls betraf, obwohl sein Name – noch – nicht genannt wurde. Thema des Artikels ist vielmehr eine geplante Reform der deutschen Börsen. Den Insidern soll per Gesetz der Kampf angesagt werden. Das sind jene Abzocker, die zum Beispiel als Aufsichtsrat einer Aktiengesellschaft exklusive und streng vertrauliche Informationen über strategische Unternehmensentscheidungen besitzen, die auf den jeweiligen Aktienkurs erhebliche Auswirkungen haben können. Der Mißbrauch solcher Insiderinformationen ist verpönt, wird künftig sogar strafbar sein.

Franz Steinkühler ist an diesem 1. April 1993 Mitglied des Aufsichtsrats der Daimler-Benz AG, Deutschlands größtem Industriekonzern. Damit ist auch er Insider und müßte die einschlägigen Regeln kennen. Er ruft an diesem Tag seine Bank an, die ehemals gewerkschaftseigene BfG-Bank, bei der er die Kontonummer 7073 573 800 hat. Heute geht es ihm jedoch um die Kontonummer 7048 364 400. Inhaber ist Dominik Steinkühler, der minderjährige Sohn des Gewerkschaftsbosses. Der Vater kauft auf den Namen seines Sprößlings 1 000 Aktien der Mercedes Aktiengesellschaft Holding (MAH) und bezahlt dafür exakt 496 256,30 Mark. MAH baut zwar keinen einzigen Mercedes, ist aber mit 25,23 Prozent an Daimler-Benz beteiligt.

Für den Abend des 1. April 1993 ist in Stuttgart eine Sitzung des Daimler-Aufsichtsrats angesetzt, an der auch Steinkühler teilnimmt. Am nächsten Tag wird eine längst geplante Verschmelzung von Daimler-Benz und MAH beschlossen und öffentlich verkündet. Die Papiere von MAH werden zum Kurs von eins zu eins in Daimler-Aktien umgetauscht. MAH werden an der Börse schlagartig um 84,50 Mark teurer. Während die Metaller im Osten wild entschlossen sind, auf Lohn zu verzichten und sich für einige Zeit mit Streikgeld aus der Gewerkschaftskasse über Wasser zu halten, verdient ihr Boß über Nacht 84 500 Mark, nur mal so nebenbei.

Das ist aber noch längst nicht alles. Steinkühler kaufte nämlich schon seit dem 18. März MAH-Aktien. Einen Tag vorher hatte er die Einladung zur Aufsichtsratssitzung am 1. und

2. April erhalten. Für 1 100 MAH-Papiere gibt er insgesamt 502 149,91 Mark aus. Insgesamt riskiert er also für seine MAH-Spekulation rund eine Million Mark. Innerhalb von vier Wochen steigt der Wert der Steinkühler-Depots um stolze 180 696,33 Mark. Der prominente Arbeitnehmervertreter im Aufsichtsrat ist aber noch in einen weiteren Deal eingeweiht. Seit dem 16. Februar 1993 steht fest, daß die Daimler-Benz-Tochter Deutsche Aerospace AG (DASA) den niederländischen Flugzeughersteller Fokker übernehmen wird. Am 8. März kauft er 1 000 Fokker-Aktien zum Kurs von 10,40 Mark. Am 21. April trennt er sich wieder von den Papieren. Sie stehen mit einem Plus von über 25 Prozent in nur ein paar Wochen inzwischen bei 13,45 Mark. Steinkühler kassiert 3 250 Mark Profit.

Doch der bestinformierte Aktienanleger in der Frankfurter IG-Metall-Zentrale kann sich über sein schnell und leicht verdientes Geld nur kurz freuen: Ein Mitwisser, vermutlich ein Angestellter der ehedem recht gewerkschaftsnahen Bank für Gemeinwirtschaft (BfG), verrät die dubiosen Börsengeschäfte an die Hamburger Illustrierte »Stern«. Für derlei brisante Informationen, die als Topnachrichten bis in die Tageschau vordringen und die Auflage steigern, werden im deutschen Blätterwald mitunter fürstliche Honorare gezahlt. Am 19. Mai 1993 erscheint die Titelgeschichte über »Steinkühlers besten Abschluß«. Der Ertappte reagiert zunächst ganz kühl: Von Insidergeschäften könne keine Rede sein, denn jeder aufmerksame Zeitungsleser sei über die Daimler- und Mercedes-Aktivitäten informiert gewesen. Die Broker auf dem Frankfurter Börsenparkett sind sprachlos. Obwohl auch sie aufmerksam die Wirtschaftspresse verfolgen, hatten sie nicht die geringste Ahnung von der bevorstehenden Verschmelzung von MAH und Daimler-Benz.

Diese Affäre stand der mächtige und bis dahin in den Reihen der Gewerkschaft unumstrittene »Erste Vorsitzende«

nicht durch. Er trat als IG-Metall-Chef zurück, spendete seine Börsengewinne den streikenden Metallern im Osten und legte seine Mandate als Aufsichtsrat nieder. Abruptes Ende einer glanzvollen Karriere, die ihm zuletzt etwa 250 000 Mark Jahresgehalt eingebracht hatte. Trotzdem kam Steinkühler noch glimpflich davon. Denn Insidergeschäfte sind in Deutschland zwar verpönt, aber nicht strafbar. In den USA werden sie hingegen mit saftigen Geldbußen und Gefängnis bis zu fünf Jahren bestraft.

So lange wird es wohl mindestens dauern, bis sich die IG Metall vom Skandalschock um ihre langjährige Leitfigur erholt. Wegen seines zupackenden Wesens war der Topfunktionär bei seinen Mitgliedern äußerst beliebt gewesen. Die große Masse der Metaller sah in ihm einen ebenso aufrichtigen wie kompetenten und durchsetzungsfähigen Kämpfer für ihre Sache. Der durch den Aktienschacher ausgelöste Schaden für die Gewerkschaft ist von anderer Dimension, als Mark und Pfennig dies ausdrücken könnten. Entrüstete Kumpel, die mit Hang zur Verallgemeinerung das Vertrauen in ihre gewählten Arbeitnehmervertreter verloren hatten, traten massenweise aus der Organisation aus. Die Enttäuschung bei den Mitgliedern sitzt so tief, daß die Kollegen im Blaumann für geraume Zeit kaum für die von ihrer Spitze möglicherweise einmal wieder verordneten Arbeitskampfmaßnahmen zu mobilisieren sein werden. Begriffe wie Solidarität müssen in ihren Ohren ziemlich hohl klingen, wenn die eigenen Eliten vormachen, daß der Zugriff mehr einbringt. Die Väter der sozialen Markwirtschaft hatten starke Gewerkschaften als Gegengewicht zur Kapitalseite gewollt. Nach all den Finanz- und Managementskandalen der vergangenen Jahre um die Gewerkschaftsholding BGAB (Neue Heimat, Co-op, etc.) hat Steinkühlers Abzockerei diese Balance zuungunsten der eigenen Klientel weiter verschlechtert.

Franz Steinkühler ist einer der ganz wenigen Insider, die

bislang gestolpert sind. Exklusive Informationen für eigene Börsenspekulationen auszunutzen, gilt in Deutschland als Kavaliersdelikt, und es gibt keine ernst zu nehmende Institution, die beim Verdacht auf Verstöße aktiv wird. Die Insiderprüfungskommission der Frankfurter Börse wird ehrenamtlich vom pensionierten Landesgerichtspräsidenten Friedrich-Carl zur Megede geleitet. Er verfügt an der Frankfurter Börse nicht einmal über ein eigenes Büro. Der alte Herr erledigt seinen Job zu Hause. Kein Wunder, daß er nichts mitbekommt und seine Ermittlungen meist im Sande verlaufen.

Viel strengere Sitten herrschen schon seit 1934 zum Beispiel in den USA. Dort ist die »Securities and Exchange Commission« (SEC) wie das FBI eine gefürchtete Bundesbehörde. Sie hat 2300 Mitarbeiter, die Hausdurchsuchungen durchführen und Verdächtige festnehmen dürfen. Die SEC brachte in den vergangenen Jahren windige Spekulanten wie Ivan Boesky und Dennis Levine zur Strecke. Sie landeten für Jahre im Knast und mußten Millionen Dollar Strafe bezahlen. Auch den Superspekulanten Michael Milken brachte die SEC für Jahre hinter Gitter. Außerdem mußte er rund eine Milliarde Dollar Schadensersatz blechen.

In Deutschland gibt es vermutlich ein Heer von Steinkühlers. Aber »fast niemand wird erwischt«, kritisiert das renommierte »Wall Street Journal«. Die Verlockung, ohne großes Risiko eine schnelle Mark zu machen, ist viel zu groß. Immer wieder fällt auf, daß die Umsätze mit Papieren von Aktiengesellschaften schon sprunghaft zunehmen, bevor eine wichtige Entscheidung, zum Beispiel die Fusion mit einem anderen Unternehmen oder die drohende Pleite, der Öffentlichkeit bekanntgegeben wird. Über solch wertvolle Informationen verfügen jedoch nicht nur Vorstände und Aufsichtsräte. Auch ihre Ehefrauen, Assistenten, Sekretärinnen, Chauffeure und Kindermädchen bekommen gewollt oder zufällig heiße Informationen mit. Alle Beteiligten können ihre Tips an die Verwandtschaft und Freunde weitergeben. Der Kreis der Insider beschränkt sich also keineswegs auf die Männer und Frauen an den Schalthebeln der wirtschaftlichen Macht.

Potentielle Täter sitzen auch in Banken und an der Börse. Analysten bekommen von Vorständen häufig brisante Informationen, die den Kurs einer Aktie dramatisch beeinflussen können. Die Versuchung, dieses Wissen privat zu Geld zu machen, ist enorm. Das gilt auch für Broker. Angenommen, einer von ihnen erhält von einem Aktienfonds den Auftrag, 10 000 Papiere eines bestimmten Unternehmens zu kaufen. Diese große Order, das weiß der Broker, wird den Kurs um ein paar Mark steigen lassen. Für den Börsianer ist nichts einfacher, als nun selbst auf den Zug aufzuspringen. Er führt das Manöver natürlich nicht im eigenen Namen aus, sondern kauft im Auftrag eines befreundeten Strohmanns 1 000 Aktien des Unternehmens, für das die Großorder vorliegt, noch zum niedrigen Kurs. Anschließend erst gibt er den Auftrag für das größere Paket weiter. Jetzt steigt der Kurs der Aktie angenommen um drei Mark. Anschließend stößt der Trittbrettfahrer seine privat erworbenen Aktien wieder ab und kassiert 3 000 Mark Gewinn in wenigen Minuten. Gelegenheit für heimliche Deals wie diesen, von den Börsianern »Frontrunning« genannt, besteht täglich x-mal.

Manche Banken machen es ihren Börsianern, oft karrieresüchtige Bengels von Mitte 20, sehr leicht, ein großes Rad zu drehen. Außer dem eigenen »Spielgeld« dürfen sie auf großzügige Kredite ihres Arbeitgebers zu deutlich unter dem Marktpreis liegenden Angestelltenkonditionen zurückgreifen. Solche Dispolinien können in die Hunderttausende Mark gehen. Jungspekulanten sollen so die Möglichkeit erhalten, das meist eher bescheidene Gehalt selbst aufzubessern.

Die Folge von solchen Mauscheleien ist, daß die meisten deutschen Anleger einen großen Bogen um Börse und Aktien machen. Sie kaufen trotz niedriger Zinserträge lieber risikolose Sparbriefe und Anleihen. Nur 3,8 Prozent der Ersparnisse sind in Deutschland in Aktien angelegt. In Großbritannien sind es hingegen 18 und in den USA sogar 22 Prozent. Die Zurückhaltung hat auch damit zu tun, daß das Geschehen an den deutschen Börsen zuwenig transparent ist. Insiderskandale verstärken beim Kleinaktionär den Eindruck, er habe an der Börse keine Chance, weil gerissene Abzocker dort das Geschehen manipulieren.

Besonders aktiv waren sie bis zum Sommer 1991 an der Frankfurter Börse, wo vermutlich weit über 100 Millionen Mark in private Taschen manipuliert und zunächst nicht versteuert wurden. Erst der Brief eines bis heute anonymen Schreibers ließ den riesigen Schwindel auffliegen. Er beschuldigte Wertpapierhändler, Makler und einen Journalisten, Insidergeschäfte zu machen. Nach welchem filigranen Strickmuster sie funktionieren, verdeutlicht folgender Fall, bei dem die Akteure und Kulissenschieber geschickt die honorige Adresse des führenden deutschen Geldhauses und Medienwirkung für ihre ureigenen Zwecke zu nutzen wußten. Manfred Mertens hatte es schon mit 30 Jahren zum Direktor bei der Deutschen Bank AG gebracht und war für den besonders riskanten Optionsscheinhandel zuständig. Er behielt heiße Tips gelegentlich nicht für sich, sondern plauderte sie vor laufender Fernsehkamera ins Mikrofon des TV-Journalisten Friedhelm Busch. Dies sei jedoch ein abgekartetes Spiel, behauptete der anonyme Briefschreiber. Mertens und Busch hätten sich nämlich schon vor der »Telebörse«-Sendung mit den von ihnen empfohlenen Papieren eingedeckt.

Der Anonymus hatte in ein Wespennest gestochen. Vor allem bei der Deutschen Bank. »Unverzeihliche Fehltritte« seien geschehen, klagte Aufsichtsratschef F. Wilhelm Christians. Und Vorstandschef Hilmar Kopper urteilte: »Das ist kein Kavaliersdelikt. Wer gegen Insiderregeln verstößt, gehört in den Knast.« Dort landete zwar bis Ende 1993 keiner der

Beschuldigten. Trotzdem handelten sie sich jede Menge Ärger ein. Die Steuerfahndung ermittelte in 370 Fällen. 100 Börsianer traten die Flucht nach vorne an und bezahlten nachträglich freiwillig über 40 Millionen Mark Steuern. Ihnen droht nur ein Bußgeld. Dutzende Börsianer müssen jedoch mit einer Anklage und Haftstrafe wegen Steuerhinterziehung rechnen. In anderen Fällen besteht der Verdacht der Untreue. Nach der Methode »die guten ins Kröpfchen, die schlechten ins Töpfchen« sollen sie Gewinne auf das eigene Konto gebucht und Verluste der Bank untergejubelt haben.

Friedhelm Busch bestreitet bis heute jede Verwicklung in den Insiderskandal und berichtet jetzt für den Nachrichtensender n-tv von der Börse. Sein Interviewgast Mertens, in der Frankfurter Szene wegen seiner Vorliebe für prickelnde Getränke »Schampus-Manni« genannt, wurde als erster von der Deutschen Bank gefeuert. Angeblich »auf eigenen Wunsch« ging anschließend der langjährige Chefaktienhändler des größten deutschen Geldhauses, Klaus Nagel. Der Abgang kam jedoch erst, als sein Sohn bei Manipulationen zugunsten des eigenen Kontos erwischt wurde und aus der Wertpapierabteilung der Frankfurter Filiale flog. Im Sommer 1993 mußte – reichlich spät – der Generalbevollmächtigte der Deutschen Bank, Barthold von Ribbentrop, seinen mit 700 000 Mark jährlich dotierten Job aufgeben. Gegen ihn läuft ein Verfahren wegen Steuerhinterziehung. Nur Vorstandsmitglied Rolf Breuer, zuständig für den Wertpapierhandel, blieb im Amt, obwohl auch über ihn das Gerücht verbreitet wurde, er sei in die Affäre verwickelt.

Indizien dafür, daß Mitarbeiter von Banken oder auch Analysten von Brokerhäusern Insiderwissen zu privaten Spekulationen nutzen, tauchen regelmäßig vor der Bekanntgabe von Geschäftsberichten auf. So auch im Herbst 1993, als die Börse besonders heftig boomte. Ende November informierten alle Großbanken die Öffentlichkeit über ihre glänzenden Geschäfte in den ersten zehn Monaten des Jahres. Manche wußten jedoch viel früher Bescheid. Denn zwischen dem 8. und dem 18. November legte der DAX um 3,71 Prozent zu. Der Kurs der Dresdner Bank kletterte in dieser Zeit aber um 5,13 Prozent. Die Bayerische Vereinsbank legte um 6,61 Prozent und die Commerzbank gar um 6,75 Prozent zu. Auch in diesem Fall dürfte Herrschaftswissen zu Geld gemacht worden sein.

Die Deutsche Bank geriet nicht erst durch das Börsengewitter im Sommer 1991 ins Zwielicht. Kein anderes Geldinstitut verfügt über ein so dichtes Netzwerk von Informationen. Spitzenmanager der Deutschen Bank nehmen Hunderte von Aufsichtsratsmandaten in deutschen und ausländischen Aktiengesellschaften wahr und verschaffen sich damit einen enormen Informationsvorsprung. Daß sich der Klöckner-Konzern 1988 durch gewagte Erdöl-Termingeschäfte in eine gefährliche Schieflage gebracht hatte, merkte zuerst die Geschäftsleitung. Dann erfuhr es die Deutsche Bank. An den beiden Tagen bevor sie den Handel mit Klöckner-Genußscheinen aussetzte, fanden äußerst schwunghafte Umsätze mit den Papieren statt. Der Verdacht, daß sich Insider noch rasch von Scheinen trennten, ehe die Katastrophe an die Öffentlichkeit drang, liegt nahe. Geleimt waren die ahnungslosen Kleinanleger. Sie blieben auf den wertlosen Papieren sitzen.

Wie das Beispiel Klöckner zeigt, geht es bei Insidergeschäften nicht immer darum, fette Gewinne zu machen. Mit Herrschaftswissen lassen sich auch böse Verluste vermeiden. Nicht anders ist ein Vorgang beim Berliner Zeitungskonzern Axel Springer Verlag AG im Jahre 1988 zu erklären. Konkurrent Burda hatte den Spaß an seiner 24-Prozent-Beteiligung bei Springer verloren und wollte sie wieder zurückgeben. Mitwisser trennten sich daraufhin hastig und in Scharen von ihren Springer-Aktien. Nachdem der Ausstieg von Burda offiziell war, rutschte der Kurs um 100 Mark ab. Eine Untersuchung des Insidervorwurfs brachte kein Ergebnis. Wieder einmal.

Unklar ist auch bis heute, warum der Kurs des skandalträchtigen Fleischkonzerns Moksel AG zwischen dem 21. und 28. Mai 1993 von 260 auf 214,50 Mark stürzte. Denn erst am 28. Mai 1993 informierte Moksel-Vorstandschef Rodo Schneider die Öffentlichkeit über »Betrügereien in einem unglaublichen Ausmaß« bei der für 40 Millionen Mark gekauften Tochter G. u. P. Salomon AG im saarländischen Dillingen. Der Schaden belief sich auf 140 Millionen Mark und stürzte die Moksel-Bilanz in die roten Zahlen. Die Dividende wurde gestrichen.

Moksel-Vorstandsmitglied Alfred Freibott wußte seit dem 19. Mai, daß bei Salomon »etwas nicht stimmt«. Den plötzlichen Kursrückgang in den nächsten Tagen kann er sich auch nicht erklären. Wirklich nicht? Der Verdacht liegt nahe, daß wichtige Aktionäre rechtzeitig über die Bekanntgabe der Salomon-Katastrophe informiert wurden und ihre heißen Papiere rasch verkauften, während die Kleinanleger erst am 28. Mai mit der Katastrophe konfrontiert wurden. Dennoch erklärt Moksel-Chef Schneider treuherzig: »Daß unsere Kleinaktionäre mit uns so auf den Bauch gefallen sind, haben wir nicht gewollt.«

Die Unregelmäßigkeiten bei Moksel waren immerhin gravierend genug für eine Untersuchung durch die Insiderkommission der Münchner Börse. Ihr Vorsitzender, Leo Parsch, kam nach monatelangen Prüfungen zu dem Ergebnis, daß er »keinen konkreten Insiderverdacht« gefunden habe. Das Gegenteil wäre auch ein kleines Wunder gewesen. Warum er nicht fündig wurde, begründete Parsch so: Die Moksel-Manager hätten seine Anfragen nicht beantwortet, und die Kreditinstitute beriefen sich auf das Bankgeheimnis. Würden Polizei und Justiz bei Verbrechen genauso vorgehen, dann könnte man beide sofort abschaffen und die Gefängnisse zusperren.

Fast schon ein Stammkunde bei der gemeinsamen Prüfungskommission der Börsen in Hamburg und Hannover ist die Wünsche AG. In dem Hamburger Mischkonzern mit 1,8 Milliarden Mark Jahresumsatz und 1200 Mitarbeitern geht es seit Jahren drunter und drüber, weil sich die beiden Hauptaktionäre, die Brüder Kai und Wolf-Jürgen Wünsche, wegen unterschiedlicher Ansichten über die Führung des Unternehmens in den Haaren liegen. Das »Handelsblatt« nannte die Vorgänge an der Elbe ein »Dallas hoch drei«. Im November 1992 äußerte der Vorstandsvorsitzende Kai Wünsche, dem 45 Prozent der Aktien gehören und der gelegentlich psychiatrische Kliniken aufsuchte, den »dringenden Verdacht«, sein aus dem Unternehmen gedrängter Bruder verkaufe unter Verletzung der Insiderregeln sowie des Aktien- und Börsengesetzes gezielt Aktien, um den Kurs negativ zu beeinflussen. Wolf-Jürgen Wünsche läßt das völlig kalt: »Vollkommener Blödsinn.« Die Kommission fand keine Beweise für Manipulationen.

Im Herbst 1993 mußte sich Peter Sonn, Vorsitzender der Hamburger Insiderkommission, schon wieder mit merkwürdigen Vorgängen bei der Wünsche AG beschäftigen: »Wir sammeln Informationen.« Am 25. Oktober hatte das Unternehmen bekanntgegeben, daß ein bisher nicht genannter Großaktionär eine Schachtel von 25 Prozent plus eine Aktie von dem durch den Bruderzwist zermürbten Wolf-Jürgen Wünsche übernommen habe. Davon muß schon vorher jemand Wind bekommen haben. Denn an den drei Börsentagen vor dieser Bekanntgabe wurde verdächtig eifrig mit Wünsche-Aktien gehandelt. Am 20. Oktober 1993 wechselten 10 570 Papiere den Besitzer, am nächsten Tag waren es 27 386 und am 22. Oktober sogar 56 670. Normalerweise werden börsentäglich nur 5000 Wünsche-Aktien gehandelt. Die heftige Nachfrage ließ den Kurs an den genannten Tagen von 148,80 Mark auf 156 und schließlich auf 167 Mark klettern. Das Unternehmen bestreitet, daß es zu irgendwelchen Manipulationen kam. Daß Peter Sonn bei Wünsche noch fündig wird, darf daher bezweifelt werden.

Niemand kann eine schlüssige Antwort darauf geben, weshalb der Gesetzgeber in Bonn dem Insiderproblem schon in der Vergangenheit nie ernsthaft zu Leibe gerückt ist. An klassischen Fällen, die auch früher bereits dringlichen Handlungsbedarf signalisierten, hat es nie gemangelt – dafür aber am Willen und der notwendigen Konsequenz, den Mißbrauch von Informationsvorsprung zum Zweck eigennütziger Insidergeschäfte nicht nur gesellschaftlich zu ächten, sondern ihn auch mit abschreckenden Strafen zu belegen. Wann immer die Prüfer nach dem Muster einer harmlosen Sportvereins-Ehrengerichts überhaupt aktiv wurden, verliefen die die Ermittlungen meist im Sande. Das war schon 1973 so, als der Thyssen-Konzern den Rheinstahl-Aktionären anbot, ihre Papiere deutlich über dem Börsenkurs zu übernehmen. Aber schon vor der Bekanntgabe wurde heftiger als sonst mit Rheinstahl-Aktien gehandelt. Eine Prüfungskommission stellte zwar fest, daß Banken tatsächlich eifrig Rheinstahl-Aktien gekauft hätten. Doch Insiderinformationen hätten sie keineswegs genutzt. Wirklich nicht?

Das war angeblich auch nicht der Fall, als 1979 der Düsseldorfer Baukonzern Beton und Monier AG (BuM) unter der Last von 600 Millionen Mark Schulden zusammenkrachte. Noch knapp zwei Jahre vor der Pleite besaß die Westdeutsche Landesbank 20,5 Prozent der BuM-Aktien. Ein Jahr vor dem Knall waren es aber nur noch 4,3 Prozent. Die Bank muß gewußt haben, wie schlimm es um BuM stand. Denn ihr damaliger Vorstandschef, Vinzenz Grothgar, saß im Aufsichtsrat der Baufirma. Nach der Pleite redete er sich mit der Behauptung heraus, 14 der ursprünglich 20,5 Prozent des Aktienkapitals hätten wirtschaftlich nicht der Bank gehört. Ergebnis der Untersuchung: Herrn Grothgar sei »kein Verstoß gegen die Insiderrichtlinien vorzuwerfen«. Die geschädigten Anleger können diesen Freispruch bis heute nicht verstehen.

Daß sogar ertappte Insider einen Skandal mit einem blauen Auge überstehen, zeigt der Fall Klaus Kuhn. Als der Elektrokonzern AEG Anfang der achtziger Jahre den Vergleich anmeldete, wurde das frühere Vorstandsmitglied der Thyssen AG als Finanzberater in den Aufsichtsrat gewählt und kam sogar an dessen Spitze. In dieser Funktion wußte er, daß Daimler-Benz die AEG übernehmen würde. Offiziell wurde dies am 14. Oktober 1985 verkündet. Aber schon in den Wochen vorher legte der AEG-Kurs wie durch ein Wunder deutlich zu – ein untrügliches Indiz dafür, daß Insider am Werk waren.

Während der Hauptversammlung von Daimler-Benz am 2. Juli 1986 äußerte ein aufmüpfiger Aktionär den Verdacht, daß es bei der Übernahme von AEG zu Insidergeschäften gekommen sei. Schon damals fiel der Verdacht auf Franz Steinkühler. Der damalige Chef der Deutschen Bank und Daimler-Aufsichtsratschef, Alfred Herrhausen, erklärte jedoch: »Er war es nicht. Der Betreffende wird sich melden.« Der wahre Missetäter hieß tatsächlich nicht Franz Steinkühler, sondern Klaus Kuhn. »Um Mißverständnisse in der Öffentlichkeit zu vermeiden« gab er in einer gewundenen Erklärung zu, am 12. und am 20. September 1985 insgesamt 700 AEG-Aktien erworben und einen Kursgewinn von exakt 15 957,45 Mark erzielt zu haben. Kuhn bestritt jedoch, sein Insiderwissen genützt zu haben: Die Initiative zum Kauf der AEG-Aktien sei »aufgrund von charttechnischen Überlegungen« vom Anlageberater seiner Bank ausgegangen. Seinen Gewinn habe er an die AEG zurückgezahlt. Die Insiderkommission habe nur »einen leichten Verstoß« gegen die Regeln festgestellt. Was nach US-Gesetzen mit Sicherheit zu einer Haftstrafe geführt hätte, blieb in Deutschland fast ohne Folgen. Kuhn trat als Chef des AEG-Aufsichtsrats zurück, blieb aber bis heute einfaches Mitglied.

Banken im Zwielicht

Eine besonders undurchsichtige Rolle spielen immer wieder die Banken. Die Motive, mit denen Informationen an den Mann oder die Frau gebracht werden, lohnen schon eine etwas nähere Betrachtung. Nicht besonders komisch fand der Rentner Wolfgang Kämmerer einen Tip der Deutschen Bank in Münster. Ihm wurde im März 1989 von einem Wertpapierberater geraten, seine Aktien der Düsseldorfer Feldmühle AG zu verkaufen, deren Kurs damals bei 340 Mark lag. Kämmerer war freilich nicht der einzige Kunde, der zum Verkauf ermuntert wurde. Aber keiner der Aktionäre ahnte den wahren Hintergrund. Die Deutsche Bank war im Feldmühle-Aufsichtsrat vertreten und wußte, wie blendend die Geschäfte des Papierherstellers liefen. Gleichzeitig saß die Bank auch im Aufsichtsgremium des Düsseldorfer Chemie- und Ölkonzerns Veba AG (»Aral«). Er wollte die Feldmühle schlucken. Nachdem Kämmerer und zahlreiche andere Aktionäre ihre Papiere aus Angst vor Verlusten verhökert hatten, kletterte der Feldmühle-Kurs auf 563 Mark. Kämmerer forderte Schadensersatz, kam damit aber nicht durch. Der Kurs, so argumentierte die Bank, habe sich eben »unerwartet günstig« entwickelt. Pech gehabt, basta.

Auch bei einer anderen Übernahme wurde vermutlich hinter den Kulissen gemauschelt. Im Mai 1992 bot die Düsseldorfer Mannesmann AG den Aktionären des Autozulieferers Boge AG an, ihre Anteile zu übernehmen. Für zwei Boge-Aktien sollten sie zunächst eine von Mannesmann erhalten. Dem Vermögensverwalter Karl Walter Freitag, Besitzer von zwei Prozent der Boge-Papiere, war dieses Angebot zu schäbig. Er sperrte sich und drohte Mannesmann mit einer Klage, die die Fusion erheblich verzögert hätte. Im November kam jedoch plötzlich Bewegung in dieses Pokerspiel. Die wenigen Aktien, die noch auf dem Markt waren, wurden plötzlich heftig gehandelt. Ihr Kurs stieg an einem einzigen Tag von 185 auf 202 Mark. Der Grund dafür wurde kurz danach klar: Mannesmann bot überraschend einen Tausch eins zu eins und zusätzlich 80 Mark an. Die Sturheit des Aktionärs Freitag wurde fürstlich belohnt. Der Wert seines Depots stieg von 1,65 auf 4,46 Millionen Mark.

Erst ab Mitte 1994 soll es den Insidern endlich an den Kragen gehen. Dann wird bei Verdacht statt der Hobbyfahnder ein neues Bundesaufsichtsamt für Wertpapierhandel (BAW) mit gerade mal 100 Planstellen tätig. Seine Mitarbeiter werden ähnliche Rechte wie die Steuerfahnder besitzen. Sie können also unangemeldet Hausdurchsuchungen vornehmen und Verdächtige festnehmen. Bei Verstößen drohen den Insidern Gefängnisstrafen bis zu fünf Jahren. So weit, so schön. Ob dies die Kuhns und Steinkühlers von zweifelhaften Geschäften allerdings nachhaltig abschreckt, bleibt abzuwarten. Zweifel sind durchaus angebracht. Denn ähnlich wie bei den Steuerbetrügern, die sich fast schon als Mitglieder einer Volkssportgemeinschaft fühlen können, hat sich der Mißbrauch von Insiderinformatationen in einer zunehmend auf persönlichen Eigennutz programmierten Gesellschaft wie ein Gewohnheitsrecht ausgebreitet. Und ähnlich wie bei den Steuerfahndern, die allein schon wegen ihrer völlig unzureichenden personellen Besetzung der tatsächlichen Deliktsentwicklung immer mehr hinterherhinken, steht auch bei der Hundertschaft von Inside-Kommissaren zu befürchten, daß sie allenfalls ein paar spektakuläre Auswüchse roden und auf ihr Erfolgskonto verbuchen können.

Manipulation am Schalter

Wenn's ums Geld geht, ist es um den Verbraucherschutz nicht eben gut bestellt. Doch gerade bei Finanzinformationen wird manipuliert, daß sich die Balken biegen. Fast wie im Spielcasino kommen sich die Kunden bei manchen Geldinstituten vor. Wenn sich nämlich ein Tip am Bankschalter nachträglich als ungünstig herausstellt, hat fast immer der Kunde Pech. Diese Erfahrung mußte der Diplomingenieur Hans Günter Pawlak aus Bad Soden machen. Bevor er in Rente ging, eröffnete er bei der Frankfurter Volksbank ein Depot. Nach der Auszahlung einer Lebensversicherung vertraute er 1990 seinem Vermögensberater insgesamt 140 000 Mark an. Der versprach eine jährliche Verzinsung von mindestens zehn Prozent. Nun stürzte sich der Mann von der Bank in wilde Spekulationen mit Optionsscheinen. Zwei Jahre später waren nur noch 48 000 Mark übrig. Pawlak mußte 18 000 Mark für Bankprovisionen und 5 000 Mark Zinsen für die Überziehung des Kontos bezahlen, obwohl er nie erlaubt hatte, auf Kredit zu spekulieren.

Jetzt verlangt Pawlak von der Volksbank Schadensersatz. Sie aber stellt sich stur. Die Spekulationen des später gefeuerten Hasardeurs seien dessen Privatangelegenheit gewesen. Pawlak versteht das nicht: »Wenn ein Bankangestellter im Schalterraum Geschäfte mit mir macht, gehe ich davon aus, daß er nicht als Privatmann handelt.« Pawlak will sein Geld nun vor Gericht erstreiten.

Ein Einzelfall? Keineswegs. Der Leichtsinn der Banken und ihrer Angestellten hat offenbar Methode. Anders ist es nicht zu erklären, daß gleichzeitig ein weiterer Kunde der Frankfurter Volksbank geleimt wurde. 1989 zahlte auch der Frankfurter Versicherungsvertreter Walter Hildenbrand 40 000 Mark ebenfalls bei der Volksbank ein. Ende 1990 war nicht nur dieses Geld weg. Hildenbrands Konto wies ein Minus von 55 000 Mark aus. Auch er streitet nun vor Gericht gegen die Volksbank.

Von einem »Stück aus dem Tollhaus« kann der Düsseldorfer Anwalt Klaus Dittke berichten, der drei geschädigte Kundinnen der BfG-Bank vertritt. Sie brauchte nicht einmal ein stattliches Vermögen, um ein großes Rad zu drehen. 3 000 Mark auf dem Girokonto einer Rentnerin reichten dem BfG-Anlageberater, um zwischen Oktober 1991 und Juli 1992 Spekulationen in Höhe von 6,4 Millionen Mark zu tätigen. Die BfG kassierte in dieser Zeit 66 513 Mark an Gebühren und Provisionen. Doch die Rentnerin, die von Börsengeschäften nichts verstand, war am Ende mit 150 000 Mark im Minus. Derselbe Anlageberater machte mit 9 100 Mark Ersparnissen einer Sekretärin einen Börsenumsatz von 9,3 Millionen Mark. Mit weiteren 9 767 Mark einer Kundin kam er auf 4,5 Millionen Mark. Insgesamt verloren die drei Frauen 416 000 Mark. Der risikofreudige Anlageberater wurde nicht aus dem Verkehr gezogen. Er arbeitet jetzt in einer anderen Filiale.

Die BfG – eine fast unendliche Geschichte. Für die miserable Treffsicherheit der BfG-Analysten, auf deren Rat wiederum die Anlageberater am Schalter hören, gibt es Beispiele. Im Oktober 1991 rieten sie zum Kauf von Aktien des japanischen Elektronikherstellers Omron. Ein Jahr später hatte sich der Kurs halbiert. Einen Monat später gaben die Analysten eine Kaufempfehlung für die Aktie des britischen Containervermieters Tiphook. Wer sich daran hielt, verlor mehr als 50 Prozent. Bei der Düsseldorfer BfG saß jahrelang der Anlageberater Arno Stahl, der immer wieder mal aus dem vermeintlichen Insiderwissen von Wirtschaftsjournalisten Kapital zu schlagen versuchte und den Zeitungsleuten mit seinen lästigen Fragen (»Soll man jetzt Porsche kaufen?«) gewaltig auf die Nerven ging. Später wurde er auch einer breiteren Öffentlichkeit bekannt. »Der Spiegel« widmete dem BfG-Mann eine Geschichte: Er hatte gerade das 600 000-Mark-Vermögen eines Architekten vollständig vernichtet.

Verwegene Zocker sitzen jedoch nicht nur in der Bank oder Sparkasse an der Ecke. Kleine und feine Privatbanken ködern Kunden mit großem Vermögen häufig mit dem Argument, bei ihnen seien sie besser aufgehoben als bei einer Großbank, weil man einen individuellen Kundenservice bieten könne. Darüber kann aber der ehemalige Textilkaufmann Wilfried Schubinski aus Hamburg nur lachen. Vor zehn Jahren kaufte er für sich und seine Ehefrau ein Haus in Florida, um dort den Lebensabend zu genießen. Einen Teil seiner Ersparnisse, 1,4 Millionen Mark, vertraute er im Oktober 1986 der Hamburger M. M. Warburg Bank an, die sich um betuchte Klientel bemüht. Fünf Jahre später waren statt des erhofften Zuwachses stolze 300 000 Mark weniger auf Schubinskis Konto.

Broschüren und Werbesprüche aller Banken und Sparkassen strotzen nur so von Begriffen wie »Beratung«, »Sicherheit« und »Vertrauen«. Die genannten Fälle lassen jedoch erhebliche Zweifel daran aufkommen, ob das Geld der Deutschen wirklich in guten Händen liegt. Egal, ob sie gespartes Kapital anlegen wollen oder Kredit brauchen, die Klientel läuft immer Gefahr, mit falschen Informationen über den Tisch gezogen zu werden. Denn von den Banken, so urteilte die »Wirtschaftswoche«, werde »der Kunde als Melkkuh angesehen«.

Es gibt in der Tat viel zu melken. Trotz Millionen Arbeitsloser, Rezession und steigender Steuerlast waren die Deutschen noch nie so reich wie jetzt. Beinahe fünf Jahrzehnte Wirtschaftswachstum, steigende Einkommen und Frieden bescherten ihnen bis Ende 1993 das unvorstellbare Geldvermögen von rund 4 000 Milliarden Mark. Jeder Haushalt besitzt somit bei Banken, Sparkassen und Lebensversicherungen durchschnittlich ein Guthaben von fast 120 000 Mark. Ansprüche aus den Rentenkassen und Immobilienbesitz sind dabei noch nicht mitgerechnet. Von Jahr zu Jahr wird die Geldlawine größer. Und sie geht jetzt zunehmend von der Generation, die sie erarbeitete, auf Kinder und Enkel über. Alleine bis zum Jahr 2000 werden 400 Milliarden Mark an Lebensversicherungen fällig, Immobilien im Wert von 700 Milliarden und 800 Milliarden Mark Geldguthaben vererbt.

Wohin mit all der Kohle? Klar, zur Bank damit. Doch die meisten Kunden, darunter sogar erfolgreiche Anwälte, Geschäftsleute und Unternehmer, sind bei der Anlage ihres Geldes hoffnungslos überfordert. Mit dem Sparbuch haben sie meist schon als Kind Bekanntschaft gemacht – und dabei ist es oft geblieben. Allmählich hat sich jedoch herumgesprochen, daß dies wegen der mickrigen Zinsen eine miserable Anlage ist, die nur den Profit der Banken aufbläht.

Der Kunde vertraut den betulichen Sprüchen seiner Bank und wendet sich an einen Anlageberater. Dazu muß man wissen, daß es sich bei ihnen oft um smarte junge Leute handelt, die mangels Masse beim Kauf eines Gebrauchtwagens bei ihrer Bank einen Kleinkredit aufnehmen müssen. Doch ihr Arbeitgeber schickte sie zu ein paar hausinternen Seminaren, um ihnen die Geheimnisse der Geldvermehrung beizubringen. Praktische Erfahrungen sammeln die Anlageberater mit dem Geld der Kunden – und häufig auch auf ihre Kosten.

Im Mittelpunkt jeder Beratung steht, auch das lernen die Banker bei den Seminaren, nicht der Kunde, sondern das Wohl der Bank und damit der Erhalt des eigenen Arbeitsplatzes. Beispiel: Bundesschatzbriefe empfehlen die Banken so gut wie nie, weil ihr Verkauf wenig Provision bringt. Verlangt der Kunde aber ausdrücklich nach diesen Papieren, die schon ab 100 Mark zu haben sind, dann behauptet der Berater, sie würden erst ab 1 000 oder gar 5 000 Mark ausgegeben. Auch von der Bundesschuldenverwaltung, wo der Käufer seine Papiere kostenlos hinterlegen kann, weiß die Bank angeblich nichts. Wenn schon der Verkauf wenig bringt, dann sollen wenigstens ein paar Mark Depotgebühren hängenbleiben.

Nach Möglichkeit sollen der Klientel eigene Produkte aufs Auge gedrückt werden. Alle Banken und Sparkassen entwickelten eine kaum mehr zu überblickende Vielfalt an Sparplänen, Aktien-, Immobilien- und Rentenfonds, die an die Geldanleger gebracht werden sollen. Dagegen ist nichts zu sagen.

Merkwürdig ist nur, daß die Höhe der Rendite oft nur vage genannt oder gar geschönt wird. Steuerliche Aspekte, die für die Verzinsung entscheidend sein können, fallen bei der Anlageberatung am Bankschalter immer unter den Tisch. Dafür ist schließlich der Steuerberater zuständig.

Gelegentlich dienen hauseigene Fonds zur Entsorgung fauler Papiere. Ein besonders verwegenes Stück, das durchaus unter die Rubrik zumindest fragwürdiger Insidergeschäfte fällt, leistete sich die Dresdner Bank. Nach der Auflösung des Roten Imperiums saß sie auf einem Berg sowjetischer Anleihen. Weil Zinsen und Tilgung durch die Nachfolgestaaten wacklig wurden und der Kurs entsprechend sackte, mischte die Bank die windigen Papiere einem ihrer Luxemburger Fonds bei. Die Bank war ihr Problem los, den Schaden hatten die übrigen Fondsbesitzer, deren Anteile plötzlich eine miserable Rendite aufwiesen.

Mit einem ähnlichen Debakel müssen zehntausende von Anlegern rechnen, die sich auf dringendes Anraten einer Mesalliance aus Banken, Anlageberatern, Bauträgergesellschaften, Finanzierungsvermittlern und Maklern ebenso gierig wie unkritisch auf steuerbegünstigte Immobiliengeschäfte in den neuen Bundesländern eingelassen hatten. Geblendet von der Aussicht, die Hälfte der Herstellungskosten als Sonderabschreibungen sofort oder auf ein paar Jahre gestreckt von ihrem zu versteuernden Einkommen absetzen zu können, haben wohlhabende Deutsche allein 1993 rund 20 Milliarden Mark in solche Gewerbe- und Wohnprojekte im Osten investiert. Genausogut hätten sie einen großen Teil dieses Geldes gleich zum Fenster rauswerfen können, denn im Regelfall blieben bis zu 40 Prozent der Summe als sogenannte »weiche Kosten« in Form völlig überzogener Provisionen, Gebühren und Leistungsabrechnungen in den Klauen der Initiatoren und Vermarkter dieser künftigen Bauherrenruinen hängen. Als blanke Illusion – wenn nicht sogar bewußte Täuschung – werden sich auch die viel zu optimistisch angesetzten Mieteinnahmen erweisen, die den Geldgebern mit Propagandaformeln wie »Willkommen im Wunderland« scharenweise die Unterschrift erleichtert hatten. Was nach den Plänen des Gesetzgebers ursprünglich als ein Anreiz zur Beschleunigung für den Aufbau-Ost gedacht war, hat sich nach Analyse des Juristen Axel Prümm, Chefredakteur des Branchendienstes »Kapitalmarkt intern«, in ein »Abzocker-Modell« verkehrt, das den getäuschten Anlegern ein böses Erwachen und dem Staat »die Altlasten von morgen« bescheren wird. Gerade bei den Banken, die sich gern mit einer Aura von Seriosität und Solidität umgeben, wird sich in vielen Fällen dieser steuerbegünstigten Ostimmobilien-Bonanza die Frage nach der Prospekthaftung stellen. Auf deutsch: was haben sie ihren Kunden viel zu teuer und wider besseres Wissen angedreht?

Ein geradezu atemberaubendes Beispiel für Manipulationen am Rande der Legalität ist eine Geschäftspraxis, mit der die Frankfurter Citibank in der zweiten Hälfte der achtziger Jahre negativ von sich reden machte. Sie verkaufte Anlegern in Deutschland und in der Schweiz Anteile an der angeschlagenen US-Firma Clark Copy International. 14,8 Millionen Dollar sammelte die Citibank ein. Das Geld blieb jedoch nicht bei Clark. Es ging auf Wanderschaft: zunächst zu einer ebenfalls notleidenden norwegischen Firma. Sie wiederum steckte 10,35 Millionen Mark in eine 51-Prozent-Beteiligung an der Firma Datagraph im badischen Lich. Diesem Unternehmen ging es auch nicht gut. Aber es hatte interessante Teilhaber. 19 Prozent des Stammkapitals von acht Millionen Mark gehörten der Citicorp Venture Kapitalberatungs GmbH, einer Tochtergesellschaft der Citibank, für die sich der Geldkreislauf nun geschlossen hatte. Über 1,1 Millionen Mark des Stammkapitals an Datagraph gehörten dem gelernten Banker und heutigen F.D.P.-Fraktionsvorsitzenden Hermann Otto

Solms. Er und die anderen Teilhaber machten beim Verkauf ihrer Anteile an die Norweger ein blendendes Geschäft.

Trotz der Geldspritze war Datagraph nicht zu retten. Am 30. Oktober 1990 wurde das Unternehmen nach Einstellung des Konkursverfahrens mangels Masse aufgelöst. Doch es gibt noch Gerechtigkeit. Die Citibank sah in einem drohenden Gerichtsverfahren so schlechte Chancen, daß sie die getäuschten Anleger in Vergleichen entschädigte.

Den Beweis dafür, daß sich in Deutschlands Banken und Vermögensverwaltungen Geldvernichter tummeln, bewies das Hamburger »manager magazin«. Neun Instituten hatte es am 1. Oktober 1990 je 250 000 Mark zur Verwaltung und Mehrung überlassen. Nach zwei Jahren brach die Verlagsleitung den Test entnervt ab und zog eine »erschreckende Bilanz«: Sieben der neun Teilnehmer, darunter der Schweizer Bankverein, die WestLB, die Bayerische Hypotheken- und Wechselbank sowie die Vereins- und Westbank, lagen zum Teil sogar zweistellig im Minus. 210 000 Mark waren weg. Nur der Bank in Liechtenstein und der Graf Lambsdorff Vermögensverwaltung verdankt es das Wirtschaftsmagazin, daß der Schaden nicht noch höher wurde. Sie konnten ihr gemeinsames Startkapital von 500 000 Mark auf 820 000 Mark erhöhen. Den Löwenanteil erwirtschaftete die Bank in Liechtenstein, die ihre 250 000 Mark beinahe verdoppelte.

Für ihre Fehlspekulationen lieferten die blamierten Geldmanager teils haarsträubende Erklärungen. Mal war angeblich die »miserable Börsenentwicklung in Japan« schuld, mal die »Zinspolitik der Bundesbank«. Eine Analyse des Auftraggebers ergab ein anderes Bild. Die Verlierer hatten mehr oder weniger wahllos mit Optionsscheinen und Aktien gezockt. Ging eine Rechnung nicht auf, stiegen sie entnervt mit Verlust aus und stürzten sich ins nächste Risiko. Mit einer solch konfusen Taktik kann man sogar ein Millionenvermögen in kurzer Zeit verspielen.

Aufschlußreich ist deshalb eine Studie von Karl-Werner Schulte, Professor für Finanzmanagement an der European Business School (EBS) in Oestrich-Winkel. Er schickte den Besitzer eines Sechs-Millionen-Mark-Vermögens auf die Suche nach einer geeigneten Vermögensberatung. Ein Kunde also, für den jede Bank einen roten Teppich ausrollen müßte. Die Erfahrungen des Millionärs faßte Schulte in einer 900 Seiten umfassenden Studie zusammen. Was der Ratsuchende erlebte, ist teilweise niederschmetternd, die Bankmanager waren schlicht überfordert.

Es begann schon bei der Analyse des vorhandenen Vermögens. Das Kölner Bankhaus Delbrück & Co. reagierte auf die Anfrage des Millionärs gar nicht. Die Düsseldorfer Privatbank Trinkaus & Burkhardt errechnete einen Immobilien- und Geldwert von 4,5 Millionen Mark. Auf sechs bis sieben Millionen kam Merck, Finck & Co. in Frankfurt. Der Berater der Dresdner Bank rechnete gar aus, daß sich der Millionär im Alter einschränken muß, weil eine Versorgungslücke von 100 000 Mark jährlich klaffe.

Ebenso unsinnig waren manche der Empfehlungen zur Neustrukturierung des Vermögens, das zu 80 Prozent aus einer Immobilie bestand. Merck, Finck & Co. riet trotzdem, Immobilien für zwei Millionen zu verkaufen und dafür eine Bundesanleihe zu erwerben. Die Dresdner Vermögensberatungsgesellschaft (DVB) empfahl dem ohnehin schon immobilienlastigen Mann die Beteiligung an einem geschlossenen Immobilienfonds und den Abschluß einer dritten Lebensversicherung. Manche Banken erstellten die zwischen zwei und 96 Seiten starken Analysen zum Nulltarif, andere verlangten bis zu 20 000 Mark. Ergebnis des Tests: Guter Rat ist selten und teuer.

Diese Erfahrung mußten auch Ulrich und Sylvia Ströher machen, die in den Vorstandsetagen der deutschen Großbanken jederzeit vorgelassen werden. Ihnen gehören nämlich 27

Prozent der Wella-AG-Stammaktien, und damit zählen sie zu Deutschlands Superreichen. 1986 legte Sylvia Ströher rund 19 Millionen Mark als eiserne Reserve für den Fall an, daß Erbschaftssteuer fällig würde. Die Firmenerbin ging jedoch vorsichtig ans Werk und verteilte die Summe auf die Deutsche Bank, Dresdner Bank, Commerzbank und BHF-Bank. Es ist kaum zu fassen: Nach fünf Jahren war keines der vier Konten im Plus. Vorübergehend wiesen sie einen Verlust von 35 Prozent oder über sechs Millionen Mark aus. Von Banken, ihren neunmalklugen Beratern und Insidern hat Ulrich Ströher jetzt genug. Er kümmert sich inzwischen selbst ums Geld.

Für den Normalsparer mag es ja ein kleiner Trost sein, daß auch Millionäre von den Banken schlecht beraten werden. Nachdenklich macht jedoch die Tatsache, daß in jedem Fall zwischen Anspruch und Wirklichkeit der Banken Welten liegen. Von kompetenter Beratung, von der in bunten Broschüren ständig die Rede ist, kaum eine Spur. Und auch die oft gebetsmühlenartig beschworene Seriosität des Geldgewerbes bleibt auf der Strecke.

Seit Banken auch Lebensversicherungen und Bausparverträge verkaufen, benehmen sich ihre Beschäftigten wie die berüchtigten Drückerkolonnen. Nur mit dem Unterschied, daß sie möglichen Kunden nicht auf Verdacht hinterherlaufen müssen. Sie kommen freiwillig an den Schalter und präsentieren per Konto ihre finanziellen Verhältnisse. Gezielt filtern die Banken zum Beispiel Kontobesitzer heraus, bei denen noch keine Prämie für einen Bausparvertrag abgebucht wird. Den gilt es dann zu keilen – zum Wohl des Arbeitgebers, der eigenen Karriere und des eigenen Kontos. Der in Geldfragen meist unbedarfte Kunde hat keine Ahnung, wo und wie er die Qualität des Angebots der Bank mit den Produkten der Konkurrenz vergleichen kann. Dabei würde häufig schon ein Anruf bei einem Verbraucherverband genügen, um festzustellen, daß die Konditionen der Bank nichts taugen.

Wie Lobbyisten die Fäden ziehen

Irritiert fragt sich der Geldanleger und Verbraucher, warum den Geldhaien und Insidern nicht längst per Gesetz die rote Karte gezeigt wurde. Die Bremser sitzen in luxuriös ausstaffierten Büros in Bonn und haben einen Namen: Lobby. Diese meist schon älteren Herren vertreten die Interessen von Berufsgruppen und Branchen, Konzernen und Verbänden. Diese Insider par excellence sitzen unmittelbar an der Quelle der Information, und es ist ihr Job, aus Wissensvorsprung Kapital für ihre Auftraggeber zu schlagen und deren ureigene Anliegen gewissermaßen außerparlamentarisch durchzusetzen. Über Jahrzehnte bauten sie sich ein engmaschiges Netz von Beziehungen oft quer durch die Parteien auf, um mißliebige und nachteilige Gesetze zu vereiteln oder um sie wenigstens zu verwässern.

Für einen Teil des Geldgewerbes erledigte diesen Job 20 Jahre lang Helmut Geiger, der Präsident des Deutschen Sparkassen- und Giroverbandes. Aus seinen freundschaftlichen Beziehungen zu Bundeskanzler Helmut Kohl macht das CSU-Mitglied kein Geheimnis. Stolz erzählt Geiger die Geschichte, wie er eine lästige Änderung der Eigenkapitalbestimmungen für Sparkassen verhinderte. Er bearbeitete zunächst sture Beamte und Abgeordnete. Als dies jedoch nichts half, ging er zu seinem Freund Kohl, und der warf den betreffenden Paragraphen auf der Stelle aus dem Gesetz.

Mitte 1993 verabschiedete sich Geiger in den Ruhestand. Die Sparkassen müssen trotzdem nicht um ihren guten Draht ins Kanzleramt bangen. Ihr neuer Präsident und Cheflobbyist wurde Horst Köhler. Er war vorher als Staatssekretär im Bundesfinanzministerium für Währungsfragen zuständig und bereitete für Kanzler Kohl mehrere Weltwirtschaftsgipfel vor. Für Kontinuität ist somit gesorgt.

Auch der Bundesverband Deutscher Banken und sein neuer Präsident, Karl-Heinz Wessel, hat eine feine Adresse. Nicht in der Bankenmetropole Frankfurt, sondern in Köln, Bonns wichtigstem Vorort. Auf Hilfsdienste des Verbandes war Deutschlands größtes und mächtigstes Bankhaus, die Deutsche Bank, selten angewiesen. Ihr Ende 1989 von Terroristen ermordeter Vorstandschef, Alfred Herrhausen, war enger Freund und Berater von Helmut Kohl. Und auch sein Nachfolger, Hilmar Kopper, kann mit dem Kanzler recht gut.

Aber nicht jeder hat einen solch heißen Draht direkt zur Spitze. Deshalb beschäftigen etwa 350 Unternehmen und 1500 Verbände Lobbyisten in Bonn. Nach vorsichtigen Schätzungen wird jeder der 662 Bundestagsabgeordneten von etwa 20 Interessenvertretern bearbeitet. Bauern und Beamte kämpfen ebenso verbissen um Pfründe und Subventionen wie Industrie und Gewerkschaften. Der Bundesverband Arbeiterwohlfahrt residiert ebenso nahe am Machtzentrum wie der Bundesverband der Zigarettenindustrie. Aber auch ein »Deutsches Institut für Tiefenpsychologische Tanztherapie und Ausdruckstherapie« und ein »Montag-Club für politische und gesellschaftliche Kontakte« sind in Bonn angesiedelt. In den Hinterzimmern der Macht wird getrickst, gemauschelt und bestochen, daß sich die Balken biegen. Der Flick-Skandal erst brachte die dabei angewandten Praktiken zur »Pflege der politischen Landschaft«, so der ehemalige Flick-Chef Eberhard von Brauchitsch, ans Tageslicht.

Schon in den fünfziger Jahren warnte der liberale Tübinger Politologe Theodor Eschenburg vor der »Herrschaft der Verbände«. Niemand nahm ihn ernst. Zügig bauten die Bonner Interessenvertretungen ihre Bollwerke gegen Reformen und Sparmaßnahmen aus. Constantin Freiherr von Heereman, seit 25 Jahren an der Spitze des Bauernverbandes, verhindert ebenso lange, daß auch für die deutschen Landwirte die Gesetze der Marktwirtschaft gelten. Erfolgreich schindet er ständig neue Subventionen heraus. Wenn seine Verhandlungskünste zu scheitern drohen, holt er Tausende Bauern mit ihren Treckern nach Bonn und sorgt so für Chaos.

Unter dem Druck der Lobby kann es sogar passieren, daß in Bonn die Fronten total durcheinandergeraten. Bei der Durchsetzung der jüngsten Gesundheitsreform suchte und fand Minister Horst Seehofer die Unterstützung der SPD. Koalition und Opposition zogen tapfer und einig wie selten zuvor an einem Strick. Sie sahen sich jedoch mit der außerparlamentarischen Opposition von Pharmaindustrie, Ärzten und Apothekern konfrontiert. Wenn es einmal an ihre Pfründe geht und alles Antichambrieren beim besten Willen nichts mehr nutzt, lassen manche Standesorganisationen in fast schon erpresserischer Weise ihre Muskeln spielen. So versuchte ausgerechnet ein Teil der gewiß nicht gerade notleidenden deutschen Zahnärzte und ihrer Lobby mit einem ziemlich spektakulären Druckmittel die Seehofer-Reform doch noch zu Fall zu bringen: Die in der großen Masse recht betuchten Dentisten legten kurzerhand den Bohrer aus der Hand und sperrten für einige Tage ihre Patienten aus. Ob sie mit dieser Aktion gut beraten waren, darf bezweifelt werden. Wer seine Macht allzu demonstrativ zeigt, verstößt im Lobbygeschäft gegen die Spielregeln und bringt, was Politiker gar nicht lieben, leicht die Öffentlichkeit gegen sich auf.

Mit den im Hintergrund operierenden deutschen Lobbyisten ist es wie mit den Insidern: Es wird viel gekungelt, aber nur selten fliegt ein Deal auf. Denn eine wirksame Kontrolle existiert nicht. Sanktionen können nur dann ergriffen werden, wenn Steuerhinterziehung im Spiel ist. Bonner Abgeordnete müssen ihre Nebentätigkeiten und eventuell damit verbundene Spenden von mehr als 10 000 Mark nur an Bundestagspräsidentin Rita Süssmuth melden. Ein Parlamentarier, der sich nicht daran hält, hat jedoch keine Konsequenzen zu fürchten. In Deutschland ist es nicht einmal verboten, Abgeordnete zu bestechen. Bei einem solch großzügigen Verhaltenskodex kann es schon mal passieren, daß der Job des Abgeordneten zur Nebensache verkümmert. Einsamer Spitzenreiter ist der frühere Wirtschaftsminister und F.D.P.-Chef Otto Graf Lambsdorff. Er sitzt in neun Aufsichtsräten, übt zehn weitere Mandate in Verbänden aus und betätigt sich als Lobbyist des japanischen Kommunikationskonzerns NTT.

Ehemalige Mitglieder des Bundestags, hohe Beamte und Offiziere, ausgestattet mit üppigen Pensionen, laufen oft erst im Ruhestand zur Höchstform auf und kassieren als Lobbyisten Traumgagen. Denn niemand kennt das Bonner Machtgeflecht so gut wie sie. Daraus schöpfen sie ein Insiderwissen, von dem selbst Geheimdienste nur träumen können. Von geplanten Gesetzen oder öffentlichen Investitionsvorhaben bekommen sie aufgrund alter Seilschaften schon sehr früh Wind. Solche Infos können für betroffene Unternehmen oder Branchen Gold wert sein. Sei es, daß ein Gesetz torpediert, ein Auftrag ergattert oder Fördermittel locker gemacht werden sollen. Den Kuchen aber teilen die Großen so gut wie ganz unter sich auf. Gegen die Lobbyisten der steinreichen Siemens AG beispielsweise, die für ihren Konzern aus der Staatskasse mehr als eine Milliarde Mark für die Entwicklung und Produktion von Mikrochips überweisen ließen, ziehen selbst hochinnovative Mittelständler stets den kürzeren. Auf ihren Gehaltslisten stehen eben keine oder zu wenige Lobbyisten, die dem Gang der Dinge die gewünschte Richtung geben könnten. Was aus den Zuwendungen für die Industriegiganten geworden ist, danach fragt dann später niemand mehr. Siemens jedenfalls hat sein Versprechen, bei der Halbleitertechnologie zu den weit vorausgeeilten Japanern wenigstens aufzuschließen, nie eingehalten. Die Milliarde, so meinen Kritiker, war zum Fenster rausgeschmissen. Der geniale Konstanzer Chipentwickler Otto Müller dagegen, der sich jahrelang persönlich um eine Förderung seiner Prozessortechnologie gemüht hatte, bekam vom Bonner Forschungsministerium keinen Pfennig. Im Ausland hatte man die Erfindung des früheren Nixdorf-Cheftechnikers schnell erkannt. Fernöstliche Produzenten ergatterten Lizenzen zur Fertigung seines Superchips in Millionenauflage.

Der Schaden, den Lobbyisten mit ihren Machenschaften für den Standort Deutschland und die Marktwirtschaft angerichtet haben und weiter anrichten, sprengt jede Vorstellungskraft. Die dramatische Kostenexplosion im Gesundheitswesen geht zu einem wesentlichen Teil ebenso auf ihr Konto wie die unverdrossene Fortzahlung von Milliardensubventionen für längst nicht mehr wettbewerbsfähige Branchen wie Kohle, Stahl oder Schiffbau. Nichts ist unmöglich im Lobbymilieu: Wenn die Kasse stimmt, springen selbst Genossen über den Schatten ihrer Partei hinweg. Mag die SPD noch so sehr gegen die Vergabe von üppigen Subventionen an Konzerne wettern, den früheren Hamburger SPD-Senator Alfons Pawelczyk kümmert das wenig. Als Bonner Statthalter von Deutschlands größtem Unternehmen, der Daimler-Benz AG, sorgt er dafür, daß sein Arbeitgeber auch einer der größte Subventionsempfänger bleibt. Über zwei Milliarden Mark kassierte allein die Daimler-Tochter Deutsche Aerospace AG (DASA) zwischen 1989 und 1992 in Form von Zuschüssen für Flugzeugprogramme aus Bonn. Dadurch wurde jeder Arbeitsplatz bei der DASA mit bis zu 30 000 Mark pro Jahr aus öffentlichen Schatullen alimentiert. Doch genützt hat das offenbar ziemlich wenig. Hinter den vom Management für die kommenden Jahre angedrohten Massenentlassungen des Luft-, Raumfahrt- und Rüstungskonzerns steckt – wie das Münchener Blatt »tz« mit Berufung auf interne Quellen mutmaßt – möglicherweise die Strategie, »weitere Steuermilliarden abzuzocken, über lukrative Rüstungsaufträge etwa«. Da sind die Dienste des Daimler-Lobbyisten Pawelczyk mehr denn je gefragt.

Wes' Brot ich eß, de's Lied ich sing – ähnlich wie Pawelczyk vollzog auch der ehemalige SPD-Minister und gescheiterte Frankfurter Oberbürgermeister Volker Hauff eine schwungvolle Wende. Als Anhänger der 68er-Generation hatte er noch heftig gegen den Springer-Verlag und seine Blätter gewettert. Jetzt ist er, ausgestattet mit einem angeblichen Jahressalär von 500 000 Mark, dessen Bonner Repräsentant.

Doch eine offizielle Liste darüber, wer für wen Lobby betreibt, gibt es in Bonn nicht. Niemand braucht dies zu wissen. Es bleibt alles schön unter der Decke. In der US-Hauptstadt Washington, seit Watergate auch nicht gerade ein Hort höchster Moral, ist solche Geheimniskrämerei undenkbar. Abgeordnete müssen Jahr für Jahr ihre Einkünfte und deren Quellen offenlegen. Lobbyisten, in der Regel große Anwaltsbüros, müssen ihre Auftraggeber dem Kongreß melden. Mehr als 20 000 Namen stehen zur Zeit im Register. Bei einem Verstoß gegen die strengen Regeln für Lobbyisten droht Anwälten der Entzug ihrer Lizenz. In Bonn hingegen haben es sich Politiker und Lobbyisten im Filz bequem gemacht. Und daran wird sich wohl auch in Zukunft nichts ändern. Es stehen nämlich viel Geld, schöne Reisen und bequeme Pöstchen auf dem Spiel – und zwar für beide Seiten. Nicht nur Bayern, auch Bonn ist Amigo-Land.

Industriespionage: Konkurrenz im Fadenkreuz

Gibt es denn nur noch gute Freunde, die sich gegenseitig die Karriere und den Weg zum Wohlstand ebnen? Weit gefehlt. Auf deutschen Chefetagen wird wieder verstärkt mit harten Bandagen, manchmal auch illegalen Methoden gekämpft. »Im Zeichen der Rezession«, meint der für die Geheimdienste zuständige Staatsminister im Kanzleramt, Bernd Schmidbauer, »nimmt die Gefahr von Wirtschaftsspionage zu.« Bestehende Märkte müssen verteidigt und neue erschlossen werden. Hohe Kosten – ob in Forschung, Entwicklung, Produktion oder Vertrieb – müssen gekillt werden. Dazu ist manchen Managern jedes Mittel recht, auch der Klau von Know-how bei der Konkurrenz. Die Insider des Wettbewerbers stehen da besonders hoch im Kurs. »Wirtschaftsspionage ist ein boomender Geschäftszweig«, urteilt der Münchner Anwalt Peter Kragler, der sich auf diesem Gebiet bestens auskennt.

Die einfachste und ungefährlichste Methode, an das Wissen von Konkurrenten heranzukommen, ist die Abwerbung von Spitzenmanagern. Ein an sich alltäglicher Stellungswechsel vollzog sich im Frühjahr 1993 unter so ungewöhnlichen Umständen, daß er tagelang nicht nur die Wirtschaftsblätter, sondern auch die Schlagzeilen der »Bild-Zeitung« beherrschte. Nach einem chaotischen Verwirrspiel wechselte der Baske José Ignacio López de Arriortua von General Motors (GM) in Detroit in den VW-Vorstand. Er wird, je nach Standpunkt, als brutalster Kostenkiller der Automobilindustrie verehrt oder verdammt. Einen Mann wie ihn brauchte der erst zu Beginn des Jahres angetretene neue VW-Chef Ferdinand Piëch, um Europas größte Autoschmiede vor dem Absturz zu bewahren.

GM und die Deutschland-Tochter Opel hätten den Verlust kommentarlos verschmerzt, hätte López nicht auch seine wichtigsten Mitarbeiter nach Wolfsburg abgeschleppt. Wochen später erst ließen GM und Opel die Bombe endgültig platzen: Gleich kistenweise hätten López und seine Leute streng geheime Unterlagen mitgehen lassen. Auf den Vorwurf der Industriespionage schoß Piëch mit der peinlichen Behauptung zurück, Opel führe »einen Wirtschaftskrieg gegen Volkswagen«. Mehrere Versuche, den Streit geräuschlos aus der Welt zu schaffen, sind gescheitert. Jetzt müssen wohl die Gerichte urteilen, ob López ein Spion und Schurke ist oder nicht.

Der Fall López zeigt, daß im Zeichen der Wirtschaftskrise

auf deutschen Chefetagen die Nerven durchgegangen sind. Waren Konkurrenten in guten Zeiten noch nach dem Motto »Leben und leben lassen« verfahren, so ist heute eine wachsende Bereitschaft zu beobachten, auch unterhalb der Gürtellinie zuzuschlagen. Auffallend ist dabei, daß sich die jüngsten bekanntgewordenen Spionagefälle in Branchen abspielten, die zur Zeit besonders arg gebeutelt werden: Auto, Pharma und Fleischhandel.

Ein angeblicher Verrat im Pharmahandel, der erstaunliche Parallelen zum Fall López zeigt, beschäftigt seit Herbst 1993 die Kölner Staatsanwaltschaft. Mitte des Jahres kündigte Willi Brendel, Geschäftsführer der transmed Transport GmbH in Hürth, einer Tochtergesellschaft der Pharmagroßhandlung Ferd. Schulze GmbH & Co KG in Mannheim. Offenbar schon seit Monaten hatte Brendel den Wechsel zum Konkurrenten Andreae-Noris Zahn (Anzag) in Frankfurt geplant. Der frühere Arbeitgeber verdächtigt Brendel, Geschäftsgeheimnisse aus Computern kopiert und zu Anzag mitgenommen zu haben. Der Anwalt des Beschuldigten bestreitet die Tat. Würden López oder Brendel vor Gericht schuldig gesprochen, drohen ihnen bis zu fünf Jahre Gefängnis.

Der dritte Fall betrifft den Fleischkonzern Moksel AG in Buchloe. Dort tauchte im April 1992 ein als Heizungsmonteur getarnter Privatdetektiv auf und montierte im Arbeitszimmer von Vorstandschef Rodo Schneider eine Wanze. In einem in der Nähe geparkten Wohnmobil legte sich der Lauscher auf die Lauer und schnitt Schneiders Gespräche mit. Dabei ließ er sich jedoch von einem Polizisten erwischen. Als Auftraggeber nannte der Detektiv eine Fleischfirma in Norddeutschland. Der Lauschangriff hatte einen handfesten wirtschaftlichen Hintergrund: In Brüssel wurde zu dem Zeitpunkt über die Lieferung von Lebensmitteln im Wert von einer Milliarde Mark an die GUS-Staaten verhandelt. Auch Moksel hatte ein Angebot abgegeben.

Mit unsauberen Methoden wurde im August 1993 angeblich auch bei der Vergabe des Auftrags für die Lieferung von Hochgeschwindigkeitszügen gearbeitet, die zwischen Südkoreas Hauptstadt Seoul und dem gut 400 Kilometer entfernten Pusan flitzen sollen. Den Zuschlag erhielt der französische TGV. Die Münchner Siemens AG, Vertreter des deutschen ICE-Konsortiums, bezweifelte nach der Entscheidung, daß alles mit rechten Dingen zugegangen ist. Telefon- und Faxleitungen seien angezapft worden, behauptete ein zorniger Siemens-Sprecher zunächst. Später zog er diesen Vorwurf jedoch zurück.

Schon möglich, daß Siemens von politischer Seite zurückgepfiffen wurde, um die politischen Beziehungen zu Frankreich nicht zu belasten. Zuzutrauen wäre seinem Geheimdienst ein Lauschangriff auf Siemens durchaus. Er gilt als Rambo der internationalen Nachrichtendienste und wird auch für die französische Industrie aktiv. Den Pariser Schlapphutträgern geht es oft gar nicht darum, technische Details auszuspähen. Viel intensiver interessieren sie sich für Kalkulationsunterlagen, damit bei internationalen Ausschreibungen wie in Südkorea Frankreichs Anbieter mit dem günstigsten Preis auftrumpfen können. Er entschied am Ende auch das Rennen zwischen ICE und TGV.

Solche Preisschlachten werden nicht nur international ausgetragen. Es ist ein Irrtum zu glauben, daß Konkurrenten allein nur auf das technische Know-how des Gegners scharf sind. In den USA, die in solchen Fällen oft den wenig später auch hierzulande zu beobachtenden Trend vorwegnehmen, geht es bei mehr als der Hälfte aller Fälle von Industriespionage um die Beschaffung von Kalkulationsunterlagen. In Deutschland gibt es zwar dazu keine Statistik, es dürfte aber nicht anders sein. Vor allem in schlechten Zeiten mit mörderischem Wettbewerb werden alle Register gezogen, um an Preislisten heranzukommen. Sie sind oft der Schlüssel zum

Erfolg eines Unternehmens, in kritischen Situationen werden sie manchmal zur Existenzfrage. Selbst Handwerksbetriebe können zum Opfer von Spionen werden. Die Beschaffung hochbrisanter Unterlagen ist oft ein Kinderspiel, wenn als Charmeure getarnte Info-Abzocker etwa eine Sekretärin dazu animieren, die gewünschte Datei im Computer auf eine Diskette zu kopieren. »Der größte betriebliche Schwachpunkt«, so Peter Walpurgis von der Bielefelder Wirtschaftsdetektei ADS, »ist der Mensch.«

Beispiele, wie wertvolles Insiderwissen zum Schaden des einen und zum Nutzen des anderen transferiert wird, kennt er zuhauf. Da rächen sich kaltgestellte Mitarbeiter per Geheimnisverrat, plaudern frustrierte Entwicklungschefs die sensibelsten Laborresultate aus, verhökern Unternehmensberater streng vertrauliche Ertragszahlen ihrer Kunden, machen kleine Lichter aus der Forschung plötzlich einen seltsamen Karrieresprung bei der Konkurrenz. Je härter der nationale Wettbewerb um Märkte und Spitzentechnologie wird, so gab Walpurgis der »Wirtschaftswoche« zu Protokoll, »desto eher wird fehlendes Wissen durch Wissensklau ersetzt«. Der Schaden, der allein der deutschen Wirtschaft jährlich durch solche Spionagegeschäfte von Insidern und Outsidern entsteht, schätzt der Frankfurter Firmenberater Siegfried Reichinger auf mindestens fünf Milliarden Mark. Andere Experten auf diesem Gebiet gehen noch von weitaus größeren Summen aus.

Im betrieblichen Bereich ist es vor allem die elektronische Datenverarbeitung, die als umfassendste Informationsquelle für Interna auch für Nichtbefugte nur so sprudelt. Schließlich gibt es so gut wie kein wesentliches Projekt mehr, das nicht über den Rechner läuft. Das immer dreistere Anzapfen von Datenleitungen ist mittlerweile Realität und, wie ein damit befaßter Security-Spezialist eines deutschen Großkonzerns offen bekennt, »die für uns mit Abstand gefährlichste Form der Wirtschaftsspionage«. Mit einfachsten Techniken kann insbesondere der Automobilfunk abgehört werden. Trotz einschränkender Vorschriften der Telekom ist eine riesige Anzahl von speziellen Geräten auf dem Markt, zumal ihr Besitz nicht verboten, sondern lediglich ihr Betrieb untersagt ist. Wie massiv dagegen verstoßen wird und wie weit es schon gekommen ist, zeigt eine dringliche Empfehlung des Düsseldorfer Fachinformationsdienstes »Sicherheits-Berater«. Das Blatt rät seinen Lesern, ja nichts Vertrauliches am Telefon zu besprechen, »wenn nicht auf der Sende- und Empfangsseite die Kommunikation durch Einsatz von Verschlüsselungsgeräten gesichert wird«.

Doch dem Informationsklau über Anzapfen, Abhören oder sonstige Beschaffungsmethoden wird nur selten ein Riegel vorgeschoben. Dank großer Namen wie López wissen sich die Täter in vermeintlich bester Gesellschaft – ganz nach dem Motto: was Topmanager vormachen, kann so verkehrt nicht sein, vor allem wenn es dem eigenen Nutzen dient. Höchst bedenklich ist auch die Art und Weise, wie deutsche Unternehmen den Komplex der Konkurrenz- und Wirtschaftsspionage zu tabuisieren versuchen. »Ungeheure Eiertänze« beobachtet der Sicherheitschef eines deutschen Chemiekonzerns diesbezüglich in der Industrie. Das eigene Image soll auf keinen Fall ramponiert werden, da wird verdrängt, totgeschwiegen und heruntergespielt. Die Münchner Siemens AG mag sich dazu partout nicht äußern, »da bleiben wir lieber im Hintergrund«, heißt es aus der Konzernzentrale.

Schnüffeleien im Betrieb sind jedoch erst der bescheidene Anfang eines globalen Kriegs der Spione. Die Geheimdienste suchen nämlich nach dem Ende des kalten Krieges zwischen Ost und West neue Beschäftigungsfelder. Sicherheitsexperten wie der ehemalige Chef des US-Geheimdienstes CIA, Robert Gates, wissen, wo interessante Erkenntnisse zu holen sind: »Wirtschaftliche Themen werden für uns immer wichtiger.« Zwar dürfen Geheimdienste in der Regel nicht für Industriekonzerne tätig werden, aber nichts ist leichter, als diese Hürde zu umgehen. Man muß irgendein Regierungsamt als Auftraggeber dazwischenschalten.

Auch für Rußland spielt heute nicht mehr die Militär-, sondern Wirtschaftsspionage die wichtigste Rolle. Dafür gibt es ein überzeugendes Indiz. Die frühere Abteilung für Auslandsaufklärung des Sowjet-Geheimdienstes KGB wird heute nicht mehr von einem Spion oder einem Militär geleitet, sondern vom renommierten Wissenschaftler Jewgeni Primakow. Bundeskriminalamt und BND glauben zu wissen, wofür er und seine Spione sich am meisten interessieren. Für Deutschlands Wirtschaft.

VIII.
Bonanza im Osten

Eine Hand wäscht die andere

So hatten sich die meisten Deutschen die Einheit nicht vorgestellt: Der Champagnerlaune und dem Freudentaumel über die Wiedervereinigung eines fast 40 Jahre durch Mauer und Minen getrennten Volkes folgte herbe Ernüchterung und Enttäuschung. Oder ist es sogar bewußte Täuschung gewesen? »Es wird niemandem schlechter gehen als zuvor, dafür vielen besser«, hatte Bundeskanzler Helmut Kohl im Sommer 1990 voller Euphorie vor dem Bundestag und dem gutgläubigen deutschen Wahlvolk verkündet. Um Stimmen zu sammeln wurden von den Regierenden und ihren bestallten Wirtschaftsexperten die zur Gestaltung der Einheit notwendigen Anstrengungen und Kosten nach Kräften heruntergespielt. Steuererhöhungen, so hieß es anfangs, seien weder sinnvoll noch notwendig. So mußte bei den Deutschen in Ost und West fast zwangsläufig der Eindruck entstehen, als sei die wirtschaftliche und gesellschaftliche Integration von 16 Millionen DDR-Bürgern in die neue große Bundesrepublik ohne große Opfer zu haben, ja sogar ein glänzendes Geschäft.

Solche Hoffnungen haben sich allen Bonner Milliardentransfers zum Trotz als blanke Illusion erwiesen. Der vielbeschworene wirtschaftliche Aufschwung in den neuen Bundesländern läßt immer noch auf sich warten, die offene und verdeckte Arbeitslosigkeit erreichte mit Quoten von 30 bis 40 Prozent geradezu schwindelerregende Ausmaße. Die Chance, Deutschlands Wiedervereinigung als solidarische Gemeinschaftsaufgabe anzupacken und ein effizientes Modell für den Übergang vom realen Sozialismus in eine blühende Marktwirtschaft zu kreieren, wurde sträflich vertan.

Gewiß, der plötzliche Zusammenbruch der osteuropäischen Märkte, in die frühere DDR-Betriebe die große Masse ihrer Erzeugnisse, losgelöst von Weltmarktkonditionen, bis zur Wende exportiert hatten, war so vielleicht nicht ganz vorhersehbar. Rund 40 Milliarden Mark Umsatz, so hatten die Bonner Finanz- und Wirtschaftsplaner viel zu optimistisch kalkuliert, sollten die in GmbHs und Aktiengesellschaften umgewandelten ostdeutschen Kombinate und volkseigenen Betriebe allein im Jahre 1991 mit der früheren Sowjetunion machen. Doch unter dem Strich waren es dann gerade mal kümmerliche vier Milliarden. Nur schwer kalkulierbar war auch das Ausmaß der 1992 einsetzenden Konjunkturabschwächung, die geradewegs in eine schlimme Rezession mündete, von der auch die Wirtschaft in den neuen Bundesländern mit in den Strudel gerissen wurde.

Doch es wäre nur die halbe Wahrheit, die Ursachen für die wirtschaftliche Schieflage und die soziale Tristesse im deutschen Osten allein an diesen Ursachen festmachen zu wollen. Mit dem Fall der Mauer erfolgte eine ebenso unkontrollierte wie zügellose Invasion ganzer Divisionen von Betrügern, Beutelschneidern, halbseidenen Beratern und Fördermittelparasiten, deren Machenschaften dem Land und seinen Menschen unermeßlichen Schaden zugefügt haben. Die Art und Weise, wie selbst höchste politische Kreise bis hin zu Sachsen-Anhalts Ministerpräsident Werner Münch und einigen seiner Kabinettsmitglieder nach Kräften und ohne Rücksicht auf Verluste mit ihren unverschämten Gehalts- und Spesenmanipulationen in die eigene Tasche gewirtschaftet haben, hat zur

Akzeptanz der Marktwirtschaft und zum Vertrauen in sie nicht eben beigetragen. Nachdem Anfang November 1993 das ganze Ausmaß dieses Skandals publik geworden war, verzeichnete die SED-Nachfolgepartei PDS bei Kommunalwahlen in Brandenburg einen wahrhaften Stimmenboom.

Kein Zweifel: Leute wie Münch und unzählige andere Abzocker und vermeintliche Marktwirtschaftsmissionare aus der alten Bundesrepublik haben zu einem großen Teil die anhaltende ökonomische Misere und das Stimmungstief in der früheren DDR mit zu verantworten. Sie tragen die meiste Schuld daran, daß die psychologische Kluft zwischen Ost- und Westdeutschen in den Jahren nach dem Mauerfall eher größer geworden ist. Wie tief diese Gräben inzwischen schon sind, belegt ein Zitat von Franz Lutz, dem Chef des Unternehmens Spezialmotoren Weimar GmbH: »Das Geheimnis unseres Erfolges ist, daß wir hier nicht einen einzigen Wessi beschäftigen. Dadurch ersparen wir uns eine Menge Konfrontation und Reibungsverluste im Betrieb. Denn wo immer die Besserwessis auftauchen, gibt es Unzufriedenheit in der Belegschaft, und deren Leistungsprofil sinkt.«

So jedenfalls hatten sich die meisten Ostdeutschen die Marktwirtschaft nicht vorgestellt. Offenheit, Motivation und guter Wille haben sich vielfach in Mißtrauen, Distanz und Ablehnung verkehrt. Denn gerade so, als wären sie eben erst dem »Schwarzen Kanal« des früheren DDR-Chefagitators Karl Eduard von Schnitzler entsprungen, machten sich Kapitalisten der übelsten Sorte auf die Schnäppchenjagd zwischen Elbe und Oder. Die überstürzte Privatisierung der ehemaligen DDR-Staatsbetriebe – von der Berliner Treuhandanstalt und ihrer Chefin Birgit Breuel im Eiltempo durchgezogen – bietet nachgerade ein negatives Lehrstück, wie man allen möglichen Gaunereien Tür und Tor öffnen kann. Hohe und mittlere Funktionsträger unter den über 3000 Angestellten der Mammutbehörde mischten dabei eifrig mit. Das alte

SED-Abzeichen (»eine Hand wäscht die andere«) könnte gut als Symbol für diese Art von Geschäften dienen.

Die Spätzle-Mafia aus Halle

In der ehemaligen Chemiemetropole Halle trieben die neuen Seilschaften ihr Unwesen besonders toll. Dabei sah alles zuerst nach einem großen Erfolg aus: Am 24. September 1992 meldete die örtliche Niederlassung der Berliner Treuhandanstalt als erste in den neuen Ländern Vollzug: die Privatisierung der Kombinate und Staatsfirmen war abgeschlossen. »Schnell privatisiert, entschlossen saniert und behutsam stillgelegt« – mit diesen markigen Worten umschrieb der damalige Chef der Behörde, Michael Dickerhof, die Arbeit der treuen Hände an der Saale. Dickerhof hatte seinerzeit gut lachen. Die Arbeit schien beendet, und er selbst wurde zum Direktor in die Berliner Treuhand-Zentrale befördert. Doch die Vergangenheit holte ihn schnell wieder ein. Unehrenhaft aus den Diensten der Anstalt entlassen, ermittelt inzwischen die Staatsanwaltschaft Stuttgart gegen ihn. Für den Spätsommer 1994 wird mit der Erhebung der Anklage gerechnet. Insgesamt geht die Behörde mehr als 40 Fällen nach, in denen Mitarbeiter die Treuhandanstalt geschädigt haben sollen. Um die Dunstkreise der Machenschaften zu erhellen, wurde eine Komplexuntersuchung eingeleitet. Wegen der Parallelität einzelner Fälle ist sogar an den Einsatz der im Kampf gegen den Terrorismus erprobten Rasterfahndung als Ermittlungsmethode gedacht. Karl-Heinz Rüsberg, zuvor Leiter der Treuhand Schwerin, wurde im Sommer 1993 nach Halle delegiert, um dort aufzuräumen. Er sollte weitere dubiose Machenschaften aufdecken und den Schaden für die Treuhand und ihre Firmen, die in diesen Strudel geraten waren, begrenzen. »Was er vorfand, war ein Geflecht zwischen ehemaligen Treuhand-Mitarbeitern, Beratern, Rechtsanwälten und Investoren, in dem jeder auf seinen Vorteil bedacht war, teils mit krimineller Energie, teils aus Nachlässigkeit, durch die jeder Deal erleichtert wurde. Leidtragende waren die privatisierten Firmen, die Opfer der persönlichen Begehrlichkeiten geworden waren«, schrieb das »Handelsblatt« dazu.

In Dickerhofs treuhänderische Verantwortung und Regie fällt einer der spektakulärsten Betrugsfälle im Osten des Landes. Wolfgang Greiner, inzwischen pleite gegangener Chef einer Fahrzeugzulieferfirma aus dem schwäbischen Göppingen, hat der Treuhandanstalt einen Schaden in zweistelliger Millionenhöhe zugefügt. Am 22. Juni 1993 wurde der beleibte Geschäftsmann und Stammgast des noblen Industrieclubs in Halle verhaftet, gegen eine Million Mark Kaution zunächst wieder auf freien Fuß gesetzt und drei Wochen später wegen Verdunkelungsgefahr erneut nach Stuttgart-Stammheim hinter schwedische Gardinen verfrachtet. Die Vorwürfe der Staatsanwaltschaft: Verdacht auf Untreue und Betrug.

Der Chef des Göppinger Mercedes-Zulieferers Bellino GmbH und Co. KG hatte von der Treuhand-Niederlassung in Halle ein ganzes Dutzend von Betrieben nebst wertvoller Immobilien erworben. Bis Mai 1992 schien alles in bester Ordnung: Die vereinbarten Kaufraten wurden pünktlich bezahlt, die Investitionszusagen eingehalten. Doch der schöne Schein trog. Nach Recherchen des Hallenser IG-Metall-Chefs Günter Lorenz ließ sich der umtriebige Macher aus Württemberg unter anderem von der Dampfkesselbau Hohenturm GmbH zwei Millionen Mark, von der Feinmechanischen Werke Halle GmbH eine Million Mark und von der Verkehrshaus Halle GmbH ebenfalls eine Million Mark aushändigen. Selbst ein Arbeiterwohnheim wurde mit zwei Millionen Mark beliehen.

Diese Geldabschöpfung diente vor allem dem Zweck, weitere Neuerwerbungen bei der Treuhand zu finanzieren. »Dabei handelte es sich um typische Kreislaufgeschäfte«, urteilen Kenner, »zum Schluß drehte sich das Greinersche Finanzkarussell immer wilder.« Ein Teil des Geldes floß laut Lorenz auch auf Privatkonten. Als das Amtsgericht Göppingen gegen Greiner Arrestbefehl und Pfändungsbescheid erließ, herrschte auf diesen Konten allerdings Ebbe. Inzwischen deuten Spuren auf einen Geldtransfer in die USA hin. In einer Betriebsratsversammlung in Halle verschaffte Günter Lorenz seinem Ärger Luft und wetterte von »einer Mafia, die von der Treuhand installiert wurde«. Greiners Versuch, gegen diese Äußerung gerichtlich vorzugehen, wurde abgeschmettert. Seitdem darf ungestraft von der »Spätzle-Mafia« an der Saale gesprochen werden.

Von Halle aus startete der Göppinger Abzocker dann seinen nächsten Beutezug, den ihm der Berliner Treuhand-Vorstand Klaus Schucht höchstpersönlich absegnete. Schucht verkaufte Ende 1992 die sächsische Stahl- und Maschinenbau AG (STAMAG) mit drei Töchtern an Bellino. Der Betrieb war als erster in der DDR am 1. April 1990 in eine Aktiengesellschaft umgewandelt worden. Die Anlagenbauer, zuvor völlig auf Braunkohle-Fördertechnik fixiert, machten mit einigen beachtlichen Produktinnovationen von sich reden. Doch Greiner interessierte sich nicht für High-Tech, ihm ging es ums große Geld für die eigenen Taschen. Die STAMAG verfügte zum Zeitpunkt der Privatisierung über liquide Mittel in Höhe von 42 Millionen Mark.

Mit dem Kauf sicherte der neue Besitzer den Erhalt von 800 Arbeitsplätzen zu und versprach auch Investitionen von 18 Millionen Mark. Über eine Gewinnabführungsklausel wurde die volle Entrichtung des Kaufpreises allerdings in die Zukunft verschoben. Sofort fällig war nur eine Million Mark – angesichts des Barvermögens der Firma ein Taschengeld. Um den geringen Kaufpreis zu rechtfertigen, wurden mit bilanztechnischen Tricks die Verluste im Geschäftsjahr 1992 auf 44

Millionen Mark hochgepuscht – bei einem Umsatz von 72 Millionen Mark. Zum Vergleich: Sowohl 1991 als auch 1993 machten die Defizite deutlich weniger als ein Viertel vom Umsatz aus. Doch während die Berliner Treuhand-Zentrale den dubiosen Deal noch in höchsten Tönen lobte, blieben der versprochene Know-how-Transfer und die Investitionen aus. In drei Tranchen ließ Greiner sich von der STAMAG Darlehen in Höhe von insgesamt 10,35 Millionen Mark gewähren – das Zehnfache des bereits entrichteten Kaufpreises. Für diese Darlehen bürgte der Schwabe aus dem Musterländle mit Grund und Boden. Belastet wurden dabei auch andere Erwerbungen von der Treuhand, deren Kaufpreis er noch gar nicht beglichen hatte.

Damit hatte Greiners Spätzleseilschaft es zu toll getrieben. Der hallesche Sumpf ging selbst der Berliner Treuhand-Zentrale zu weit, sie schaltete den Staatsanwalt ein, und der smarte Unternehmer, der sich ein kleines Imperium zusammenergaunert hatte, wanderte hinter Gitter. Der Bonner Treuhand-Untersuchungsausschuß beziffert die Schadenshöhe des Greinerschen Millionenkarussells auf 24 Millionen Mark. Die Verbindlichkeiten gegenüber der Treuhand werden auf bis zu 60 Millionen Mark taxiert. Nicht quantifizieren läßt sich der Schaden, der auf den Betrieben wegen unterbliebener Sanierung und des entstandenen Imageverlustes lastet.

Offen bleibt die Frage, wie die Treuhand an einen solch zwielichtigen Investor über zwölf Betriebe und Immobilien verkaufen konnte. Rechtsanwalt Michael Pluta aus Ulm, der seit Herbst 1993 als Sequestor bei Bellino und STAMAG an Bord ist, kann über so viel sträfliches Unvermögen nur verständnislos den Kopf schütteln. »Ein simpler Anruf bei der Hausbank«, so bemerkt er trocken, »hätte die notwendige Klarheit gebracht.« Doch diese Klarheit war wohl nicht gewollt. Greiner wurde bei der STAMAG vom Hallenser Treuhand-Vize Klaus Klamroth eingeführt. Der war pikanterweise in dieser Sache zwar gar nicht zuständig, legte sich aber für seinen Kandidaten mächtig ins Zeug. Zusammen mit Privatisierungschef Winfried Glock hatte Klamroth paketweise Firmen – häufig mit wertvollem Grund und Boden – an Greiner verkauft. Außerdem erhielt Greiner direkte Schützenhilfe aus der halleschen Treuhand-Niederlassung.

Die eingeleiteten Ermittlungen durch die Stuttgarter Kriminalpolizei ergaben, daß ein bisher namentlich nicht genannter Treuhand-Mitarbeiter dem rührigen Geschäftsmann nachdrücklich unter die Arme griff. Er verfaßte für den Schwaben ein komplettes Sanierungs- und Kaufkonzept und konnte mit seinem Insiderwissen dabei locker sämtliche anderen Konkurrenten beim STAMAG-Kauf übertrumpfen. Als sie später aus den Diensten der Treuhandanstalt gefeuert wurden, gründeten Klamroth und Glock die Mitteldeutsche Unternehmensberatung AG. Dort ist Wolfgang Greiner Aufsichtsratschef.

Greiners Umtriebe und die seiner Kumpane blieben nicht so lange unbemerkt, wie die Verantwortlichen in der Berliner Treuhandanstalt es heute gerne glauben machen möchten. Schon Monate bevor die Treuhand-Zentrale und die Staatsanwaltschaft hellhörig wurden, schickten Betriebsräte aus Halle einen Brandbrief an Behördenchefin Birgit Breuel und wiesen auf die fragwürdigen Transaktionen im Greincr-Reich hin. Doch selbst als in den Medien immer häufiger Zweifel an der Seriosität des Investors geäußert wurden, sahen die Kontrolleure in Berlin keinen Grund zum Eingreifen.

Sitz und Adresse der Treuhand-Niederlassung an der Saale war ein grauer Hochhausblock im ehemaligen Vorzeigestadtteil Halle-Neustadt. Von hier aus betrieben sage und schreibe 250 Treuhand-Mitarbeiter den Ausverkauf der Region. Während Behördenchef Michael Dickerhof zuerst in die Berliner Zentrale hochgelobt und später gefeuert wurde, erhielten sein Vize Klaus Klamroth, der Privatisierungsverantwortliche Wilfried Glock, Finanzchef Eduard Harrer und die Justitiarin

Sylvia Birkhold im Herbst 1992 blaue Briefe und dazu eine Strafanzeige. Gegen insgesamt sechs Ex-Treuhand-Mitarbeiter in Halle und gegen fünf Investoren ermittelt inzwischen die Staatsanwaltschaft. Die Verträge mit Greiner hat der Verwaltungsrat der Treuhandanstalt storniert. Ein gutes Dutzend Betriebe, Betriebsteile und Immobilien mußte wieder zurückgenommen werden, weil weder Investitions- noch Arbeitsplatzzusagen oder Weiterführungskonzepte eingehalten wurden. Auch von den 180 Firmen in Halle, die eifrige Wirtschaftspüfer während der Amtszeit Dickerhofs der Liquidation anheimgeben wollten, sind eine ganze Reihe – das ergab eine Revision nach dem unrühmlichen Abgang der untreuen Treuhände – vermutlich doch noch zu retten.

In der Chemiestadt geht das Chaos unterdessen weiter. Jüngster Fall: Günther W. Esterhammer, seit zweieinhalb Jahren für die Treuhand als Liquidator in sieben Fällen tätig und für den neuen Niederlassungschef Rüsberg nach einem ersten Kennenlernen »eher unauffällig«, ist seit Weihnachten 1993 unauffindbar. Die Konten der von ihm »betreuten« Unternehmen wurden inzwischen gesperrt. Zwar hat er bisher für seine Tätigkeit kein Honorar erhalten, doch ist der Verdacht der Untreue nicht von der Hand zu weisen. Der Schaden für die Treuhand ist noch nicht zu beziffern.

Gemauschelt wurde in Halle aber nicht nur mit Wolfgang Greiner. So veranlaßte Treuhand-Chef Dickerhof die Auflösung des Karosseriewerks Halle, obwohl für das Werk ein schlüssiges Sanierungskonzept einer westdeutschen Beratungsfirma vorlag und die Auftragslage stabil war. Der Stuttgarter Rechtsanwalt Karl Deffner wurde zum Liquidator berufen. Rein zufällig ist er mit Treuhand-Justitiarin Sylvia Birkhold verheiratet. Deffner verkaufte das Unternehmen an die Immobilienfirma Südplan GmbH aus Leiblingen. Der Inhaber der Südplan GmbH, zufällig ein guter Bekannter des Stuttgarter Rechtsanwalts, sicherte zu, 750 Arbeitsplätze zu erhalten und bis 1995 zusätzliche 1 500 Stellen zu schaffen. Im Juni 1993 rissen die letzten 100 Mitarbeiter nur noch Gebäude ab. Vertragsstrafen wurden nicht gezahlt.

Der Vergleich mit den Böcken, die man zu Gärtnern gemacht hat, läßt sich auf zahlreiche Fälle von Schiebereien mit staatlich verwalteten Vermögenswerten durchaus treffend anwenden. Was ist von einem Treuhand-Manager zu halten, der die Textilreinigung Halle GmbH an die irische REE Limited für ganze 100 Pfennige verscherbelte, obwohl das Angebot von 400 000 Mark eines Mitbewerbers auf dem Tisch lag? So geschehen durch den Ex-Treuhand-Mitarbeiter Gerrit Jacobsen, der heute als Geschäftsführer der von ihm verkauften Textilreinigung fungiert.

Höchst eigennützige Motive trieben auch den Münchener Rechtsanwalt Norbert Hoess, gegen den Mitte 1993 ein Ermittlungsverfahren wegen des Verdachts des Betruges und der Erpressung eingeleitet wurde und der sich seit Februar 1994 vor dem Landgericht Halle verantworten muß. Der Profitadvokat hatte von der Treuhand-Niederlassung der Saalestadt 1992 und Anfang 1993 insgesamt zehn Unternehmen im südlichen Teil Sachsen-Anhalts erworben – jeweils zum symbolischen Preis von einer Mark. Doch weder seine wahren Absichten noch seine Bonität wurden rechtzeitig überprüft. Hätte man dies getan, wäre schnell klar geworden, daß der Jurist über keine eigenen Mittel verfügt und die gekauften Firmen offensichtlich ausplündern wollte. Als Geschäftsführer einer Firma in Bernburg überwies er sich z. B. im Dezember 1992 rund 1,5 Millionen Mark auf sein Privatkonto. Mit Hilfe fingierter Rechnungen zog er auch aus anderen angeblich »maroden« Betrieben Millionenbeträge.

Aber nicht nur die Treuhandanstalt fiel in Halle in die Hände von Gaunern und Betrügern, auch in der Stadtverwaltung trieben sie ihr Unwesen. Anfang Februar 1994 mußte Oberbürgermeister Rauen (CDU) den Geschäftsführer der Halleschen Wohnungsbaugesellschaft (HWG), Karl-Heinz Arntjen, mit sofortiger Wirkung beurlauben. Erste Verdachtsmomente weisen auf »möglicherweise geschehene Unkorrektheiten bei einem Grunderwerb« hin, wie es im schönsten Bürokratendeutsch heißt. Der Fall Arntjen ist freilich nur das letzte Glied in einer langen Kette.

Schon 1990 hatte der als Bürochef des damaligen – inzwischen wegen Stasiverbindungen gefeuerten – CDU-Oberbürgermeisters Renger mit Generalvollmachten ausgestattete Dirk Bettels, Unternehmersohn aus Hildesheim, das Wohnungsunternehmen im Handstreich in eine Aktiengesellschaft verwandelt. Seinen Freund, den Göttinger Studenten Joachim Voigt, berief Bettels zum Alleinvorstand und sich selbst zum Aufsichtsratsvorsitzenden. Juristisch abgesichert wurde die »Operation HWG« durch Bettels' Onkel Dr. Claus Adler und den Hildesheimer Anwalt Burkgard Suden. Der Coup flog zwar auf, und die Akteure flüchteten in ihre Ausgangsstellungen, doch der Schaden von 1,4 Millionen Mark für die Saalestadt wurde bis heute nicht beglichen. Die Verbindungen des jetzt geschaßten Karl-Heinz Arntjen reichen bis in diese Zeit zurück.

Der Liquidator mit dem fürstlichen Gehalt

»Halle ist kein Einzelfall«, titelte am 28. Juni 1993 die »Berliner Zeitung«, doch das Beispiel der Saalestadt zeigt exemplarisch, wie ein Sumpf aus Geschäftemacherei, Korruption und persönlicher Vorteilsnahme eine ganze Stadt in ihren wirtschaftlichen Grundfesten erschüttern kann. Auch der größte Konkursfall in der Geschichte der Bundesrepublik – die Liquidierung der Konsumgenossenschaft Halle – ging hier unter recht seltsamen Begleitumständen über die Bühne.

Dabei konnte das staunende Publikum eine weitere Spezies

der Vereinigungsgewinner kennenlernen: den Konkursritter. Denn bei der Liquidierung der mit 473 000 Mitgliedern und 22 000 Beschäftigten größten Genossenschaft Deutschlands, gegen die im Februar 1992 Gesamtvollstreckung beantragt wurde, sorgte bisher vor allem einer für Schlagzeilen: Rechtsanwalt Dr. Siegfried Baron von Hohenhau aus München. Der blaublütige Liquidator erhielt für zehn Tage Tätigkeit im Zuge der dem eigentlichen Konkursverfahren vorausgehenden Sequestration ein wahrhaft fürstliches Salär von 9,5 Millionen Mark. Dazu kam ein Vorschuß auf seine Verwaltervergütung in Höhe von drei Millionen Mark. Auch wenn der Herr Baron bis heute seine Hände in Unschuld wäscht, das Finanzamt Halle hat gegen diese großzügige Entlohnung Rechtsmittel eingelegt. Außerdem wurde der Adelige vom zuständigen Amtsgericht als Konkursverwalter abberufen, weil er seinen zuständigen Kontrolleur, Konkursrichter Jan-Dirk Dreßler, bestochen und sich so die unverhältnismäßig hohe Vergütung ergaunert haben soll. »Vorteilsgewährung« heißt das im Juristendeutsch.

Dabei war alles so gut eingefädelt. Zugeschanzt wurde ihm der lukrative Auftrag vom Präsidenten des Amtsgerichts Halle-Saalekreis, Hans Haarmeyer. Noch in seiner Amtszeit als Konkursrichter in Osterholz-Scharmbeck bei Bremen hatte der geschäftstüchtige Jurist für 100 250 Mark Honorar ein Gutachten über den Konsum-Konkurs angefertigt, eine nach dem Richtergesetz verbotene Nebentätigkeit. Als Baron von Hohenhau in den »wilden Osten« übersiedelte, besorgte ihm Kollege Haarmeyer gleich eine gemeinsame Bleibe: Ein halbes Jahr lang teilten sich die beiden wie in einer Wohngemeinschaft das Haus einer pleite gegangenen Molkerei in Merseburg.

Haarmeyer, der nach einer vorübergehenden Tätigkeit als Direktor des Kreisgerichts Merseburg am 1. September 1992 recht schnell zum Amtsgerichtspräsidenten in Halle avancierte, hatte schon gleich nach dem Fall der Mauer erkannt, daß seine Tätigkeit im gewendeten Osten bald gefragt sein würde. Mit dem ihm befreundeten Anwaltsgespann Wolfgang Wutzke und Karsten Förster aus Bremen bot er dem Ostberliner Justizministerium seine Dienste als Ausbilder für Vollstreckungsverfahren an. Nach den ersten Lehrgängen schließlich ließ sich Haarmeyer in leitende Stellungen des ostdeutschen Justizapparates berufen, um seinen Kompagnons faktisch ein Monopol am Pleitenmarkt zu sichern. Dabei rechneten sie Vergütungssätze ab, die zum Teil um das Vierzehnfache über den im Westen üblichen Abrechnungen lagen – und dies bei einer Arbeitsqualität, die allein schon wegen der Überbelastung kaum zufriedenstellend gewesen sein kann. Zumindest prahlte Wutzke öffentlich damit, daß er mit seinem Kollegen 211 Konkursfälle im Osten bearbeite. Das waren etwa zwei Drittel der damals von der Treuhand in Auftrag gegebenen Vollstreckungen. Zum Vergleich: Ein Topkonkursverwalter der alten Bundesrepublik bearbeitet im Schnitt circa 15 Insolvenzverfahren. Inzwischen ist Richter Haarmeyer – wie er in einer Gegendarstellung zu einem Bericht des Nachrichtenmagazins »Focus« verkünden ließ – »auf eigenen Wunsch vorübergehend an das Oberlandesgericht Naumburg abgeordnet worden«. Sein Komplize Siegfried Baron von Hohenhau, der nach Bekanntwerden der Vorwürfe schnell noch Akten beseitigen wollte und gegen den deshalb jetzt auch wegen versuchter Aktenunterdrückung sowie Widerstand gegen die Staatsgewalt ermittelt wird, kann sich allerdings mittlerweile wohl wenig Hoffnungen auf die bereits eingeplanten 27 Millionen Mark Honorar aus der Konsum-Abwicklung machen.

Privatisierung bis in den Konkurs

Wenig Fingerspitzengefühl, geschweige denn professionelles Geschick bewiesen die Treuhand-Manager auch bei der Auswahl ausländischer Aspiranten, von denen viele halbseidene Gestalten schnell ihre Partizipationschance am verheißenen zweiten deutschen Wirtschaftswunder erkannten und ungeniert nutzen durften. Unter Wirtschaftskriminalisten ist es ein offenes Geheimnis, daß Organisationen der italienischen Mafia mit zu den größten Einzelinvestoren im deutschen Osten zählen. Mit Sanierung oder dem Erhalt von Arbeitsplätzen dürften diese Herrschaften wenig im Sinn haben – dafür um so mehr mit Geldwäsche.

Ein Engagement der Mafia blieb den beiden Firmen Thüringer Faser AG (FTS) in Rudolstadt-Schwarza und Sächsische Kunstseiden GmbH (SKS) in Pirna zwar erspart, dafür gab ihnen der Verkauf an die indische Großindustriellenfamilie Dalmia den Todesstoß. Nachdem die beiden Brüder Sanjay und Anurag Dalmia zusammen mit den beiden Betrieben 40 Millionen Mark als Grundausstattung von der Treuhand kassiert hatten – im Gegenzug versprachen sie Investitionen in Höhe von 150 Millionen Mark –, sammelten sie bei den zuständigen Landesregierungen weitere Fördermillionen ein. Doch aus den zugesagten Investitionen wurde nichts – im Gegenteil. Die beiden Subventionsschwindler aus dem indischen Subkontinent räumten die Firmenkassen leer und transferierten neun Millionen Mark in ihr malaysisches Unternehmen 21st Century Oil. Doch das ist inzwischen pleite, weder Treuhand noch Landesregierung kommen an das aus dem Füllhorn verschüttete Geld heran.

Solche Beispiele für Konkursprivatisierung könnten eine ganze Skandalchronik füllen. Der westdeutsche Rechtsanwalt Florian Hoffmann wirtschaftete die Kahla-Porzellan GmbH in den Ruin. Die Berliner Efha-Werke-Fleischwarenfabrik GmbH drehte die Ostsee-Rügenfisch-Gruppe durch den Wolf, die Berliner TT-Bahnen Zeuke GmbH wurde durch ihren Geschäftsführer Carlo Parisel fast eliminiert.

Auch die traditionsreiche Jagd-und Sportwaffen Suhl

GmbH hätte beinahe ein ähnliches Schicksal erlitten. Ende August 1992 hatte die Treuhandanstalt das Jagdwaffenwerk an die niederländische Investorengruppe Janivo Holding B.V. in Breda sowie an die Pariser Groupe Suez verkauft. Doch die neuen Besitzer, an sich feine Adressen, dürften in Suhl kaum Gutes im Schilde geführt haben. Nachdem sie das Pulver des renommierten Thüringer Unternehmens und alle öffentlichen Fördermittel ziellos verschossen hatten, mußte der Betrieb wegen Zahlungsunfähigkeit einen Antrag auf Gesamtvollstreckung stellen. Im Dezember 1993 übernahm schließlich der österreichische Waffenhersteller Steyr-Mannlicher AG die Suhler Restbestände vom Konkursverwalter – garniert mit üppigen Thüringer Landesbürgschaften. Von den 400 Beschäftigten wurden allerdings nur 160 übernommen.

Der Bremer Vulkan Verbund AG (BVV) warf das »manager magazin« vor, aus seinen von der Treuhand erworbenen Firmen in Mecklenburg-Vorpommern »Mittel in Millionenhöhe herauszuziehen«. So sollen von den 1,8 Milliarden DM, die die Treuhand den Vulkan-Töchtern als zweckgebundene Investitions- und Betriebsmittelbeihilfen überwiesen hat, ohne Wissen der Anstalt 400 Millionen Mark an die Mutter in Bremen »ausgeliehen« worden sein. Außerdem hätten die Ostbetriebe bisher rund 135 Millionen Mark für Dienstleistungen an die Westwerften des Konzerns bezahlen müssen. Der schwerste Fall soll sich dabei in Wismar abgespielt haben. Für den Nachbau zweier Containerfrachter hat die dortige Meeres-Technik-Werft (MTW) 40 Millionen Mark an die Bremer Mutter überweisen müssen. Nach einem Gutachten des Hamburger Sachverständigen Fritz Sandmann hätte die Lizenzgebühr pro Schiff aber allenfalls drei Millionen Mark betragen dürfen. Die BVVAG wies die Vorwürfe zurück und betonte, daß sie »sich nachweislich in jeder Hinsicht korrekt und vertragskonform verhalten« habe.

Marktbereinigung auf brutale Tour

Nicht nur Mißmanagement der neuen Eigentümer, die allgemeine Wirtschaftsflaute oder eine Kombination von beidem führen zu jener kaum für möglich gehaltenen Lawine von Firmenpleiten in Ostdeutschland. Manche Westunternehmen versuchten vielmehr die Gunst der Stunde zu nutzen, um sich ein für allemal unliebsame Konkurrenz vom Hals zu schaffen. Bekanntestes Beispiel für diese Strategie – durch den Hungerstreik der Kumpel wochenlang ein Thema in den Medien – sind die Kali-Werke Bischofferode. Obwohl einige Gutachten der Grube eine betriebswirtschaftlich sinnvolle Produktion attestieren, soll Bischofferode im Zuge der geplanten Fusion des Ostherstellers Mitteldeutsche Kali AG (MDK) in Sondershausen und der BASF-Tochter Kali+Salz AG in Kassel geschlossen werden. Inzwischen wurde in diesem Fall bei der Staatsanwaltschaft Berlin ein Ermittlungsverfahren eingeleitet.

Lautloser, aber dafür noch ein wenig raffinierter, ging die Demontage der Rostocker Bagger-, Bugsier- und Bergungsreederei (BBB) vonstatten. Die holländische Firma Jan Zwagermann hatte die BBB im Juli 1991 von der Treuhand gekauft und etliche Zusagen unterschrieben: sofortige Kapitalinvestitionen von zehn bis zwölf Millionen Mark, Sachinvestitionen von 41 Millionen. Den Vertrag unterzeichnete ein gewisser Theodorus Danel, dessen Funktion bei Zwagermann bis heute nicht geklärt ist. Bei Vertragsabschluß hatte es keinen der Beteiligten stutzig gemacht, daß Danel keine Vollmacht des Unternehmens im Aktenkoffer trug. Später war es Zwagermann ein leichtes, sich vom Vertrag zu distanzieren und die Inhalte zu brechen. Statt – wie versprochen – eine neuwertige Hubinsel als Teil des Kaufpreises einzubringen, verkaufte der Holländer seinem neuen Unternehmen eine Arbeitsplattform im Golf von Aden und eine Hubinsel in Portugal zum gleichen

Preis. Dieser Haufen Schrott, keine 20 000 Mark wert, diente Zwagermann gleichzeitig als Sicherheit, um 9,4 Millionen Mark an Subventionen vom Schweriner Wirtschaftsministerium und einen 12-Millionen-Kredit von der Dresdner Bank zur Bezahlung des Kaufpreises zu erhandeln. Nachdem der Holländer den Betrieb monatelang hatte vergammeln lassen, kam das Aus für die BBB fast zwangsläufig – und Zwagermann hatte sich eine mögliche Konkurrentin im internationalen Markt trickreich vom Halse geschafft.

Um »Marktbereinigung« ging es auch dem Schweinfurter Kugellagerhersteller FAG Kugelfischer. Um ihre Kapazitäten zu vergrößern und potentielle Konkurrenten auf dem Weltmarkt auszuschalten, übernahmen die Schweinfurter bereits im November 1990 die Deutschen Kugellagerfabriken Leipzig (DKFL). Das 8000-Mann-Unternehmen war einst der größte Wälzlagerhersteller der DDR. Sofort nach dem Kauf durch FAG Kugelfischer wurden Zukunftsbereiche wie Forschung und Entwicklung in Leipzig drastisch reduziert, ein eigener Vertrieb gar nicht erst aufgebaut. Als das Stammhaus aufgrund von Managementfehlern und der weltweiten Rezession Ende 1992 in finanzielle Schwierigkeiten geriet, wurde die Schließung der DKFL bis Ende 1993 beschlossen. Vertragsstrafen wegen nichteingehaltener Arbeitsplatz- und Investitionszusagen waren in dem Vertrag mit der Treuhandanstalt nicht vorgesehen.

Von westdeutschen Marktführern geschluckt wurden unter anderem der ostdeutsche Schiffsbau, die Zementindustrie, die DDR-Versicherung und die Fluggesellschaft Interflug. Unternehmen, die durchaus eigenständig lebensfähig gewesen wären und für die sich auch andere Käufer interessierten. Doch im Zuge der treuhänderischen Privatisierungshektik, in deren Verlauf in manchen Monaten bis zu 800 Firmen über den Ladentisch gingen, blieb das marktwirtschaftliche Grundprinzip des Wettbewerbs, häufig in fataler Weise, auf der Strecke. »Es entsteht der Eindruck«, so kommentierte »Die Woche« treffend, »neben außerordentlicher Ignoranz bestimme Absicht das Handeln der Treuhand: zum Nachteil der ostelbischen Arbeitnehmer und des gesamtdeutschen Steuerzahlers.«

Welch immensen Nutzen die Begünstigten aus dieser von höchster Stelle abgesegneten brutalen Marktbereinigung schlagen konnten, zeigt sich besonders eindrucksvoll am Beispiel der ostdeutschen Zuckerindustrie. Im EG-regulierten Zuckermarkt wurde für die neuen Bundesländer eine Zuckerquote von 847 000 Tonnen vergeben. Von Stund an zog es die westdeutschen Zuckerhersteller nach Osten, wie ehemals die Siedler in den Wilden Westen. Schon bald teilten sich Südzukker, Pfeifer und Langen, der Zuckerverbund Nord sowie der Zuckerverbund Uelzen-Braunschweig 85 Prozent der Zukkerquote im Osten. So erwarben Pfeifer und Langen von der Treuhandanstalt zehn ostdeutsche Zuckerfabriken, von denen fünf sofort stillgelegt wurden und die letzte 1994 die Maschinen abstellen muß. Im Gegenzug wurde in den alten Bundesländern auf der grünen Wiese eine neues Werk errichtet, die »modernste Zuckerfabrik der Welt«, wie das Unternehmen nicht ohne Stolz vermeldet.

Auch der Präsident der Arbeitgebervereinigung Gesamtmetall, Hans-Joachim Gottschol, geriet durch ein Treuhand-Schnäppchen ins Zwielicht. Die Gottschol Metallwerke GmbH & Co. KG in Berlin, an denen der Arbeitgeberboß beteiligt ist, kauften von der Treuhandanstalt im Februar 1994 die Leichtmetall Rackwitz GmbH und die Folien GmbH in Merseburg. Ausgebootet wurde dabei der Automobilzulieferer Honsel AG, der im Gegensatz zu Gottschols Unternehmen eine Produktionslinie von Gieß- oder Walzbetrieb bis hin zur Endverarbeitung in Rackwitz erhalten wollte. Der Betriebsrat der Leichtmetall GmbH kritisierte öffentlich, daß »das von der Treuhandanstalt als unabhängiger Wirtschaftsprüfer eingesetzte Schitag-Unternehmen zugleich mit einem Tochterunternehmen die Interessen der Gottschol Metallwerke GmbH wahrnimmt«. Damit – so das bittere Resümee der Arbeitnehmervertreter – werde wieder einmal bewiesen, daß in der Treuhand offensichtlich Privatabmachungen und Mitarbeiterdeals höher stehen als der ihr übertragene Auftrag.

Astronomische Beraterhonorare

Die neuen Aufgaben in der darniederliegenden Wirtschaft im Osten der Republik forderten ganze Scharen von Politikern aus den alten Bundesländern zu zweifelhaften Höchstleistungen heraus. Auch Kanzlergünstling Manfred Abelein, ehemals Vizepräsident der Osteuropabank, ließ sich nicht lange bitten. Abeleins Jahreseinkommen belief sich auf netto rund 270 000 Mark. Hinzu kam eine jährliche Aufwandsentschädigung von 20 000 Mark durch seinen Aufsichtsratsposten bei den Zwickauer Sachsenring Automobilwerken (SAZ). Doch all das reichte ihm bei weitem nicht aus. Der Ex-CDU-Bundestagsabgeordnete und Rechtsprofessor stellte sich außerdem als juristischer Berater für die um ihr Überleben kämpfende ostdeutsche Firma in Zwickau zur Verfügung – gegen eine horrende Bezahlung, die außerhalb aller Usancen und guten Sitten lag. Er präsentierte dem Unternehmen eine Rechnung, die der Firma gefährlich viele liquide Mittel entzog. Nach Angaben des »Spiegel« vereinbarte er für seine »anwaltlichen Bemühungen« beim Verkauf des SAZ-Gelenkwellenwerkes ein Honorar von »25/10 aus einem Gegenstandswert von Mark 203 Millionen«.

Allein die Abrechnung nach der Bundesanwaltsgebührenordnung ist schon ungewöhnlich. Normal werden solche Projekte nach Tagessätzen berechnet, um das Honorar nicht in astronomische Höhen schießen zu lassen. Abelein rechnete allerdings auf Basis der Gebührenordnung ab und hob den gängigen Satz von 7,5 bis maximal 15 Zehntel auf atemberaubende 25 Zehntel an. Seine Beratertätigkeit wurde ein Millionengeschäft. Zusammen mit seinem Geschäftsfreund und Aufsichtsratskollegen Werner Frantz kassierte der clevere Professor insgesamt mehr als 6,5 Millionen Mark. Inzwischen legten Abelein und Frantz ihre Aufsichtsratsmandate nieder und zahlten der SAZ etwas mehr als zwei Millionen Mark zurück. Und die Treuhandanstalt erklärte sich im Gegenzug im Rahmen eines Vergleichs bereit, über die Vorkommnisse Stillschweigen zu bewahren.

Frei nach dem Motto »Probieren geht über Studieren« wagte sich auch der Schwager des sächsischen Ministerpräsidenten Kurt Biedenkopf, Thomas Ries, an den »Aufbau Ost«. Die Zukunft der sächsischen Plauener Spitze GmbH hatte die Treuhand Mitte 1991 in die Hände von Claus Wisser gelegt, einem Tycoon in der Gebäudereinigungsbranche aus Frankfurt am Main, der Thomas Ries als neuen Boß einsetzte. Anfang 1993 gab der Frankfurter Multimillionär den Betrieb wie ein ausgelesenes Buch wieder zurück. »Wir sehen uns nicht in der Lage, dieses Spezialitätengeschäft fortzuführen«, erklärte Vorstandschef Ries. Eingehalten wurden weder Investitionszusagen von 30 Millionen Mark noch die Arbeitsplatzgarantien für 750 Beschäftigte.

Unersättliche Immobilienhaie

Claus Wisser, ehemals Vorsitzender der Jungsozialisten in der Bankenmetropole Frankfurt, hat eine klassische Tellerwäscherkarriere hinter sich. Als der Betriebswirtschaftsstudent in den Semesterferien bei einer Fensterreinigungsfirma jobbte, keimte in ihm die Erkenntnis, daß er es auf diese Art und Weise zu nichts bringen werde. Also gründete er eine eigene

Putzkolonne und nutzte seine politischen Kontakte, um an lukrative öffentliche Aufträge im sozialdemokratisch regierten Hessen zu gelangen. Bald war die erste Million verdient, und Wisser – nicht auf den Kopf gefallen – investierte das Geld in alle möglichen Geschäfte. Schließlich herrschte er über einen riesigen Gemischtwarenkonzern und wurde so nebenbei auch noch zum größten Textilfabrikanten der alten Bundesländer.

Als die Mauer fiel, war der clevere Geschäftsmann, der sich gerne als Krisenmanager titulieren läßt, natürlich sofort zur Stelle und begab sich auf Schnäppchenjagd. Besonders Immobilien hatten es ihm angetan, und so führte ihn sein Weg auch ins kleine Städtchen Teltow an den südlichen Stadtrand von Berlin. Hier – auf dem riesigen Firmengelände der Geräte-Regler-Werke (GRW) – bauten in den letzten Jahren vor der Wende über 6500 Beschäftigte Automatisierungstechnik für die DDR-Industrie. Doch mit Elektronik »made in GDR« war nach dem Fall der Mauer nur noch wenig Staat zu machen. Der Braten, den Claus Wisser mit seiner feinen Nase für Okkasionen roch, war von anderer Art. Das Unternehmen samt seiner üppigen Liegenschaften ging für den fast schon obligatorischen Einheitspreis von 10 Groschen in den Besitz des Frankfurter Firmenpatrons und seines Geschäftspartners Roland Ernst über. Wisser hatte angeblich – so die Treuhand – Investitionszusagen von 120 Millionen Mark gemacht. Dabei ging es ihm allerdings nicht um den Erhalt des Werkes, sondern um den Verkauf der wertvollen riesigen Grundstücke vor den Toren Berlins an Investoren.

Der Verkauf der GRW unterlag von seiten der Berliner Monopolbehörde dem Verantwortungsbereich von Treuhand-Vorstand Wolf Klinz, der aber angeblich von dem ganzen Geschäft nichts wußte – und das, obwohl er dem Vernehmen nach mit Wisser gut befreundet ist. In der Tat wurde der Vertrag von den Treuhand-Mitarbeitern Harald Lang und Andreas Wüst abgewickelt. Wisser-Kompagnon Roland Ernst aber ist Großkunde bei der Bayerischen Vereinsbank, während Treuhand-Mitarbeiter Wüst ein von der Bayerischen Vereinsbank entliehener Manager ist. Ein Zufall? Immerhin wurde durch eine spätere interne Revision festgestellt, daß die Geräte-Regler-Werke nicht eine, sondern sage und schreibe 170 bis 270 Millionen Mark wert sind. Ein staatsanwaltliches Verfahren gegen Treuhand-Vorstandsmitglied Klinz wurde trotzdem wieder eingestellt. Dessen untere Charge Harald Lang mußte seinen Hut nehmen, und das war's dann. Doch immerhin wurde durch die Entrüstung, die der vom »Spiegel« aufgedeckte Skandal in der Öffentlichkeit auslöste, eine Nachverhandlung des Vertrages durchgesetzt. Dabei kam ans Tageslicht, daß der Verkauf des Nachbargrundstücks – das Eltronik eb.-Gelände – ebenfalls nicht ganz hasenrein gelaufen war. Zwischen 40 und 100 Millionen Mark mußte das Wisser/Ernst-Konsortium an die Treuhand nachbezahlen, außerdem wurden – erstmals – eine Arbeitsplatzgarantie, die Höhe der zugesicherten Investitionen und eine Mehrerlösklausel »eindeutig« vertraglich geregelt.

Doch nicht nur Treuhand-Mitarbeiter und Wessi-Spekulanten vom Kaliber eines Claus Wisser haben sich beim Immobilienschacher in der früheren DDR eine goldene Nase verdient. In Fredersdorf zum Beispiel, einer 6000-Seelen-Gemeinde vor den Toren Berlins, bereicherten sich auch Gemeinderatsmitglieder an den enormen Wertsteigerungen im Osten. Obwohl mehrere Alteigentümer auf juristischem Weg ihre Ansprüche auf Grund und Boden in der Gemeinde geltend machten, genehmigte der Gemeinderat wider besseres Wissen den Verkauf eines Grundstückes, das dem Westberliner Gärtner Thomas Scherer gehört. Den Versuch der Gemeinde, seine sechs Hektar Ackerland zu verhökern, konnte der Gärtner gerade noch verhindern. Der Bürgermeister Reinhard Schmidt hatte den Grund nebst weiteren 80 Hektar

Land einem finnischen Konzern zum Verkauf angeboten – für 35 Mark pro Quadratmeter bei einem Verkehrswert von 80 Mark. Der Deal platzte, als Scherer sich zur Wehr setzte.

Die Gemeindevertreter jedenfalls haben sich gut versorgt und ihr Schäflein ins trockne gebracht. Über die Hälfte des 20köpfigen Kommunalparlaments sicherte sich billigen Baugrund zum Spottpreis von fünf bis zehn Mark pro Quadratmeter. Unter ihnen der Architekt Karl-Heinz Blechinger, Ehemann der brandenburgischen Landtagsabgeordneten Beate Blechinger und bis vor kurzem Vorsitzender des Bauausschusses in Fredersdorf. Der Architekt bekam ein Grundstück von 400 Quadratmetern für 4000 Mark, seine Tochter Agnes schnappte sich 900 Quadratmeter für den Bau eines Eigenheimes. Geradezu höhnisch klingt da das politische Credo von Beate Blechinger, der Ehefrau und Mutter der rührigen Grundstückskäufer: »Politische Inhalte kann man nur durch glaubwürdige Politiker vermitteln.«

Auf ein paar größere Grundstücke hatten es die Hamburger Unternehmer Christian Rogalla von Bieberstein und Volker Schuhmacher von der Eurata AG aus der Elbestadt abgesehen. Beide bekamen Ende 1991 den Zuschlag für den ehemaligen VEB agrotechnic Leipzig, nachdem sie mit einem Kaufpreis von 103,5 Millionen Mark einverstanden waren. Mit der agrotechnic und ihren 14 Tochterfirmen übernahmen die Jungs von der Waterkant gut eine Million Quadratmeter an Immobilien. Diese wurden ein paar Monate später mit Hypotheken in Höhe von rund 476 Millionen Mark belastet, von denen fünf Prozent an die Käufer flossen. Dann schritt die Staatsanwaltschaft ein. Rüdiger Bagger von der Staatsanwaltschaft Hamburg schätzte die Schadenshöhe auf rund vier bis sechs Millionen Mark. Allerdings wurde das Verfahren gegen den verantwortlichen Christian Rogalla von Bieberstein rasch wieder eingestellt, da ihm die Ermittlungsbehörde unterstellte, daß er »bestrebt war, sich vertragsgetreu zu verhalten und nicht die Absicht hatte, die übernommenen Gesellschaften wirtschaftlich auszuhöhlen«. Merke: Man muß nur die richtigen Gläubiger für die vermeintlich gute Absicht finden.

Beim großen Immobilienrummel, der unmittelbar nach der Wende wie ein Goldrausch über Ostdeutschland hereinbrach, wollte auch Jürgen Homann nicht im Abseits stehen bleiben. Der vormals 150prozentige Parteigenosse pachtete das Erfurter Großhotel Thüringen zu ungewöhnlich günstigen Bedingungen: jährliche Pacht 400 000 Mark statt dem marktgerechten Zins von vier Millionen. Verantwortlich für so viel Entgegenkommen waren der damalige thüringische Minister für Gesundheit und Soziales, Hans-Henning Axthelm, sowie der Erfurter Oberbürgermeister Manfred Ruge. Denn die wirtschaftlich äußerst interessante Immobilie gehörte zu 60 Prozent dem Land, zu 40 Prozent der Stadt. Eine vorherige öffentliche Ausschreibung hatte nicht stattgefunden. Jürgen Homann konnte zufrieden sein. Für 1991 und 1992 brauchte der frisch gebackene Hotelbetreiber gar nichts zu zahlen. Trotz derartiger Konditionen fand Homann scheinbar jedoch nicht lange Vergnügen am Geschäft. Schon im Oktober 1992 verkaufte er seine Betreibergesellschaft samt Pachtvertrag – ohne Rücksprache mit den Eignern – an ein Tessiner Unternehmen in Lugano, das merkwürdigerweise Thuringia Hotel-Kongreß-Freizeitcenter Betreiber AG heißt. Ihr Geschäftsführer Heinz J. Reisinger zahlte Homann knapp zwei Millionen – und ließ ihn den Betrieb weiter führen. Ob Homann, gegen den eine Anklage wegen Anstiftung zur Untreue auf den Weg gebracht wurde, überhaupt noch belangt werden kann, ist unklar. Axthelm und Finanzminister Zeh schusterten sich derweil vor Gericht gegenseitig die Verantwortung für den Skandal zu. Denn der zwielichtige Exminister behauptet, der gesamte Vorgang sei im Einvernehmen mit dem Finanzministerium abgewickelt worden.

Die Verträge seien durch Zehs Ministerium geprüft und für gut befunden worden.

Hochbezahlt in treuen Händen

Betrug, Schiebung, undurchsichtige Machenschaften landauf und landab – mal mit, mal ohne die eifrigen Helfer der Treuhand. Die Öffentlichkeit hat sich an die Skandale um die Berliner Treuhandanstalt gewöhnt. Die Verantwortlichen in der Behörde haben bis jetzt alles eisern durchgestanden und ausgesessen. Dafür werden sie auch entsprechend entlohnt. Der durchschnittliche Jahresverdienst der aus dem Westen importierten Treuhand-Direktoren betrug 1992 rund 296 000 Mark, die Abteilungsleiter bekamen ein Jahressalär von 184 000 Mark. Dazu kamen bei Direktoren noch Bonuszahlungen bis zu 35 Prozent, satte 50 Prozent bei den Abteilungsleitern. Danach betrug das Gesamtgehalt der Direktoren im Jahresdurchschnitt 379 000 Mark, das entspricht einem Monatssalär von über 30 000 Mark. Jedem Abteilungsleiter zahlte der Finanzminister in Bonn pro Jahr immerhin noch 242 000 Mark.

Laut Abrechnungen machten sich 93 Prozent aller Führungskräfte so verdient, daß ihnen motivationsfördernde Bonuszahlungen und Erfolgsprämien zustanden. Diese Incentives, gewissermaßen ein zusätzlicher Treibstoff für die Beschleunigung des Privatisierungsprozesses, taten ihre Wirkung: Die »Planerfüllungen« schnellten bei Abteilungsleitern bis zu 547, bei Direktoren bis zu 295 Prozent in die Höhe – Dimensionen, die mehr an die Theatralik der uneffektiven sozialistischen Fünfjahrespläne erinnern als an tatsächlich erzielte sinnvolle Leistungen. Diesen folgenschweren Unsinn hat der Bundesrechnungshof schonungslos gerügt: »Eine Analyse der Auswirkungen des (Bonus-)Systems, das im wesentlichen auf eine schnelle Aufgabenerfüllung abstellte und nicht auf die Qualität der Arbeit und auf die finanziellen und sonstigen relevanten wirtschaftlichen Folgen, wurde nicht vorgenommen.« Und allein das Angebot für alle Treuhand-Führungskräfte, einen Wagen zu leasen, der nicht in erster Linie für den Dienst vorgesehen war, brachte pro Kopf zusätzliche Kostenaufwendungen von monatlich rund 1300 Mark. Eine Summe, die weit über dem durchschnittlichen Arbeitslosengeld von circa 850 Mark in der ehemaligen DDR liegt.

Noch lange wird die Nachwelt über das Treuhand-Paradoxon rätseln, wie der Vermögenswert einer ganzen Volkswirtschaft sich innerhalb von vier Jahren zu einem gewaltigen Schuldenberg verwandeln konnte. Die Philosophie der Anstalt war im Grunde denkbar einfach. Von der Devise des ermordeten ersten Treuhand-Chefs Detlev Rohwedder »rasch privatisieren, entschlossen sanieren, behutsam stillegen« blieb in der Ära Breuel fast nur das Privatisierungsziel. Das Tempo der Privatisierung wurde dabei zum alles entscheidenden Erfolgsmaßstab. Dabei kommt es nicht auf den Verkaufserlös an, notfalls wird zugezahlt. Als Gegenleistung sollen die Investoren Kapital einschießen, Arbeitsplätze schaffen oder sichern und Marktanteile mitbringen. Das schnelle Privatisierungstempo rächt sich nun. Während sich die Treuhand in den ersten Jahren rigoros weigerte, privatisierte Betriebe zurückzunehmen, bleibt ihr seit Mitte 1993 nichts anderes mehr übrig. Zu groß wurde der Berg an betrügerischen Vertragsabschlüssen.

Im Februar 1994 gab die Treuhand in ihrem ersten Rechenschaftsbericht bekannt, daß von ehemals 13 478 zu privatisierenden Unternehmen oder Unternehmensteilen noch 266 Unternehmen abzuwickeln, das heißt konkret zu verkaufen oder zu liquidieren sind. Nun muß sich die Behörde aber nicht nur um diese übriggebliebenen Betriebe kümmern, sie muß auch noch die alten Fälle aufarbeiten. Mit 3 000 Käufern führt die Treuhand bisher Nachverhandlungen. Als sich die Fehlschläge häuften, mehrten sich auch in der Berliner Anstalt die kritischen Stimmen. Zu häufig habe man auf schwache Investoren gesetzt, habe ihre Bonität nicht ausreichend geprüft und sei bei der Eigenkapitalausstattung der Unternehmen zu knickrig gewesen.

Bekannt ist mittlerweile, daß 20 Prozent der Investoren ihre Verträge nicht einhalten. Das betrifft unter anderem auch die Krupp Stahl AG. Der westdeutsche Konzern hatte für die Kaltwalzwerk Krupp Stahl Oranienburg GmbH den Erhalt von 600 Arbeitsplätzen und Investitionen von 40 Millionen Mark zugesagt. Dafür hatte das Konsortium auch 7,1 Millionen Mark an Fördermitteln vom Land Brandenburg erhalten. Doch im Mai 1993 beschloß der Stahlkonzern, das Kaltwalzwerk zum 30. Juni des Jahres zu schließen.

Seit 1991 schreibt die Treuhand sogenannte Pönalien, also Geldstrafen zur Absicherung gegen Vertragsbruch, in ihre Vereinbarungen. Doch wirksamer wurden die Verträge dadurch nicht. Im Oktober 1991 waren die Union Werkzeugmaschinenfabrik Gera GmbH und die Union Sächsische Werkzeugmaschinenfabrik GmbH Chemnitz von der Schiess AG, Düsseldorf, zu 74,9 Prozent und von der Klöckner & Co AG, Duisburg, zu 25,1 Prozent übernommen worden. Im Kaufvertrag vereinbart wurden 720 Dauerarbeitsplätze in Gera und 300 in Chemnitz bis Ende 1993. Die schriftlich fixierten Investitionsverpflichtungen beliefen sich auf insgesamt 44,2 Millionen Mark. Im Mai 1993 kündigte die Treuhand an, die Pönalien für die Nichteinhaltung der vertraglichen Verpflichtungen für das Jahr 1992 geltend zu machen und durchzusetzen. Denn im Januar 1993 hatte die Schiess AG mitgeteilt, das Werk in Chemnitz zum Ende des Jahres zu schließen. Bisher hat man noch nichts von der Zahlung einer Vertragsstrafe gehört. Kein Einzelfall – lediglich in 129 Fällen hatte die Treuhandanstalt bis Mitte 1993 Firmen zur Zahlung von Vertragsstrafen aufgefordert. In ganzen neun Fällen kam es dann auch tatsächlich zur Zahlung einer Strafe. Trotzdem verbreitet man in der Berliner Zentrale Optimismus. »Die bisherige Überprüfung der Verträge hat ergeben, daß Arbeitsplatz- und Investitionszusagen zumeist übererfüllt werden«, behauptete Treuhand-Sprecher Wolf Schöde auf der Bilanzpressekonferenz der Anstalt im Februar 1994. Trotz der Rezession und häufig zögerlichen Genehmigungsverfahren werden – so Schöde – nach einer Untersuchung des Treuhand-Vertragsmanagements die Zusagen der Investoren gut erfüllt. Die bisher überprüften Arbeitsplatzzusagen für 1993 hätten ergeben, daß per Saldo 16 867 Arbeitsplätze mehr eingerichtet wurden, als in den Kaufverträgen festgeschrieben sei. Bei den Investitionszusagen belaufe sich die Übererfüllung per Saldo auf 525 Millionen DM. Doch diese Positivzahlen, die an die Planspiele früherer DDR-Bürokraten erinnern, sind trügerisch: Denn zum Zeitpunkt der Pressekonferenz waren erst 27 Prozent aller Verträge mit Arbeitsplatzzusagen und 44 Prozent der Verträge mit Investitionszusagen überprüft worden. Das Vertragsmanagement der Treuhand muß die Einhaltung von insgesamt rund 35 000 Verträgen kontrollieren. In rund 1 000 Fällen – das mußte Schöne einräumen – gebe es bereits »Gespräche« mit den Investoren wegen finanzieller Forderungen der Anstalt.

Licht in dunkle Geschäfte

Ab Mitte des Jahres 1993 wurde der öffentliche Unmut über den »Abbruch Ost« immer lauter. So schrieb zum Beispiel die »Frankfurter Rundschau«: »Nicht nur im Osten der Republik aber herrscht längst die Meinung, daß Betriebe verschleudert, Skandale unter den Tisch gekehrt wurden und das Privatisierungsgeschäft ein Tummelplatz für Schieber, Schwindler und Absahner ist . . . Deshalb darf das Kapitel Treuhand nicht einfach abgehakt werden, wie es die Regierung gern hätte.«

Im September 1993 beantragte die SPD-Bundestagsfraktion die Einsetzung eines Untersuchungsausschusses zur Arbeit der Treuhandanstalt. Dieser nahm im Oktober seine Arbeit auf und tagt seitdem regelmäßig, um Licht ins Dunkel der Privatisierung zu bringen. Nicht überall stößt das Vorgehen der Parlamentarier allerdings auf Zustimmung. Treuhand-Präsidentin Birgit Breuel befürchtet eine Verzögerung der Arbeit ihrer Anstalt, und so manche Investoren sorgen sich um ihre Geschäftsgeheimnisse. Weil die Anstalt den Ausschußmitgliedern die Einsicht in zahlreiche Akten verweigert, erwägt die SPD-Opposition die Anrufung des Bundesverfassungsgerichtes, um eine Herausgabe der Unterlagen zu erzwingen. Wenn die Wortlautprotokolle des Treuhand-Vorstandes und des Verwaltungsrates zugänglich seien – so vermuten Insider aus dem Bundestagsausschuß –, »werden in Berlin Köpfe rollen, weil dann einige Mitglieder der Treuhandspitze der Unwahrheit überführt werden«.

Der volkswirtschaftliche Verlust bei der Privatisierung der ehemaligen Staatsbetriebe in der DDR hat mittlerweile eine Dimension erreicht, die zum Handeln zwingt. »Ein Schaden von bis zu drei Milliarden Mark« ist nach den Erkenntnissen des SPD-Bundestagsabgeordneten Manfred Hampel bei der Privatisierung in Ostdeutschland durch betrügerische Geschäftsleute entstanden. »Durch zu lasche interne Kontrollen erleichtert die Treuhand windigen Geschäftemachern ihr Handwerk«, schimpft das Mitglied des Treuhand-Ausschusses.

Detlev Rohwedder, ermordeter erster Treuhand-Boß, schätzte das Vermögen der Behörde bei seinem Amtsantritt auf rund 600 Milliarden Mark. Seine spätere Nachfolgerin Birgit Breuel prognostiziert dagegen den Schuldenberg der

Treuhandanstalt für das Ende ihrer operativen Tätigkeit auf 275 Milliarden Mark. Dazwischen klafft ein Verlust von rund 900 Milliarden Mark, also fast eine Billion.

Zum Jahreswechsel 1994/1995 will die Treuhand ihre Arbeit beenden. Tatsächlich soll sie aber als »Bundesanstalt für vereinigungsbedingtes Sondervermögen« (BVS) weiterleben. Das sieht zumindest ein internes Schreiben des Bundesfinanzministeriums vor. Angesichts der vielen laufenden Verfahren bei der Staatsanwaltschaft und den zunehmenden Nachverhandlungen wird die neue Behörde noch viel zu tun haben. Jan Priewe, Professor für Volkswirtschaftslehre an der Fachhochschule für Technik und Wirtschaft in Berlin, vermutet deshalb: »Die Treuhand wird so oder in anderer Form noch lange existieren.« Seiner Meinung nach muß eine Institution das Vertrags-Controlling übernehmen, die Grundstücksverkäufe werden sich noch lange hinziehen, und die nicht privatisierbaren Restbetriebe sollen, soweit sie nicht stillgelegt werden, im Bundesvermögen »aufbewahrt« werden. Darüber hinaus müßten Tausende von schlecht privatisierten Betrieben, die in Existenznöten sind, nachbetreut und gezielt gefördert werden. Geschieht das nicht, schneidet sich die Volkswirtschaft ins eigene Fleisch: Die Zahl der Beschäftigten im verarbeitenden Gewerbe der neuen Länder, also im klassischen Industriesektor, sank bisher um 75 Prozent. Doch ohne eine industrielle Basis kann weder der Mittelstand noch das Dienstleistungsgewerbe überleben.

Daß die Arbeit der Treuhand Betrüger und Geschäftemacher geradezu magisch anzog, ist nicht zuletzt ein Ergebnis schlimmer wirtschaftlicher und politischer Konstruktionsfehler. Auch Vetternwirtschaft und Korruption trugen nicht zur Vertrauensbildung in die Mammutbehörde bei. »Eine der größten Schwachstellen des Systems Treuhand ist aber die fehlende oder zersplitterte Kontrolle der Anstalt«, analysiert Volkswirtschaftler Jan Priewe. Zwar sollten viele kontrollieren – zum Beispiel der Verwaltungsrat, die interne Revision, der Bundesrechnungshof, das Kartellamt und der Treuhand-Ausschuß des Bundestages –, doch in diesem bürokratisch überfrachteten Dickicht von Instanzen neutralisieren sich die Aufseher eher, als daß sie effektive Arbeit leisten. Daniel Noa, Leiter der Stabsstelle Recht in der Berliner Treuhand-Zentrale, sieht nicht ohne Grund »eine Fülle weiterer Verfahren« auf die Staatsanwaltschaft zukommen. Noa, der auf ganze zwei Kriminalbeamte in seiner Stabsstelle zurückgreifen kann, registrierte bislang knapp 1200 Hinweise auf kriminelle Machenschaften bei der Privatisierung von Betrieben. Damit wären ohne die viel höher liegende Dunkelziffer allein auf Basis dieser Zahlen fast zehn Prozent aller abgeschlossenen Verträge zweifelhaft. Die Treuhand selbst hat inzwischen in 192 Fällen Strafanzeige erhoben, 675 Ermittlungsverfahren bei verschiedenen Staatsanwaltschaften werden von ihr unterstützt. Ein Ende ist noch nicht abzusehen. »Die Staatsanwaltschaft kommt vielen Betrügern gar nicht auf die Schliche, und die Tips aus der Treuhandanstalt selbst, auf die die Ermittler angewiesen sind, kommen viel zu spärlich«, klagt denn auch Treuhand- Ausschußmitglied Manfred Hampel. Den durch Wirtschaftskriminalität im Rahmen der Privatisierung verursachten Schaden bezifferte Treuhand-Sprecher Wolf Schöde im Februar 1994 auf rund drei Milliarden Mark. Dabei unterschied er feinsinnig zwischen »dem strafrechtlich relevanten Schaden, also dem, was die Täter verursacht haben, und dem, was den Tätern gelungen ist«. Der strafrechtliche Schaden belaufe sich auf insgesamt drei Milliarden DM, demgegenüber liege der tatsächliche Schaden aber nur bei 300 Millionen Mark, weil der größte Teil der Fälle noch verhindert werden konnte. »Der Schaden muß außerdem in Relation zu den durch die Treuhand ausgelösten Investitionen von 180 Milliarden DM gesehen werden«, wiegelte Schöde weiter ab.

Auch beim um sich greifenden Problem des Subventionsbetruges sind die ermittelnden Finanzbeamten – die sich zum großen Teil nur in Crashkursen für das komplizierte Steuerrecht fit machen konnten – hoffnungslos überfordert. Bei einer Kontrolle von rund 860 Bewilligungsverfahren für Investitionszulagen registrierte der Bundesrechnungshof eine Fehlerquote von 40 Prozent: Mal waren die Subventionen um bis zu 85 Pozent überhöht, mal kassierten Antragsteller gleich mehrfach. Und das Geld fließt reichlich: Mehr als 700 verschiedene Fördertöpfe stehen zu Verfügung. Der Schaden, den die Absahner anrichten, ist enorm. Allein von den bis Ende 1992 gezahlten 5,2 Milliarden Mark Investitionszulagen des Bundes, schätzt der Bundesrechnungshof, könnte eine Milliarde Mark durch Mißbrauch von Anträgen abgeflossen sein. Das brandenburgische Finanzministerium geht davon aus, daß bis zu zwanzig Prozent der Steuerausfälle des Landes von rund 600 Millionen Mark ungerechtfertigt waren.

Ein Beispiel für solche kriminellen Aktivitäten lieferte der Schweizer Industrielle Herbert Kupelwieser. Um Gelder abzweigen zu können, konstruierte der Eidgenosse die von ihm gekaufte Baumaschinen Welzow GmbH völlig um. Über dem Fertigungsbetrieb installierte er eine Verwaltungsgesellschaft, die von seiner Frau geführt wurde. 1,2 Millionen Mark Treuhand-Zuschüsse kamen nie bei der Produktionsgesellschaft an, auch die Hilfen für eine Messebeteiligung in China wurden vorab gleich in die Schweiz überwiesen.

Kaum eine andere Wirtschaftsstraftat, so der Stuttgarter Staatsanwalt Hans Richter, bietet derart »starke kriminogene Anreize wie der Betrug mit Fördermitteln für den Aufbau Ost«. Das Gros der Fälle, befürchtet Richter, »kommt noch«. Erst Anfang 1994 beginnen einige Ostländer mit Betriebsprüfungen bei kleinen und mittleren Unternehmen. Anfang 1996 sollen dann erste Großprüfungen folgen. Einzelne Länder, warnt der Rechnungshof, seien auch im Jahr 2000 noch nicht in der Lage, Prüfungen vorzunehmen. Rosige Zeiten für Abzocker: Subventionsbetrug ist in der Regel nach fünf Jahren verjährt.

Die Deals der Stasiseilschaften

Straffrei gingen bisher auch diejenigen aus, die sich bei der Auflösung der DDR-Außenhandelsbetriebe bereicherten. In der größten Polizeiaktion seit der Wiedervereinigung Deutschlands stürmten am 27. November 1991 über 150 Kriminalbeamte in Berlin Büros der Treuhandanstalt, des Computerhändlers Robotron Export-Import GmbH sowie Privatwohnungen von elf Managern des ehemaligen DDR-Außenhandesbetriebes. Sie suchten mehrere hundert Millionen Mark, die beim Verkauf des Unternehmens an die ehemaligen Robotron-Chefs, die inzwischen unter dem Firmennamen Berliner Merkur agierten, verlorengegangen waren.

Dr. Wilhelm Olges, Beteiligungsführer der Treuhandanstalt und verantwortlich für die Auflösung der DDR-Außenhandelsbetriebe, war einer von denen, dem die Fahnder auf die Finger gucken wollten. Ebenso dem Exgeschäftsführer der Robotron Export-Import GmbH, Dr. Joachim Abicht. Die Polizei überraschte Abicht in seinem Büro. Der ließ sich entschuldigen – »ich werde erwartet«. Das traf in der Tat zu, denn auch in seiner Wohnung wartete bereits die Polizei. Abichts engste Mitarbeiterin war Sigrid Olges, die Ehefrau des Treuhand-Managers. Sein Partner war der Ex-Stasigeneralmajor Peter Feuchtenberger, früher persönlicher Referent von Geheimdienstchef Markus Wolf. Von besonders vielen Stasiverbindungen war die Rede, und die Polizei beschlagnahmte die Akten gleich lastwagenweise. Der Verdacht lag nahe, daß unverbesserliche Mielke-Fans noch immer seine »Befehle für den Ernstfall« ausübten. Alle Stasioffiziere im besonderen Einsatz (OibE) hatten laut Szenario des DDR-Geheimdienstes im Fall des Falles die greifbaren Vermögenswerte der Stasi in ihren Privatbesitz zu überführen und zu »bunkern«. Nebenbei kamen bei der Razzia illegale Rubel-Transfers (mindestens 45 Millionen) im Zuge der Währungsunion und mindestens ebenso hohe Millionengewinne bei getarnten Immobilienkäufen heraus. Allein zum Registrieren der beschlagnahmten Akten waren 300 Ordner erforderlich. Mit der Auswertung ist also erst später zu rechnen – wenn die Tatbestände bereits verjährt sind?

Auch die Bosse der Forum Handels GmbH – vor der Wende für die 400 Intershop- Devisenläden zwischen Ostsee und Erzgebirge zuständig – machten nach dem Fall der Mauer ungerührt weiter. Mit mehreren Firmenneugründungen schichteten die »Jungunternehmer« Manfred Panse, Klaus Eberhard Helbig, Horst Steinert, Rudi Ziegler, Gerhard Anders, Klaus-Peter Thiel und Hans Jürgen Junker das noch von Alexander Schalck-Golodkowskis »Kommerzieller Koordinierung« (KoKo) erwirtschaftete Grundkapital erfolgreich um. Aus der Forum Handels GmbH wurde die HANCO-Gruppe mit einer DM-Eröffnungsbilanz von 923 Millionen Mark und einem Immobilienbesitz im Wert von 83 Millionen DM. Die drei HANCO-Unternehmen beschäftigen sich mit Vermögensverwaltung, Datenverarbeitung sowie Großhandel und kauften sich vor allem in westdeutsche Versicherungen, Großhandelsunternehmen und Versandhäuser ein. Insgesamt 26 Firmenneugründungen verwischten inzwischen die letzten KoKo-Spuren. Nur im Handelsregister tauchen die sieben Ex-Forum-Chefs immer wieder auf: mal als Geschäftsführer, mal als Prokurist, mal als Gesellschafter.

Staatsanwälte in der Knast-Turnhalle

Ob habgierige Wessis oder unverbesserliche Ossis – sie alle versuchten im Gewirr der deutsch-deutschen Vereinigung ihr Süppchen zu kochen – und gingen dabei mit Recht und Gesetz nicht gerade zimperlich um. Doch vor Gericht muß ohnehin keiner so schnell. Die Staatsanwälte sind den diversen Einheits- und Privatisierungsbetrügereien kaum gewachsen. So mietete die Berliner Justizbehörde schon eine Turnhalle der ehemaligen Jugendvollzugsanstalt in Alt-Moabit an, weil in den Büros der Staatsanwaltschaft kein Platz mehr für die Berge von unbearbeiteten Dossiers ist. Von den 538 offenen Verfahren der »vereinigungsspezifischen Wirtschaftskriminalität«, die Joachim Erbe, Chef der zuständigen Abteilung der Staatsanwaltschaft beim Berliner Landgericht, seit Anfang 1991 registriert hat, sind derzeit 106 unerledigt – darunter Fälle mit Schadenssummen in zweistelliger Millionenhöhe. Spektakuläre Betrugsfälle lagern seit Jahren in den Regalen der Ermittler.

Beispielsweise der »Fall Elbo«: Eineinhalb Jahre lang war der Rostocker Baukonzern nach allen Regeln der Kunst ausgenommen worden. 20 Führungskräfte der im Konzern zusammengefaßten früheren Treuhand-Unternehmen Elbo Verwaltungs GmbH, Elbo Bau AG und Märkische Bauunion GmbH veruntreuten bis Anfang 1992 mehr als 90 Millionen Mark. Der Gewinn war hoch, das Risiko vermeintlich gering. Doch im Februar 1994 wurde der Bremer Notar Hans-Jürgen Stieringer vom Berliner Landgericht zu einer Freiheitsstrafe von 3 Jahren und 6 Monaten verurteilt. Der mitangeklagte ehemalige Geschäftsführer der Märkischen Bauunion (MBU), Gerhard Brock, bekam ebenfalls wegen Untreue zwei Jahre Freiheitsstrafe auf Bewährung. Das Gericht blieb damit unter dem Strafantrag der Staatsanwaltschaft, die für Stieringer 7 Jahre und für Brock 3 Jahre Haft gefordert hatte.

Stieringer war im Zusammenhang mit der Elbo-Baugruppe, die der 1992 verstorbene Bauunternehmer Heinz Krahmer aus mehreren Einzelunternehmen schmieden wollte, Untreue zum Nachteil der Treuhand und versuchter Betrug vorgeworfen worden. Bis heute fehlen 11,6 Millionen DM, die er als Bevollmächtigter Krahmers in die USA überwiesen hatte.

»Die Bekämpfung der Vereinigungskriminalität«, so Insider, »ist zum Schlagwort verkommen.« Die Staatsanwälte sind der Flut von Verfahren nicht gewachsen. Der wirtschaftliche Schaden ist enorm. Alles in allem, errechnete Uwe Schmidt, Cheffahnder der Zentralen Ermittlungsstelle für Regierungs- und Vereinigungskriminalität (ZERV) bei der Berliner Polizei, sei der Steuerzahler um gut 20 Milliarden Mark betrogen worden. Allenfalls ein Zehntel davon wurde auf Konten in aller Welt sichergestellt. Auch hier gilt die Fünfjahresfrist: Für Vereinigungsdelikte, die 1990 begangen wurden und bis 1995 noch nicht entdeckt sind, droht die Verjährung. Nur für bereits bekannte Fälle läßt sich die Frist noch einmal um die gleiche Zeit verlängern.

Schuld an der Misere geben die meisten Juristen der Politik: Die Justizminister der Länder hätten sich Anfang 1991 nicht darauf verständigen können, die Bekämpfung der Vereinigungskriminalität zur nationalen Aufgabe zu machen. Der Bund hielt sich vornehm zurück. Da hilft es wenig, wenn sich die Ermittler bei der ZERV, im Rechtsdirektorat der Treuhandanstalt oder beim Bundesamt für Finanzen redlich mühen. Das Bundesamt prüft derzeit die Bankkontenumstellung von DDR-Mark auf DM. Ein fast hoffnungsloses Unterfangen. Wie »Der Spiegel« herausfand, hat die deutsche Einheit fast allen deutschen Großbanken zu einem Milliardengeschäft verholfen. Zu günstigen Konditionen wurden vor der Währungsumstellung ostdeutsche Geldinstitute mitsamt deren Kreditforderungen gegenüber ehemaligen DDR-Kunden übernommen. Für diese von Finanzexperten auf 150 bis

200 Milliarden Mark geschätzten Kredite müssen heute marktübliche Zinsen an die Westinstitute gezahlt werden. »Im Prinzip hat jede westdeutsche Firma, die kurz vor der Währungsunion mit ostdeutschen Kombinaten Darlehensverträge abgeschlossen hat, ihr Geld im Osten vervielfacht«, zieht der Berliner Staatsanwalt Joachim Erbe eine ernüchternde Bilanz. Gegen Zahlung einer Provision an die ostdeutschen Strohmänner wurden die Summen anschließend nach Westdeutschland zurücküberwiesen. Verurteilt wurde wegen dieses Betrugs auf Kosten der Steuerzahler bisher niemand.

IX.
Die Amigo-Connection

FJS – Der Urvater aller Amigos

Er gehörte, wie es so schön heißt, zum politischen Urgestein der Republik. Ohne ihn wäre Deutschland nicht was es ist, und Bayern nicht Deutschlands Amigo-Land. Ob Fibag-, Spiegel- oder Starfighter-Affäre – wann immer diese Gesellschaft von Skandalen erschüttert wurde, steckte einer einst mittendrin: Franz Josef Strauß. Handfeste Affären und der »Ruch der Korruption« , wie es in einem speziell seiner Person gewidmeten »Schwarzbuch« einmal formuliert worden ist, blieben dem legendären CSU-Chef und bayerischen Ministerpräsidenten treu bis zuletzt.

Keiner hat Gegner übler beschimpft und zu »Ratten und Schmeißfliegen« degradiert als der Bierzeltdemagoge aus der Münchner Staatskanzlei; keiner hat bei Freund wie Feind Phantasie und Emotionen auf Dauer heftiger bewegt als der politische Poltergeist aus der Hauptstadt der Amigo-Bewegung; und keinem gelang es besser, in der eigenen Partei, aber auch in den Führungszirkeln von Bayerns Wirtschaft, Verwaltung und Justiz ein treues Heer von Steigbügelhaltern, Büchsenspannern, Hofschranzen und Vasallen zu etablieren, als dem großen Patron aus dem Bayernland.

In den vier Jahrzehnten seines Wirkens verknüpfte Strauß seine Art der Politik mit Spezlwirtschaft und Erwerbssinn zum perfekten Karrieresystem, das ehrgeizige Aufsteiger magisch anzog. Für Orientierung sorgte ein Motto, das zum Wahlkampfslogan wurde: »Freiheit statt Sozialismus«. Freiheit, das war für Leute, die in Bayern möglichst schnell und bequem nach oben wollten, vor allem die freie Entscheidung für die CSU, ihren ungenierten Postenschacher und die offene Verquickung von Partei und Ministerialbürokratie. Wen Skrupel plagten, dem war der Expreßlift zu Macht und Profit versperrt. Doch wer sich für die CSU, »die letzte Staats- und Einheitspartei Europas« (Die Grünen), erst mal verdient gemacht hatte, dem mußte um sein Fortkommen nicht mehr bange sein – und war sein Sündenregister auch noch so lang. Die Partei spannte ihren Schutzschirm auf, und durch die Amtsstuben der Justiz wehte der Geist des vorauseilenden Gehorsams.

Strauß, der Urvater aller Amigos, hatte seinen Jüngern schon 1969 im CSU-Organ »Bayernkurier« eingebleut: »Bei uns hat es immer mehr Privilegien und standesmäßig Denkende gegeben als anderswo. Diese gute Tradition muß auch in einer modernen Massengesellschaft am Leben erhalten und verbessert werden.« Der Lockruf verfehlte seine Wirkung nicht. Bald hatte der lange Arm der Amigo-Connection den Freistaat fest im Griff. Ihr selbstherrlicher Alleinvertretungsanspruch und die Suggestion, CSU-Programm und Landesinteressen seien quasi identisch, verwandelten Bayern in Deutschlands schwarzen Erdteil. Die CSU, das war »die Partei, die das schöne Bayern erfunden hat« (Herbert Riehl-Heyse von der »Süddeutschen Zeitung«), und Bayern war die CSU.

Als Strauß am 3. Oktober 1988 im Alter von 73 Jahren nach einem Jagdausflug beim Fürsten von Thurn und Taxis an Herzversagen starb, stand die Herde ohne Leithammel da. Trotzig gab sie die Parole aus: Bayern bleibt Bayern – jetzt erst recht. Bald zeigte sich jedoch, daß Strauß' Musterschüler damit reichlich überfordert waren. Versuche, ihrem toten Ober-Amigo nachzueifern, schlugen gewaltig fehl – im Guten und erst recht im Schlechten.

Gemessen am Kaliber der Straußschen Skandale wirkt die öffentliche Aufregung über den skrupellosen Erwerbssinn seiner politischen Erben, über die Zuwendungen und Gratisreisen etwa, die sein Gefolge bei der Industrie eingestrichen hat, auf den ersten Blick wie moralinsaure Erbsenzählerei. Doch die scheinbar harmlosen Verfehlungen sind gefährlicher als man glaubt. Waren die großen Skandale der Vergangenheit wie Pestbeulen, bedrohlich zwar und häßlich für die wenigen Betroffenen, aber harmlos für die immune Gemeinschaft, so wuchern heute Opportunismus, Raffgier und Korruption wie Metastasen in der Gesellschaft. Der Virus grassiert auch unter Politikern. Und ihr schlechtes Vorbild infiziert andere. Es ist deshalb nur ein schwacher Trost, daß in der Amigo-Affäre das gleiche geschah, was auch Strauß in seinen politischen Flegeljahren als Verteidigungsminister widerfahren war: Die Devise hieß Rücktritt. Diesmal erwischte es binnen Jahresfrist – ein Schock für das bis dahin unerschütterliche Amigo-System – gleich drei Spitzenpolitiker der CSU. Ministerpräsident Max Streibl, Strauß' Nachfolger in der Münchner Staatskanzlei, verlor im Zuge der Affäre im Mai 1993 Amt und Würden. Neun Monate später, am 16. Februar 1994, stolperte dann Umweltminister Peter Gauweiler über die lange Latte seiner Skandale. Kurz darauf, am 17. März, kippte mit Gerold Tandler einer der einst treuesten Ur-Amigos aus Strauß' unmittelbarem Dunstkreis vom Stuhl des stellvertretenden CSU-Vorsitzenden. Und manchem Kabinettskollegen droht weiter Ungemach.

Wie hatte doch Franz Josef Strauß 1976 in seiner berüchtigten »Wienerwald«-Rede über die politischen Nordlichter um seinen Männerfreund Helmut Kohl gelästert? »Politische Pygmäen«, eine Art »Reclam-Ausgabe von Politikern« seien sie im Vergleich zu ihm, »total unfähig« und nichts weiter als »Zwerge im Westentaschenformat«.

Streibl, Gauweiler und der Rest der Gefolgschaft – sind

auch sie angesichts von Strauß' Kungelqualitäten nur Amigos im Miniaturformat, lauter Amigerln sozusagen?

Geistig-moralischer Abwärtstrend

Vermutlich war es nur eine Panne, vielleicht aber auch jene hinterfotzig-weise Symbolik, für die der Bayer gefürchtet ist. Ministerpräsident Max Streibl (CSU) zuckte jedenfalls nicht mit der Wimper, als ihn die Nördlinger Knabenkapelle ausgerechnet mit dem hübschen Lied begrüßte: »Nun ade, du mein schön Heimatland«. Das war Anfang Oktober 1990 im Landtagswahlkampf gewesen, der ersten Wahlschlacht nach dem Tod von Strauß. Und nichts deutete damals darauf hin, daß es mit dem Freistaat – »Gott mit dir, du Land der Bayern« – in den kommenden 31 Monaten, die Streibls Regentschaft noch dauern sollte, rapide abwärts gehen würde: politisch, wirtschaftlich, und vor allem geistig-moralisch.

Anfangs lief alles wie geschmiert: 1990 gewannen Streibl und die CSU die Landtagswahl wie gewohnt mit absoluter Mehrheit, und die Sprüche des Regierungschefs füllten die Gazetten: Bayerns SPD-Chefin, die Bundestagsvizepräsidentin Renate Schmidt, verspottete der Ministerpräsident als »Krampfhenne« und als »Mäuschen«; beim Streit zwischen Bonn und Berlin um den Regierungssitz schwafelte Max, der Bayernkönig, von der künftigen »Regierungshauptstadt Kreuzberg«; im Landtag bemühte er sich – unter wütenden Protesten der Opposition –, die unsägliche Stammtischparole von der angeblich »multikriminellen Gesellschaft« salonfähig zu machen; und beim Münchner Weltwirtschaftsgipfel im Sommer 1992 verteidigte Streibl einen brutalen und vom Münchner Landgericht später als »rechtswidrig« verurteilten Polizeieinsatz gegen laute, aber friedliche Demonstranten mit der Bemerkung, »hartes Hinlangen« sei nun mal »bayerische Art«.

Der Mann wußte, wovon er sprach. Hart hingelangt, wie es nun mal ihre Art ist, hatten Amigo Streibl und die Seinen häufig: zur persönlichen Bereicherung vor allem. Streibl, Gauweiler und der Amigo-Clan sahnten dank ihrer »Beziehungen« billige Wohnungen oder Grundstücke ab. Sie nutzten Firmenflugzeuge zu privaten Gratisreisen und ließen sich von der Industrie den Luxusurlaub spendieren. Sie kassierten üppige Parteispenden und zockten bei den Automobilherstellern zum Nulltarif Luxuslimousinen, Geländeautos und Motorräder ab – »für Testzwecke«, wie es offiziell heißt. Gauweiler verpachtete für monatlich 10 000 Mark »seine politischen Beziehungen« (SPD) an eine Rechtsanwaltskanzlei. Die Ministerpräsidenten Strauß und Streibl stopften sich als Testamentsvollstrecker einer privaten Stiftung gegen den erklärten Willen der Stifterin ein Millionensümmchen in die Taschen. Streibl und so manches Kabinettsmitglied gaben sich aber auch als Aushängeschild für kriminelle Unternehmensgruppen her und sackten dafür satte Honorare ein.

Wer soviel nimmt, der muß auch geben – und sei's vom Geld der Steuerzahler. CSU und Staatsregierung sind da nicht kleinlich: Sie versorgen ihre Gönner in der Wirtschaft, oft mittels Druck auf Bonn, mit lukrativen Staatsaufträgen. Geht es um die Rüstungsindustrie, werden den Staatsaufträgen staatliche Subventionen in Milliardenhöhe hinterhergeschossen. Prominente, die sich um Bayern und die CSU verdient gemacht haben, bekommen den Verdienstorden – und vom Finanzministerium schon mal diskrete Tips zur Steuerhinterziehung. Reicht die Hilfestellung nicht aus, dann werden Strafverfolger ausgebremst, Haftbefehle aufgehoben und Steuerschulden mit einem Federstrich niedergeschlagen, wie etwa beim Bad Füssinger Bäderkönig, Strauß-Spezi und Steuerflüchtling Eduard Zwick, der so elegant 63 Millionen Steuern sparte. Für die Automobil- und Flugzeugindustrie, die mit Abstand spendabelsten Sponsoren der CSU, paukt die CSU-

Regierung maßgeschneiderte »Umweltgesetze« durchs Parlament.

Streibl und die Busenfreunde

Der Mindelheimer Flugzeugbauer Burghard Grob verflucht heute vermutlich den Tag, an dem er den ehemaligen Bonner Regierungsdirektor Norbert Gilles und den früheren Luftwaffen-Inspekteur Eberhard Eimler zum Gratisurlaub auf seine brasilianische Fazenda eingeladen hat. Der damals 64jährige Gilles, eine schillernde Figur aus der Rüstungsabteilung der Bonner Hardthöhe, reiste mit seiner Frau an. Vier-Sterne-General Eimler, der damals stellvertretender Nato-Oberbefehlshaber war, jettete mit Ehefrau, Tochter und Enkelkind zu Grobs Silvesterparty ins sonnige Brasilien. Die Reisekosten – rund 40 000 Mark – übernahm der Gastgeber. Die Folgekosten waren höher.

Gilles und Eimler gerieten unter Korruptionsverdacht. Gilles, mittlerweile 70 Jahre alt und geständig, wurde vom Bonner Landgericht im Dezember 1993 wegen Bestechlichkeit zu zwei Jahren Gefängnis auf Bewährung und 30 000 Mark Geldbuße verdonnert. Flugzeugbauer Grob, der die Gratisreisen 1988 spendiert hatte, handelte sich wegen Bestechung einen Strafbefehl von mehreren hunderttausend Mark ein. Sein Busenfreund und stiller Förderer aus München, der CSU-Politiker Max Streibl, kippte vom Stuhl des Ministerpräsidenten und muß sich voraussichtlich im Sommer 1994 vor einem parlamentarischen Untersuchungsausschuß verantworten.

Die Wurzeln der Affäre reichen ins Jahr 1983 zurück. Damals wollte Verteidigungsminister Manfred Wörner (CDU), der inzwischen Nato-Generalsekretär ist, ein neues Aufklärungsflugzeug beschaffen, das »luftgestützte abstandsfähige Primäraufklärungs-System« (»Lapas«). Der einmotorige

Höhenaufklärer sollte entlang der innerdeutschen Grenze den Funkverkehr der damals noch vorhandenen Gegner im Osten belauschen und die Raketenstellungen der Flugabwehr ausspähen. Den milliardenschweren Entwicklungsauftrag für den High-Tech-Vogel vergab die Bundesregierung auf Empfehlung von Eimler und Wörner, einem begeisterten Segelflieger, an den schwäbischen Flugzeugbauer Burkhard Grob. Zufall? In Grobs Fabriken wurden bis dahin vor allem Segelflugzeuge produziert. Die »Lapas«- Elektronik sollte die US-Firma E-Systems liefern.

Die Methoden, mit denen vor allem Gilles der Firma Grob den Milliardenauftrag zugeschanzt hat, waren höchst dubios. Einem vertraulichen Revisionsbericht des Bonner Verteidigungsministeriums zufolge wurde die Firma Grob ohne Ausschreibung mit dem »Lapas«-Projekt betraut, obwohl das Angebot der Firma Dornier vorlag, ein schon eingeführtes Flugzeug zu berücksichtigen. Eine Anmerkung auf einem der Dokumente, vermutlich von Gilles, sagt warum: »Ausschreibung gefährdet das Projekt.«

Schon nach den ersten Testflügen mit einem Vorläufer des »Lapas«-Prototypen bahnte sich ein Debakel an: Laut »Spiegel« erreichte Grobs Wunderflieger weder die angepeilte Flughöhe noch die von Bonn verlangte Flugdauer; schon bei kleinen Turbulenzen begannen die Tragflächen stark zu schwingen, und bei starken Böen geriet das Gerät vollends außer Kontrolle – ein Schönwetterflugzeug, völlig unausgereift und untauglich für den harten militärischen Dauereinsatz, urteilte die Luftwaffe. Eine solche Fehlkonstruktion, staunte ein erfahrener Testpilot, habe er »seit fast 20 Jahren nicht gesehen«. Trotz der Kritik sprudelten aus Bonner Töpfen die Millionen für Grobs flügellahmen Flieger munter weiter. Noch im Dezember 1992 bedrängte Rühe den Bundestag, Grob und dem US-Partner E-Systems weitere 377 Millionen Mark zuzuschustern.

Obwohl die »Bedrohung aus dem Osten« inzwischen hinfällig und der Aufklärer somit überflüssig geworden war, peitschte eine dubiose »Lapas«-Lobby auf der Hardthöhe das drei Milliarden Mark teure Projekt gegen massivste Widerstände anderer Militärs voran. Seit Februar 1992 war dem Bundesverteidigungsministerium bekannt, daß in Sachen »Lapas« wegen Korruptionsverdachts ermittelt wird. Doch Verteidigungsminister Rühe stoppte das Projekt erst im Januar 1993, nachdem die Kripo die Wohnungen von Gilles und Grob durchsucht hatte.

Bei der Razzia erbeuteten die Staatsanwälte ein Tagebuch, das tiefe Einblicke in Grobs Amigo-Kreise gewährte. Das Tagebuch gehörte Gilles. Darin hatte der Bonner Beamte penibel notiert, was ihm Gastgeber Grob beim Farmbesuch in Brasilien über andere Gäste erzählt hatte. Auch der Name Streibl war gefallen. Als die »Augsburger Allgemeine Zeitung« und die »Süddeutsche Zeitung« Wind davon bekamen, schlug in Bayern die Geburtsstunde der Amigo-Affäre.

Warmer Regen durch Entwicklungshilfe

Im Städtchen Càpao Bonito, 250 Kilometer westlich von São Paulo, ist Senhor Grob aus Baviera ein gerngesehener Mann. Dem Flugzeugbauer aus dem Allgäu gehört dort das Anwesen »Duas Irmàs«, eine Fazenda mit 524 Hektar Land. Grob hat aus der ehemaligen Rinderfarm einen Freizeitpark gemacht, der höchsten Ansprüchen genügt. Sein Besitz umfaßt zwölf ziegelgedeckte Ferienhäuser, zwei Verwaltungsgebäude sowie eine 1200 Meter lange und 80 Meter breite Flugpiste. Tennisplätze, Schwimmbad und ein Reitstall erfreuen die Besucher. Grobs Weihnachts- und Silvesterfeste in Brasilien sind Legende. Nachbar Paulo Adiron Ribeiro erinnert sich noch gut an Grobs illustre Gästeschar. »Einflußreiche Freunde aus

Deutschland« seien das gewesen: »Minister, Bankdirektoren, Brauereibesitzer, Nato-Generäle« und Politiker. Sogar für deren Reisekosten sei der Flugzeugbauer aufgekommen. Über Bayerns damaligen Finanzminister Max Streibl erzählte Ribeiro »Spiegel«-Reportern amüsiert: »Der hat mir eine Silbermünze als Andenken geschenkt. Ich habe mich dafür mit einem ausgestopften Kaiman bedankt.«

Die Familie Streibl war häufig Gast auf der Fazenda. Um sich die Reisekosten zu sparen, nahm der Politiker seinen »engen Freund« beim Wort: »Wir machen das Fliegen wieder erschwinglich«, steht auf den Prospekten der Mindelheimer Flugzeugfirma Grob. Und ihr Besitzer ließ sich nicht lumpen. Streibl durfte gratis fliegen. Im Plenum des Landtags rückte Streibl mit der Wahrheit nur scheibchenweise heraus. Insgesamt dreimal, so gab er preis, habe Grob ihm und der Familie teure Flugreisen bezahlt. 1983 und 1987 sei das Ziel Grobs brasilianische Fazenda gewesen, 1985 das ferne Kenia.

Falsch, wie »Stern«-Reporter Wolfgang Krach herausfand: Streibl hatte mindestens drei weitere Kenia-Reisen verschwiegen. Demnach verbrachten Grob und sein »Freund Max« 1986 einen Sommerurlaub im Fünf-Sterne-Hotel »Leisure Lodge«, rund eine Autostunde südlich von Mombasa. Ein Jahr später und dann nochmals 1989 soll Familie Streibl die »Lodge« erneut als Urlaubsquartier genutzt haben. Andere »Lodge«-Gäste kamen mit dem Bus. Die Streibls legten den Weg von Nairobi zum Hotel mit dem Flugzeug zurück, heißt es. Für diesen Zweck seien zwei »Cessnas« gechartert worden – eine für die Familie, die andere fürs Gepäck. Urlauber Streibl ging mehrmals auf Safari. »Lodge«-Kenner schätzen die Kosten für den Aufenthalt von Streibl und seinem Anhang auf jeweils 25 000 bis 50 000 Mark. Es gibt Zweifel, ob der als knausrig bekannte Politiker alles aus der eigenen Tasche bezahlt hat. Streibl selbst geizt auch mit Auskünften: »Das war alles privat.«

Mitinhaber und Aufsichtsratsvorsitzender der »Lodge-Hotelgesellschaft« war damals der Münchner Geschäftsmann und Rechtsanwalt Wilhelm Meister. Ihm gehörte eine Prunkvilla direkt neben der »Lodge«. Dort war auch Streibl zu Gast, wie glaubwürdige Augenzeugen berichten. Ob sich Streibl als Dank für die Gastfreundschaft persönlich für Meisters Geschäfte engagiert hat, ist unklar. Fest steht jedoch, daß sich über den »Lodge«-Mitbesitzer seit Mitte der achtziger Jahre ein warmer Regen von Entwicklungshilfegeldern ergoß. Streibls Luxusquartier direkt am Meer ist ein Entwicklungshilfeprojekt, das die bundeseigene Deutsche Investitions- und Entwicklungsgesellschaft (DEG) in Köln bis 1988 mit zinsverbilligten Darlehen in Höhe von insgesamt 7,2 Millionen Mark gefördert hat. Seit 1989 flossen von der DEG weitere 5,5 Millionen Mark an die »Ost-Afrika Hotelgesellschaft mbH & Co. Aircraft Leasing KG« in München. An dieser KG war Streibl-Freund Meister als Kommanditist mit 3,75 Millionen Mark beteiligt. Mit dem Geld der DEG kaufte die Ost-Afrika-Gesellschaft Ende 1989 für 6,9 Millionen Mark ein 19sitziges Mittelstreckenflugzeug vom Typ Dornier 228-212. Nach Angaben von Meisters früherem Piloten Eberhard Frömert diente die Maschine »praktisch nur dazu, die Lodge-Urlauber auf Safari zu fliegen«. Geschäftsmann Meister bekam am 15. Oktober 1991 das Bundesverdienstkreuz am Bande – für »im Ausland erworbene Verdienste« und auf Vorschlag des damaligen bayerischen Ministerpräsidenten Max Streibl.

Wenn richtig ist, was in Hobbyfliegerkreisen kolportiert wird, dann ist Amigo Streibl ein Pionier des Freiflugs. 1973, als er das kostenlose Mitfliegen lernte, waren Freiflugtickets nur mit ausgeprägtem Durchsetzungsvermögen und großem Organisationstalent zu ergattern. Oberbayer Streibl, der damals bayerischer Umweltminister war, wollte eines schönen Tages möglichst komfortabel nach Niederbayern zum Straubinger Gäubodenfest gelangen. Deshalb, so heißt es, habe ihn von einem Behelfsflugplatz bei Peißenberg (Oberbayern) ein Sportflugzeug abholen müssen, das ein bekannter allgemeiner Automobilclub offiziell für die Verkehrsbeobachtung gechartert hatte. Nachdem sie Streibl in Straubing abgesetzt hatte, habe die Besatzung bis zum späten Nachmittag Verkehrsbeobachtung mimen müssen, um anschließend den vom Bierzeltbesuch ermatteten Minister wieder heimzufliegen. Seit diesem ersten, quasi offiziellen Amigo-Flug Streibls hat sich nicht viel verändert. Nur die Flugzeuge wurden größer und bequemer.

Seine »Traumreisen« und Gratisflüge brachten Streibl 1993 ins Trudeln. Im Parteivorstand und an der CSU-Basis wuchs der Unmut über die Luxustrips des Regierungschefs. Derweil warben die Hamburger Reisebüros rds-Reisen und srid-Reisen in den Münchner Tageszeitungen mit einer Annonce, in der es hieß: »Anrufen & Abfliegen – auf den Spuren von Max Streibl«. Nach dem Motto »Angriff ist die beste Verteidigung« holte Streibl am 28. Januar 1993 zum letzten verzweifelten Gegenschlag aus. Vor der Vollversammlung des Landtags erklärte er: »Meine Damen und Herren. Die Vorwürfe sind ungeheuerlich und empörend. Alles ist nicht nur korrekt abgelaufen, sondern hält auch allen Regeln des menschlichen Anstands und des politischen Stils stand. Sie wollen wissen, ob ich an Reisen teilgenommen habe, die von meinem Freund Burkhard Grob finanziert wurden? Daraus habe ich noch nie ein Hehl gemacht. Wichtig ist doch nur das eine: Es darf keine Vermischung von politischem Amt und privaten Gefälligkeiten im Freundeskreis geben. Es darf auch keine unzulässige Vergünstigung zugunsten von Firmen oder Unternehmern geben. Ich nehme für mich in Anspruch, daß bei meinen Reisen ein Bezug zu meinen politischen Ämtern nie bestanden hat. Ich bin nicht bestechlich und habe mich nie bestechen lassen. Das weiß jeder, der mich kennt.«

Gut gebrüllt, bayerischer Löwe, dachten sich Streibls Parteifreunde zunächst erleichtert, sprachen dem Regierungschef das Vertrauen aus und schmetterten Rücktrittsforderungen der Opposition entrüstet ab. Es war das erste Mal seit 1949 gewesen, daß ein bayerischer Ministerpräsident im Landtag formell zum Rücktritt aufgefordert worden war. Doch die CSU hatte sich zu früh gefreut. Bei der Lektüre der »linken Kampfpresse«, wie Streibl und sein Gefolge »Stern«, »Spiegel« und »Süddeutsche Zeitung« zu titulieren pflegen, wurden ihre Gesichter bald immer länger.

»Im trauten Kreis von Spezln und Amigos« lautete Anfang Februar 1993 die Schlagzeile eines Berichts von SZ-Reporter Michael Stiller, der die Glaubwürdigkeit von Streibls Rechtfertigungsversuch im Landtag schwer erschütterte. Danach war klar, daß der Ministerpräsident bei seinen Kontakten zu den Amigos in der Wirtschaft eben doch sämtliche Schamgrenzen überschritten hat. Hatte Streibl bisher stets beteuert, es habe keinen Anlaß gegeben, mit dem befreundeten Flugzeugbauer Burkhard Grob jemals über den Höhenaufklärer »Lapas« zu sprechen und sich für das Projekt einzusetzen, so sah sich die Staatskanzlei kurz darauf zu einer offenherzigen »Klarstellung« veranlaßt: Der Ministerpräsident, so hieß es nun, habe sich »natürlich immer wieder darum bemüht, im Zusammenhang mit der Reduzierung des investiven Teils des Bundeswehrhaushalts die Auswirkungen auf die bayerischen Arbeitsplätze so gering wie möglich zu halten«. Deshalb habe er sich »für alle für Bayern wichtigen Großprojekte, zum Beispiel für den Jäger 90, eingesetzt«. Und für das Drei-Milliarden-Projekt »Lapas« seines Mindelheimer Freundes Burkhard Grob.

Daß Streibl Amt und Privatinteressen verquickt und sich für Freund Grob in Bonn stark gemacht hat, belegt ein Brief aus dem Bonner Verteidigungsministerium. Darin teilte der damalige Staatssekretär auf der Hardthöhe, Holger Pfahls (CSU), dem bayerischen Regierungsschef am 1. Juni 1990 mit: »Sehr geehrter Herr Ministerpräsident, zum Vorhaben Lapas kann ich Ihnen folgende Informationen geben: Zur Zeit steht die Entscheidung über die Beschaffung des Systems an. Bei meinem Besuch am 23. März 1990 hat mir Herr Dr. Grob in eindrucksvoller Weise die Leistungsfähigkeit seines Unternehmens beim Bau von Spezialfluggerät vorgeführt. Im Rahmen des Möglichen bin ich gerne bereit, das Know-how der Firma durch andere Aufträge zu erhalten und zu fördern, und habe bereits einen entsprechenden Prüfauftrag erteilt. Ich hoffe, Ihnen mit diesen Angaben gedient zu haben, und werde Sie erneut informieren, wenn weiterführende Erkenntnisse vorliegen.«

Auf seinen Freund Streibl konnte sich Grob auch sonst verlassen. 1985, nach ihrer ersten gemeinsamen Kenia-Reise, bemühte sich Streibl in seiner damaligen Eigenschaft als Finanzminister, dem Allgäuer Unternehmer eine Beteiligung an der Münchner Rüstungsschmiede Krauss-Maffei zu verschaffen. Das Ziel von Strauß und Streibl war ein staatlich dominierter bayerischer Waffenkonzern mit Partnern, die der CSU gewogen sind. Ein enger Strauß-Freund glaubt zu wissen, warum die Bayern 1985 so wild auf Krauss-Maffei waren. »Die haben damals im Kaufpreis, den sie Flick zahlten, einen schönen Batzen für die CSU versteckt«, behauptet der Mann. Beweise hat er nicht. Unklar ist bis heute, wer 1985 den auffallend winzigen Anteil von 0,15 Prozent an Krauss-Maffei übernehmen wollte, der offiziell dem Münchner Anwalt und Wirtschaftsprüfer Hellmuth W. Schmid zugedacht war. Schmid gibt sich zugeknöpft: »Da kann ich überhaupt nichts sagen.«

Krauss-Maffei war für die CSU schon immer eine gute Geldquelle. Wie der Justiz im Zuge der Flick-Affäre bekannt wurde, hatte das Unternehmen von 1955 bis 1982 an die »Bayerische Staatsbürgerliche Vereinigung«, eine dubiose Spendensammelstelle der konservativen Parteien, mehr als eine halbe Million Mark überwiesen. Ein großer Teil davon war an die CSU geflossen. Auch Streibls oberbayerischer Bezirksverband hatte von Krauss-Maffei Geld bekommen.

Streibls Amigo Grob war auch Kunde der bayerischen Landesanstalt für Aufbaufinanzierung (LfA). Sie gewährte dem Mindelheimer Unternehmer 1981, 1985 und 1992 zinsverbilligte Kredite in Höhe von insgesamt 28 Millionen Mark für die Erweiterung seiner Firma. Die staatlich subventionierten Darlehen für Grob lagen 1981 zwölfmal, 1985 fünfmal und 1992 wiederum zwölfmal höher als der Durchschnittsbetrag, der anderen Betrieben zufloß. Aufsichtsbehörde der LfA ist das bayerische Finanzministerium. Hausherr war dort bis 1988 Max Streibl. Bayerns ehemaliger Wirtschaftsminister August Lang (CSU) sprang Streibl bei: Die LfA-Förderung sei »völlig korrekt« erfolgt. »Wer 100 Millionen investiert und 1 000 Arbeitsplätze schafft, bekommt mehr Fördermittel als einer, der nur 10 000 Mark investiert.« Was Lang verschwieg: Kein Banker darf sich bei einem Urlaub erwischen lassen, den einer seiner Kreditnehmer gesponsert hat. Der Pressesprecher der Grünen im bayerischen Landtag, Hans-Dieter Reichhelm, fand denn auch die bisher griffigste Definition der Amigo-Affäre: »Der Mindelheimer Flugzeugbauer Burkhard Grob war Zuwendungsempfänger des Freistaates Bayern; Max Streibl war Zuwendungsempfänger Grobs.« Das ist der Kern des Skandals.

Märchenhaft – der Staat zahlt alles

CSU-Chef Theo Waigel platzte der Kragen. Erzürnt tat der Bonner Kassenwart etwas, was unter Amigos als Todsünde gilt: Er verriet einen Parteifreund. »Der Spiegel« hatte berichtet, Unternehmer Grob habe Waigels Partei 1990 insgesamt 105 000 Mark gespendet. Im Jahr darauf habe sich

Finanzminister Waigel dann revanchiert und im Forschungsministerium massiv für die Finanzierung von Grobs Höhenforschungsflugzeug »Strato 2 C« interveniert. Waigel war empört. Seinem schwäbischen Hausblatt »Augsburger Allgemeine« steckte der CSU-Chef am 25. Januar 1993, wie es angeblich wirklich war: »An mich persönlich, in meinem Wahlkreis oder an die CSU-Landesleitung ist keine Mark davon gegangen. Die Gelder haben andere Unterabteilungen der Partei erhalten.« Wohin Waigels Finger wies, war rasch klar: auf den CSU-Bezirk Oberbayern und dessen Vorsitzenden Max Streibl. Dort war mit 90 000 Mark der Löwenanteil der Spende von Flugzeugbauer Grob gelandet.

Auch den Allgäuer CSU-Bundestagsabgeordneten Kurt Rossmanith versorgte der Unternehmer aus dem Schwäbischen mit Spenden. Hinterbänkler Rossmanith, der im Verteidigungsausschuß meist nur zu »Lapas«-Sitzungen erschien, bekam mal 20 000 Mark, mal – wie 1990 – einen Scheck über 10 000 Mark, den er auftragsgemäß an Parteifreund Erich Riedl weitergab. Oberbayer Riedl war bis Anfang 1993 parlamentarischer Staatssekretär in Bonn. Den klingenden Zusatztitel »Koordinator für die Luft- und Raumfahrt« hatte ihm Strauß verliehen. Dennoch will Riedl, der Superlobbyist der Rüstungsindustrie, mit den Skandalprojekten »Lapas« und »Strato 2 C« »persönlich nie zu tun gehabt« haben.

Flugzeugbauer Grob hatte Streibl und dem damaligen Bonner Forschungsminister Heinz Riesenhuber (CDU) sein Forschungsprojekt »Strato 2 C« am 14. Juni 1991 bei einem Gespräch in seiner Firma aufgeschwatzt. Streibl behauptete hinterher, es sei nur um bayerische Projekte gegangen. Die »Mindelheimer Zeitung« berichtete über das Treffen jedoch unwidersprochen: »Es ging dabei darum, daß die Bundesregierung ein Spezialflugzeug anschaffen und bei der Erforschung des Ozonlochs einsetzen will.« Die Firma Grob wird schon gewußt haben, warum sie sich nach dem Gespräch optimistisch zeigte, »daß die Bundesregierung bei ihrem geplanten Forschungsprojekt auf eine Grob-Maschine zurückgreift«.

So kam es dann auch. Das Forschungsministerium und der Haushaltsausschuß des Bundestags votierten für das Grob-Projekt. 120 Millionen Mark, die eigentlich für einen Stratosphärensatelliten eingeplant waren, wurden umgeschichtet. Daß den Bonner Ministerialbeamten dabei nicht wohl war, zeigt ein Vermerk. Darin notierten sie zur eigenen Absicherung: »Ein politisches Risiko könnte darin bestehen, daß die Finanzierung von ›Strato 2 C‹ sehr kurzfristig und unter aktiver Beteiligung des Bundesfinanzministers ermöglicht wurde.« Waigel selbst mochte an seiner Fürsprache für Grob nichts Anstößiges finden. Kritiker bürstete der Minister aus Grobs Nachbarwahlkreis Neu-Ulm mit dem Hinweis ab, als Abgeordneter habe er die »Pflicht«, heimische Arbeitsplätze zu sichern. Einfach »märchenhaft«, ärgerten sich Grobs Konkurrenten: »Alles zahlt der Staat.«

Ein Weißer Riese unter Schmuddelkindern

Am 10. Februar 1993, einem Mittwoch, abends um 19.16 Uhr, spuckte das Faxgerät im vierten Stock des Münchner Redaktionsgebäudes der »Süddeutschen Zeitung« eine kleine Sensation aus: Innenminister Edmund Stoiber, neben Parteichef Waigel potentieller Nachfolger des angeschlagenen Regierungschefs Streibl, erleichterte sein Gewissen mit einer öffentlichen Beichte. Stoibers Geständnis war drei Seiten lang. Ein Auszug:

»1. Als Generalsekretär und als Leiter der Staatskanzlei des Bayerischen Ministerpräsidenten Franz Josef Strauß habe ich von 1978–1988 an Flügen der Firma MBB teilgenommen. Sie beruhten auf den Flugmöglichkeiten, die Franz Josef Strauß, der bekanntlich lange Jahre Aufsichtsrat der Fa. MBB war, hatte. Ich will mich dabei aber nicht hinter Franz Josef Strauß verstecken. Diese Flüge lagen auch in meinem Interesse, weil sie mir Zeitersparnis brachten und zusätzliche Einsatzmöglichkeiten boten.

- Dies waren mehrere Flüge mit Franz Josef Strauß zu Veranstaltungen und Terminen im In- und europäischen Ausland.
- Dies waren einige Flüge auf Vermittlung und im Auftrag von Franz Josef Strauß zu Terminen im Inland.
- Dies waren etwa 5 Hin- und Rückflüge zu seinen und meinen Urlaubsorten, in Frankreich und Italien, an denen auch die Familie teilgenommen hat. Franz Josef Strauß legte Wert darauf, daß ich als Mitarbeiter auch im Urlaub verfügbar war.

2. Mit Ministerpräsident Max Streibl, der Aufsichtsratsvorsitzender von MBB war, und anderen habe ich an zwei oder drei Flügen zu Terminen in Bonn teilgenommen.
3. Die Automobilfirmen BMW, Audi und Daimler-Benz haben mir zu Urlaubsreisen nach Österreich, Italien und Frankreich kostenlos Fahrzeuge zur Verfügung gestellt. Gegenleistungen wurden dafür weder erwartet noch gefordert oder erbracht.

Abschließend stelle ich fest:

- Ich habe dienstlich und außerdienstlich keinen unlauteren Einfluß auf oder für die Firma MBB genommen.
- Dasselbe gilt gegenüber den genannten Automobilfirmen.
- Die genannten Firmen haben zu keinem Zeitpunkt versucht, Einfluß auf mich oder meine dienstlichen Entscheidungen zu nehmen.

Mir ist bewußt, daß heute in der öffentlichen Diskussion solche Firmenleistungen kritisch betrachtet werden. Die aufgeworfenen Fragen treffen nicht nur den Ministerpräsidenten und mich, sondern viele Politiker aller Richtungen. Dieser Diskussion stelle ich mich in aller Offenheit und mit gutem Gewissen. Ich habe nichts zu verbergen und lasse mich deshalb durch nichts und von niemandem in ein politisches Zwielicht rücken. Mit freundlichen Grüßen, Dr. Edmund Stoiber.«

Den Innenminister trieb nicht späte Reue, sondern nüchternes Kalkül zur öffentlichen Beichte. Stoiber wollte mit dem Befreiungsschlag rechtzeitig Ballast abwerfen, um beim geplanten Generalangriff auf Parteifreund Streibl und das Amt des bayerischen Ministerpräsidenten den Rücken frei zu haben – ein Weißer Riese unter lauter Schmuddelkindern. Und Stoibers Rechnung schien aufzugehen: Bekam der Spesenritter wegen seines amigo-verdächtigen Lebenswandels auch anfangs den Zorn der Bevölkerung zu spüren, so zollten ihm Partei und Bürger bald Respekt für seinen Mut, eigene Fehler offen zu bekennen. Regierungschef Max Streibl und die anderen, bar solchen Mutes, gerieten derweil immer tiefer in den Strudel der Affäre.

Staudingers Poseidon-Gärten

Es war wie in besten Genscher-Zeiten: An neun Orten der Welt landen gleichzeitig neun Flugzeuge – und aus allen steigt Max Streibl aus. Journalisten mußten Überstunden machen, um die Flut der Hinweise auf Streibls Amigo-Reisen nachzuprüfen. Bald war klar: Anders als den rastlosen Exaußenminister Genscher zog es den Fernreisenden Streibl offensichtlich nicht an die Brennpunkte des internationalen Geschehens, sondern meist zu wohlhabenden Unternehmerfreunden an die schönsten und teuersten Plätze der Welt. »Immer auf Achse, der Maxe«, jammerte ein Parteifreund aus der Landtagsfraktion beim Blick auf die Schlagzeilen der Münchner Tageszeitungen.

Kaum hatten Partei und Öffentlichkeit die Enthüllungen über Streibls Gratisreisen mit dem Flugzeugbauer Grob geschluckt, da kam schon der nächste Schock. Der Nürnberger Baulöwe Richard Altvater, Seniorchef der umsatzstarken EIWO-Bau und Ehrenpräsident der bayerischen Hobbyflieger, räumte unumwunden ein, daß er seinen Freund Streibl 1979 zur Elchjagd in Kanadas Wäldern eingeladen hat. »Na ja«, habe der damalige Finanzminister Streibl geseufzt, »Kanada würd' mich schon einmal interessieren« – aber natürlich nur, wenn er alles selbst bezahlen dürfe.

So war das angeblich auch am 9. Juni 1990. Da besuchte Familie Streibl die »Poseidon-Gärten« auf der Mittelmeerinsel Ischia. Sie gehören einem alten Spezl, dem Bauunternehmer Anton Staudinger aus Kötzting in Niederbayern. Streibl hatte dem Unternehmer im Jahr zuvor den Bayerischen Verdienstorden verliehen. In Ingolstadt, wo Streibls politische Karriere begann, gehört Staudinger ein blühender Industriepark mit bombensicheren Mietern. Zur Hochzeit des Staudinger-Sohnes Michael hatten die Streibls im Sommer 1990 ein wertvolles Geschenk auf die Insel mitgebracht: eine »Patrona Bavariae« aus Nymphenburger Porzellan im Wert von 5 100 Mark. Ob Streibl das Präsent aus der eigenen Tasche bezahlt oder aus dem Geschenkefundus der Staatskanzlei entführt hat, soll der Amigo-Untersuchungsausschuß des Landtags klären. Der Ausschuß muß auch der Frage nachgehen, wie der Streibl-Clan damals angereist ist: mit Staudingers firmeneigenem Jet oder mit der »CSU-Airline« von MBB.

Staudingers »Poseidon-Gärten« gelten als Politikerparadies. Neben dem ehemaligen Finanzminister Gerold Tandler (CSU) genoß dort unter anderem auch Tandlers Nachfolger Georg von Waldenfels (CSU) die Kraft der Mittelmeersonne und andere Wonnen. Staudingers Sohn Michael verfügt über beste Drähte ins bayerische Innenministerium. Sein Trauzeuge, ein begeisterter Hobbypilot, gehört dort zu den Spitzenbeamten. Der Unternehmersohn hatte einst ein großes Ziel: »Als nächster kommt der Kohl.« Es kam dann aber nur die damalige Bundesgesundheitsministerin Gerda Hasselfeldt (CSU). Die Ministerin ließ es sich nicht nehmen, auch bei der Eröffnung der ersten deutschen Klinik für traditionelle chinesische Medizin (TCM) zu erscheinen, die Anton Staudinger im September 1991 in seinem Heimatort errichtet hat. Danach lief für die TCM-Klinik alles wie am Schnürchen. Die gesetzlichen Krankenkassen erklärten sich bereit, die Kosten für die Behandlung in der ungewöhnlichen Privatklinik zu übernehmen, und schlossen einen in der Bundesrepublik bis dahin ungewöhnlichen Versorgungsvertrag.

Immobilienspende von der Caritas

Der Damm war gebrochen. Nahezu täglich schwappten nun immer neue Schockwellen aus dem Südzipfel der verlotterten Republik über das Land. Angesichts der Peinlichkeiten, die im Frühjahr 1993 über die Raffgier Streibls und die Schmarotzer in seinem Umfeld bekannt wurden, entfuhr einem Kabinettsmitglied der Stoßseufzer: »Das ist so, wie wenn man eine Dose mit Würmern aufmacht.« Der Mann hatte ziemlich recht, wie ein paar Beispiele aus jener bewegten Zeit beweisen:

Die staatliche Schlösser- und Seenverwaltung, die dem Finanzministerium untersteht, hatte dem Dienstherrn Georg von Waldenfels (CSU) schräg gegenüber vom Ministerium eine günstige Vier-Zimmer-Wohnung angeboten. Sie stand eigentlich den schlechter verdienenden Mitarbeitern der Münchner Residenz zu. Der Zorn seiner Mitbewerber weckte das Gewissen des Ministers. Waldenfels winkte entnervt ab: »Ich bin an der Wohnung nicht mehr interessiert.«

Ein Münchner Reiseunternehmen, berichtete die »Augsburger Allgemeine«, habe Landtags- und Bundestagsabgeordneten jahrelang Privatreisen bezahlt, um sich die Amigos gewogen zu halten. Die Ausgaben habe die Firma beim Finanzamt als »Betriebsausgaben« steuermindernd geltend gemacht. Finanzminister Georg von Waldenfels reagierte verärgert: Er habe es »langsam satt, jedem anonymen Hinweis nachzugehen«.

Regierungschef Max Streibl gestand eine weitere Nebenerwerbsquelle. Obschon der freien Rede kaum mächtig und deshalb gezwungen, seine Texte hölzern vom Blatt zu lesen (»es gilt das gestotterte Wort«), ließ sich der Politiker für Gastreden bei Firmen, Kammern und Verbänden Honorare von jeweils mehreren tausend Mark überweisen. Damit verstieß Streibl zwar nicht gegen Gesetze, offenbarte aber seine Gier nach der schnellen Mark.

Dieser Drang wäre ihm schon Anfang der achtziger Jahre fast zum Verhängnis geworden. Streibl war damals Finanzminister und Verwaltungsratschef der halbstaatlichen Bayerischen Landesbank (BLB). Das Kreditinstitut finanzierte die Geldgeber der Münchner Ölbohrfirma Mega-Petrol, einer Schwindelfirma, die anstatt neuer Ölquellen nur die Geldbeutel gutgläubiger Anleger anzapfte. Streibl ließ sich von Mega-Petrol als werbekräftiges Zugpferd einspannen und kassierte die Tausender diskret in neutralen Kuverts. Beim Zusammenbruch der betrügerischen Firmengruppe verloren 1983 fast 2000 Bundesbürger rund 250 Millionen Mark. Die Mega-Petrol-Macher wurden zu Gefängnisstrafen verurteilt. Ihr Aushängeschild Streibl und die Landesbank kamen mit ein paar Schrammen davon. Ein gnädiger Staatsanwalt urteilte damals: »Dummheit ist nicht strafbar.«

Schlaumeierei auch nicht. Die bewies Streibl Ende 1988

beim Kauf eines Grundstücks in Münchens teuerstem Nobelviertel Nymphenburg. Das 1 130 Quadratmeter große Areal gehörte der Caritas. Die Wohlfahrtsorganisation hatte es 1987 von einer Witwe geerbt, die verfügt hatte, ihr Vermögen solle Bedürftigen, sozial Schwachen und pflegebedürftigen Menschen zugute kommen. Gutachter bezifferten den Wert des Areals auf rund 1,8 Millionen Mark. Streibl bekam es für 1,3 Millionen, und Münchens damaliger Oberbürgermeister Georg Kronawitter (SPD) spottete: »Da ruft Herr Streibl die kleinen Leute vor Weihnachten zu Spenden auf, er selbst aber läßt sich von der Caritas einen halbe Million schenken.« Streibl machte den Grundstückskauf schließlich rückgängig – weil »das Grundstück nicht wirksam geschützt werden kann«. Öffentlich klagte er: »Es ist bitter für mich, daß die Suche nunmehr von vorne beginnt, bitter vor allem deshalb, weil ich seit Jahren in München in äußerst beengten Wohnverhältnissen lebe.«

Martin Streibl, der Sohn des Regierungschefs, nutzte auf seine Weise die Nähe zur Macht. Streibl junior betätigte sich mit seiner Firma MMS für Geschäftsfreunde als Türöffner im Wirtschaftsministerium. Unter anderem vermittelte er dem Management der Münchner Immobiliengesellschaft Terreno über die Staatskanzlei des Vaters eine Privataudienz im Ministerium. Es ging um die Abwendung von Millionenverlusten, die der Firma Terreno drohten, weil sie sich bei der Planung eines Gewerbegebietes in Oberfranken kräftig verrechnet hatte.

Auch der 33jährige CSU-Landtagsabgeordnete Alois Braun aus Denkendorf hatte die Rechnung ohne den Wirt gemacht. Er vermietete sein Haus, das er nach dem Einheimischenmodell auf einem Billiggrundstück der Stadt Landsberg errichtet hatte, ebenso teuer wie unzulässig an Fremde. Braun hätte selbst einziehen müssen. Nur unter dieser Bedingung hatte er das Grundstück für 150 anstatt der ortsüblichen 500

Mark pro Quadratmeter bekommen. Als die Sache aufflog, mußte der Abgeordnete 250 000 Mark nachzahlen. Zuvor war Amigo Braun mit seinem Gratis-»Audi 100 quattro« mit Vollgas in die Schlagzeilen gebrettert. Braun hatte sich bei Audi offiziell als Testfahrer beworben. Joachim Cordshagen von der Pressestelle der Audi AG verkündete das Ergebnis: »Herr Braun erfüllt die Kriterien eines Vielfahrers.« So ein Abgeordneter kommt offenbar herum. Um Audis »Quattro« kostenlos zu nutzen, muß Braun das Auto mindestens 120 000 Kilometer pro Jahr bewegen – das sind, egal ob's regnet, donnert oder blitzt, an jedem Tag der Woche 333 Kilometer.

Braun ist nicht der einzige, der auf der Payroll der Autobauer steht. Ob Audi, Opel, BMW oder Mercedes: Die Automobilindustrie läßt ihre Amigos nicht verkommen. Die erste Garde fährt meist umsonst. Gelegentlich rollt auch für die Opposition ein gesponsertes Fahrzeug vom Band. So durfte zum Beispiel Mitte der achtziger Jahre Bayerns damaliger SPD-Chef Rudi Schöfberger mit einem Gratis-BMW durch die Lande brausen. Und im Sommer 1988 überließen die Bayerischen Motoren-Werke dem SPD-Schwergewicht und damaligen Fraktionschef im Landtag, Karl-Heinz Hiersemann, eine Luxuslimousine vier Wochen lang generös zum Nulltarif. Für eine »gemischte Dienst- und Urlaubsreise« nach Jugoslawien und in die Türkei, wie es heißt. Hiersemann weiß heute wenigstens, daß dies »mit Sicherheit ein Fehler war. Ich hätte mich darum kümmern müssen, ob das bezahlt wird.«

Solche Einsichten waren anderen gänzlich fremd. Einem sowieso: Max Streibl versuchte die Gratistouren und seinen schlauen Nebenjob als Auto- und Motorradtester hartnäckig mit seiner Fürsorgepflicht für die heimische Industrie zu rechtfertigen: »Es liegt mir daran, mir von neuen Produkten der bayerischen Industrie einen eigenen Eindruck zu machen. Ich halte es sogar für meine Pflicht, für bayerische Produkte Imagewerbung zu machen.« Das ging auf einer seiner Urlaubsreisen gründlich schief. Streibl war wieder mal in Richtung Ischia zu Staudingers »Poseidon-Gärten« unterwegs, als er eine kostenlose BMW-Limousine reparaturreif gefahren haben soll. Die Rechnung habe BMW an Streibls Staatskanzlei geschickt – und unbeglichen zurückbekommen.

BMW hält diese Art von Prominentenservice für das Normalste von der Welt. Firmensprecher bekunden treuherzig, die kostenlose Leihgabe von Luxuslimousinen und Motorrädern an hochrangige Politiker diene der Kontaktpflege »zu einem besonderen Kundenkreis«. Auf eine gemeinsame Sprachregelung haben sich BMW und der »besondere Kundenkreis« aber noch nicht geeinigt: BMW behauptet, die Fahrzeuge würden »erbeten«, Streibl beteuert, sie würden »angeboten«. Wie dem auch sei: in der bei BMW damit befaßten Stabsabteilung hält man den Verdacht für absurd und haltlos, der Autokonzern wolle mit den Leihgaben die politische Willensbildung in seinem Sinne beeinflussen. Komisch nur: In der vertraulichen Firmenkorrespondenz, die der BMW-Vorstand mit der politischen Spitze des Landes pflegt, klingt alles ganz anders.

Torpedos aus der Autobranche

Eberhard von Kuenheim machte seinem Ärger Luft: »Dieses Programm enthält so viele wirtschaftsfeindliche Aussagen, daß es für mich unverständlich ist, auf welcher Basis die bislang doch so hervorragend dem Gemeinwohl dienenden Beziehungen zwischen Politik und Wirtschaft in Bayern beruht haben können«, beschwerte sich der damalige BMW-Chef und Präsident des Landesverbandes der Bayerischen Industrie am 3. Juli 1991 in einem geharnischten Protestschreiben bei Ministerpräsident Max Streibl. Dann beschwor Kuenheim den Regierungschef und prominenten Sonderkunden eindringlich, den

»tiefen und in langen Jahren gewachsenen Grundkonsens« zwischen Industrie und CSU nicht von umweltpolitischen Radikalinskis in der Partei verspielen zu lassen. Tempo-Limit und Sonderabgaben für den Schadstoffausstoß, wie sie der Entwurf für das neue Umweltprogramm der CSU fordere, seien Marterwerkzeuge ausgerasteter Umweltideologen, die nicht nur in der Autoindustrie, sondern in der bayerischen Industrie »als ganzes« flächendeckend Arbeitsplätze vernichten würden. Der BMW-Chef schloß seine Philippika mit dem Rat: »Von daher neigen wir dazu, dieses sogenannte ›Umweltprogramm‹ bestenfalls als eine politische Episode zu betrachten. Wehret den Anfängen.«

Sechs Wochen später, am 13. August 1991, meldete BMW-Fahrer Streibl dem BMW-Chef Vollzug. Die CSU, teilte der Regierungschef seinem Sponsor Kuenheim mit, habe die Beschlußfassung über das Umweltprogramm bis zum Parteitag Ende November vertagt. Das Programm werde überarbeitet. BMW und Industrieverband verstanden Streibls Wink richtig. Sie nahmen die Umweltpolitiker der CSU und den damaligen Staatssekretär im Bundesverkehrsministerium, Wolfgang Gröbl (CSU), nun hart ins Gebet. Es zahlte sich aus. Am 24. November 1991 kippten die Delegierten des CSU-Parteitags nach massiver Fürsprache von CSU-Chef Theo Waigel, seinem Stellvertreter Edmund Stoiber und Staatssekretär Gröbl das geplante Tempolimit. Wer verprellt schon seine Förderer: 1990 verzeichnete der Rechenschaftsbericht der CSU Gesamteinnahmen von 91,2 Millionen Mark. Davon entfielen 35,8 Millionen Mark auf Parteispenden. Mit 400 000 Mark war die Daimler-Benz AG der großzügigste Einzelspender der CSU. An zweiter Stelle der Hitliste stand BMW. Die Nobelmarke von der Isar hatte 315 000 Mark an die CSU-Kasse überwiesen. BMWs kostenloser VIP-Service und die Gratiskarossen für die CSU-Prominenz tauchten im Rechenschaftsbericht hingegen nicht auf.

Mercedes-Manager schmiert nicht nur Brote

Es war wie immer, wenn Karl (»Karli«) Dersch, der Strauß-Spezl und Münchner »Mercedes-Statthalter«, eines seiner kleinen Feste arrangierte: Die Party geriet zum Staatsempfang. 532 handverlesene Namen standen auf der Gästeliste, als der damals 53jährige Karl Dersch im Sommer 1988 im Münchner Stadtteil Neuperlach eine weitere Mercedes-Filiale eröffnete und über der Schlafstadt endlich der gute Stern aufging. Münchens »Partykönig« Gerd Käfer karrte ganze Lkw-Ladungen Shrimps, Krabben und Lachs an, Bayerns damaliger Innenstaatssekretär Peter Gauweiler (CSU) brachte als kostenloses Präsent das Musikkorps der bayerischen Bereitschaftspolizei mit, und »Karli« hielt eine seiner berühmtesten Reden: Er begrüßte, begrüßte und begrüßte – Bundesminister, Staatsminister, den Exministerpräsidenten Alfons Goppel, Staatssekretäre, Präsidenten aller Art, Hoheiten, Diplomaten, Prälaten, Professoren, Generale, Landräte, Senatoren und natürlich Franz Josef Strauß, der im nagelneuen Zwölfzylinder-BMW zum Mercedes-Fest gekommen war.

Was die Wahl der Fahrzeugmarke anbelangt, war Strauß schon immer flexibel gewesen. Hauptsache, das Auto war gratis. Mercedes-Mann Dersch war da nicht kleinlich. In der Münchner Polit- und Schicki-Micki-Szene galt es als Kunststück, von ihm noch nie einen Gratis-Daimler bekommen zu haben. Die Familie Strauß schätzte Freund »Karli« und dessen Frau Barbara als dienstbare Geister. Mal ließ Dersch für »FJS« im Fasching Plätze beim Münchner »Gauklerball« reservieren, mal holperten die beiden im gesponserten Mercedes-Geländewagen durch Frankreich, Österreich und über die staubigen Straßen der Balkanländer. Empfing Strauß in seinem Ferienhaus bei Fréjus an der Côte d'Azur Besucher, schmierte »Karli« in der Küche Brote und servierte den Kaffee. Frau Barbara ging einkaufen, kochte und hielt das Haus in Schuß. Nach einem Urlaub mit Strauß fühlten sich beide regelmäßig urlaubsreif. Doch Karl Dersch ertrug die Strapazen geduldig: »Für mich sind Politisches, Gesellschaftliches und Geschäftliches eins.« Wer gut schmiert, der gut fährt – niemand weiß das besser als ein Autohändler.

Dersch knackte das Münchner Busmonopol von MAN, überzeugte das Innenministerium mit Gratisautos für die Führungsspitze, daß Bayerns Polizei auch Limousinen von Mercedes braucht und verkaufte bei einer Albanienreise mit Franz Josef Strauß im Land der Skipetaren nebenbei 2 000 Gebraucht-Lkw und 200 Busse. Seine exzellenten Verbindungen zur Amigo-Connection erlaubten es Dersch, in München binnen zwölf Jahren die größte Mercedes-Vertretung der Bundesrepublik aufzubauen und den Jahresumsatz von 300 Millionen auf 1,3 Milliarden zu puschen.

Im Windschatten des großen Vorsitzenden Strauß kam Dersch auch später gut voran. Als Daimler-Benz-Chef Edzard Reuter 1988 die Fusion mit dem Münchner Luft- und Raumfahrtkonzern Messerschmitt-Bölkow-Blohm (MBB) plante, wollte Strauß im Schlüsselunternehmen des Deutschen Flugzeugbaus einen Vertrauten plazieren, der gegenüber den Schwaben die bayerischen Interessen wahrt. Freund Dersch schien ihm der richtige Mann für diese Aufgabe zu sein. Der clevere Autoverkäufer hatte auch als Flugzeugmanager einen furiosen Start. Dersch hatte seinen neuen Job als Verkaufsvorstand bei der künftigen Daimler-Tochter Deutsche Aerospace (DASA) noch gar nicht angetreten, da sorgte er bei der Vorgängerfirma MBB schon für Wirbel: Er vermittelte den Verkauf eines MBB-Hubschraubers vom Typ BK 117 an einen Münchner Privatmann. Es war das damals einzige Exemplar, ein Ausstellungsstück, mit dem MBB die Fachwelt auf dem Pariser Aero-Salon im Sommer 1989 überraschen wollte. Auch bei der DASA zeigte Dersch Flagge – zuletzt jedoch die falsche: Weil er vor seinem Privathaus die Reichskriegsflagge hißte, die Neonazis und Skinheads als Banner dient, verlor der Münchner Rüstungsmanager im Winter 1992 über Nacht den Job. Es war das vorläufige Ende einer Karriere voller Peinlichkeiten, und »Karlis« Laune hing gewaltig durch – auf Halbmast quasi.

Auch die Amigo-Connection hatte Grund zum Jammern. Als der MBB-Konzern 1989 in der Daimler-Tochter DASA aufging, liquidierte DASA-Vorstandschef Jürgen Schrempp den vormals firmeneigenen Flugdienst von MBB. Für manchen war das bitter. Die Flugbereitschaft, einst Lieblingskind des Hobbypiloten Strauß, war mit ihren kostenlosen Serviceleistungen für Strauß' und Streibls Hofstaat stets bestens ausgelastet gewesen. Die »CSU-Airline« von MBB war »der reinste Selbstbedienungsladen«, erinnert sich ein früherer MBB-Mitarbeiter. Die beiden Jets seien »heute für diesen, morgen für jenen Politiker reserviert« worden.

Die Stuttgarter »Traumschiffaffäre«, die Baden-Württembergs Regierungschef Lothar Späth (CDU) im Januar 1991 das Amt gekostet hatte, beeindruckte Bayerns Amigo-Monarchie kaum. Ungerührt schloß Bayerns damaliger Wirtschaftsminister August R. Lang (CSU) kurz nach Späths Rücktritt auf der Geburtstagsfeier eines schwäbischen Unternehmers sein Grußwort mit dem Hinweis: »Ich bin mit einem Siemens-Flugzeug hier. Bei uns in Bayern ist das kein Problem.«

Neben der CSU-Spitze bediente sich auch die zweite Garde ungeniert am Freiflugschalter von MBB. Weil Hinz und Kunz ständig auf Firmenkosten unterwegs war, verlor die MBB-Zentrale oft den Überblick. Kam es zum Engpaß, gab's Ärger. Dann habe – wie »Der Spiegel« zu berichten wußte – Ministerpräsident Max Streibl angerufen und die Sachbearbeiter hochstpersönlich »angeschissen«.

Rührig sorgte Streibl auch dafür, daß niederen Parteichargen kostenlos der Duft der großen weiten Welt um die Nasen wehen kann. Streibls Einsatz war es zu verdanken, daß jüngst zehn Allgäuer Kommunalpolitiker auf Steuerzahlers Kosten in die Vereinigten Staaten düsen durften. Die Mitglieder der Fluglärmkommission aus dem Gebiet rund um den Luftwaffenstützpunkt Memmingerberg mußten in Übersee angeblich dringend eine militärische Tiefflugübung beobachten. Offenbar hatte sie der Lärm stark mitgenommen. Nach der Übung machte die Kommission jedenfalls mehrere Tage Urlaub und erholte sich unter anderem im Spielerparadies Las Vegas von den Strapazen. Die Bonner Hardthöhe gab zu, daß kostenlose Flüge für Lokalpolitiker sonst »nicht üblich« sind. Verteidigungsminister Volker Rühe (CDU) habe aber »aufgrund eines Schreibens von Max Streibl« eine Ausnahme gemacht.

Laudatio statt Einsicht

Donnerstag, der 27. Mai 1993 war der schwerste Tag in der 30jährigen Karriere des Politikers Max Streibl. Bayerns Regierungschef stand vor der Frage: Wie tritt man als Ministerpräsident ordentlich zurück? Regierungserklärungen, Parteitagsreden, Koalitionsrunden – auf solche Amtsgeschäfte kann man sich vorbereiten. Aber wer denkt mit 61 Jahren schon an seinen Rücktritt und übt dafür? Geht man noch mal ins Parlament, um seine Demission bekanntzugeben, oder telefoniert man besser mit dem Landtagspräsidenten, wie es vor 36 Jahren der letzte sozialdemokratische Regierungschef Bayerns, Wilhelm Hoegner, getan hat? Gibt man ein kurzes Statement ab, oder hält man eine Rede? Wird die Opposition später kübelweise Spott ausschütten? Setzt man sich wieder auf die Regierungsbank oder auf den Abgeordnetenplatz, wenn man zurückgetreten ist?

Streibl entschied sich dafür, im Landtag ein letztes Mal als Staatsmann zu posieren. Und weil er sich nicht sicher war, daß ihn wenigstens die CSU-Fraktion ausreichend würdigen würde, hielt er sich in seiner 20minütigen Abschiedsrede die Laudatio selbst. Einsicht in die eigenen Fehler war nie seine Stärke. Warum hätte er sich am Tag des Abschieds ändern sollen? Bei seinem Abtritt verlor Streibl denn auch kein Wort über die mannigfaltigen Peinlichkeiten aus dem Regierungsalltag, die schließlich sogar die CSU gegen ihn aufgebracht hatten. Statt dessen wandte er sich mit dem pathetischen und selbstgerechten Satz an die Abgeordneten: »Heute lege ich mein Amt in ihre Hände zurück, weil ich verhindern will, daß durch die beispiellose Kampagne, der ich ausgesetzt bin, das Amt des Bayerischen Ministerpräsidenten Schaden nimmt.« Die Wirklichkeit sah anders aus: Mit Streibl trat erstmals in Bayern ein Regierungschef der CSU zurück, weil er das Vertrauen seiner Partei verloren hatte. In den Wandelgängen vor dem Plenarsaal scharten sich die Journalisten derweil schon um den Nachfolger. Und Edmund Stoiber verkündete vor Kameras und Mikrofonen die Leitmotive seiner Politik: »Bescheidenheit, Mut und Gelassenheit«. Mit Stoibers Gelassenheit war es rasch vorbei.

Verquickung von Amt und Privatgeschäft

Die Hiobsbotschaft erreichte Bayerns neuen Ministerpräsidenten Edmund Stoiber beim Kurzurlaub auf der Insel Sardinien. Herbert Huber, der Chef der Münchner Staatskanzlei, war am Telefon. Seine Stimme klang erregt. Was Huber dem Ministerpräsidenten an jenem Mittwoch im September 1993 mitzuteilen hatte, verdarb Stoiber mit einem Schlag die Ferienstimmung: Im schon länger schwelenden »Fall Gauweiler«, so berichtete Huber seinem Chef besorgt, lägen jetzt schwerwiegende Beschuldigungen vor. Kurz vor der Münchner Oberbürgermeisterwahl habe sich der Verdacht erhärtet, daß der CSU-Kandidat und bayerische Umweltminister Peter Gauweiler Amt und Privatgeschäfte verquicke.

Es ging um Gauweilers horrende Nebeneinkünfte. Der »Stern« hatte enthüllt, daß der Münchner OB-Kandidat, Minister und ehemalige Rechtsanwalt für die »Verpachtung« seiner alten Klientel an andere Anwälte seit zehn Jahren monatlich 10 000 Mark einstreicht – insgesamt bisher rund 1,3 Millionen Mark für eine längst vergilbte Mandantenkartei, die nach Ansicht anderer Anwälte keinen Pfifferling mehr wert war. Gauweilers »Pachtvertrag« mit der Münchner Anwaltskanzlei Nörr, Stiefenhofer & Lutz enthielt eine aufschlußreiche Formulierung. Sollte der Minister, so hieß es da, in die Pächterkanzlei eintreten, seien bei der Gewinnbeteiligung »die Ertragskraft des verpachteten und des dazu erworbenen Mandantenstammes« sowie Gauweilers »Leistungskraft und die Nutzung seiner umfangreichen Erfahrung in Gesellschaft und Wirtschaft angemessen (zu) berücksichtigen«. Die Formulierung nährte den Verdacht, daß der Umweltminister für die »Verpachtung seiner politischen Beziehungen« (SPD) und die Vermittlung von Mandanten, speziell von staatlichen Auftraggebern, verbotene Provisionen kassierte.

Für diese Annahme gab es konkrete Anhaltspunkte, wie die »Süddeutsche Zeitung« enthüllte. Zum Beispiel das vertrauliche Protokoll einer Sitzung der »Gesellschaft zur Beseitigung von Sondermüll in Bayern« (GSB), die Gauweilers Umweltministerium untersteht. Die GSB-Spitze hatte am 15. März 1991 hinter verschlossenen Türen »unklare und verwickelte Rechtsverhältnisse« bei der Einlagerung von Sonderabfällen diskutiert. Wie Umweltministerialdirektor Josef Vogl im Protokoll festhielt, hat sich dabei »Herr Staatsminister Dr. Gauweiler dafür ausgesprochen, daß sich die GSB der Unterstützung von Herrn Rechtsanwalt Dr. Stiefenhofer bedienen solle«. Mit dem Machtwort des Ministers im Rücken, setzte Vogl die Auftragsvergabe an die mit Gauweiler verbundene Anwaltskanzlei gegen den heftigen Widerstand des Finanz- und des Innenministeriums durch. Später stimmte Gauweiler der Mandatserteilung auch im GSB-Aufsichtsrat persönlich zu – in eigener Sache quasi und, so der Verdacht der Opposition, zum Wohle seines Privatkontos.

Die GSB blieb nicht der einzige staatliche oder halbstaatliche Kunde von Gauweilers Münchner Amigo-Kanzlei. In der Amtszeit des Umweltministers hatten mindestens zehn weitere Unternehmen, an denen der Freistaat beteiligt ist, der Sozietät Aufträge erteilt: darunter Bayerns größter Stromkonzern, die Bayernwerk AG, sowie die Süddeutsche Klassenlotterie, die Neue Maxhütte GmbH, die Bayerngas GmbH, die Deutsche Genossenschaftsbank und die Bayerische Beamtenkrankenkasse. Wie eng die Kooperation zwischen dem Umweltministerium und der mit dem Minister verbundenen Rechtsanwaltskanzlei gediehen war, machte im Herbst 1993 das offenherzige Bekenntnis der Fürther Landrätin Gabi Pauli-Balleis (CSU) deutlich. Sie gab zu, die Kanzlei 1992 auf Empfehlung von Gauweilers Ministerialdirektor Vogl engagiert zu haben. Der Landrätin, der Gauweiler einst die bayerische Umweltmedaille verliehen hatte, waren die Dienste der mit dem Minister verbandelten Kanzlei viel Geld wert. 1992 überwies das Landratsamt den Anwälten genau 35 531,23 Mark und in den ersten acht Monaten des Jahres 1993 genau 302 300 Mark. Die Rechungsprüfer monierten, »daß die gewünschten Honorare hoch waren und die üblichen Beträge überstiegen«. Die Anwälte hatten Stundenhonorare zwischen 500 und 700 Mark gefordert und 600 Mark bekommen.

Die Vorwürfe versetzten CSU-Führung und Kabinett in hellen Aufruhr. Den quälenden Prozeß bis zum Rücktritt Streibls noch in schauriger Erinnerung, drohte sich das Drama zu wiederholen: Wie bei Streibl kam die Wahrheit auch jetzt nur scheibchenweise ans Licht. Wie damals kennzeichneten mangelndes Unrechtsbewußtsein und ausgeprägter Erwerbssinn den Fall. Und erneut eskalierte eine Affäre, deren Verursacher durch scheinheilige Solidarität gedeckt wurde. Gauweilers Kanzleiaffäre drohte zunichte zu machen, was CSU-Chef Theo Waigel und Regierungschef Edmund Stoiber nach Streibls unrühmlichem Abgang mutig begonnen hatten: den ehrenwerten Versuch, die CSU vom unseligen Teil ihrer Vergangenheit zu lösen und in eine sichere und saubere politische Zukunft zu führen. Doch die Schlagzeilen sprachen eine andere Sprache. Die Grünen nannten Gauweiler einen »raffgierigen Amigo mit doppelter Moral«. Bayerns SPD-Chefin Renate Schmidt spottete, Gauweilers Kanzleiaffäre provoziere den »AmiGAU«, den größten anzunehmenden Unfall unter Amigos. Und in der CSU-Landtagsfraktion machte sich die Überzeugung breit, Gauweiler sei »eigentlich nicht mehr zu halten«. Das Maß schien endgültig voll zu sein.

Schon in den vergangenen sechs Jahren war Gauweiler von Skandal zu Skandal gestolpert. 1987 war er in eine Affäre um Geschenke verwickelt, mit denen sich der später ermordete Münchner Immobilienkönig Erich Kaufmann Beamte und Politiker gewogen machte. Gauweiler mußte zugeben, zu Kaufmanns Günstlingen gehört zu haben. Die Geschenke? Laut Gauweiler angeblich kaum der Rede wert: »A Kistn Schampus, irgenda Leuchta« und »a winzige Teekanna mit am Zuckerdöserl und am Milchkannerl« – Zuwendungen, deren Wert sich nach den Erkenntnissen der Ermittler zwischen 1982 und 1985 auf immerhin mehr als 10 000 Mark summiert hatte. Gauweiler blieb damals nur ungeschoren, weil er glaubhaft machen konnte, daß er die Geschenke nicht als Politiker, sondern als Anerkennung für frühere Anwaltsdienste erhalten habe.

Im Sommer 1988 stellte die SPD-Opposition den CSU-Politiker, der damals Staatssekretär im bayerischen Innenministerium war, unter »parlamentarische Sonderbewachung«. Der Grund: Gauweilers ausgeprägte Vorliebe für private Blaulichtfahrten und Hubschrauberflüge sowie sein Drang, das Musikkorps der Bereitschaftspolizei zur persönlichen Komparserie zu degradieren. Wann immer einer von Gauweilers Spezln, der Münchner »Mercedes-Statthalter« Karl Dersch etwa oder der Kino-Besitzer Bob Arnold, privat einen Grund zum Feiern hatten, ließ Amigo Peter die Polizeimusiker zum kostenlosen Sonderkonzert antanzen. Die Sonderbewachung durch die Opposition nützte wenig. Gauweiler trieb es immer toller. Dennoch wurde er im Juni 1989 Münchner CSU-Chef und im Oktober 1990 Bayerns Umweltminister.

In seiner Lieblingsrolle als unbeugsamer Parteistratege hängt sich Gauweiler stets gerne aus dem Fenster. Dann verspottet er – das Ohr ganz dicht am Puls des Volkes – die vom Bonner Finanzminister und Parteifreund Theo Waigel gehätschelte Europawährung »Ecu« als »Esperanto-Geld« oder zieht gemeinsam mit Parteifreund Erich Riedl (»der Münchner Süden muß asylantenfrei werden«) über ausländische Mitbürger her. Das stützt sein Wildschützimage und bindet rechtsradikale Wähler an die CSU, verschreckt aber die Redlichen in der Partei. In seiner Nebenrolle als Umweltminister war Gauweiler weniger mutig. Als Amigo ist er unersetzlich.

CSU-Spender Carl Wiedmeier, der Chef des berüchtigten Zivilen Sicherheitsdienstes (ZSD), weiß Gauweilers Amigo-Dienste seit 15 Jahren zu schätzen. Gab's mit Wiedmeiers rabiaten »schwarzen Sheriffs« wieder mal Ärger, sprang Amigo Gauweiler dem Freund oft zur Seite. Peter und der »schwarze Sheriff« Wiedmeier sind ein Kapitel für sich. Mit Erfolg machte sich 1987 der damalige Polizeistaatsekretär Gauweiler für die Ausrüstung des ZSD mit Schrotflinten stark. Eine anderslautende Richtlinie der Landesinnenminister scherte ihn wenig. Als Wiedmeier Probleme bekam, weil er, wie der »Stern« berichtete, zwischen Oktober 1990 und Juli 1991 angeblich Handfeuerwaffen und Munition ohne

Genehmigung in die damalige ČSFR geschmuggelt hatte, paukten ihn die Anwälte von Gauweilers Münchner Amigo-Kanzlei Nörr, Stiefenhofer & Lutz heraus. Wiedmeier, dem wegen der Straftat ein Gerichtsverfahren gedroht hatte, wurde »aufgrund politischer Einflußnahme«, wie die Ermittlungsbehörden klagten, nur noch einer Ordnungswidrigkeit verdächtigt.

Als die Lage für die CSU im September 1993 wegen Gauweilers Kanzleiaffäre brenzlig wurde, zitierte Regierungschef Stoiber den Umweltminister zum Rapport. Dann passierte zweierlei: Gauweiler zauberte eine »dienstliche Erklärung« aus dem Hut, in der sein Ministerialdirektor Vogl plötzlich eine ganz neue Version der GSB-Geschichte auftischte, die für den Minister weniger peinlich war als das Protokoll. Demnach hat sich damals auf der GSB-Sitzung im März 1991 angeblich nicht Gauweiler, sondern Vogl für die Kanzlei Nörr, Stiefenhofer & Lutz ausgesprochen. Dann legte der frühere Präsident des Bayerischen Verfassungsgerichtshofs, Hans Domcke, ein Rechtsgutachten vor, das Gauweiler zwar entlastete, aber nicht reinwusch.

Schwankend zwischen Härte, Loyalität und Filz, entschied sich Ministerpräsident Edmund Stoiber im Oktober 1993 mit Blick auf das bevorstehende Superwahljahr für einen riskanten Kurs: Stoiber, einst unter Strauß Chef der Staatskanzlei und als »das blonde Fallbeil« gefürchtet, verkniff es sich, den »schwarzen Peter« abzuschieben und ließ Gauweiler trotz dessen Sünden erst mal als Umweltminister weiterwursteln. Der Grund: »Die CSU kann ihren rechten Rand nicht halten« (»ZAK«-Moderator Friedrich Küppersbusch), und Populist Gauweiler gilt dort als verläßlicher Stimmenfänger. Hätte Stoiber seinen ungeliebten Affärenminister schon damals allzu unsanft vom Stuhl gekippt, wäre der womöglich wutentbrannt zum Feind gerobbt: zum rechtsgerichteten »Bund freier Bürger« des Europakritikers und ehemaligen bayerischen

F.D.P.-Chefs Manfred Brunner etwa oder zum Anführer der rechtsradikalen Republikaner, Franz Schönhuber, über den Gauweiler verharmlosend sagt, er stehe doch nur »a bisserl rechts von der Mitte« – ein Alptraum für die CSU, der bei der Landtagswahl im Herbst 1994 erstmals seit Jahrzehnten der Verlust der absoluten Mehrheit droht.

Doch Stoibers Rechnung mit dem Umweltminister und Freund der rechten Ultras ging nicht auf. Am 15. Februar 1994, dem Faschingsdienstag, hieß es für Gauweiler endgültig: Schluß mit lustig. Ministerpräsident Edmund Stoiber und CSU-Chef Theo Waigel schritten zum politischen Kehraus und zitierten das Enfant terrible der Partei zum finalen Krisengipfel in Stoibers Privathaus nach Wolfratshausen. Ihr Ziel: »Die Krätze, die wir bis zur Wahl am Hals haben« (CSU-Generalsekretär Erwin Huber), sollte abgeschüttelt werden. Drei Stunden später war der Rücktritt des Umweltministers besiegelt. Schuld daran war Gauweilers Verstrickung in die »Spelunkenaffäre« und der Vorwurf, der Minister habe sich in seiner Amtszeit als Münchner Kreisverwaltungsreferent über Gebühr für ein berüchtigtes Ganovenlokal eingesetzt, an dem ein befreundeter Immobilienhai beteiligt war. Immer neue Enthüllungen über Gauweilers zwanghaften Drang, politische Ämter zur Patronage für zwielichtige Spezln aus der Halbwelt zu mißbrauchen, hatten der CSU-Spitze keine andere Wahl gelassen, als den Umweltminister in die Wüste zu schicken.

Gauweiler selbst zelebrierte seinen erzwungenen Rücktritt am Aschermittwoch im Bierdunst des mit gut 1 000 Getreuen gefüllten Münchner Pschorr-Kellers als öffentliche Märtyrershow. Höhnisch begrüßte er seine »herzallerliebsten Freunde von der Presse«, wetterte über deren »Dreckskampagne« und drohte: »Wir lassen uns nicht mehr alles gefallen in Bayern.« Stoiber und die anderen Widersacher verspottete er als Feiglinge, die den Begriff Parteifreund nur als »Codewort für Hinterfotzigkeit« benutzten. Dann rief er aus: »Jetzt bin ich frei und kräftiger, als vielen lieb ist. Manche werden das noch zu spüren bekommen.« Die Drohung ist durchaus ernst gemeint. Die CSU wird an Gauweiler im Wahljahr 1994 keineswegs nur Freude haben.

Daß über seinem Haupt ein gewaltiges Damoklesschwert schwebt, scheint Ministerpräsident Edmund Stoiber von Anfang an geahnt zu haben. Warum hätte er wohl sonst beim Einzug in die neue Münchner Staatskanzlei am Franz-Josef-Strauß-Ring zu seinen Mitarbeitern gesagt: »Gott schütze uns auf unserem gemeinsamen Weg.« Das war am 28. Mai 1993. Anschließend nahm Stoiber – schon wieder frohgemut – im 242 Millionen Mark teuren »Bayern-Kreml«, vom Volksmund längst »Amigo-Home« genannt, das birnbaumgetäfelte Amtszimmer samt angrenzender Zirbelstube in Besitz und inspizierte sein neues Reich: 200 Meter lang die Stein-Glas-Front, 11 000 Quadratmeter umbauter Raum, 300 Zimmer, 330 Mitarbeiter – ein Monument, pompöser als das Weiße Haus. Fünf Monate lang genoß Stoiber das Ambiente. Dann sauste das Damoklesschwert hernieder, und unter dem Teppich quoll der Unrat der Vergangenheit hervor.

Finanzminister in der »Zwick-Mühle«

Neben Gauweiler kam ein Mann in die Bredouille, der zum letzten Aufgebot der CSU gehörte: Bayerns ehemaliger Finanzminister Gerold Tandler, der »Postwirt von Altötting«. Nebenerwerbsgastronom Tandler war unter Strauß CSU-Generalsekretär und Fraktionschef im Landtag, später Innen-, dann Finanzminister. Der beinharte Exponent der Amigo-Fraktion wechselte schließlich auf einen besser dotierten Vorstandsposten bei der Linde AG, um die Zinsen für »intelligente Schulden« in zweistelliger Millionenhöhe bezahlen zu können und den Ruf abzuschütteln, erpreßbar zu sein.

Just im Herbst 1993, als die CSU den Ur-Amigo wieder zum Vize von Parteichef Waigel kürte, holten Tandler und die CSU die alten Sünden ein: Tandler, ein erfahrener Gratisflieger und bewährter Autotester, war in seinem bewegten Leben als Amigo vom Dienst häufig dem Verdacht ausgesetzt, sich zusammen mit halbseidenen Partnern auf dubiose Weise bereichert zu haben. Jetzt stellte sich heraus, daß die CSU-beherrschte Wohnungsbaugesellschaft Deutsches Heim (DH) dem Multifunktionär 1974 mit Sonderkonditionen zu einer Eigentumswohnung verholfen hat. Was für Tandler »ein ganz normales Geschäft« war, nannten andere Begünstigung. Tandlers Immobiliengeschäfte waren schon immer der Garant für jede Menge Zoff gewesen: Mitte der achziger Jahre brachten ihm seine Kontakte zum Bankrotteur Günther Zembsch und dessen Konkursfirma »Bayerische Immobilien Treuhand« (BIT) den Spitznamen »Old Treuhand« ein. Tandlers Konterfei schmückte die BIT-Prospekte. Bei der Gründungsfeier hatte er die Laudatio gehalten. Aus der Konkursmasse der BIT gelangte 1986 eine Immobilie in Neuötting auf seltsamen Wegen in den Besitz Tandlers. Zuletzt hatte ein Untersuchungsausschuß des Landtags 1989 zu prüfen, ob das Justizministerium ein drohendes Ermittlungsverfahren gegen ihn beeinflußt hat.

Pünktlich zur Wiederwahl Tandlers als stellvertretender CSU-Chef deckten das Fernsehmagazin »Report« (Baden-Baden) und die »Süddeutsche Zeitung« im Oktober 1993 auf, daß das bayerische Finanzministerium beim Bad Füssinger Bäderkönig, Steuerflüchtling und Strauß-Spezl Eduard Zwick 1990 Steuerforderungen in Höhe von rund 71 Millionen Mark gegen Zahlung von 8,3 Millionen Mark niedergeschlagen hatte – aus reiner Nächstenliebe sozusagen, aber unter schärfstem Protest des Obersten Bayerischen Rechnungshofes. Das Steuergeschenk war in Tandlers Amtszeit als Finanzminister ausgehandelt worden.

Zwick, den windige Abschreibungsgeschäfte zum Multimillionär gemacht hatten, betrieb mit Tandler seit 1979 die Firma Bavaria Internat GmbH im oberbayerischen Wallfahrtsort Altötting. Dort besaß die Familie Tandler bereits das Hotel »Zur Post«. Die Firma Bavaria diente Postwirt Tandler dazu, Fremdmittel zu ergattern und seinen Gasthof mit einer Hotelfachschule plus Internat zu kombinieren. Zwicks Anteil an der Firma Bavaria übernahm 1985 Tandlers Ehefrau Gabriele für den symbolischen Kaufpreis von einer Mark. Die Tandlers liquidierten die Firma schließlich und verkauften das Internat samt Grundstück für 5,4 Millionen Mark.

Auch Hobbyflieger Strauß hatte an Zwick einst einen Narren gefressen. Für FJS hielt der große Bademeister aus Bad Füssing stets die hauseigene Luftflotte bereit, zum Beispiel eine zweimotorige Beechcraft King Air, die im niederbayerischen Vilshofen stationiert war. Auf ein Flugzeug, das 1980 im Wahlkampf des Kanzlerkandidaten Strauß zum Einsatz kam, hatte Zwick die Buchstaben EWK (»Er wird Kanzler«) gepinselt. Strauß revanchierte sich mit öffentlichen Lobhudeleien und mit der Beschaffung des Bundesverdienstkreuzes erster Klasse. Den Orden holte sich Zwick dann aber nicht mehr ab. Weil er wegen Steuerschulden von insgesamt 71 Millionen Mark ins Visier der Staatsanwälte geraten war, bekam der Heißwassermogul kalte Füße und floh Ende 1982 in seine Schweizer »Villa Orbisana« (»heile Welt«) am Lago Maggiore. Dort schrieb er bekümmert seine Memoiren: »Heißes Wasser – ein Arzt zieht Bilanz.«

Trost und Rat kam schließlich von Amigo Strauß. Der schrieb seinem Gönner am 29. April 1986 in sein Schweizer Exil: »Lieber Eduard! Dein Brief hat mir etwas von der tiefen Niedergeschlagenheit vermittelt, in der Du Dich befindest. Ich kann Dir nur den freundschaftlichen Rat geben, Dich möglichst rasch von einem Arzt im Hinblick auf Deine Verhandlungsunfähigkeit untersuchen zu lassen. Wenn Deine Verhandlungsunfähigkeit festgestellt ist, wird die Strafjustiz, wie mir mitgeteilt wird, das Verfahren einstellen und damit zugleich den Haftbefehl aufheben müssen. Mit freundlichen Grüßen. Dein FJ Strauß.«

Zwick befolgte den Rat. 1987 stellte die Staatsanwaltschaft das Ermittlungsverfahren wegen dauernder Verhandlungsunfähigkeit ein. Der Haftbefehl gegen Zwick wurde aufgehoben. Strafrechtlich sind die Dinge für den alten Zwick inzwischen verjährt. Dafür atmet Zwicks Sohn Johannes (38) seit Januar 1994 gesiebte Luft. Er wurde verhaftet, weil die Staatsanwaltschaft glaubt, daß sich der Junior bei der undurchsichtigen Übernahme der Füssinger Johannesbad AG der Beihilfe zur Steuerhinterziehung seiner Eltern schuldig gemacht hat.

Das 63-Millionen-Geschenk, das der Fiskus Zwick senior gemacht hat und das in der Amtszeit des Finanzministers und Zwick-Partners Gerold Tandler ausgehandelt worden war, hat Nachfolger Georg von Waldenfels (CSU) inzwischen rückgängig gemacht. Dennoch ist auch Waldenfels Anfang 1994 in die »Zwick-Mühle« geraten: Gestützt auf Berichte der »Süddeutschen Zeitung« geht ein Untersuchungsausschuß des Landtags seit Anfang 1994 dem Verdacht nach, Waldenfels habe 1986 als Staatssekretär im Wirtschaftsministerium einem früheren Geschäftspartner von CSU-Vize Tandler ein drohendes Strafverfahren wegen Subventionsbetrugs erspart.

Auch Tandlers Rolle in dem Schmierenstück beschäftigt den Untersuchungsausschuß. Im März 1994 verdichteten sich die Hinweise, daß sich nicht nur Zwick-Freund Franz Josef Strauß, sondern auch der jetzige CSU-Vize und frühere Finanzminister Tandler als Schutzpatron für seinen ehemaligen Geschäftspartner Zwick betätigt hat. Glaubwürdigen Zeugenaussagen zufolge hat Tandler 1983 – er war damals CSU-Generalsekretär – seinen politischen Einfluß dazu mißbraucht, um sich im Finanzministerium streng vertrauliche Informationen über ein Steuerstrafverfahren gegen seinen damaligen Geschäftspartner Zwick zu beschaffen. Zu diesem Zeitpunkt war der Bäderkönig schon auf der Flucht.

Zuvor, am 23. April 1982, hatte der Steuerschuldner Freunde und Gönner noch zu einem Abschiedsfest geladen, das Züge einer spätrömischen Orgie trug. Mit dabei: FJS und die Regensburger Domspatzen. Strauß, den mit Zwick neben der Lust am Fliegen auch des Leibes Fülle sowie die Neigung zu Diabetes und Bluthochdruck verband, würdigte seinen Freund auf dessen Abschiedsfete – Gipfel der Unverfrorenheit – als »beispielhaften Menschen, der das Allgemeininteresse in den Vordergrund allen Handelns stellt«. Das war, wie gesagt, im Jahre 1982. Zwölf Jahre später steht weiter in den Sternen, ob das Finanzamt von Zwick je auch nur eine müde Mark seiner 63 Millionen Steuerschulden bekommt.

Wie ein Treppenwitz der Amigo-Geschichte mutet es an, daß der Fiskus auf der Jagd nach Zwicks Millionenschulden um ein Haar ausgerechnet bei dessen einstigem Kompagnon und bayerischen Finanzminister Gerold Tandler fündig geworden wäre. Mitte März 1994 deckte »Stern«-Reporter Wolfgang Krach auf, daß sich Tandler – privat horrend verschuldet und chronisch knapp bei Kasse – bei Zwick 1976 die stolze Summe von 700 000 Mark gepumpt hatte – per Handschlag, wie er zugeben mußte. 1983 hatten sich Tandlers Schulden beim alten Zwick nach Angaben der Finanzverwaltung zwar auf angeblich 200 000 Mark reduziert, doch die schuldet Tandler ihm noch heute. Zwick hat mittlerweile wissen lassen, daß er auf die Rückzahlung des Restbetrags keinen Wert mehr legt.

Das muß man sich einmal vorstellen: Ein ehemaliger Finanzminister, inzwischen zum stellvertretenden Parteichef avanciert, steht bei Bayerns prominentestem Steuerflüchtling mit 200 000 Mark in der Kreide, und der Fiskus, der dem mit dem Minister bekannten Steuersünder einst 63 Millionen seiner Steuerschulden erlassen hat, kann später nicht einmal dessen offene Forderung an den Minister pfänden, weil der Gläubiger auf die Rückzahlung der Schuld verzichtet. Nach diesem Knall blieben Tandler als Parteivize noch zwei Tage. Am 17. März 1994 mußte auch er seinen Hut nehmen.

Bayerns Amigo-Fraktion drückt alle Augen zu, wenn Steuerschulden die Gönner aus der Wirtschaft zwicken. 1992 schlug der bayerische Fiskus nach offiziellen Angaben Steuerbescheide über insgesamt 363 Millionen Mark nieder. Der größte Einzelposten: 82,8 Millionen. Kurt Miehler, der verantwortliche Leiter der Steuerabteilung im Finanzministerium, verlor deshalb seinen Job. Ressortchef Georg von Waldenfels versetzte ihn am 1. Dezember 1993 an eine weniger exponierte Stelle. Ministerialdirigent Miehler hatte einst zusammen mit Zwicks Anwalt Wolfgang Wannemacher, einem früheren Finanzbeamten, das Steuergeschenk für den Bäderkönig ausgekungelt. Der entmachtete Steuerexperte wird ferner verdächtigt, sich bei einem Millionengeschenk an den Buchloer Fleischkonzern Moksel die Hände schmutzig gemacht zu haben. Miehlers Name ist aber auch mit Steueraffären verbunden, die in die Strauß-Ära zurückreichen.

Frißt der Amigo-Sumpf seine Kinder?

Unter Strauß hatten steuerscheue Multimillionäre im Freistaat Bayern ein lockeres Leben. Der Industrielle Friedrich Karl Flick, Hendlbrater Friedrich Jahn (»Wienerwald«) und Fleischbaron Josef März (»Marox«) zum Beispiel, aber auch der Supermarktkönig Jost Hurler und Strauß' ehemaliger Leibarzt Valentin Agirov könnten da allerhand erzählen. Aber so war es eben bei Strauß-Spezln: Freundschaftsdienste für den »Großen Vorsitzenden« wurden quasi als steuerlich abzugsfähig betrachtet.

Der Exfußballer Franz Beckenbauer und sein ehemaliger Manager Robert Schwan haben über diese Gepflogenheiten inzwischen geplaudert. Den beiden war in den siebziger Jahren stets der kalte Schweiß ausgebrochen, wenn Post vom Finanzamt im Briefkasten lag. Da traf es sich gut, wie der »Fußballkaiser« in seinen Memoiren schreibt, daß Bayerns damaliger Finanzminister Dr. Dr. h.c. Ludwig Huber (CSU) Stammgast bei Beckenbauers Münchner Bundesligaverein FC Bayern war. Und Huber, der sich früher gerne als Moralapostel und glühender Kämpfer gegen den zweiteiligen Badeanzug profiliert hatte, schob alle Skrupel beiseite. Beckenbauer: »Wir erhielten eine Adresse. Dort würde man uns beraten, wie wir unsere Geschäfte über eine Firma in der Schweiz abwickeln und Steuern sparen könnten.« Zum Abschied habe ihnen Finanzminister Huber, der Chef aller bayerischen Steuerfahnder, noch ermunternd auf die Schulter geklopft und gerufen: »Franz, wenn was ist, nur melden.«

Der weiteren Karriere Hubers tat die kleine Episode keinen Abbruch: Der damals 48jährige Amigo war 1976 stellvertretender Regierungschef Bayerns und galt als aussichtsreichster Anwärter auf das Amt des bayerischen Ministerpräsidenten. Er wechselte 1977 jedoch auf den finanziell besser gepolsterten Chefsessel der halbstaatlichen Bayerischen Landesbank (BLB). Jahresgehalt 700 000 Mark, dazu ein üppiger Repräsentationsetat, Dienstlimousine, Gärtner und Nebeneinkünfte aus diversen Aufsichtsratsposten. Bei der BLB wurden Pleiten, Pech und Pannen Hubers neue Markenzeichen. Patronage kam bald hinzu: Seit dem Crash der Schwindelfirma Mega Petrol im Jahr 1983 drohen dem noblen Geldinstitut Schadensersatzzahlungen in Höhe von rund 200 Millionen Mark; beim Desaster der Deutschen Anlagen Leasing GmbH (DAL) verlor die noble Landesbank 1985 neben 350 Millionen Mark auch ihr einst tadelloses Renommee.

Dennoch mußte Banker Huber den Chefsessel bei der Landesbank erst Anfang 1988 räumen. Seine Beteiligung am österreichischen Wienerwald-Konzern, der seiner ehemaligen Lebensgefährtin Renate Thyssen gehörte, war bekannt geworden. Zwei Jahre zuvor hatte die attraktive Unternehmerin die Reste des Wienerwald-Imperiums von der Gläubigergemeinschaft SVIDO für nur 12 Millionen Schweizer Franken aufgekauft: mit dem Insiderwissen ihres damaligen Lebensgefährten Huber, wie die Branche munkelte. Der Abschied wurde Huber mit einer Abfindung von 3,5 Millionen Mark versüßt – eine Art Schweigegeld, denn der geschaßte Bankchef hatte öffentlich gedroht: »Warum soll ich unter Ausnahmerecht stehen? Andere waren beteiligt oder sind beteiligt an Gesellschaften in Luxemburg, in der Schweiz, in Liechtenstein. Ich habe auch keine Provisionen kassiert.« Die »anderen«? Das waren angeblich Kabinettsmitglieder. Mit der satten Abfindung in der Tasche behielt Huber die Namen dann doch für sich.

Während sich Abzocker vom Schlage Hubers ins Fäustchen lachen, müssen andere bis heute büßen, daß ihnen die Begabung zum Amigo fehlt: Ministerialrat Wilhelm Schlötterer vom Finanzministerium zum Beispiel, ein Beamter ohne Fehl und Tadel. Schlötterer war Leiter der Steuerabteilung und hat 1977 unter anderem den Steuerskandal um den Wienerwald-Konzern des Strauß-Spezls Friedrich Jahn aufgedeckt. Anstelle einer Belobigung schickten ihm seine Vorgesetzten die Versetzungsurkunde in ein unbedeutendes Referat. Dort schmort Schlötterer bis heute. Seit 16 Jahren wird der hochqualifizierte Steuerexperte mit Disziplinarermittlungen drangsaliert, die von vornherein aussichtslos sind. 1993 nahm ihn dann Finanzminister Georg von Waldenfels persönlich in die Mangel. Der Minister zeigte seinen Beamten wegen Verletzung des Steuergeheimnisses an. Waldenfels' Begründung, Schlötterer habe den Steuerfall Beckenbauer publik gemacht, erfüllt den Tatbestand der Verfolgung Unschuldiger. Beckenbauers Geständnis und seine Memoiren waren vorher auf dem Markt.

Streibl, Gauweiler, Tandler und der Rest der Amigo-Connection sind Machtschattengewächse, die ganz nahe am starken Stamm des Franz Josef Strauß gediehen sind. Geldgier lenkt ihr Handeln. Skandale pflastern ihren Weg. Vertuschung und politische Erpressung sichern ihre Pfründe. Weil die Alt-Amigos vor neuen peinlichen Enthüllungen zittern, boykottieren sie skrupellos den von Regierungschef Edmund Stoiber proklamierten Neubeginn. Doch Bayerns Ministerpräsident hat keine Wahl. Gleichgültig, ob aus Überzeugung eingeleitet oder nur wahltaktisch motiviert: Stoiber kann den Versuch, das Amigo-System zu zerschlagen, nicht mehr rückgängig machen, ohne seine Glaubwürdigkeit zu verlieren. Vier parlamentarische Untersuchungsgremien, der Gauweiler-, der Zwick-, der Schalck- und der Amigo-Ausschuß, bieten Saubermann Stoiber und der CSU im Superwahljahr 1994 die Chance, den Amigo-Sumpf endgültig trockenzulegen, die weiße Weste zur Dienstkleidung zu erklären und der Partei den Weg in eine unbelastete Zukunft zu weisen.

Doch die Aussichten sind trübe: Anfang Februar 1994 wurde der CSU-Landtagsabgeordnete Otto Lerchenmüller vom Münchner Amtsgericht wegen Betrugs zu einem Jahr Haft auf Bewährung und einer Geldbuße von 50 000 Mark verurteilt. Und gegen den CSU-Landtagsabgeordneten und früheren Münchner Oberbürgermeister Erich Kiesl läuft seit Monaten ein Ermittlungsverfahren wegen des Verdachts der Falschaussage und der Steuerhinterziehung. Auch das Führungspersonal der CSU ringt im Wahljahr 1994 – von Dauerintrigen gebeutelt und in Diadochenkämpfe verstrickt – mehr mit den eigenen Unzulänglichkeiten als mit den Problemen des Landes. An der CSU-Spitze wütet ein Hauen und Stechen. Jeder traut dem anderen nahezu jede Arglist und Bosheit zu. Mißtrauen und gezielte Indiskretionen vergiften das Klima.

Das treibt mitunter seltsame Blüten: Um sich als Saubermann zu profilieren, schwärzte Regierungschef Stoiber jüngst seine Vorgänger an. Das Ergebnis stand am 25. Februar 1994 exklusiv in der »Süddeutschen Zeitung«: Die Ministerpräsidenten Strauß und Streibl hatten als Testamentsvollstrecker der Friedrich-Baur-Stiftung jährlich rund 300 000 Mark privat kassiert – zusätzlich zu ihrem Ministerpräsidentengehalt von rund 390 000 Mark im Jahr und gegen den erklärten Willen der Stifterin, die 60 000 Mark für angemessen gehalten hatte.

Bayerns Amigo-Gebäude implodiert. Seine Trümmer werden den Erben noch geraume Zeit um die Ohren fliegen.

X.
Wege aus dem Morast

Helmut Kohl, der während seiner Amtszeit wie kein anderer Regierungschef der Bundesrepublik vor ihm auch nur annähernd so viele Abzockeraffären von Ministern, Ministerpräsidenten, Staatssekretären und hochrangigen Parteifreunden ausbügeln mußte, hat das Problem zweifellos erkannt: »Alles muß auf den Prüfstand«, forderte der Kanzler, als die Politikverdrossenheit in Deutschland auf immer neue Höhepunkte zusteuerte.

Ob solche Einsicht jedoch auch Folgen haben kann, bleibt zu bezweifeln. »Unsere heutigen Parteien sind nicht mit den neuen Aufgaben gewachsen«, urteilt der Hamburger Politkritiker Professor Arnulf Baring. Er fordert neue Köpfe in Bonn, die den »engen, selbstsüchtigen Klüngel von Berufspolitikern, Parteiapparatschiks und Dauerdelegierten« ablösen. Mit dem Führungsnachwuchs, den die etablierten Parteien jetzt anbieten würden, könnten sie in den nächsten Jahren nicht über die Runden kommen. Nach Ansicht Barings müßte sich die neue politische Kaste aus lebensnahen, fähigen und berufserfahrenen Seiteneinsteigern rekrutieren.

Doch nicht allein die Qualität der Machthaber kann dazu beitragen, rücksichtslose Selbstbedienungsmentalität und Staatsschnorrertum in allen politischen Parteien, Gremien und Funktionen auszuradieren und den Abzockersumpf in diesem Lande auf Dauer trockenzulegen. »Die Kontrolle der Führung funktioniert nicht mehr«, warnt der ehemalige

CDU-Generalsekretär Heiner Geißler und nennt damit das Kernprobleme der vielen Skandale und Affären in Bonn, München oder Magdeburg, die das Vertrauen der Wähler in die Politiker zutiefst erschütterten. Als vor fast 50 Jahren die Grundpfeiler unserer heutigen demokratischen Gesellschaftsordnung und das damit verbundene Rechtsreglement geschaffen wurden, waren die Mechanismen der Macht ebenso wie die Prozesse in Wirtschaft und Politik noch wesentlich überschaubarer und kalkulierbarer. Die Menschen, die damals unser heute noch weitgehend gültiges Gesetzeswerk formulierten, waren ältere Herren – weitgehend noch im letzten Jahrhundert geboren. Sie konnten die technologischen Umwälzungen, die wachsende internationale Arbeitsteilung, die Globalisierung der Märkte, Computer- und Medienrevolution sowie den daraus resultierenden Weg in eine Informationsgesellschaft nicht vorausahnen. Doch fest steht: Heute gelten gänzlich andere Regeln und Gesetzmäßigkeiten in unserem System als noch in den Nachkriegsjahren, als die Bundesrepublik ihren Weg in die freie Marktwirtschaft antrat. Die aktuellen Beutezüge von Politikern und Wirtschaftsführern machen deutlich, daß ein Staat nur dann funktionsfähig sein kann, wenn er bereit ist, sich neuer oder wenigstens überarbeiteter Kontrollmechanismen zu bedienen.

Selbsthilfemaßnahmen, wie sie der bayerische Ministerpräsident Edmund Stoiber als selbsternannter Saubermann im Münchner Amigo-Dschungel anging, sind wenngleich nicht besonders ernstzunehmen, so doch im Ansatz ganz passabel. Nachdem CSU-Minister Peter Gauweiler wegen seiner undurchsichtigen Kanzleiaffäre die Münchner Bürgermeisterwahl vermasselte und schließlich auch sein Regierungsamt abgeben mußte, forderte Stoiber in einer bundesweit einmaligen Aktion seine Kabinettsmitglieder dazu auf, ihm sämtliche Nebenverdienste schriftlich offenzulegen und schuf damit einen ersten Ansatz zum »gläsernen Minister«. Zudem soll in der Geschäftsordnung der bayerischen Staatsregierung künftig eindeutig geregelt sein, daß ein Kabinettsmitglied von der Beratung und Beschlußfassung auszugrenzen ist, wenn persönliche Interessen berührt werden. Damit will der CSU-Mann, der sich selbst in einigen Verstrickungen des Amigo-Skandals wiederfand, jetzt sicherstellen, daß seine Minister ihr Amt nicht für persönliche Interessen mißbrauchen können. Mit einer ebenso spektakulären Radikalkur schränkte Bayerns Landesvater auch maßgebliche Politikerprivilegien ein: Er setzte die Mindestaltersgrenze für Ministerruhegelder von 50 auf 55 Jahre rauf und senkte gleichzeitig den Sockel des Ruhegehalts von 47 auf 29 Prozent der letzten Bezüge. Übergangsgeld gib es in Bayern für Exkabinettsmitglieder nur noch für zwei statt drei Jahre. Obendrein werden Nebeneinkünfte auf das Übergangsgeld angerechnet, wenngleich Stoiber mit diesen Vorzeige-Aktionen viel Beifall bekam, interpretierte die bayerische SPD/F.D.P.-Opposition dies vielmehr als intelligentes Ablenkungsmanöver von eigenen Verfehlungen innerhalb des Zwick-Skandals.

Dennoch als bundesweit erster Landesverband schloß sich auch die bayerische F.D.P. nach den Skandalen um ihren gescheiterten Wirtschaftsminister Jürgen Möllemann kurzerhand den Selbstreinigungsmaßnahmen der CSU an und gab sich einen Ehrenkodex, der unter anderem Bestechung und Bestechlichkeit in den eigenen Reihen unterbinden soll. Nach einem Parteitagsbeschluß zu »Verhaltensgrundsätzen für Mandats-, Amts- und Funktionsträger« ist es F.D.P.-Politikern jetzt verboten, Geld oder geldwerte Vorteile anzunehmen, die als Bestechung angesehen werden können. Auch die Einflußnahme zugunsten von Verwandten oder Freunden, die dadurch eine finanzielle Bevorteilung erhalten, soll künftig innerparteiliche Folgen haben. F.D.P.-Politiker in Regierungsämtern, die im Aufsichtsrat öffentlicher Unternehmen sitzen, dürfen kein Entgelt mehr entgegennehmen, und ein

Aufsichtsratsmandat in Privatunternehmen ist ihnen inzwischen untersagt.

Doch die Radikalkuren der parteilichen Selbstkontrolle von CSU und F.D.P. reichen keineswegs aus, um das Übel bei der Wurzel zu packen. Entscheidend für das Eindämmen von Schmiergeldskandalen, politischer Korruption, Privilegienwirtschaft, krimineller Selbstbereicherung und Beutelschneiderei zu Lasten des Steuerzahlers ist eine tiefgreifende Reform der Gesetzgebung. Eine überschaubare Steuerung von Politik und Wirtschaft durch das Strafrecht forderte denn auch der engagierte Stuttgarter Oberstaatsanwalt Werner Schmidt-Hieber 1993 auf dem 47. Deutschen Anwaltstag. Die Politiker, so der Jurist, hätten sich heute »Rechte angemaßt, die ihnen einfach nicht zustehen«. Was die Angesprochenen zu heftigen Protesten aufrief, ist in fast allen demokratisch regierten Ländern schon längst gang und gäbe: Eine Aufhebung der – hierzulande sogar im Grundgesetz verankerten – Immunität und Indemnität von Parlamentariern. Einmal diesen Status errungen, brauchen sich vor allem die vielen schwarzen Schafe auf den satten Weiden der Politik vor Strafverfolgung und Strafe nicht zu fürchten. Während jeden kleinen Ladendieb die volle Härte des Gesetzes trifft und gewöhnliche Beamte schon wegen der Annahme kleiner Gaben belangt werden können, genießen selbst die korruptesten Parlamentarier seit 1953 ein »Privileg der Nichtaufklärung« (Schmidt-Hieber), wie nicht zuletzt die Amigo-Affäre in Bayern gezeigt hat.

Deutsche Gesetzgeber könnten sich ein Beispiel an Italien nehmen. Dort ermitteln Staatsanwälte gegen Politik und Hochfinanz und schaffen Industriemanager wie Parteibosse ohne Rücksicht auf Position und Ansehen hinter Gitter. Eine deutsche Staatsanwaltschaft wird indes schon nervös, wenn sie gegen einen Politiker wegen Geschwindigkeitsüberschreitung zu ermitteln hat, wie die angesehene »Süddeutsche Zeitung« kommentiert. Sowohl ein Verdacht als auch eine Anzeige gegen einen deutschen Politiker, vor allem wenn er der jeweiligen Regierungspartei eines Landes angehört, genießt Sonderbehandlung und wird mit Samthandschuhen angefaßt. Kaum ein Blatt Papier kann in einem politischen Verfahren geschrieben werden, ohne daß das zuständige Landesministerium davon erfährt. Der Staatsanwalt muß seine Berichte an den Oberstaatsanwalt weiterreichen, der sie dann kommentierend an den jeweiligen Justizminister eines Landes weitergibt. Dieser gibt dann letztendlich Anweisungen, wie im vorliegenden Fall verfahren werden soll. Das Fatale an diesem Rechtsystem: Der Justizminister als höchste Instanz kann als parteigebundener Politiker in einer solchen Sache wohl kaum objektiv urteilen. Hinzu kommt, daß dem Justizminister auch die Beförderungen von Staatsanwälten und Oberstaatsanwälten obliegen und er damit die Karrieren der Kontrolleure maßgeblich beeinflußen kann. Im Klartext heißt das: Der hierarchische Aufbau der deutschen Justiz und das damit verbundene Beförderungswesen begünstigt eine Anpassung an das jeweilige politsche Klima, an tatsächliche oder vermutete Erwartungen von oben. »Der Gehorsam der Justiz eilt der Weisung durch die Parteipolitik voraus – die Justiz sitzt im Käfig der Politik«, wie die »Süddeutsche Zeitung« treffend kritisiert. Nahezu alle wichtigen Justizämter in diesem Staat werden nach Parteiproporz vergeben.

Die Tatsache, daß die deutsche Justiz zur Aufklärung der politischen Skandale kaum etwas beigetragen hat, läßt das Urteil zu: Die Strafverfolger hierzulande sind offensichtlich nicht in der Lage, einen Konflikt mit der Politik durchzustehen, weil sie von ihr in vielerlei Hinsicht abhängig sind. Wenn Korruption, Abzockertum und Selbstbedienungsmentalität auf Kosten des Staates im politischen Lager ernsthaft bekämpft werden sollen, wie dies von den Parteivorsitzenden immer wieder vor laufenden Fernsehkameras vollmundig versprochen wird, dann müssen sie unabhängig von den Weisungen ihrer Justizminister agieren können, dann dürfen sie nicht durch personalpolitischen Einfluß irgendeiner Partei in ihrem Handeln gebremst werden.

Gesetzesänderungen allein reichen jedenfalls nicht mehr aus, um den vorbeirauschenden Abzockerzug zu stoppen. Dies zeigten nicht zuletzt die zahlreichen Parteispendenaffären. Eine sogenannte Parteienfinanzierungskommission stufte zwar schon 1983 diese Selbstbedienungspraktiken als »verfassungswidrig« ein, doch geändert hat sich seitdem nichts. Inzwischen wird nicht mehr offen, sondern verdeckter Rechtsbruch begangen. Gezahlt wird nicht an anonyme Parteiapparate, sondern an Einzelpersonen, deren Wohlwollen sich die Firmen sichern wollen. Diese reichen die Gelder dann nur weiter. Somit tauchen keine Millionensummen mehr in den Rechenschaftsberichten der Parteien auf, die früher zur Aufdeckung zahlreicher Spendenskandale führten, sondern unauffällig portionierte Gelder, die in einen Topf mit Mitgliederbeiträgen geworfen werden.

Wenn motivierte Vordenker, wie der Essener Professor Heinz J. Kiefer, Gründer und Chef des Ruhrinstituts für Gesellschaftspolitische Forschung und Bildung, eine »geistig moralische Runderneuerung« in Deutschland fordern, dann gilt dies nicht nur für die politische Klasse, sondern auch für die Topmanager in der Industrie, denen Tausende von Arbeitsplätzen anvertraut sind. Die zahlreichen Treuhand-Skandale in den neuen Bundesländern, aber auch die halbseidenen Durchstecherfälle bei SEL, Co-op, Metallgesellschaft oder Südmilch, sind Lehrstücke für das Versagen bezahlter Inspekteure. Sie demonstrieren in aller Deutlichkeit den desolaten Zustand der Kontrollmechanismen unseres heutigen Wirtschaftssystems. All diese Unternehmen – vielleicht mit Ausnahme von Südmilch – wurden von namhaften Aufsichtsräten überwacht, die allesamt etwas von Unternehmensführung verstanden, doch offensichtlich ihre Pflichten nicht ernst genug nahmen. Oder: Der 20köpfige Aufsichtsrat der Metallgesellschaft mit Männern wie seinem früheren Vorsitzenden, dem Ex-Commerzbank-Chef Wolfgang Röller, Allianz-Vorsteher Henning Schulte-Noelle, Daimler-Finanzvorstand Gerhard Liener und RWE-Lenker Friedhelm Gieske war schlichtweg mit seiner Aufgabe überfordert. Wie sollen denn diese Männer ihre Aufpasserrolle verantwortungsbewußt und kompetent ausfüllen, wenn sie als vollbeschäftigte Wirtschaftskapitäne in konjukturell schwierigen Zeiten nicht nur ihren eigenen Konzern um die Klippen eines schwieriger gewordenen Marktes steuern müssen, sondern auch noch obendrein einem Dutzend anderen – meist branchenfremden – Unternehmen als Aufsichtsräte verpflichtet sind? Daß korrekte Kontrollen hier nicht mehr möglich sind, leuchtet jedermann ein, doch brauchbare Lösungsansätze bewegen sich nur im Umfeld vager Absichtserklärungen. Der Vorsitzende des Wirtschaftsausschusses im Bundestag, Friedhelm Ost, glaubt zwar, daß die heutigen Bestimmungen des Aktienrechts für eine ordnungsgemäße Kontrolle der Unternehmen ausreichen, droht aber: »Wenn die Herren Bankenvorstände es nicht verantwortungsbewußt nutzen, müssen wir die gsetzlichen Rahmen prüfen, einschließlich der Frage des Haftungsrechts.« Wie viele andere Wirtschaftskritiker glaubt auch Ost, daß ein Begrenzung der Aufsichtsratsposten zu einer größeren Kontrollqualität führen könnte.

Doch das allein reicht sicherlich nicht aus, um Millionenbetrügern wie den Baulöwen Jürgen Schneider, Spielernaturen wie Metallgesellschaft-Chef Schimmelbusch, Abstaubern wie SEL-Manager Lohr oder Co-op-Durchstecher Otto sowie allen anderen Deputatenjägern und Privilegiensüchtigen in den Glaspalästen der deutschen Wirtschaft das Handwerk zu legen. Eine höhere Kontrollqualität in den Unternehmen könnte indes wohl nur durch gut bezahlte berufsmäßige Aufsichtsräte erzielt werden, die nicht nur neue Vorstände einberufen oder nach Paragraph 111 des Aktiengesetzes die Geschäftsführung überwachen, sondern auch aktiv und rechtzeitig die in deutschen Unternehmen bislang gefürchteten Leistungskontrollen von Vorständen durchführen. Das muß nicht wie in den USA nach Quartalsergebnissen erfolgen, sondern dürfte im Halbjahresrhythmus ausreichen. Damit die vielen Kleinaktionäre sich mit dem Kauf einer Aktie nicht auf ein unkalkulierbares Risiko einlassen, müssen als Folge guter Kontrollen auch die Geschäftsberichte – nach Möglichkeit qua Gesetz – mehr Transparenz aufweisen. Nur so läßt sich von Außenstehenden die wirkliche Lage einer Firma einschätzen. Auch wenn über die wahren Ursachen der horrenden Verluste der Metallgesellschaft, die durch Spekulationen im Öltermingeschäft entstanden waren, noch lange gestritten werden dürfte – das riskante »Monopoly-Spiel« (»manager magazin«) des MG-Lenkers Schimmelbusch, der seinen Konzern kopflos ausbaute, hätte dem Aufsichtsrat unter Deutsche-Bank-Vorstand Schmitz schon weitaus früher auffallen müssen. Daß Schmitz fast den gesamten Vorstand feuerte, als die MG schon in Flammen stand, ist zwar konsequent. Nur – hat der Aufsichtsrat vorher richtig hingeschaut? Konnte er es überhaupt?

Der »gläserne Manager«, der seinen Aufsichtsrat über Nebengeschäfte informieren und Rechenschaft über private Aktienspekulationen ablegen muß, ist in der heutigen Phase unseres Wirtschaftsleben ebenso gefordert wie der »gläserne Politker«. Nach dem spektakulären Insiderskandal um Gewerkschaftschef Steinkühler wurde zwar ein Gesetzesentwurf vorgelegt, der den Anlegerschutz erweitert, die Transparenz der deutschen Aktienmärkte erhöht, die Aufsicht über den Wertpapierhandel verstärkt und Insiderverstöße mit Freiheitsstrafen bis zu fünf Jahren belegt, aber die ursprünglich geplanten Wohlverhaltensregelungen für Bankangestellte wurden dabei anscheinend vergessen. Um Insidergeschäfte wie im Falle Steinkühler zu enttarnen, müssen sich aber auch die Banken in solchen Fällen einer verstärkten Kontrolle von außen unterwerfen.

Doch konservative Politiker und Industrieführer fordern lieber bei jeder Gelegenheit den Ausbau eines schlagkräftigen Polizeiapparates und wollen sogar den nicht mehr ausgelasteten Bundesnachrichtendienst für die Bekämpfung von Wirtschaftskriminalität einsetzen. Das Hauptproblem von Selbstbedienungsmentalität und Abzockertum in den Parteiapparaten und auf den Chefetagen der deutschen Unternehmen hat viel tiefere Ursachen: Allgemeiner Werteverlust, das Fehlen moralischer Prinzipien und geeigneter Vorbilder führen zunehmend zu einer Negativeinstellung gegenüber den Lenkern von Staat und Wirtschaft. Wenn Steuerhinterziehung, Betrug und Korruption nur noch als harmloses Kavaliersdelikt gewertet und die Abzocker obendrein sogar bewundert werden, weil sie Staat und System geschadet haben, dann stimmt etwas nicht in den Köpfen der Deutschen. Bei der Bewältigung der Zukunftsprobleme dieses Landes, in Hinblick auf Dauerarbeitslosigkeit, verschärften Konkurrenzdruck aus Fernost, Rechtsradikalismus und Ausländerfeindlichkeit in der Bevölkerung, benötigt unser demokratisches System wieder integre Vorkämpfer mit viel Zivilcourage. Denn nur über glaubwürdige Vorbilder läßt sich die wachsende Wirtschafts- und Staatsverdrossenheit beseitigen und rücksichtslosen Abzockern der Nährboden unter ihren Füßen entziehen.

Anhang

Literaturverzeichnis

Bahrmann, Hannes/Fritsch, Peter M., Sumpf – Privilegien, Amtsmißbrauch, Schiebergeschäfte. Berlin 1992

Christ, Peter/Neubauer, Ralf, Kolonie im eigenen Land – Die Treuhand, Bonn und die Wirtschaftskatastrophe der fünf neuen Länder. Hamburg 1993

Flug, Martin, Treuhand-Poker – Die Mechanismen des Ausverkaufs. Berlin 1992

Kampe, Dieter, Wer uns kennenlernt, gewinnt uns lieb – Nachruf auf die Treuhand. Berlin 1993

Leyendecker, Hans, Mafia im Staat, Deutschland fällt unter die Römer. Göttingen 1992

Liedtke, Rüdiger, Skandal-Chronik. Das Lexikon der Affären und Skandale in Wildwest-Deutschland. Frankfurt 1987

Möntmann, Hans Georg, Raubritter in Glaspalästen. Obskure Praktiken in der Kreditwirtschaft. Wien 1993

Richter, Horst-Eberhard, Die hohe Kunst der Korruption. Erkenntnisse eines Politik-Beraters. Hamburg 1989

Scheuch, Erwin K. und *Ute*, Cliquen, Klüngel und Karrieren. Über den Verfall der politischen Parteien – eine Studie. Hamburg 1993

Schmidt-Tobler, Reinhard, Tatort Glaspalast. Der authentische Report um den größten Versicherungsskandal der Republik. Hamburg 1993

Voigt, Manfred, Blickpunkt Treuhand – Dokumentation: Wer bereichert sich am ehemaligen Volksvermögen der DDR? PDS/Linke Liste im Bundestag 1993

Zeitungen und Zeitschriften

Die Woche
Der Spiegel
Wirtschaftswoche
Münchner Merkur
Süddeutsche Zeitung
Handelsblatt
Weltwoche
Abendzeitung
FOCUS
Frankfurter Rundschau
Tageszeitung
Die Zeit
Stern
Frankfurter Allgemeine Zeitung
tz
Die Welt
Capital
Bild
Journalist
VDI-Nachrichten
DAS
manager magazin
New Business
Tagesspiegel
Hamburger Abendblatt

Horizont
Rheinische Post, Düsseldorf
Bild am Sonntag
Management Wissen
Absatzwirtschaft
Forbes
Berliner Zeitung
Berliner Morgenpost
Top Business
Augsburger Allgemeine Zeitung
Mindelheimer Zeitung

Personenregister